CAMBRIDGE I

MW01169506

Books of enduring scholarly value

Linguistics

From the earliest surviving glossaries and translations to nineteenth-century academic philology and the growth of linguistics during the twentieth century, language has been the subject both of scholarly investigation and of practical handbooks produced for the upwardly mobile, as well as for travellers, traders, soldiers, missionaries and explorers. This collection will reissue a wide range of texts pertaining to language, including the work of Latin grammarians, groundbreaking early publications in Indo-European studies, accounts of indigenous languages, many of them now extinct, and texts by pioneering figures such as Jacob Grimm, Wilhelm von Humboldt and Ferdinand de Saussure.

La France Équinoxiale

Henri Coudreau (1859–1899) was one of the greatest explorers of the nineteenth century. He was highly regarded in his own time as a thoroughly modern expedition leader, and his reports on the anthropological and geographical features of the region were of great value in the expansion of French colonial power. In this magisterial two-volume work, Coudreau describes the history of French settlement and rule in Guyana, and its people, flora and fauna, drawing particular attention to the natural resources ready to be exploited in the region. Based on four years of observations dating from his arrival in Cayenne in 1881, and drawing on extensive field work, the first volume is an informative survey of French Guyana, enlivened by personal experience and opinion, intended to give politicians in France an up to date account of the state of affairs in the colony.

Cambridge University Press has long been a pioneer in the reissuing of out-of-print titles from its own backlist, producing digital reprints of books that are still sought after by scholars and students but could not be reprinted economically using traditional technology. The Cambridge Library Collection extends this activity to a wider range of books which are still of importance to researchers and professionals, either for the source material they contain, or as landmarks in the history of their academic discipline.

Drawing from the world-renowned collections in the Cambridge University Library, and guided by the advice of experts in each subject area, Cambridge University Press is using state-of-the-art scanning machines in its own Printing House to capture the content of each book selected for inclusion. The files are processed to give a consistently clear, crisp image, and the books finished to the high quality standard for which the Press is recognised around the world. The latest print-on-demand technology ensures that the books will remain available indefinitely, and that orders for single or multiple copies can quickly be supplied.

The Cambridge Library Collection will bring back to life books of enduring scholarly value (including out-of-copyright works originally issued by other publishers) across a wide range of disciplines in the humanities and social sciences and in science and technology.

La France Équinoxiale

Volume 1: Études sur les Guyanes et l'Amazonie

Henri Anatole Coudreau

CAMBRIDGE
UNIVERSITY PRESS

CAMBRIDGE UNIVERSITY PRESS

Cambridge, New York, Melbourne, Madrid, Cape Town, Singapore,
São Paolo, Delhi, Dubai, Tokyo

Published in the United States of America by Cambridge University Press, New York

www.cambridge.org
Information on this title: www.cambridge.org/9781108006828

This edition first published 1886
This digitally printed version 2009

ISBN 978-1-108-00682-8 Paperback

HENRI A. COUDREAU.

LA FRANCE ÉQUINOXIALE.

GRANDE MÉDAILLE DE LA SOCIÉTÉ DE GÉOGRAPHIE COMMERCIALE DE PARIS EN 1886.

MÉDAILLE A L'EXPOSITION UNIVERSELLE D'AMSTERDAM.

TOME PREMIER.

ÉTUDES SUR LES GUYANES ET L'AMAZONIE.

ÉTUDES

SUR

LES GUYANES ET L'AMAZONIE.

Typographic Firmin-Didot. — Mesnil (Eure).

LA FRANCE ÉQUINOXIALE.

ÉTUDES

sur

LES GUYANES ET L'AMAZONIE,

PAR

HENRI A. COUDREAU,

Professeur de l'Université,
Chargé d'une mission scientifique dans les territoires contestés de Guyane :
Membre du Comité de la Société internationale d'études brésiliennes,
de la Société agricole et industrielle de la Guyane française,
et de diverses sociétés savantes.

PARIS,

CHALLAMEL AÎNÉ, ÉDITEUR.

LIBRAIRIE COLONIALE,

5, RUE JACOB, ET RUE FURSTENBERG, 2.

1886.

AU CHER ET VÉNÉRÉ DOYEN

DE LA COLONIE FRANÇAISE DE L'AMAZONIE,

M. DONATIEN BARRAU.

HENRI A. COUDREAU.

PRÉFACE.

Le 14 mars de l'année dernière, je m'embarquais à Manáos, chef-lieu de la province brésilienne de l'Amazone. Je revenais à Paris, après une courte visite à mon pays. Les derniers accents de la musique du 3ᵉ bataillon d'artillerie, venue pour me saluer, venaient de se perdre dans le lointain; j'avais embrassé mes parents, mes amis, tous les camarades d'enfance que j'ai là-bas; le *Bahia* levait l'ancre, et tous les passagers de première classe devisaient sur le pont, en contemplant les eaux noires et transparentes du Rio Negro.

On causait des habitants primitifs du pays. L'un des passagers émit une opinion hardie au sujet de la filiation des tribus indiennes de la rive gauche de l'Amazone. On parlait portugais, et l'accent de mon interlocuteur dénotait un étranger.

— Il n'y a qu'un homme dans ces parages pour soutenir pareille opinion, m'écriai-je : c'est la thèse de M. Coudreau que vous nous apportez...

— Oui, Monsieur, me répondit le passager; je la soutiens d'autant plus volontiers que j'en suis l'auteur.

— Comment! vous êtes le Coudreau du *Territoire contesté*, le Coudreau dont j'ai demandé la tête... ou à peu près?

— C'est moi-même.

La connaissance fut bien vite faite. Rien ne lie davantage deux chauvins que le souvenir des coups qu'ils ont échangés, chacun pour sa patrie.

Nous fîmes ensemble le voyage de Manáos à Belem et de Belem à Paris. Pendant près d'un mois et demi, nous discutâmes tous

a

ces problèmes qui nous intéressent à un si haut degré. Nous étions rarement d'accord.

Depuis, nous avons eu d'autres polémiques ensemble, et il est probable que nous en aurons encore de nouvelles. L'une des études de ce volume a même été longuement discutée par moi. Mais je n'ai jamais cessé d'estimer chez M. Coudreau le courage, le patriotisme et le talent. Il m'attire par l'audace de ses aperçus, par la nouveauté de ses inductions, par la singularité de ses aventures, par l'énergie de son patriotisme.

Toutes ces qualités, — et tous ces défauts, disons-le, — ressortent dans ce volume, qui sort de la banalité courante des récits de voyage, faits par les explorateurs académiques et compassés. Il a plus vu que ses devanciers; il a vu autrement, et il raconte avec plus de charme personnel.

Dans la région qu'il a parcourue il a eu de nombreux prédécesseurs. Au seizième siècle, l'infortuné et élégant Walter Raleigh, qui explora la Guyane (1595), et Keymis, un autre Anglais, qui courut le pays depuis l'Araguari (1596). Au dix-septième siècle, trois autres Anglais, Harvey, Michael et Robert Harcourt (1608), qui firent des excursions à travers les territoires de l'Araguari et du Maroni. Au dix-huitième siècle, Silva-Pontes (1781), Simon et Edme Mentelle (1782-83), Gama-Lobo (1787), Abreu (1791-94), dont les uns explorèrent le bassin du Rio Branco, et les autres voyagèrent dans les alentours de l'Amazone. Au dix-neuvième siècle, enfin, Thiébault de la Monderie (1819-47), Leprieur (1831-33), Adam de Bauve (1833-34), Carneiro de Campos, Pedro Taulois, Vellozo-Pederneiras (1843-44), et Peyron (1857).

Je parle là des inconnus, dont quelques-uns sont, cependant, de premier ordre. Il y en a d'autres, dont tout le monde sait les travaux.

Tous ces explorateurs de l'Amazonie et des Guyanes se divisent en deux catégories.

Les uns ont visité ces régions à une époque de barbarie ou de demi-civilisation, et il a fallu toute leur perspicacité pour en prédire les hautes destinées. Tel est le cas de Charles-Marie de la Condamine et d'Alexandre de Humboldt.

Les autres les ont parcourues alors qu'elles étaient en plein enfantement, comme Herndon, Gibbon et Louis Agassiz.

Les uns et les autres se sont contentés, presque toujours, de relever des détails topographiques, de décrire par ouï-dire les mœurs des aborigènes, d'indiquer les curiosités hydrographiques, de signaler sommairement les matières premières exploitables, etc.

M. Coudreau, lui, nous donne la note actuelle, la sensation du jour, le progrès de l'heure présente et le bulletin de victoire de demain.

C'est là son premier mérite, alors surtout qu'il s'agit d'un pays qui, il y a moins de cent ans, effectuait encore ses payements au moyen de pelotes de coton, et qui aujourd'hui enregistre une exportation annuelle de plus de 120 millions de francs.

Pénétré du véritable rôle de l'explorateur contemporain, il accorde une large place aux considérations économiques, au mode d'exploitation des produits forestiers, à la mise en valeur des ressources naturelles du sol. Par cette méthode, il répond aux préoccupations du temps présent, pratique avant tout, et ses chiffres sur le commerce du bassin de l'Amazone, ses données sur les richesses des Guyanes, aideront puissamment à l'essor des transactions entre la France et ces pays.

C'est par ce côté qu'il se distingue peut-être davantage de tous ses devanciers, même des plus récents, et la Société de Géographie commerciale, de Paris, en lui décernant sa grande médaille d'or, a voulu sans doute récompenser l'économiste qui a fourni une si belle contribution aux études dont elle s'est fait une spécialité.

Ce qui frappe surtout dans ce livre, c'est la forme vivante, originale, primesautière que l'auteur sait donner à ses idées. On sent qu'on a affaire à un penseur et à un écrivain.

Aucun lien apparent ne rattache les différentes parties de ce volume, composé, à première vue, de fragments disparates, cousus ensemble. Si l'on se donne la peine de l'examiner d'un peu plus près, on s'aperçoit aussitôt, tout au contraire, qu'elles ont entre elles un lien matériel et un lien moral, qui en font un ensemble indivisible et leur donnent une puissante unité.

Le lien matériel consiste dans la double préoccupation de peindre et de renseigner. Tantôt l'auteur, s'abandonnant au vagabondage d'une imagination singulièrement féconde, nous dévoile la nature tropicale, telle qu'elle est, avec ses charmes capiteux et ses mystères séduisants. Tantôt, revenant à des pensées plus positives, il étale complaisamment devant nos yeux des tableaux statistiques, il classe les produits du sol comme dans un cadre de taxinomie, il interprète les phénomènes sociaux, et serre de près la vérité scientifique, tout en ayant l'air d'émettre un paradoxe.

Le lien moral consiste dans l'amour raisonné de la patrie française, que respirent toutes les pages de ce livre. C'est pour elle, c'est pour sa grandeur, c'est pour son influence morale là-bas qu'il écrit et qu'il propage. Ce lettré est un patriote clairvoyant. Cet explorateur est un diligent commis-voyageur en idées françaises.

M. Henri Coudreau n'avait pas vingt-cinq ans quand il fut envoyé en mission dans les pays dont il nous entretient aujourd'hui. Il n'en a pas encore vingt-huit, et il en paraît quarante. Dans les pays du soleil, la neige a plu sur ses cheveux; mais, du moins, n'a-t-elle pas éteint la flamme patriotique qui l'anime.

Revenu des solitudes amazoniennes, il rêve d'y retourner. S'il était né Anglais, à cette heure on aurait déjà mis à profit ses renseignements; on aurait utilisé son indomptable activité. Mais il est Latin, et nous autres, Latins, nous aimons à recommencer de temps en temps l'histoire de Christophe Colomb, en petit.

Je crains bien qu'il ne reste confondu dans les rangs des voyageurs à caps et à cités, et je lui souhaite de ne pas avoir le

sort d'Adam de Bauve, mort de misère pour avoir fait, quarante-
cinq ans auparavant, les explorations qui ont valu une statue
à l'un de ses successeurs. Pourquoi aussi M. Coudreau s'avise-
t-il de signaler à la France un nouveau marché splendide,
situé à quinze jours du Havre, alors que le Congo est à la
mode?

Je ne voudrais rien écrire de désagréable pour les géographes.
La géographie physique est une belle chose. J'aime à savoir
que Pará est le nom d'une île et d'une rivière. J'aime encore
mieux apprendre que l'exportation du port de Pará en France
s'est élevée, pendant la dernière période quinquennale, à plus
de 40 millions de francs, tandis qu'elle n'était que de 15 millions dix ans auparavant. J'aime mieux connaître les usages
commerciaux de cette place, que d'apprendre que l'héroïque
Crevaux n'y a pas été invité à dîner par l'évêque ou par le
gouverneur. M. Coudreau me semble avoir les mêmes pré-
férences. C'était là également l'avis de l'un de ses plus émi-
nents prédécesseurs, M. Ch. Wiener, son ancien de Normale
Spéciale.

Les pages qu'il consacre à la région des prairies, sa monographie de l'Amazonie, sont de véritables documents, à l'usage
des prolétaires désabusés de l'Europe et des négociants et
industriels en butte à une crise que l'Afrique Centrale est
impuissante à conjurer. Son aperçu sur les essais de colonisation en Guyane nous montre en même temps comment il
ne faut pas faire, si l'on veut réussir à peupler l'Amérique
chaude.

Et, à côté de ces études sérieuses, combien de pages char-
mantes! Le Collège de Cayenne, la République de Counani,
sont de douces rêveries d'un pessimiste bon enfant! Elles ont
valu à M. Coudreau le nom de Chateaubriand libre-pensant,
que lui a donné l'un de mes amis.

M. Coudreau a assez de talent et de notoriété pour qu'on ne
lui ménage pas la vérité, même quand on le présente à un public qui le connaît déjà et l'apprécie. Qu'il laisse de côté les su-

jets politiques. Il risque de s'égarer dans le brouillard créé par des hommes d'État en carton-pâte.

Ce livre a été écrit par un ami de l'Amazonie, — un ami chaud, désintéressé, parfois bourru, mais toujours sincère. On le lira, et on voudra en connaître la suite.

C'est un enfant de l'Amazonie qui le lui dit.

F.-J. DE SANTA-ANNA NERY.

Paris. le 5 septembre 1886.

INTRODUCTION.

Ce livre est le fruit de quatre années d'études (1881-1885), comme fonctionnaire et comme missionnaire scientifique dans la Guyane française et dans l'Amazonie; — études faites tantôt dans les bibliothèques, tantôt auprès des colons, tantôt au milieu des sauvages.

Je suis grand partisan de l'expansion française. Peut-être les faits que je relate paraîtront-ils aller à l'encontre de mes théories. Je n'en demeure pas moins un *colonial* convaincu.

Oui, il est vrai qu'en Guyane la France a perdu plus de 30,000 colons français et plus de 300 millions de notre monnaie sans aucun résultat notable.

Il est vrai aussi qu'en Amazonie les Français, abandonnés à eux-mêmes, ont parfaitement réussi, sans coûter un centime au gouvernement métropolitain.

La *France équinoxiale*, — on pourrait généraliser et dire *la prise de possession effective et utile des climats chauds par la race blanche*, — la France équinoxiale est-elle une possibilité? Cayenne semble dire Non, mais l'Amazonie répond Oui.

Je viens, en toute sincérité, déposer comme témoin

dans l'affaire de la question coloniale. Un jour viendra, je n'en doute pas, — et proche, — où la prévenue sera exaltée. C'est pour cela qu'ayant une confiance entière en la justice de la cause, je ne pallierai en rien ce qui dans mon témoignage pourrait paraître à charge.

Je n'entends point soutenir une thèse. Je me contente d'apporter des documents.

La *théorie coloniale* est éminemment complexe. Une grande vérité absolue ne saurait être infirmée par quelques vérités relatives contradictoires.

C'est à nous autres, *coloniaux,* à élaborer la matière. Cela nous vaudra, de la part des spécialistes du Parlement, des discussions et des lois de plus en plus intelligibles, de plus en plus intelligentes, de plus en plus éclairées.

Henri A. COUDREAU.

Paris, septembre 1886.

LA

COLONISATION FRANÇAISE

EN GUYANE.

CHAPITRE PREMIER.

HISTOIRE DE LA COLONISATION FRANÇAISE EN GUYANE.

Au seizième siècle.

Ce fut au commencement du seizième siècle que la
France et le Portugal commencèrent à coloniser leurs possessions de l'Amérique équinoxiale.

Ces premières années du seizième siècle sont au nombre
des plus remarquables de l'histoire. La race européenne
venait de retrouver les trésors d'anciennes civilisations
disparues, et de découvrir un monde jusqu'alors caché
dans les brumes de la mer Atlantique.

Les explorateurs des vieilles civilisations et des terres
nouvelles se présentèrent en foule. Les terres nouvelles,
surtout, furent assiégées par une bande innombrable de
découvreurs et de conquérants. La cupidité et l'esprit d'a-
venture ont plus de prise sur les hommes que l'amour du
vrai et la recherche scientifique.

L'Amérique était à peine révélée que les nations de l'Eu-

rope se mettaient à s'en disputer les lambeaux. Elles se
firent de longues guerres pour se réserver le monopole du
droit de déposséder, d'asservir et de massacrer les Américains. A la fin, chacune eut sa part. On vit surgir de nouvelles Frances, de nouvelles Angleterres, de nouvelles Espa-
gnes, un nouveau Portugal...

Au commencement du seizième siècle, la France était une
des mieux partagées sous le rapport de l'étendue des terres
qu'elle avait su s'adjuger, tant au nord qu'au centre et au
sud du nouveau continent : nous avions une nouvelle France,
une France équinoxiale, une France antarctique. Mais la
métropole ne sut pas garder ses conquêtes, et celles d'entre
elles qu'elle conserva, elle ne sut pas les utiliser.

Le territoire où elle n'obtint, au prix des plus grands sa-
crifices, que les plus minces résultats, est un des plus beaux
des deux mondes. C'est la province à laquelle on avait donné,
au début, le surnom ambitieux de France équinoxiale.

Cette région, située sous un climat chaud mais relativement sain, à l'embouchure du plus grand des fleuves de la
terre, revêtue d'une végétation splendide, n'a guère prospéré entre nos mains. Elle est aujourd'hui plus déserte qu'au
jour de la découverte, car la race indigène a disparu et
nulle autre n'a pris sa place.

La terre dont les Lacondamine, les Humboldt et les Agassiz ont exalté la fécondité et les richesses, est suffisamment
connue aujourd'hui pour que nous ne rééditions pas ici des
lieux communs géographiques.

Chacun connaît la toute-puissance de végétation des
Guyanes, les ressources infinies du sol et du sous-sol, et
personne n'ignore non plus l'état d'abandon et de marasme
dans lequel se trouvent ces belles contrées. Cette misère
elle-même, ce marasme, cette espèce d'impuissance à se développer et même à vivre, ont des causes qui, depuis long-

temps, n'ont absolument rien de mystérieux. « L'imperfection des institutions politiques, dit Humboldt, a pu, pendant des siècles, convertir en déserts des lieux où le commerce du monde devait se trouver concentré, mais le temps
approche où ces entraves disparaîtront. Une administration vicieuse ne pourra pas toujours lutter contre les intérêts réunis des hommes. Les émigrants d'Europe afflueront
un jour dans les régions équatoriales du nouveau continent,
contrées dont la nature a elle-même annoncé les magnifiques destinées par la configuration du sol, par l'embranche-
ment prodigieux des fleuves et par la proximité des deux
grandes mers qui baignent l'Europe et l'Asie. »

Jules Duval explique et précise pour nous la pensée de
Humboldt : « Des cinq nations qui se partagent l'Amérique
équinoxiale, dit-il, c'est la France, il faut le reconnaître,
qui a administré sa conquête avec le plus de maladresse.
Et, après trois siècles écoulés, notre œuvre en Guyane peut
aujourd'hui nous être jetée à la face comme une injure et
comme un défi. »

Ce fut un compagnon de Christophe Colomb, le navigateur espagnol Vicente Yanez Pinçon, qui, en 1500, releva
le premier les côtes de Guyane. Parti de Palos, il traversa
la mer des Sargasses, aborda au cap Saint-Augustin, traversa le courant de l'Amazone, coupa la Ligne, donna dans
cette région son nom à une rivière qui devait causer deux
siècles de tourments à la diplomatie, suivit la côte jusqu'au
Maroni et à l'Orénoque, et revint en Europe par le grand
large. Le littoral de la future France équinoxiale figura dès
lors sur les cartes de géographie.

L'histoire de cette contrée présente sept époques bien

distinctes. La première est celle de la recherche cosmopolite de l'Eldorado; la seconde, celle des compagnies féodales; la troisième, celle de l'esclavage et des réductions;
la quatrième, celle de la première liberté; la cinquième,
celle du retour de l'esclavage; la sixième, celle de la seconde
liberté; la septième, qui est l'époque actuelle, est celle de
l'or.

Première époque : Recherche cosmopolite de l'Eldorado.

Dès l'origine, cette terre fut un pays de chimères et de
vanité. Le littoral était à peine reconnu, que, sur la foi
de narrations fabuleuses, des aventuriers de toutes prove-
nances se lançaient dans l'intérieur des terres.

Ils allaient conquérir le fameux Eldorado, où l'or rem-
plaçait la pierre. Manoa del Dorado était une ville bâtie
sur les bords du lac Parime, que l'on devait atteindre en
remontant l'un des fleuves de la contrée. Il va sans dire
que ni la ville ni le lac n'ont jamais existé. Les Indiens ont
l'imagination fertile, et les aventuriers aussi. Les premiers
avaient dit aux seconds qu'il existait dans les montagnes
un chef dont le palais était pailleté d'or. Les Européens ne
surent pas traduire intelligemment : il s'agissait de quelque
chef du centre qui habitait une grotte aux parois micacées.
Ils en firent une ville aux toits d'or massif, où devait s'être
réfugié, avec tous ses trésors, le dernier des Incas.

Jusqu'en 1720, l'administration, dans sa sollicitude éclairée, patronna vivement les expéditions partant à la recherche de la ville d'or. A cette époque, on voit encore un gouverneur, appelé Claude Guillouet d'Orvillers, envoyer, aux
frais de la colonie, et sans succès, cela va sans dire, un déta-

chement qui périt à la recherche de la mystérieuse et introuvable cité. Ce fonctionnaire est en somme excusable,
car des hommes de la plus haute valeur payèrent de leur
vie leur croyance à ce roman ridicule, témoin l'illustre
Walter Raleigh.

Ce conte mythologique avait pourtant un fond sérieux.
On a découvert, il y a trente ans, des placers d'or d'alluvion
dans notre Guyane. Mais, hélas! quelques nègres de peu
d'orthographe et de peu de probité, — c'est la moralité
de la fable de l'Eldorado, — dépensent maintenant en
œuvres peu édifiantes les millions que la fortune aveugle
a jetés en leur poche; les jeunes créoles vont mourir dans
le Grand Bois au service de cette engeance, et le gros de
la population descend tous les jours quelques-uns des derniers échelons de la misère.

Pendant que les premiers spécimens de la race placérienne s'abattaient au seizième siècle sur la colonie, les
premiers essais de culture furent également entrepris.
Ceux des louches aventuriers que la frayeur des dangers à
courir attachait au rivage, cultivèrent un peu pour ne pas
mourir de faim. Dès qu'une bouffée de courage leur venait au cœur, ils prenaient le chemin du plateau, c'est-à-
dire de la fortune. Généralement ils ne revenaient plus.

Mais ces traînards de l'armée des *conquistadores* n'étaient
pas des Cincinnati. Pour l'ordinaire, leurs essais agricoles
se bornaient à des vols de bestiaux et de denrées alimentaires, accomplis aux dépens des Indiens du pays. La race
américaine étant moins que celle de Cham disposée à se
résigner à la servitude, les représailles ne se firent pas attendre. De part et d'autre on se mangea. Mais, pendant un
siècle, les Indiens tinrent bon, sans reculer d'un pouce. Et
plus il débarqua de reîtres et de braves sur la côte d'Eldorado, plus il en fut exterminé.

L'esclavage ni la fraternité n'étaient encore inventés à cette époque. La traite des nègres, cette création humanitaire de l'évêque Las Casas, est postérieure. Nos émigrants, en quête de grande aventure et de fortune rapide, ne songeaient nullement à traiter les Indiens en esclaves et encore moins en égaux : ils ne pouvaient les traiter qu'en ennemis.

De l'année 1500 à la fin du seizième siècle, l'Eldorado amena en Guyane des milliers de visiteurs : ce qui n'enrichit pas l'Europe d'une guinée, ni la Guyane d'un colon.

Deuxième époque : Colonisation féodale.

La seconde époque est celle des seigneurs ruinés, capitaines d'aventure, riches d'audace, légers de science, de scrupules et d'argent. Les colons sont des condottieri, des soudards fatigués des champs de bataille, couverts de cicatrices et d'arquebuses, qui se conduisent avec les Galibis comme avec les Impériaux. Trop habitués à la poudre, ces héros ne soupçonnent même pas l'utilité de la hache et de la charrue dans le pays nouveau où ils promènent leur morgue et leur cuirasse. Quand on a longtemps servi le roi ou la patrie, ce n'est pas pour travailler qu'on s'en va sous l'Équateur. Les seigneurs de l'entreprise seront comtes et barons ; les soldats, gentilshommes ayant fiefs ; pour les manants, on n'aura qu'à se baisser pour en prendre : ce seront les Indiens.

Le premier de ces capitaines porte un nom d'opéra-comique : c'est Adalbert de la Ravardière, gentilhomme pauvre, mais illustre et de la plus pure Gascogne. Le bon roi Henri IV l'ayant chargé d'aller visiter la France équinoxiale, pour voir s'il était possible d'y établir une colonie,

le cadet détala de son castel, et, après avoir promené en
Guyane son coup d'œil scrutateur, revint et fut affirmatif
avec tout l'aplomb qui caractérise ses compatriotes. La
Ravardière obtint ainsi la direction de la première colonie
à installer en Guyane.

Le futur seigneur suzerain de la France équinoxiale s'établit à la montagne des Tigres, dans l'île appelée depuis île
de Cayenne. La petite colonie fut conduite militairement,
ce qui ne lui fut peut-être pas très favorable. Toutefois,
la position, sauf l'éloignement de la mer, était bien choisie.
Du monticule on découvre l'île entière, aux alentours la
terre est fertile, non loin de là des rivières se présentent dans
tous les sens pour ouvrir l'intérieur. Malheureusement, au
pied de la belle montagne vivait un chef caraïbe, le terrible
Arrouaïcary, avec qui les nouveaux venus ne surent pas
vivre en bonne intelligence. Le cadet de Gascogne s'avisa
de traiter en manant le guerrier sans blason, et un jour, —
la chronologie ne nous fournit à ce sujet aucun renseigne-
ment précis, — tous les blancs furent massacrés. C'était à
peu près en 1604. La montagne des Tigres est à 6 kilomètres
de Cayenne; elle n'a plus ses Indiens, mais les Européens
n'y sont pas encore arrivés. Elle n'a encore que ses forêts
vierges, et deux ou trois abatis ornés chacun d'une bicoque.

L'aventure de la Ravardière était un début de triste au-
gure, mais on ne se découragea pas. Vers 1610, eut lieu la
prise de possession officielle de la Guyane par la France.
L'espèce de colonisation cosmopolite de l'époque précédente
ne se reverra plus. Il se produisit même à cette époque un
fait très heureux : Sa Majesté se désintéresse d'une question
aussi secondaire que celle de la colonisation, et laisse agir
l'initiative privée, qui, toutefois, ne fera pas non plus
preuve d'une bien grande habileté.

En 1626, des marchands rouennais envoyèrent sur les

bords de la rivière de Sinnamary une colonie de 26 hommes. Ces marchands avaient évidemment plus de chances de réussite que leurs prédécesseurs les colons à rapière. Malheureusement les Normands crurent indispensable de faire commander leurs 26 hommes par un état-major de sergents d'armes. Quelle était l'organisation intérieure de la petite colonie? Quelles furent ses destinées? L'histoire est muette. On voit seulement qu'en 1626 les mêmes commerçants normands envoyèrent sur les bords du Counamama une nouvelle colonie, sous la conduite de nouveaux sergents. Ces établissements en terre vierge, dans le voisinage d'Indiens pacifiques mais peu endurants, ces tentatives entachées dès le début du péché d'administration à outrance et d'organisation féodale, n'eurent qu'un succès médiocre. En 1630 et en 1633, les sergents demandent et obtiennent des renforts.

La France équinoxiale pouvait alors compter 200 colons européens, beaucoup plus qu'aujourd'hui. Qu'advint-il aux colons de la compagnie des marchands de Rouen? C'est le secret des forêts toujours vierges de Sinnamary et de Counamama. Sans doute, fatigués des sergents et de la discipline militaire, les colons normands revinrent dans leur ancienne patrie, ou périrent de misère, d'ennui, ou assassinés par les Indiens, dans leur nouvelle. Peu après l'expédition aux deux colonies du convoi d'émigrants de 1633, les deux postes ne figurent plus sur les cartes.

En 1634, établissement du capitaine Legrand dans l'île de Cayenne. On essaye des cultures sur la côte de Rémire. La colonie de Legrand obtint le privilège du commerce de l'Orénoque et de l'Amazone. La colonie languit.

C'est en 1635 que les Anglais firent leur première visite à notre Guyane. Ils s'y installèrent comme dans une maison abandonnée. Ils occupèrent l'île de Cayenne, et de là firent des excursions ayant pour but l'étude du pays. N'ayant trouvé nulle part aucun travail préparatoire, ni routes, ni ponts, ni canaux, ni ports, ni défrichements, ni dessèchements, les visiteurs reprirent la mer, attendant flegmatiquement le jour où les premiers travaux d'aménagement seraient accomplis.

Combien de fois, mettant en pratique cette politique honnête qui a fait sa fortune, l'Angleterre a-t-elle envoyé voir si notre Guyane était de bonne prise? Mais, comme elle n'a jamais trouvé que des déserts, elle a toujours abandonné sa facile conquête après une rapide inspection. Les Français n'ayant pas encore blanchi les murs de l'édifice, les Anglais n'ont pas encore daigné s'y installer.

A cette époque, le territoire nominal de ce que l'on appelait déjà la France équinoxiale était immense. Cette colonie sur le papier comprenait la totalité de l'île de Guyane. Elle était bornée par l'Orénoque, la Cassiquiare, le Rio Negro, l'Amazone et la mer. Depuis, Anglais, Hollandais, Portugais, Espagnols, s'en sont adjugé sans gêne les plus belles parties, et pourtant la Guyane française actuelle est encore cinq cents fois trop vaste pour sa population.

En 1643, premier grand désastre. Une nouvelle compagnie rouennaise, jouissant du même privilège que la précédente, se forma sous le nom de Compagnie du Cap de Nord. Un sieur Poncet de Brétigny fut chargé de conduire le premier convoi, qui se composait de 300 hommes, ramassis de vagabonds et de truands, sans une seule femme.

Les émigrants étaient engagés pour trois ans. Les aventuriers d'Europe qui s'engageaient alors à trente-six mois de travail dans les colonies ne savaient guère ce qui les attendait. Une fois arrivé à destination, l'engagé était un esclave blanc plus maltraité que ne l'eût été l'esclave nègre, car le dernier était esclave à vie, et le premier pour trois ans seulement. Le maître nourrissait et logeait l'engagé, mais il pouvait le céder pendant le cours de l'engagement. Le prix courant était de trente écus. Il lui assignait sa tâche, le récompensait, le châtiait, l'excédait de travail, le torturait selon son bon plaisir. Parfois il le faisait mourir sous les coups; mais un gentilhomme n'était pas à cette époque, et surtout aux colonies, inquiété pour si peu. L'engagé avait rêvé l'Eldorado : c'était le bâton, le fouet, la torture et la potence qu'il rencontrait.

Poncet aborda dans l'île alors déserte où s'éleva depuis Cayenne. Il y rencontra deux ou trois êtres à peu près nus, mourant de faim, parlant la langue des Galibis, dont ils avaient pris les mœurs. Ces malheureux lui demandèrent protection contre les Indiens qui les avaient réduits en servitude.

Le gentilhomme reconnut en eux des compatriotes, restes misérables des premières expéditions. Ils étaient venus chercher des fiefs et étaient tombés en esclavage.

Poncet ne se laissa point impressionner par ce funeste présage. Il fit le tour de sa petite île, et, ayant découvert sur la côte nord-ouest un monticule d'une assez belle apparence, il en fit l'acquisition au chef indien Cépérou, qui y était établi. Désormais la montagne porta le nom de l'Indien. Cette acquisition était doublement habile. L'endroit était très bien choisi, et c'était de bonne diplomatie que de dépenser quelques bibelots pour se concilier l'amitié d'un chef indigène, plutôt que de le déposséder de vive force, ce que plus d'un capitaine à la place de Poncet n'aurait pas manqué de faire incontinent. Sur le mont Cépérou s'éleva un village qui fut appelé Cayenne, du nom d'un autre chef Indien.

Tout allait bien jusque-là. Malheureusement le sieur de Brétigny, qui avait commencé comme Titus, devait bientôt finir comme Néron.

L'ivresse du pouvoir absolu, l'isolement, la fièvre peut-être ou l'ennui, détraquèrent la cervelle du fondateur. Il se conduisit en bête féroce, chassant et traquant les Galibis ses voisins. Il organisait de grandes salles de torture, où il s'amusait à aller voir supplicier ses hommes aussi bien que les indigènes. Soupçonneux jusqu'à la folie, il proscrivait pour un rêve, torturait, mutilait pour un rire.

Cet affreux tyran ne devait pas tarder à exaspérer son petit peuple. La guerre civile éclata dans la lilliputienne cité du Cépérou, et les Indiens firent une levée de boucliers en faveur des adversaires du tyran. Il y eut des massacres, des assassinats, des batailles. Poncet fut tué par les siens, qui eurent la main plus prompte que les Galibis. Ces égorgements constituent le baptême de Cayenne, dont l'énergumène Poncet doit être considéré comme le fondateur, le parrain, le premier administrateur.

Après la mort de ce fou furieux, la colonie, bien que décimée par la guerre, les maladies, la famine, les excès, n'en continua pas moins, selon les idées et les coutumes de l'époque, à traiter les Indiens en serfs taillables et corvéables à miséricorde et à merci. Arrivés sans femmes, ces étranges colons violaient celles des Galibis, dont ils volaient les filles, qu'il eût pourtant été si simple d'acheter. N'ayant ni graines, ni instruments de travail, ni envie de travailler, ils pillaient les récoltes de leurs voisins et s'efforçaient de faire travailler ceux-ci pour eux. Ils allaient, saccageant les carbets, s'y enivrant de cachiri, commettant cent atrocités. Après la mort de Poncet, l'anarchie régnait dans la colonie décimée. Aucune autorité, aucun lien; les passions déchaînées de ces truands devenus seigneurs constituèrent pour les malheureux Indiens la plus épouvantable tyrannie.

Les restes de l'expédition de Poncet se rendirent enfin

tellement odieux aux indigènes, que le ban de guerre fut publié chez toutes les nations indiennes, de l'Oyapock au Sinnamary, et qu'une armée de confédérés caraïbes vint mettre le siège devant le village de Cayenne, qui fut détruit ; vingt-cinq hommes seulement échappèrent au désastre, en se retranchant fortement au sommet du Cépérou. En 1745, ces malheureux reçurent de France un renfort de quarante hommes envoyés par les associés de Rouen.

Les nouveaux venus, effrayés de la triste situation de la colonie, reprirent aussitôt la mer. Seize seulement, au cœur doublé de chêne et d'airain, furent assez héroïques pour rester. Mal leur en prit. Ils furent massacrés, avec les vingt-cinq autres de l'expédition Poncet, par les Galibis, qui commençaient décidément à prendre les blancs en haine.

On prétend que deux Normands échappèrent, et qu'ils purent se réfugier à Suriname, qui était déjà florissante sous la domination hollandaise. Les Indiens avaient chassé jusqu'au dernier Français de la France équinoxiale, qui redevenait la Noua-Cálina, la terre indienne des premiers jours.

La chronologie nous oblige à enregistrer sept ans plus tard, en 1652, un second grand désastre. Cette fois il ne s'agit pas de la mort d'environ 400 hommes, mais de plus de 800. Après quoi l'île de Cayenne et la France équinoxiale seront encore une fois purgées de colons français. Vers la fin de 1654, s'était formée à Paris une grande société, sous le nom de *Compagnie de la France équinoxiale*.

La colonie déserte était donnée à douze seigneurs associés. La compagnie du cap de Nord, qui n'avait pas rempli ses engagements, était dépossédée de ses privilèges Nous possédons quelques renseignements sur l'organisation de cette compagnie des douze seigneurs, ou de la France équinoxiale.

Ces douze seigneurs de la Guyane, en intelligents oligar-

ques, même avant d'arriver en Guyane, avant de partir de
France, usent la meilleure partie de leur autorité dans des
querelles de préséance. Les douze seigneurs, qui s'estimaient
autant que de petits rois, seront les douze pairs de la
Guyane.

Leurs hommes auront des fiefs et seront seigneurs vassaux. Et l'on partit à la conquête de la colonie comme on
serait parti à celle de la Palestine.

Les douze seigneurs pensaient sans doute puiser à pleines
mains aux trésors de l'Eldorado, car ils ne réunirent que
8,000 écus pour s'en aller coloniser les déserts de la contrée. D'ailleurs, ils ne comptaient guère coloniser, puisque,
parmi leurs 800 hommes, on ne trouve qu'une douzaine
de cultivateurs. Le reste se compose d'ouvriers de tous métiers, et principalement de gens sans profession. Tous ces
individus, rebut des villes et des armées, étaient atteints
de deux maladies communes : la dissipation et la paresse.
Ils n'amenaient point de femmes avec eux; ils comptaient
bien prendre celles des Indiens. Ils n'avaient presque pas
d'instruments de culture : les Indiens sont là pour les nourrir. Ces déguenillés ont à peine un vêtement de rechange,
mais bah! l'engagement n'est que de trois ans, et au bout
de trois ans ce sera la fortune, et alors on pourra s'établir d'une façon grandiose. La fortune! les seigneurs la
leur avaient promise, et sans doute tous y avaient cru;
mais ce ne fut point la fortune que tous ces malheureux
rencontrèrent dans la terre de l'Eldorado. La fainéantise
fit mourir de faim ceux auxquels les rapts de femmes indiennes n'avaient pas valu les honneurs du scalp. Pauvre
Guillaume le tailleur! Pauvre Jacques le maçon! qui croyaient
partir, sous la conduite d'un nouveau duc de Norman-
die, à la conquête d'un fief ou d'un trésor dans une nouvelle Angleterre!

Ces 800 victimes partirent de Paris. L'abbé de Marivault, l'âme de l'expédition, et le sieur de Royville, le chef militaire, les dirigeaient. Marivault se noya pendant la descente de la Seine. Royville fut assassiné en mer par un de ses coassociés. Quand l'expédition, privée de ses deux principaux chefs, débarqua au Cépérou, elle y trouva 60 hommes que la compagnie du cap de Nord y avait envoyés en toute hâte, pour maintenir ses droits à la possession de la Guyane. Mais les nouveaux arrivés étaient trop nombreux, et les 60 hommes de l'ancienne compagnie trop indifférents. Ces derniers passèrent avec armes et bagages à la compagnie nouvelle. Cayenne s'agrandit, on traça quelques rues, on fortifia la ville naissante, la colonie reçut un commencement d'organisation. Mais l'accord ne pouvait longtemps se maintenir entre ces colons flibustiers sans sou ni maille, sans vivres, sans instruments de travail ni envie de travailler. Au lieu de piocher la terre pour ne pas mourir de faim, ils se mirent à se chamailler, à se battre, à s'assassiner, à se juger. On créa un tribunal suprême. Dès le premier jour il y eut des condamnations capitales et des condamnations à l'exil, en face de la disette et des Indiens menaçants. Sans esprit d'égalité et sans esprit de discipline, ils ne purent échapper à la guerre civile; fainéants, ils n'échappèrent pas à la faim; cruels et tyranniques, ils exaspérèrent leurs voisins. Les nations indiennes s'unirent contre ces hommes blancs qui volaient les femmes, le bestiaux, les récoltes, et réduisaient les tribus en esclavage.

Un Vercingétorix indigène fit cacher toutes les provisions, et, au moment où la famine était le plus atroce, il fondit sur les malheureux affamés. Douze ou quinze échappèrent et gagnèrent Suriname. C'était en 1654. Cayenne mourait une seconde fois.

L'année suivante, les Hollandais, qui, eux, ne redoutaient pas les Indiens à Suriname et qui voyaient leur colonie prospérer avec rapidité, se résolurent à faire de nouveaux établissements.

Le territoire de la France équinoxiale étant redevenu aussi désert que le jour où Vincent Pinçon en avait reconnu les côtes, les colons de Suriname envoyèrent dans l'île de Cayenne un certain Sprenger, qui, avec quelques centaines de juifs hollandais chassés du Brésil par les Portugais, se maintint sans difficulté pendant huit années, de 1655 à 1663, et qui étendit même ses opérations jusqu'à l'Oyapock et à Sinnamary. Sous la directin de cet homme, apparemment plus intelligent et plus habile que Poncet et les douze seigneurs, la colonie prospéra, les premières cultures furent organisées, les premiers esclaves nègres introduits.

Les succès du bourgeois Sprenger excitèrent l'envie et l'émulation des nobles seigneurs de la France équinoxiale. Ils organisèrent une seconde société, qui porta le même nom que celle qui venait d'éprouver un si lamentable échec; ils réunirent un capital de 200,000 livres et un convoi de mille émigrants, et remirent le commandement de l'expédition à un M. de la Barre, devant qui le bourgeois Sprenger et ses colons hollandais durent se retirer. Le sieur de la Barre attacha son nom à un troisième grand désastre. Au moins, plus intelligent que les Poncet et les Royville, la Barre sut-il sauver sa peau.

L'organisation de la nouvelle compagnie avait été fidèlement calquée sur celle de l'ancienne.

En moins d'un an, les mille émigrants étaient à peu près tous morts : les Indiens, la disette, la guerre civile, avaient encore une fois fait justice de ces tentatives insensées de colonisation féodale.

Le seigneur de la Barre dut être un bien grand intrigant. Colbert, en 1664, après l'échec total de la seconde compa-

gnie de la France équinoxiale, attribuant à l'incompétence
de l'initiative privée l'insuccès des nombreuses tentatives de
colonisation française en Amérique, fonda une Compagnie
royale des Indes occidentales. Cette société avait, à titre de
vassale de la couronne, et sous la surveillance de l'autorité
royale, la pleine possession pour quarante années de tous
les établissements français en Amérique, du Labrador à
l'Amazone. Conception assez malheureuse, car, dès que
l'autorité royale ne s'appellera plus Colbert, la compagnie,
aux inconvénients propres aux sociétés telles que celle que
l'on créait alors, joindra ceux d'une tutelle inintelligente,
incapable, vétilleuse et tracassière. Si la création par Colbert d'une telle compagnie fut chose regrettable, le choix
de l'homme qu'il lui donna pour directeur est monstrueux.

Les hommes les plus intelligents et les plus honnêtes peuvent décidément tomber dans de singulières aberrations.
Colbert choisit pour diriger les affaires de la compagnie
royale en Guyane le sieur de la Barre, qu'il eût beaucoup
mieux fait d'envoyer à la Bastille.

Le sire de la Barre vit s'accomplir le quatrième grand désastre, après avoir mené à bonne fin le troisième. Ce seigneur
arriva en 1664 avec un nouveau convoi, — convoi, c'est bien
le mot, — de mille colons, prendre possession de Cayenne
au nom de la Société royale. Les maisons détruites furent
relevées, on en construisit de nouvelles, et, en 1667,
Cayenne était un gros village. Mais quelques corsaires anglais
vinrent l'attaquer. M. de la Barre, aussi brave capitaine à
cette occasion qu'il s'était montré déjà habile administrateur, se retira dans l'intérieur avec quelques prêtres et laissa
passer l'orage. Les corsaires massacrèrent ou dispersèrent
la population, incendièrent Cayenne, puis, satisfaits, remon-
tèrent sur leurs navires.

M. de la Barre sortit de sa cachette, et courut en hâte aver-

tir Colbert. Cet étrange personnage trouva encore moyen
de se faire envoyer à Cayenne comme gouverneur, quand
la colonie eut passé à la couronne. Lorsque la Barre partit
en 1667 pour recevoir la récompense qu'il avait si bien
gagnée, le pays, qui avait été ruiné par sa faute et qu'il
devait bientôt revenir administrer, présentait un aspect
navrant. Le bourg, aux trois quarts détruit, était en pleine
forêt vierge. Nulle route, mais seulement les sentiers de
forêt tracés par les Galibis dans leurs chasses. Pas de défrichements. Dans l'île de Cayenne, quelques centaines
d'individus dispersés dans des huttes, à moitié nus, malades, vivant à la sauvage et ne faisant pas plus de culture
que le commun des indigènes. Partout ailleurs, du Maroni
à l'Amazone, les solitudes des grands bois, empire des
fauves et des guerriers caraïbes. Il semble même y avoir
recrudescence de barbarie : les Galibis de la côte, fatigués
par leur lutte contre les Français, abandonnent leurs abatis
et ne repoussent même plus les tigres, qui viennent manger
les chiens jusque dans les carbets. Les carnassiers tiennent
assiégé le pauvre petit hameau de Cayenne, où quelques
douzaines de Français affamés, grelottant de fièvre dans
leurs huttes, attendent dans le découragement l'arrivée des
renforts d'Europe... ou de la mort libératrice (1667).

Ainsi, depuis cinquante ans, quelques milliers de Français étaient venus mourir sur ce rivage inhospitalier, sans
même laisser trace de leur passage.

Mais l'époque de la colonisation féodale touche à sa fin,
et, dans l'époque suivante, nous aurons au moins la satisfaction de rencontrer, à côté d'effrayants malheurs cau-
sés par l'impéritie administrative, quelques succès sérieux,
obtenus par de nouveaux colons, colons véritables ceux-
là, expérimentés, laborieux et énergiques.

Troisième époque : Administration directe
de la couronne. — Colbert.

Colbert ne se découragea pas. La société vassale n'ayant pas réussi, cette société fut supprimée en 1674, et toutes les colonies passèrent au domaine de la couronne.

Ce sera désormais à l'administration elle-même que nous aurons à adresser nos éloges.

La Guyane, directement administrée par la couronne, prospéra pendant un siècle. Jusqu'à la Révolution, l'impulsion de Colbert se fit sentir, et la France équinoxiale, durant cette troisième époque de son histoire, atteignit son maximum de prospérité. Colbert n'a pas donné son nom à une rue de Cayenne, mais un jour il aura sans doute sa statue sur la plus grande place de la ville. Quand l'action gouvernementale s'appelle Colbert, j'en suis enthousiaste plus que pas un.

Pourquoi faut-il qu'à notre époque les Colbert soient devenus si rares !

Depuis 1789, la France métropolitaine a singulièrement grandi dans tous les sens, tandis que la plupart de ses colonies à nègres ont périclité. Ce qui prouve, entre autres choses, que ce qui est précieux pour les Parisiens peut être dangereux et nuisible, appliqué aux habitants de la côte de Krou. Et c'est là une vérité que nos politiques à principes ne reconnaissent peut-être pas assez.

L'époque de l'ancien régime en Guyane, époque de l'esclavage et des réductions, ne fut pas cependant sans bien des traverses. Deux ans après la grande mesure qui devait transformer la colonie, les Hollandais vinrent voir où nous en étions de notre œuvre de conquête du sol. Ils

campèrent deux ans au Cépérou, sur les ruines de nos cinq
ou six désastres. Ils se rendirent si bien compte que la besogne des Français n'avançait pas, que, lorsque d'Estrées
vint les surprendre et les tirer de leur quiétude, ils lui abandonnèrent la place sans coup férir.

Le grand ministre se, mit alors à l'œuvre. Il envoya d'a-
bord un détachement relever les maisons croulantes, reconstruire les maisons incendiées, nettoyer la place où l'on
allait se réinstaller encore une fois. Puis, en économiste
qu'il était, en homme de génie ayant la connaissance ou
l'intuition des règles d'une colonisation intelligente, il en-
treprit de mener de front, pour le plus grand bien de la
contrée, ces trois œuvres fondamentales : l'exploration de la
côte et de l'intérieur, l'introduction de travailleurs et
d'immigrants, des essais généraux de défrichements et de
culture.

La première exploration scientifique de la Guyane française fut accomplie à cette époque, en 1674, par ordre de
Colbert. Les jésuites Grillet et Béchamel furent chargés de
reconnaître les montagnes, les rivières et le climat du pays,
et de s'avancer aussi loin que possible dans l'intérieur des
terres. Les deux pères s'occupèrent en même temps de caté-
chiser les Indiens, et s'efforcèrent de les amener à la côte
dans les réductions qu'ils se proposaient d'organiser. Les résultats de ce voyage de cinq mois, qui coûta la vie aux deux
explorateurs, morts de la fièvre à leur retour, furent à peu
près insignifiants. L'Approuague fut remonté et l'Oyapock
descendu ; mais les observations scientifiques furent nulles,
et les conversions furent bien rares chez les tribus indiennes
de l'intérieur, tribus encore anthropophages pour la plupart. On ne peut guère se faire une idée en France des
difficultés immenses que présente l'accomplissement d'un
voyage scientifique dans l'intérieur de la Guyane. Ces diffi-

cultés expliquent pourquoi, jusqu'à nos jours, on n'a pu
obtenir rien de bien précis sur ces régions trop bien gardées. Qu'on s'imagine un pays plein de forêts et vide d'habitants, entrecoupé d'innombrables rivières entrelacées,
larges, profondes, semées de rochers, de rapides, de sauts,
où les canotiers médiocres se noient et où les excellents
font vingt kilomètres par jour; qu'on se figure des lacis de
marécages pleins de roseaux de trois mètres de hauteur au
milieu desquels il faut s'orienter, des savanes tremblantes
qui creusent un tombeau sous les pas du voyageur, la boue
pestilentielle où grouillent toute la vermine et tous les insectes de la création; qu'on se représente l'impossibilité
d'emporter des instruments, les montres même se détra-
quant en route ou se brisant; l'impossibilité de tenter d'autres observations que celles de longitude ou de latitude
qu'il faut encore faire à grands coups de hache au sein de
forêts cachant le soleil; et, par-dessus tout, que l'on tienne
compte de l'immense difficulté des transports, de la nécessité de vivre de rien, des tourments de la fièvre des marais
qui ronge les os et rapetisse le cœur, et l'on comprendra
que les trente ou quarante voyageurs qui se sont aventu-
rés dans les sombres solitudes de la Guyane ne nous aient
guère parlé d'autre chose que du nombre de sauts qu'ils ont
rencontrés dans leurs canotages, et du nombre de dindes des
bois et de perroquets qu'ils ont abattus à coups de fusil.

Dans de telles conditions, Colbert ne pouvait en vingt ans
faire explorer toute la Guyane. Mais il eut la gloire de penser le premier aux investigations géographiques.

Il fut aussi le premier à s'occuper en grand de l'introduction des travailleurs. Selon la coutume du temps, il eut
recours à la traite. La proximité des côtes de Guinée pro-
mettait un recrutement facile. En quelques années, le nombre des esclaves introduits par Sprenger décuplait.

En 1685, ils étaient au nombre de 1,500. Colbert encouragea aussi les réductions des jésuites, dont nous étudierons plus loin les remarquables progrès et les très importants résultats.

Enfin il vida en Guyane quelques bagnes et quelques prisons de France, pour faire faire dans la colonie les travaux préparatoires qui faisaient alors complètement défaut, — et qui ne sont guère plus avancés aujourd'hui qu'à cette époque. Colbert utilisait tout, faisait flèche de tout bois; il recherchait les forçats pour lui faire des routes, les jésuites pour lui fournir des Indiens, les négriers pour lui vendre des Africains. A l'école de Colbert, Messieurs les administrateurs contemporains! Qu'a-t-on fait des quatre mille forçats que l'on est censé utiliser depuis trente ans? Des parasites. Qu'a-t-on fait des Indiens? On les a méprisés et assassinés. Qu'avons-nous fait des nègres qui peuplent la colonie? Nous les avons pressés sur notre cœur, dorlotés, choyés, et nous leur avons appris à voter au lieu de leur apprendre à faire du sucre.

Dès cette lointaine époque de Colbert, la colonie avait plus de culture qu'aujourd'hui. En possession de travailleurs, encouragés par l'intelligente et énergique initiative du grand ministre, les Français arrivèrent et prospérèrent. Un bon ministre enrichit nos nationaux de Paris à Pékin; avec un mauvais, nos intérêts vont à la dérive dans les cinq parties du monde. C'est là un des nombreux avantages de cette admirable centralisation, sans laquelle pourtant il n'y a pas de civilisation possible.

Colbert voulut créer la colonie, et il la créa. Il dit : Que l'agriculture soit, et l'agriculture fut. Canne, coton, indigo, roucou sortirent de terre, et la magnificence des plantations des colons proclama le génie du créateur de la colonie. On ne soupçonne pas ce que pourraient des colons français,

— j'entends des Français comme vous et moi, des fils de
Gaulois, et non des enfants de Toussaint Louverture, —
sous une direction intelligente, ou mieux encore s'ils n'é-
taient pas dirigés du tout, mais seulement éclairés et aidés.

En 1686, la colonie s'accrut encore en population et en
richesse. Plusieurs flibustiers, enrichis des dépouilles de la
mer du Sud, vinrent s'établir à Cayenne. L'or et l'argent
abondèrent. Par exception, ces richesses factices et de mauvais aloi furent bien employées. Les pirates se firent planteurs, et dépensèrent des sommes énormes à créer de vastes
et somptueuses exploitations. Toutefois, les forbans qui
avaient si soudainement enrichi le pays allaient bientôt le
ruiner aux trois quarts. Le bien mal acquis profite rarement :
cet aphorisme de morale banale est ici vérifié par l'histoire.
Le souvenir de la fortune merveilleuse des aventuriers de la
mer hantait et obsédait l'esprit de la population créole.
Chacun se faisait cette réflexion judicieuse, que l'argent est
plus facile à gagner dans le métier de voleur que dans celui
de colon. En 1688, l'esprit de conquête, d'aventure et de
pillage, l'emporte définitivement sur l'esprit des affaires.
Sous le drapeau d'un écumeur de mer, appelé Ducasse, la
moitié des colons français partit à la conquête de la riche
Suriname, qu'ils comptaient bien dévaliser. Par malheur,
la fortune ne favorisa pas leur patriotique entreprise. Suriname, la bien gardée, n'eut pas de peine à repousser ses
agresseurs, et ceux des héros de Cayenne qui échappèrent
aux projectiles néerlandais n'osèrent s'exposer aux brocards
de leurs compatriotes de la Guyane française. Penauds,
honteux, confus et, par-dessus le marché, ruinés, ils se di-
rigèrent sur les Antilles, où ils se fixèrent. Cet épisode est
plein d'actualité. Nous connaissons tels Cayennais qui,
trouvant le travail agricole indigne de captiver leur belle
intelligence, se sont mis en gentilshommes à chercher, dé-

couvrir et voler des placers. Les malheureux, après avoir
plus d'une fois perdu, reconquis, reperdu leurs trésors, se
trouvent finalement, après une carrière abominable, plus
Gros-Jean que devant. Le désastre de 1688 avait tiré à la
colonie son mauvais sang. Il restait encore 400 Français,
une garnison de 200 hommes et 1,500 nègres esclaves. Le
travail reprit avec plus d'énergie que jamais, et, en 1690,
Cayenne bâtit sa première église, sans doute pour demander
à l'Éternel de ne pas damner les flibustiers de 1688.

Un événement beaucoup plus considérable s'accomplis-
sait pendant ce temps. Colbert n'était plus là pour veiller
à la conservation de ce qui nous restait encore de nos anciennes possessions de la France équinoxiale. Nous avions
tacitement accepté la limite du Maroni, au nord de laquelle s'étaient établis les Hollandais et les Anglais; mais,
au sud, nos limites de l'Amazone et du Rio-Négro étaient
violées par les Portugais, qui occupaient la rive gauche du
grand fleuve et s'avançaient vers l'Oyapock. Par bonheur,
la Guyane française était alors gouvernée par M. de Férolles, l'un des cinq ou six grands administrateurs dont se
glorifie cette colonie. Férolles fit faire à travers bois un chemin qui, partant de Cayenne, devait aboutir à l'Amazone,
mais qui ne put être continué au delà de l'Oyapock. C'est
la plus importante tentative de pénétration de l'intérieur
qui eût été faite jusqu'à ce jour, — et qui ait jamais été faite
depuis. La manifestation suffit à amener les Portugais à signer le traité de 1700, par lequel ils nous reconnaissaient
au sud nos anciennes limites. Mais bientôt Férolles fut rappelé et ne put continuer son œuvre. Une population portugaise s'était établie sur notre territoire; les Indiens de la
région avaient été emmenés en masse par nos adversaires
sur la rive gauche de l'Amazone, où, sous le nom de Tapouyes, ils furent catéchisés, initiés à la langue et à la civili-

sation portugaises, et constituèrent en face de nous une sérieuse avant-garde. Il eût fallu échelonner jusqu'à l'Amazone une série de postes de colons français et lancer les jésuites jusqu'au Rio-Négro, pour organiser des réductions. Férolles savait tout cela et voulait agir. Il fut rappelé. Lui parti, la ténacité des Portugais et l'incurie du gouvernement de Versailles firent le reste.

Il eût été bien simple de se servir des jésuites. Ils avaient fait leur apparition en Guyane sous le ministère de Colbert. Dès le début, ils furent de précieux auxiliaires pour la colonisation du pays. Ils organisèrent à l'embouchure du Kourou, dans la région qu'ils appelèrent Guatimala, et sur les bords de l'Oyapock jusqu'au confluent du Camopi, à Saint-Paul, à Sikeni, à Saint-Pierre, des réductions fameuses, sur le modèle de celles qui avaient si bien réussi au Paraguay. Le succès fut médiocre au début; mais les jésuites sont patients. Ils s'appliquèrent à réparer la faute énorme qu'avaient commise les premiers administrateurs en négligeant de s'attirer les Indiens et de se mêler à eux. Ils avaient compris que cette impénétrable Guyane ne pouvait être conquise à la civilisation que par des aborigènes civilisés ou des métis d'Européen et d'Indien. Ils pressentaient que les destinées de l'Amérique méridionale étaient aux mains de la race rouge et des blancs, et que, pour une œuvre de progrès, il n'y avait guère à compter sur les nègres. L'expérience a confirmé la plupart de ces prévisions.

Dans leur ardeur des premiers jours, les jésuites comptaient pouvoir réunir dans leurs réductions plus de 50,000 aborigènes. Le chiffre eût probablement été atteint, si, en 1764, après un siècle de fructueux essais, les jésuites ne s'étaient pas vu expulser, par décret, de Cayenne comme de Paris. Louis XIV et Louis XV faisaient de l'unité négative en expulsant, l'un les protestants, et l'autre les jésuites;

de même, à notre époque, on a fait de l'unité positive en décrétant l'égalité politique du Parisien et du moricaud. Ce sont deux façons différentes, mais également sensées, de comprendre le grand principe d'unité.

Les jésuites expulsés, les 10,000 Indiens qu'ils avaient amenés à nous, la race métisse qui se formait, les splendides exploitations de Guatimala et de l'Oyapock, tout cela disparut et retourna à la forêt vierge. La colonie perdit les deux tiers de ses habitants et plus de la moitié de son commerce. La devise : Périssent les colonies plutôt qu'un principe! n'est pas aussi révolutionnaire qu'on le croit; Louis XIV l'aurait acceptée aussi bien que Robespierre. Sans creuser cette question, rendons hommage en passant au grand ministre Choiseul, l'auteur de cette intelligente mesure, comme nous lui rendrons hommage un peu plus loin pour son habile expédition de Kourou, si bien conçue, si bien menée, si féconde en résultats. La redoutable congrégation une fois chassée de la colonie, les administrateurs laïques, bien qu'ayant la main plus lourde et la tyrannie plus brutale que les doucereux et cauteleux congréganistes, eussent pu essayer de retenir les Indiens. Mais les gouverneurs de ce temps-là tenaient déjà le langage que nous entendons parfois tenir : « Qu'avons-nous à faire de ces sauvages? nous préférons un nègre à mille Indiens. » On peut voir par cette phrase d'un intelligent fonctionnaire du dix-huitième siècle, que la négromanie, qui était chez nous naguère dans sa phase aiguë, est une maladie qui nous travaille depuis de longues années.

C'est pour n'avoir pas dédaigné ces sauvages, cette canaille indienne, que les républiques Andine et l'empire du Brésil sont aujourd'hui des États civilisés et prospères.

La France équinoxiale eût pu être un Pérou en l'an de grâce 1885. Or, qu'est-ce que notre Guyane française? Osons-nous seulement prononcer à haute voix en France le nom de son chef-lieu?

On avait récemment à Paris un cimetière à baptiser : on l'a appelé Cayenne!

Les nobles seigneurs qui furent successivement appelés à gouverner la Guyane française, jusqu'en 1764, ne songèrent pas à envoyer de colons ni de jésuites dans l'intérieur. En même temps les Portugais organisaient d'immenses battues dans ces vastes territoires, et fixaient les tribus sur les bords du grand fleuve, où elles se fondirent dans la nation mixte des Tapouyes. Les Portugais ne dédaignaient pas non plus la côte, et envoyaient des nationaux coloniser le littoral atlantique jusqu'à l'embouchure de l'Oyapock. Aussi, quand en 1713 la France vaincue dut subir la loi du plus fort, le traité d'Utrecht ne fit que consacrer l'usurpation.

Il fixa nos frontières entre la rivière Vincent-Pinçon et le Maroni, sans explication pour l'intérieur.

Les Portugais voulurent voir dans la rivière Vincent-Pinçon le fleuve de l'Oyapock. Depuis cent soixante-dix ans, la France dispute sur ce point. Pour elle, la vraie rivière Pinçon se trouve vers l'Aragouary ou même sous l'Équateur. Le Portugal, en attendant, peupla le territoire contesté. A l'origine, il eût évidemment mieux valu pour la colonie française être resserrée dans les limites étroites, mais précises, qu'on lui assignait.

Une grande ville comme Para, ou même, comme Vigia sur la rive droite de l'Oyapock, aurait été plus profitable à notre Guyane que la possession hypothétique de quelques milliers de kilomètres carrés de forêts vierges au delà de nos frontières officielles.

Encore aujourd'hui on dispute sur la question. On a dépensé en pourparlers et en brochures, sur cette affaire palpitante de l'attribution d'un territoire désert entre deux pays qui ne le sont guère moins, assez d'intelligence et de travail pour remplir la carrière d'une douzaine de diplomates laborieux.

Un partage quelconque à l'amiable, avec une délimitation précise, fait à la suite d'une reconnaissance sérieuse de la région, voilà ce que le bon sens conseille depuis plus d'un siècle: ce qui n'empêchera probablement pas le territoire contesté de rester encore indivis pendant de longues années. Et pourtant, une des causes de marasme de notre pauvre petite colonie est l'existence de cette marche inattribuée entre son territoire et celui de l'immense empire du Brésil.

En 1713, toutefois, le traité d'Utrecht passa presque inaperçu à Cayenne. Les colons concentrés dans l'île et le tour de l'île ne s'occupaient qu'à développer leurs cultures. En 1716, celle du café fut introduite. Ce fut la première de nos colonies qui s'y livra. Aujourd'hui c'est celle qui en produit le moins. Vers 1730, on planta le cacao.

La colonie continuait à se développer, lentement mais sûrement. Elle comptait 1,200 colons blancs, vingt fois plus qu'aujourd'hui; 5,000 esclaves noirs, 2,000 mulâtres; ce qui, avec les 10,000 Indiens des réductions, donnait le chiffre total de 18,000 habitants, chiffre actuel. Mais alors tout le monde travaillait. Les mulâtres étaient libres et artisans; les noirs, esclaves agricoles; les Indiens des réductions ne s'occupaient également que d'agriculture. Les blancs formaient l'état-major des patrons et des contre-maîtres. L'exportation et l'importation réunies atteignaient le chiffre de un million de livres, qui en vaudraient bien cinq aujourd'hui. L'or défalqué, le commerce général de la colonie n'était pas de un million de francs en 1882. En 1760, la colonie produisait quatre fois plus de roucou, trois fois plus de cacao, douze fois plus de coton, deux fois plus de sucre qu'aujourd'hui. Les Indiens des réductions fournissaient la moitié à l'exportation et récoltaient le tiers de la totalité des produits de la colonie. Cayenne était populaire en France, et l'Académie s'occupait des Galibis.

Deux événements malheureux, deux mesures inqualifiables, faillirent ruiner la colonie, et produisirent l'effet de deux secousses de tremblement de terre sur une maison en construction : l'expulsion des jésuites priva la colonie des deux tiers de ses travailleurs ; l'expédition de Kourou ruina le crédit de Cayenne, qui fut dépopularisée en France. Ces deux malheurs sont aussi déplorables l'un que l'autre. On comptait cent mille Indiens dans notre territoire à la fin du siècle dernier ; on en trouverait à peine aujourd'hui quelques milliers, craintifs, errants, cachés dans les grands bois.

La mort de 14,000 colons, victimes de la coupable impéritie de Choiseul et du chevalier Turgot, porta un coup terrible à la colonisation européenne en Guyane.

L'expédition de Kourou est un épisode anachronique de la colonisation féodale. On peut la considérer comme le cinquième grand désastre des seigneurs quêtant fiefs. Les seigneurs, cette fois, s'appellent Choiseul, Praslin et Turgot. Choiseul, dans l'intention de refaire sa fortune, se fit donner par Louis XV le territoire entre Kourou et Maroni, afin de le distribuer en fiefs aux cadets de sa famille, qui deviendraient ses vassaux.

Le chevalier Turgot, frère du futur grand ministre, fut mis à la tête de l'affaire avec un respectable majorat. On recruta, principalement en Alsace et en Lorraine, quinze mille malheureux, dont les uns devaient devenir seigneurs vassaux, mais le plus grand nombre rester serfs.

Les émigrants ne devaient point être difficiles à recruter. On était au lendemain de la paix de 1763, et, comme au

beau temps des expéditions de Poncet de Brétigny et de
M. de la Barre, on raconta aux soldats licenciés que s'ils
voulaient, au prix de quelques dangers, faire une fortune
rapide, ils n'avaient qu'à s'enrôler pour l'expédition de
Kourou.

« Je débutais à cette époque, dit Malouet, dans l'administration de la marine, et fus chargé de passer en revue
les hommes et les approvisionnements destinés à l'expédition. C'était un spectacle déplorable, même pour mon in-
expérience, que celui de cette multitude d'insensés de toutes
les classes qui comptaient sur une fortune rapide, et parmi
lesquels, indépendamment des anciens soldats, travailleurs,
paysans, on comptait des capitalistes, des jeunes gens bien
élevés, des familles entières d'artisans, des bourgeois, des
gentilshommes, une foule d'employés civils et militaires, et
enfin une troupe de comédiens et de musiciens destinés à
l'amusement de la nouvelle colonie. J'étais loin de penser
alors que j'irais visiter les tombeaux de ces infortunés, et
que, malgré l'exemple frappant qui coûtait à l'État 14,000
hommes et 11 millions, j'aurais bientôt à lutter contre
de pareilles folies. »

On y allait comme à une fête. « Un homme entre deux
âges, raconte Pitou dans son *Voyage à Cayenne,* un homme
entre deux âges, marié ou non, vend son bien, arrive à Ro-
chefort pour s'embarquer, et veut choisir une compagne de
voyage. Il rôde dans la ville, en attendant que le bâtiment
mette à la voile. A onze heures, une jeune cuisinière vient
remplir sa cruche à la fontaine de l'hôpital. Notre homme
la lorgne, l'accoste, lui fait sa déclaration : « Ma fille, vous
êtes aimable, vous me plaisez; nous ne nous connaissons
ni l'un ni l'autre, mais ça ne fait rien. J'ai quelque argent,
je pars pour Cayenne; venez avec moi, je ferai votre bonheur. » Il lui détaille les avantages promis et se résume

ainsi : « Donnez-moi la main, nous vivrons ensemble. —
Mais, Monsieur, je veux me marier. — Qu'à cela ne tienne,
venez. — Je le voudrais bien, Monsieur, mais mon maître va
m'attendre. — Eh bien, ma fille, mettez là votre cruche et
entrons dans la première église. Vous savez que nous n'a-
vons pas besoin de bans, les prêtres ont ordre de marier au
plus vite tous ceux qui se présentent pour l'établissement
de Cayenne. » — Ils vont à Saint-Louis, un des vicaires ache-
vait la messe, de onze heures; les futurs se prennent par la
main, marchent au sanctuaire, donnent leurs noms au prê-
tre, sont mariés à l'issue de la messe, et s'en retournent faire
leurs dispositions pour le voyage. La cuisinière revient un peu
tard chez son maître et lui dit en posant sa cruche : « Monsieur, donnez-moi, s'il vous plaît, mon compte. — Le voilà,
ma fille; mais pourquoi veux-tu t'en aller? — Monsieur, c'est
que je suis mariée. — Mariée, et depuis quand? — Tout à
l'heure, Monsieur, et je pars pour Cayenne. — Qu'est-ce
que ce pays-là? — Oh! Monsieur, c'est une nouvelle découverte; on y trouve des mines d'or et d'argent, des diamants, du café, du sucre et du coton, et dans deux ans on
y fait sa fortune. — C'est bien, ma fille; mais d'où est ton
mari? — De la Flandre autrichienne, à ce que je crois. —
Depuis combien de temps avez-vous fait connaissance? —
Ce matin à la fontaine. Il m'a parlé de mariage, nous avons
été à Saint-Louis, M. le vicaire a bâclé l'affaire, et voilà
mon extrait de mariage. »

Rien n'avait été oublié. On avait rédigé pour la nouvelle
colonie un code très volumineux. Les colons étaient convenablement étiquetés et hiérarchisés en travailleurs, concessionnaires, seigneurs, suzerains. On avait fait une immense
réclame, chacun s'était mis en frais de promesses, et tout
allait immanquablement aller pour le mieux dans la meilleure des colonies possibles. Ce fut de l'enthousiasme, du

délire. Pourtant, à Paris, quelques mauvais esprits s'amusaient déjà à chansonner Choiseul et Turgot au sujet de leur expédition de Kourou.

Cependant, en arrivant dans les ports, les colons n'eurent pas de peine à s'apercevoir que l'administration se moquait d'eux avec impudence, car elle ne tint à peu près aucune des promesses qu'elle avait faites. Mais les colons étaient trop ardents, ils passèrent outre.

Bien heureusement pour Choiseul, si ces colons étaient un peu étourdis, l'homme qu'il avait placé à la tête de l'entreprise était d'une valeur incontestable. D'abord le chevalier Turgot était colonel de dragons; ensuite il était frère du célèbre économiste; enfin, il était botaniste et agronome avec les militaires, et homme du monde avec les agronomes et les botanistes. Il était plein de son génie, superficiel et vide; savait être, selon les occasions, hautain ou rampant; possédait le don de n'être jamais lui-même; en un mot un véritable homme de cour. Avec de telles qualités, il n'est pas surprenant qu'il ait pu fournir une carrière rapide dans l'administration. « Lorsque le chevalier Turgot fut présenté à Louis XV, racontent les mémoires du temps, le roi, en le voyant, poussa cette exclamation : « Ah ! voilà le chevalier de Turgot; du génie! des vues! des idées neuves! — Sire, dit le duc de Choiseul, c'est aussi le gouverneur de la France équinoxiale. » Et c'est ainsi que le gouverneur Turgot fut fait directeur de l'expédition de Kourou. Quelques jours après, Turgot s'extasiant devant le duc d'Ayen, qui l'avait recommandé au duc de Choiseul, de ce que le roi l'avait reconnu : « Cela ne doit pas vous étonner, répondit le duc d'Ayen, car je saisis, la semaine dernière, l'occasion de parler de vous à Sa Majesté. C'était à Choisy, pendant le souper; on avait servi un faisan à la tartare que le roi trouva excellent. L'idée me venant de parler de vous, je lui dis que j'en avais mangé accommodé à la turque, et que c'était le chevalier Turgot qui en avait donné la recette à mon jardinier. — J'en veux avoir, répondit le roi. Et puis, le roi savait que vous étiez borgne. »

« On espéra, dit Rufz, corriger ce que ce choix avait de malheureux, en adjoignant à Turgot, pour intendant, Thibaut de Champvalon, homme grave, doux et médiocre, auteur d'un petit livre sur la Martinique. Thibaut de Champvalon se prépara à remplir dignement sa mission. Il consulta tous les hommes qui avaient eu occasion de visiter la Guyane, s'entoura de tous les livres, plans, cartes, mémoires sur cette colonie, et, à la fin, le digne homme en arriva à s'éprendre pour l'entreprise du zèle dont un auteur s'enflamme pour son sujet. Être le fondateur d'une colonie ! Aller porter triomphalement au loin les arts et la civilisation ! Couvrir de récoltes les champs incultes ! Changer des forêts en villes commerçantes ! Donner un nom à ce qui était auparavant inconnu ! Agrandir l'humanité, et opérer toutes ces merveilles d'une année à l'autre, pour ainsi dire à vue d'œil et sans l'aide du temps, qui en revendique d'ordinaire une partie de la gloire ! Être ce que fut un Cécrops, un Énée, ces deux dieux de la poésie antique ! N'est-ce pas un mirage capable d'éveiller l'ambition, même dans le plus paisible esprit ? Mais qu'il y avait loin entre un pareil rêve et sa réalisation ! Entre ces deux points, si rapprochés sur le papier, quels abîmes à franchir, que de fatigues, que de labeurs ! Qu'il est plus facile de se livrer à des occupations littéraires dans son cabinet que de conduire des hommes, de composer avec leurs passions, de leur faire entendre la voix de la raison ! C'est ce qu'il allait être donné d'expérimenter à Thibaut de Champvalon, auteur d'un petit livre sur la Martinique. »

On ne trouve guère qu'une figure intéressante et sympa-

thique parmi les chefs de Kourou : c'est celle du chevalier
de Préfontaine, qui, lui, passa le reste de ses jours en Guyane,
où il fonda une exploitation magnifique, dont il nous a laissé
le plan dans son excellent livre de la *Maison rustique*. Préfontaine eût pu, peut-être, mener à bien l'opération, si on
lui en avait confié la direction générale, et sans l'hostilité
ouverte et violente du gouverneur de Cayenne, Béhague,
qui, par haine de Turgot, son ennemi personnel, désirait
hautement la ruine complète de la colonie de Kourou.

Préfontaine débuta bien : il arriva avec deux cents hommes à l'embouchure du Kourou, où Thibaut de Champvalon
l'envoya tout d'abord.

Il inspecta les lieux, explora la rivière, fit faire quelques
défrichements et quelques baraquements. Par malheur, le
gouverneur Béhague contrecarrait tout, et Préfontaine,
absolument réduit à ses seules ressources, sans outillage
suffisant, ne put donner aux travaux une impulsion aussi
vive qu'il aurait été nécessaire. Du 14 juillet 1763, date de
l'arrivée de Préfontaine, au 22 novembre de la même année, date de l'arrivée de Thibaut de Champvalon, il ne se
fit presque rien.

Préfontaine, prévoyant la fin lamentable de son entreprise, essaya d'éclairer Champvalon. Mais celui-ci persista
dans son optimisme, et Préfontaine se retira.

L'intendant amenait avec lui 2,000 colons. Les défrichements et les baraquements, qui étaient loin de suffire aux 200
premiers émigrants, ne pouvaient évidemment se prêter à
recevoir le convoi de Thibaut de Champvalon. Cependant
les navires ne voulurent pas stationner indéfiniment en rade,
et il fallut bien débarquer les émigrants. La plupart des
bâtiments s'étant arrêtés à Cayenne, il fallait des barques
pour les transporter de Cayenne à Kourou. Béhague ne
donnait ni canots, ni matelots, ni pilotes. L'intendant, à

force d'activité, de ténacité, de patience, surmonta ces premières difficultés. Le premier convoi s'installa tant bien que
mal dans la plaine basse de Kourou. Champvalon distribua
les terres, répartit les travailleurs, installa l'administration,
fit construire quelques cases et de grands hangars, et traça
le plan d'une ville qui devait comprendre : une église,
un hôpital, des casernes, un cimetière. Mais le cimetière
dévora la population avant qu'on eût commencé d'édi-
fier la ville.

Cependant, le premier mois, les émigrants n'eurent pas
trop à souffrir. « J'ai vu ce désert, dit un contemporain,
aussi fréquenté que les jardins du Palais-Royal ; des dames
à robe traînante et des messieurs marchaient d'un pas léger
jusqu'à l'anse, et Kourou offrit pendant un mois le coup
d'œil le plus galant et le plus magnifique. »

Cependant, dans les quinze mois qui suivirent, douze
mille malheureux, au moins, moururent dans la plaine de
Kourou de misère et de maladies.

Les convois se succédaient, l'encombrement se produisit,
les provisions s'épuisèrent. Les premiers arrivés, déjà ennuyés, découragèrent les nouveaux venus. Personne ne voulut travailler. On ne construisit plus de cases, on ne fit plus
de défrichements, on ne cultiva pas. Commençant à entre-
voir toute l'étendue de la folie qu'ils avaient faite, mornes,
assis sur les roches de Kourou, ils pleuraient en regardant
du côté de la France.

Bientôt arrive l'hivernage, la fièvre sévit, et avec elle
la famine, et les deux fléaux se fortifièrent l'un par
l'autre. Béhague triomphait. Il n'enverra pas une poignée
de farine de manioc, et tous les émigrants de son ennemi
Turgot mourront.

Champvalon est impuissant. Les moribonds, éperdus, ne
respectent plus aucune autorité. Le désordre, le désespoir,

et bientôt les crimes, les assassinats, les duels, les vols, le
jeu, un jeu effréné, la mendicité, la prostitution, des cas de
cannibalisme, viennent mettre l'horreur à son comble. Combien meurent tous les jours! On ne les compte pas. Plus
aucun registre, aucune police, rien de respecté : c'est un
hôpital dans l'anarchie et le délire. L'agonie de ces douze
mille malheureux dura toute l'année 1764. La plume du
plus intrépide naturaliste se refuserait à décrire les scènes
sans nom, l'horreur monstrueuse, les convulsions lamentables de la petite colonie mourante.

On transporta aux îles nommées depuis, par antiphrase,
Iles du Salut, quelques centaines de malheureux atteints du
typhus ; le typhus les y suivit et les y tua. On voulut embarquer à bord des vaisseaux les nouveaux arrivés, les commandants refusèrent de les accepter.

Champvalon lui-même, malade et désespéré, eut alors une
idée singulière : il fit jouer la comédie par ce qui restait
des comédiens.

Choiseul eut une idée presque aussi ingénieuse : il envoya
en Guyane le chevalier Turgot, qui était jusqu'alors resté
avec ses cent mille francs de traitement à se pavaner dans
les salons de Versailles.

Et Turgot, arrivé à Cayenne, se garda bien de se rendre
à Kourou, de peur de la maladie; mais il fit arrêter Thibaut
de Champvalon, et fit inviter, à son de caisse, ce qui restait
de survivants de l'expédition à porter leurs plaintes contre
l'intendant.

Il fallait une victime expiatoire. Champvalon fut embar-
qué pour la France en janvier 1765. Turgot y rentra aussi,
et démontra que, si l'expédition de Kourou avait eu une
si malheureuse issue, il fallait uniquement en chercher la
cause dans l'incapacité et la malhonnêteté de Champvalon.

Choiseul était trop intéressé à ne pas se rendre à d'aussi

bonnes raisons. Depuis cette époque, la Guyane fut réputée
en France une contrée inhabitable pour les blancs.

De tous les individus obstinés, ce sont les gouvernements
qui sont les plus longs à comprendre. En 1766, on recom-
mence sur une petite échelle l'expédition de Kourou. Le
ministre Praslin était à la tête de l'entreprise. Il fonda une
compagnie officielle pour installer à Tonégrande quatre-
vingts soldats congédiés, pour être employés à la culture. Ils
y furent envoyés, mais ils ne revinrent pas. Les mêmes précautions usitées à Kourou furent mises en pratique à Tonégrande. Au bout d'un an, les quatre-vingts soldats colons
étaient morts. Cette expédition, toutefois, n'avait coûté
que 800,000 livres. C'était un ingénieur allemand, le baron
de Bessner, qui avait lancé l'affaire. Il se proposait d'adjoin-
dre aux premiers colons des milliers d'Indiens, qu'il pensait aisément trouver dans l'intérieur. Les actionnaires
n'avaient qu'à verser 12,000 livres pour se faire, dès l'année
suivante, 40,000 livres de revenu. La souscription fut couverte en quelques jours ; car Praslin, qui s'était fait donner
un majorat colonial dans l'opération, lui avait prêté, avec
le secours de ses lumières, l'appui de sa haute influence.

La Guyane avait déjà, dès cette époque, coûté à la France
plus de cent millions de francs et près de trente mille
hommes.

C'est alors qu'arrivèrent en Guyane deux hommes qui
eurent une grande influence sur les destinées du pays. Ces
deux hommes sont l'administrateur Malouet, qui reprit
l'exécution des grands travaux préparatoires abandonnés depuis Colbert, et l'ingénieur Guizan, qui patronna la culture
en terre basse. Jusqu'alors, les colons s'étaient livrés à la
culture des mornes. Guizan leur persuada de se livrer au desséchement des plaines alluvionnaires et à la culture en terre
basse, beaucoup plus rémunératrice. Cette mesure, bonne

en soi, était imprudente à la veille de l'émancipation des esclaves, émancipation que l'on ne prévoyait pas, il est vrai. La culture en terre haute peut être faite par des Européens petits propriétaires : le café, le tabac, les épices, le roucou, n'exigent qu'un petit capital. La culture en terre basse, au contraire, étant principalement celle du coton et de la canne, demande de très grands capitaux ; de plus, les terres basses sont pour l'Européen beaucoup plus dangereuses que les terres hautes : le tout, bien entendu, après défrichement.

L'émancipation promulguée, les nègres ne travaillèrent plus les terres basses : d'abord, parce qu'ils ne voulaient pas travailler, préférant vivre à l'état sauvage dans les carbets du littoral; ensuite, parce qu'ils manquaient des capitaux nécessaires. Pour les terres hautes, les émigrants d'Europe ne purent s'y porter, la forêt vierge ayant envahi, depuis Guizan, dans l'espace d'une trentaine d'années, les cultures abandonnées par les colons. La révolution tant admirée, faite par l'ingénieur suisse, dans l'agronomie de la Guyane, eut pour résultat principal de faire de la colonie, après l'émancipation, une petite province africaine au lieu d'un pays de blancs.

Avant l'heure décisive de 1789, nous avons à relater une seconde tentative de Bessner, au Cachipour, cette fois. Mêmes espérances fantastiques, même déconfiture. Les nouveaux actionnaires furent ruinés comme les premiers. Mais, du coup, Bessner mourut (1785).

En 1788, un certain sieur de Villeboi tente la colonisation de l'Approuague, et réussit comme ses prédécesseurs.

En 1791, même tentative au Ouanari, par la Compagnie Guyanaise du Sénégal; même succès.

Malgré les folles entreprises d'utopistes ignorants, la colonie était prospère en 1789. Il n'est pas sans intérêt de dresser son bilan, afin de se bien convaincre que, depuis, il n'a jamais été aussi riche. La Guyane française comptait 2,000 Français, 2,000 mulâtres libres, 2,000 Indiens civilisés, 12,000 esclaves nègres : soit 18,000 individus travaillant. Le commerce atteignait le chiffre de 2 millions de livres, d'une valeur actuelle locale d'au moins 10 millions de francs. Et Cayenne, qui ne connaissait encore ni la déportation, ni la transportation, ni la population placérienne, n'était encore ni maudite, ni flétrie, ni ruinée.

L'émancipation inaugure de nouvelles époques, qui sont celles de la décadence.

Quatrième époque : La révolution.
Émancipation des esclaves.

La loi d'émancipation ne fut promulguée dans la colonie que le 25 prairial an II (14 juin 1794).

Un neveu de Danton, le citoyen Jeannet-Oudin, fut envoyé dans la colonie avec le titre de commissaire civil, des pouvoirs illimités, et la mission de mener à bonne fin l'œuvre délicate de la libération des esclaves.

La Convention appliquait à sa manière la devise fameuse : « Périssent les colonies plutôt qu'un principe, » dont Louis XV avait déjà fait, trente années plus tôt, un si heureux emploi, en expulsant les jésuites du Kourou et de l'Oyapock. C'était chose grave, que de supprimer brusquement et radicalement l'institution qui, pendant un siècle et demi, avait fait la fortune de nos colonies. Ce qui était bien plus grave encore, c'était de faire des esclaves de la veille les maîtres du lendemain. Les nègres, toutefois, ne pensèrent pas à user de suite de leurs droits politiques. On ne vit point à Cayenne ni aux Antilles, de petite Convention moricaude instituer de tribunal révolutionnaire pour faire guillotiner

régulièrement et légalement les blancs libérateurs. Les
esclaves libérés se bornèrent à déserter en masse les ateliers,
à brûler quelques habitations et à assassiner quelques planteurs. Puis, n'appréciant guère dans les droits de l'homme
et du citoyen que la liberté de vivre à la sauvage, ils se
dispersèrent tout le long de la côte, derrière les palétuviers
du rivage, vivant de chasse, de pêche et de fainéantise comme
dans le doux pays natal. C'est toujours là que sont leurs
descendants, vivant toujours de la même manière, toujours
très électeurs et toujours très peu laborieux. Jeannet-Oudin
se trouva bientôt aux prises avec la famine, dans la ville
désertée où personne ne travaillait. En fidèle agent de la
Convention, il imposa aux nouveaux citoyens la fraternité
par la guillotine : il fit exécuter comme coupables du
crime de contre-révolution, comme suppôts de Pitt et
Cobourg, les Yolofs et les Croubari qui avaient brûlé les
ateliers et massacré les maîtres. Puis il envoya auprès des
autres, qui fainéantaient dans leurs abatis du littoral. Ces
grévistes d'un nouveau genre firent sans métaphore cette
logique réponse : « Avec la chasse et la pêche nous satis-
faisons à tous nos besoins; si vous nous obligez à cultiver
le maïs ou la canne, vous rétablissez l'esclavage. »
   C'était sans réplique. Il n'y avait qu'à laisser quelques
siècles à ces braves gens pour se civiliser un peu. Mais,
« Périssent les colonies plutôt qu'un principe. » Kroubaris,
Yolofs et Kroumen jouiront réellement de la liberté, de
l'égalité et de la fraternité, à la mode sans-culotte, ou bien
ils seront guillotinés comme brissotins. Les malheureux ne
comprirent pas plus que les conventionnels eux-mêmes.
Ces derniers décrétèrent que : « Tout refus de travail des
ouvriers-cultivateurs (!) sera puni comme crime de contre-
Révolution, » c'est-à-dire de la mort. Ces jacobins sans
le savoir aimèrent mieux se laisser conduire au supplice.

La famine continua à sévir, et la France fut, pendant tout le
temps de la première liberté, obligée de nourrir sa colonie.

Les 13,000 esclaves libérés ne voulaient pas travailler;
les riches colons, subitement ruinés, ne pensaient guère à
faire du manioc; et la Guyane, pendant huit ans, ne produisit rien, pas un boucaut de sucre, pas une carotte de
tabac. Toutes les mesures de salut public n'y firent rien :
l'oncle Tom ne voulut pas être ouvrier-cultivateur, et personne ne put l'y contraindre. L'y contraindre, pourquoi?
au nom de quel principe? au nom de la liberté, de l'égalité
et de la fraternité? Si les colons blancs meurent de faim,
qu'ils travaillent; ou qu'ils vivent de pêche ou de chasse
comme les nègres, ou qu'ils s'en aillent. Quand on a le cœur
généreux, on émancipe brusquement un beau soir les esclaves africains en ruinant le maître français; puis, le lendemain matin, on établit le suffrage universel. Soit, mais à
qui appartient le pays maintenant? Aux nègres, puisqu'ils
sont les plus nombreux. Ils ne se vengeront peut-être pas,
car le nègre est naturellement bon, mais malheur à nous s'il
se trouve parmi eux un Soulouque!

Les gens qui ne croient pas qu'avec un décret et quelques discours on puisse modifier les conditions de la vie
psychique d'une race et sa capacité crânienne, ses instincts
ancestraux et son génie propre; les gens qui pensent qu'entre
le département du Dahomey et le département de la Seine
il ne peut pas exister plus d'égalité qu'entre un gentleman
du boulevard des Italiens et un cabocire dahoméen, ces
gens soutiennent que, pour empêcher les désastres qui se
sont accomplis dans nos possessions du nouveau monde
après l'œuvre admirable sans doute, mais délicate et périlleuse de l'émancipation, il n'y avait qu'à laisser les sociétés
nègres se gouverner elles-mêmes sous notre haute direction; à hiérarchiser les races.

Ce fut pendant le courant de l'année qui suivit l'émancipation, que la colonie reçut les conventionnels que la réaction thermidorienne avait condamnés à la déportation, à la suite des journées du 12 germinal (1er avril) et du 1er prairial (20 mai 1795). C'étaient : Collot-d'Herbois, qui mourut de la fièvre dans une maison sur l'emplacement de laquelle se trouve le fameux collège laïque actuel, création de ces dernières années ; Billaud-Varennes, qui s'évada et se réfugia à Saint-Domingue où il vécut et mourut libre ; Barrère et Vadier, qui parvinrent aussi à s'évader.

La Guyane, qui avait déjà fait connaissance avec la Montagne, fit deux ans après connaissance avec la Plaine et le Marais. A la fin de 1797, elle reçut les déportés du 18 fructidor : Pichegru, Barthélemy, Barbé-Marbois, Tronçon-Ducoudray, Bourdon de l'Oise. La fournée fructidorienne fut autrement importante que celle de prairial. Six cents malheureux de toutes les couleurs politiques, depuis les tons pâles des derniers contreforts de la Sainte-Montagne jusqu'aux obscures profondeurs où grouillaient les Incroyables, furent envoyés à Sinnamary et à Counamama. Ils arrivèrent par convois successifs jusqu'en juillet 1798. Répartis dans les bois et les savanes, sur les bords des criques et des pripris, sans instruments de travail, sans abri, comme de vulgaires colons d'une nouvelle expédition de Kourou, ces malheureux, habitués à une vie agréable, presque tous députés, journalistes, écrivains, ne tardèrent pas à mourir. La fièvre, l'ennui, la maladie, le dénuement, en enlevèrent les deux tiers en quelques mois. Ceux qui revinrent ne manquèrent pas de faire de la colonie la plus sombre peinture. Ces récits ne respirant que le désespoir, ranimèrent le souvenir à moitié éteint du grand désastre de 1763. Comme ils émanaient d'hommes illustres ou distingués, ils eurent un très grand nombre de lecteurs.

Et bientôt il n'y eut plus un Français qui ne fût persuadé que le climat de la Guyane était le plus pernicieux de la terre. Et pourtant, qu'elles sont belles ces riches savanes et ces puissantes forêts de Sinnamary et de Counamama! Quel beau ciel au-dessus des hautains feuillages, et quel bon gibier aussi dans les prairies! Tout cela me fit passer un bien bon été en 1881, en pensant aux déportés de fructidor.

Hélas! n'ayant pu se venger de leurs proscripteurs, ils se vengèrent de leur bagne. Un bagne est toujours affreux. Et par leurs Mémoires ils firent plus de mal à la pauvre colonie que n'auraient pu lui en faire une douzaine de gouverneurs. Deux ans plus tard, la colonie, dont la célébrité, comme guillotine sèche, commençait à s'établir, reçut une nouvelle fournée de proscrits, les proscrits de brumaire.

La première phase de la Révolution, la première Liberté, comme on dit à Cayenne, n'avait vu s'accomplir rien de bien remarquable dans la colonie. La famine était permanente; les proscrits politiques mouraient ou écrivaient leurs Mémoires; les créoles blancs, ruinés, émigraient; les nègres, éparpillés dans les bois, vivaient à l'africaine; et les délégués de la Convention, du Directoire et du Consulat constataient l'impuissance des décrets à faire l'impossible. L'un d'eux, un citoyen Lescallier, fonctionnaire à petit panache, cependant, vit clair dans la situation. Il vit qu'il n'y avait rien à faire avec les ci-devant nègres, et fit des plans de colonisation européenne. Mais...

Cinquième époque : Rétablissement de l'esclavage.

L'esclavage fut rétabli peu après, en 1802, style d'alors : 30 floréal an X. Mais les « noirs » redevenus nègres et

« les hommes de couleur » redevenus mulâtres, se cachèrent dans les bois, où le décret ne put les aller chercher. Quelques-uns qui mouraient de faim, vinrent se présenter à leurs anciens maîtres. Mais les planteurs connus pour brutaux et cruels ne retrouvèrent pas un de leurs hommes. Les ateliers recommencèrent à fonctionner avec 4 ou 5,000 esclaves au lieu de 14,000. On eut, petit à petit, recours à la traite, qui, au bout de vingt ans, avait remis les ateliers sur le pied primitif. Mais pendant les dix années qui suivirent le décret de floréal, on ne s'adonna que mollement à la culture : on avait d'autres préoccupations.

Toutefois, l'Empereur eut une conception parfaitement exacte de ce qu'il y avait à faire pour le salut de la Guyane. Il voulait y tenter en grand et avec méthode, la colonisation blanche. « Il y a longtemps que je songe à Cayenne, « disait-il un jour à un sous-ordre, c'est le plus beau pays « de la terre pour y former une colonie. Pichegru y a été « proscrit, il la connaît ; il est de tous mes généraux le « plus capable d'y créer un vaste établissement. Allez le « trouver dans sa prison, demandez-lui combien il lui « faut d'*hommes* et de *millions* pour fonder une colonie à « Cayenne; je les lui donnerai. »

Pichegru ne crut pas sans doute à la sincérité des offres de Napoléon, car il préféra s'étrangler que de retourner à Cayenne. Par la suite, l'Empereur n'eut plus le loisir de penser à la Guyane. Il y envoya un agent, Victor Hugues, qui transforma les habitants en pirates.

La bonne population cayennaise avait jadis un faible pour la piraterie. Nous avons vu avec quel enthousiasme, en 1688, elle s'en alla avec Ducasse houspiller et dévaliser Suriname, qui lui fit mettre les pouces. Mais cette fois elle aura plus de succès. Victor Hugues est un brave, un ancien conventionnel qui a exercé pendant deux ans à la

Martinique et aux Antilles la profession de corsaire de la
République Française. Pendant huit ans, de 1800 à 1809,
il écumera la côte de Guyane avec un succès toujours sou-
tenu. Les Cayennais devinrent belliqueux comme les raïs
de Barberousse.

On peut les soupçonner cependant de s'être conduits
moins en belligérants qu'en pirates privés, car ils laissèrent,
en 1805 et en 1806, des flottilles de guerre, venues de
Para, s'emparer de l'Oyapock et de l'Approuague sans
même leur disputer la mer. Les petits profits de Victor
Hugues et de sa clientèle durent être assez respectables, car
l'or et l'argent abondèrent pendant vingt ans dans la colonie.
Mais un beau jour il fallut cesser le jeu. Les Portugais
vinrent assiéger le nid de corsaires, et Victor Hugues ne
put que stipuler la remise de la colonie aux Portugais.
De 1809 à 1817, nos corsaires, redevenus citoyens paisibles,
vécurent dans l'abondance de tous les biens de la terre,
sous la domination d'ailleurs intelligente des Portugais
du Brésil.

Cependant, quand, en 1817, après deux années de
retards, la colonie nous fut remise, que l'or des corsaires
avait été drainé par les colonies voisines et par la France,
un besoin impérieux se fit sentir : le besoin de bras. Les
ateliers étaient aussi dégarnis que cinq ou six ans auparavant; il fallut recourir à la traite et à toutes les immigra-
tions.

Le gouvernement voulut se mettre à la tête de ces entreprises. Il avait là de bien belles occasions de signaler sa
maladresse, et il s'empressa de saisir aux cheveux ces occasions toujours trop rares.

Il serait aisé de faire maint récit burlesque des échecs
piteux, des déconvenues inouïes, de l'incroyable guignon
qui caractérisèrent tous ses actes. Mais les faits parlent

assez d'eux-mêmes. En 1820, l'administration métropolitaine envoya prendre dans les archipels de l'extrême
Orient un convoi de 300 Chinois et Malais, qu'on devait
introduire en Guyane pour y cultiver le thé. Le commandant laissa échapper pendant la traversée plus des
trois quarts des hommes, qui s'esquivèrent à la barbe du
guerrier dans les différents ports où l'on faisait escale.
Il ne put en amener que 32 à Cayenne. Et encore, parmi
les 32 Mongols il ne se trouvait pas un seul agriculteur,
mais seulement des tailleurs et des cordonniers. On les
traita si bien, qu'au bout d'un an il n'en resta plus que
trois; tous les autres étaient morts ou en fuite. L'entreprise avait coûté 2,500,000 fr., soit 833,333 fr. 33 cent.
par tête de Chinois. Le dernier de ces fils du Céleste
Empire resta longtemps concierge du palais du Gouvernement.

En 1821, un gouverneur qui avait pourtant de la valeur, celui-là, Laussat, grand partisan de la colonisation
européenne, échoua complètement dans une nouvelle entreprise d'introduction d'immigrants. Il fit venir des États-
Unis sept familles de settlers, pour enseigner aux colons les
procédés perfectionnés employés par les Américains du
Nord, et créer une espèce de ferme modèle. L'idée était
excellente, mais pourquoi aller établir la petite colonie
au fin fond de la Guyane, sur la Passoura, un affluent
du Kourou? Dans de telles conditions, la ferme modèle de
Laussadelphie ne pouvait réussir. Son fondateur ne savait
donc pas qu'en matière de colonisation en pays désert,
il faut procéder par rayonnement, et que la dissémination est chose extrêmement funeste? Si les settlers avaient
été établis dans l'île de Cayenne sur quelques centaines
d'hectares déjà desséchés et défrichés, les ennuis de l'isolement, les fatigues rebutantes d'une première installation

en forêt ou en marécage ne les auraient pas amenés à demander à l'infortuné Laussat le rapatriement au bout d'une année.

Cet échec, qui au moins n'était pas un désastre, n'effraya point le baron Milius, successeur du colonisateur de Passoura. Lui aussi voulut fonder sa ville. Il y tenait beaucoup apparemment, car le digne fonctionnaire, avec la prudence du serpent, s'entoura de précautions sans nombre. Il fit donner les académies, car il se piquait de faire de la colonisation scientifique. Il y eut des mémoires, des rapports, des in-quarto, des commissions et des sous-commissions. Cela valut au pauvre homme la mince consolation de voir mourir son enfant selon les règles de la Faculté, Milius débuta d'une façon grandiose : il envoya des sapeurs faire des travaux préparatoires; le plan d'une grande ville fut tracé; les défrichements se firent; des baraquements s'élevèrent. La layette terminée, Milius attendit l'enfant auquel, depuis longtemps, il avait trouvé le beau nom de Nouvelle-Angoulême. Comme la Nouvelle-Angoulême se trouvait à soixante kilomètres de la mer, dans le haut de plusieurs rapides de la Mana, dans un cadre de marais; comme les colons qui furent amenés de France pour la peupler avaient été recrutés principalement dans les maisons de tolérance et parmi les rôdeurs de barrière, le succès ne répondit pas à l'attente du créateur. Cette population dépravée, excitée par la température, l'isolement, l'étrangeté, le magnétisme de la solitude et du Grand Bois, se livra à des orgies tellement abominables que l'odeur en arriva jusqu'à Cayenne. Le chaste Milius, honteux et confus, scandalisé, dut renvoyer en France, en bloc et d'un seul coup, toute sa Nouvelle-Angoulême, qui recommença à y faire le trottoir avec plus d'ardeur que jamais. D'aucuns prétendent que le prestige de l'éminent fonctionnaire eut

à souffrir de cette aventure, et que M. le baron jura, mais
un peu tard, de laisser désormais aux Alexandre le
soin de fonder des villes. Mais pourtant, l'idée du baron,
pour graveleuse, n'en était pas moins géniale : pour peupler un pays qu'y a-t-il de préférable à des gens du métier?

La haute administration qui venait de reconnaître aca-
démiquement la nécessité de la colonisation scientifique
de la Mana, ne pouvait se déjuger de sitôt.

En 1824, trois familles du Jura, composées de vingt-sept
personnes, furent installées aux frais de l'État, toujours
sur les bords de la rivière de la Mana, mais non plus sur l'emplacement de la pornographique colonie de M. Milius. Les
Jurassiens furent déposés à huit kilomètres seulement de
l'embouchure de la rivière.

La nouvelle colonie, plus morale, plus apte, mieux ins-
tallée, réussit mieux. Les trois familles avaient intelligemment été pourvues de toutes les choses nécessaires. Le site
était réellement bien choisi. Les colons avaient, à proximité,
de grandes forêts, de grandes savanes et des terres basses.
L'entreprise devait réussir. En effet, le bétail se multiplia
rapidement. Les riches et grasses terre des savanes donnèrent de magnifiques récoltes de maïs, jusqu'à trois et
même quatre par an. Tant que les Jurassiens ne s'adonnèrent
qu'à des cultures qu'ils avaient déjà pratiquées en France,
ils réussirent parfaitement. Il faut aussi rendre justice à
l'administration d'alors, et dire qu'elle fut assez sage pour
ne pas bureaucratiser ou militariser la petite colonie.

Mais bientôt nos Francs-Comtois abandonnèrent les cultures qui leur avaient procuré une large aisance, pour s'a-
donner à celles de la canne et du coton qu'ils supposaient
plus lucratives. Malgré l'insuffisance de bras, d'outillage,
de capitaux, de connaissances techniques, la réussite des

petits colons, devenus subitement planteurs, fut complète.
Ce fut un malheur. Dans l'enthousiasme du premier moment, nos hommes écrivirent à leurs amis de France pour
les engager à les rejoindre. Les enfants du Jura arrivèrent
par dizaines, par centaines, sans capitaux, et, ce qui est
pis, sans amour du travail. L'espoir d'une fortune rapide,
la séduction du luxe, envoyèrent à Mana quantité de ces
mauvais colons, de ces dévoyés ambitieux et fainéants
comme l'émigration en recrute tant. L'encombrement fut
une première cause de misère; un trop prompt découragement amena la ruine. Le noyau primitif ayant l'habitude du pays et de ses cultures eût dû revenir au bétail,
au maïs, faire les bois; mais, honteux de ne pouvoir réaliser les promesses inconsidérées qu'il avait faites, il s'obs-
tina dans la voie fausse qu'il avait indiquée aux amis, et
préféra courir au désastre que de revenir à la modeste aisance des premiers jours.

Quand une famille part avec ses bras et quelques milliers de francs coloniser en pays neuf, elle ne doit compter
que sur l'aisance qui, à la génération suivante, deviendra la fortune. Mais à rêver autre chose il n'y a qu'ignorance et folie. C'est déjà bien beau de changer la misère
du manouvrier contre l'aisance du propriétaire. La colonie
végéta jusqu'en 1826. A cette époque, elle fut rapatriée
tout entière. Il est à remarquer que pas un de ces Européens n'avait été malade. Dont acte : le Jura peut s'acclimater aux savanes de Guyane.

Les Académies et l'Administration s'étaient donc trom-
pées ? Non. De 1828 à 1847, un bourg se fondera à Mana.
Là où les filles ont échoué les nonnes réussiront. L'histoire de la fondation de Mana est en vérité des plus étranges. Celui qui, en frappant du pied la terre, fera sortir
le bourg de Mana des marécages où il dormait comme

dans les Limbes depuis le commencement des âges, ce n'est pas un homme, mais une femme, une femme, il est vrai, que l'auteur de *René* et des *Natchez* appelle un grand homme : Madame Javouhey, fondatrice et supérieure de l'ordre des sœurs de Saint-Joseph de Cluny. Madame Javouhey offrit au gouvernement de reprendre à son compte l'œuvre abandonnée, et voici comment elle la mena à bonne fin. Elle organisa à l'embouchure de la Mana, non loin de l'ancien campement des familles du Jura, une espèce de réduction composée de religieuses de Cluny, d'enfants trouvés et de travailleurs libres engagés. Elle débuta avec 38 religieuses, quelques enfants trouvés et 39 engagistes, qui, en 1831, au bout de trois ans, leur contrat ayant expiré, l'abandonnèrent. Malgré ce départ, l'établissement continua à prospérer. En 1835, le gouvernement accorda à la mère Javouhey que les nègres de traite, libérés en vertu de la loi du 4 mars 1831, seraient successivement envoyés dans son établissement pour y être préparés à l'émancipation complète par le travail et les bonnes mœurs. Le gouvernement avait bien raison de confier ces gens-là à Madame Javouhey, car sans doute il aurait été incapable d'en tirer un aussi bon parti qu'elle le fit. Elle en reçut en tout 550. Madame Jouhey, de 1828 à 1847, mena sa ménagerie philanthropique d'après l'ancienne règle des jésuites du Paraguay. De l'habileté, beaucoup de discipline, de l'ascendant, et pas mal de bâton : c'est un régime qui réussit quelquefois avec certaines gens. Voici pour le moral.

Pour le matériel, l'économiste Javouhey avait son plan comme Henri IV, Richelieu, Trochu, et tous les grands hommes. Il était en trois points, ce qui est tant soit peu mystique et toujours de bon goût. Il consistait en ceci : exploiter les bois, élever le bétail, cultiver la canne pour

faire du rhum. Les budgets de la religieuse se soldèrent par
des bénéfices énormes. En 1847, le bourg de Mana, qui
comptait six cents habitants bien portants, devint le chef-
lieu d'un treizième quartier de la Guyane. Le bourg n'a
pas déchu, ce qui est curieux dans cette colonie; son rhum
est toujours renommé, et les Manaouayes, — c'est le nom
générique des six cents citadins nègres inventés par la
mère, — sont de plus en plus persuadés que Madame Javouhey fait partie, à un titre quelconque, de la Très Sainte
Trinité.

Le résultat n'est pas colossal sans doute, mais n'est-il pas
plaisant de montrer comment nos plus illustres administrateurs de la Guyane n'ont été que de petits garçons à côté de
cette brave femme?

Mais pendant que Javouhey s'escrimait à Mana, ces Messieurs avaient martel en tête. On était dévoré du désir de
faire quelque chose. On voulait annexer le Contesté. Faut-il
l'attribuer à l'influence du pacifique roi Louis-Philippe?
toujours est-il que les gouverneurs de cette époque furent
aussi pritchardistes que possible. Ces hommes belliqueux,
mais timides, se bornèrent à bâtir une guérite à Mapa,
sur le lac du même nom, à cinquante lieues de l'embouchure de l'Amazone. Pendant quatre ans, de 1836 à 1840,
les Brésiliens rirent dans leur barbe. Puis, dans un accès
de mauvaise humeur, l'empereur Don Pédro somma nos
héros d'avoir à rengainer leur factionnaire. C'est ce qui
porte dans l'histoire le nom de Convention Franco-Brésilienne pour la non-occupation réciproque du Mapa. Car,
bien entendu, le gouvernement de la paix à tout prix s'était
exécuté avec un sourire poli.

Alors la honte et le ridicule extérieurs étaient secondaires dans la colonie. La crise intérieure était autrement
grave.

La philanthropique diplomatie anglaise nous avait interdit la traite en 1836. Depuis, les ateliers se vidaient. De nouveaux arrivés ne comblaient plus les vides occasionnés par la mort. Une crise commerciale avilissait le prix des denrées d'exportation. Les entreprises languissaient, les plantations se maintenaient à peine ou s'endettaient. Ce fut dans ces circonstances malheureuses que la métropole porta un coup terrible à la colooie. L'esclavage fut aboli en 1848. Tel un médecin qui, pour en finir avec un malade fiévreux, complètement anémié, lui pratiquerait une énergique saignée.

Sixième époque : République de 1848.
Seconde émancipation des esclaves.

L'émancipation de 1848 avait ruiné à peu près totalement les planteurs. A la suite de la crise, découragés, ils vivaient dans l'insouciance et l'imprévoyance. Criblés de dettes par la crise, ils n'avaient pu constituer de capital de réserve. Ils avaient vécu au jour le jour, prélevant tant pour cent pour servir les intérêts de leur dette, mais n'en amortissant pas le capital, attendant pour cela la reprise des affaires. L'émancipation vint les surprendre au milieu de leur quiétude résignée, et ils se virent, avec leurs ateliers déserts, un matériel inutilisable, des dettes, nulle avance, presque aussi pauvres que leurs esclaves. Une indemnité dérisoire, qui ne fut même pas payée intégralement, n'était guère de nature à amoindrir le mal. A la Martinique, à la Guadeloupe, où des fortunes sérieuses avaient eu le temps de s'établir sur des bases solides, les planteurs purent supporter le choc; les petits blancs et les mulâtres, en proportion beaucoup plus forte, soutinrent le travail; et dès qu'on put recourir à l'immigration hindoue ces colonies retrouvèrent l'ancienne prospérité. En Guyane, les colons ruinés vécurent en vendant leurs bijoux, en se faisant petits fonctionnaires, en recourant aux expédients. Cependant cette époque de marasme et de désespoir ne devait pas durer longtemps. Quelques années après la proclamation de la liberté des esclaves, trois événements considérables inaugurent une nouvelle époque, la plus étrange et à bien des égards la plus triste, l'époque actuelle, l'époque de l'or. Ces trois événements sont : la transportation, l'immigration asiatique, et la découverte des placers.

Septième époque : La transportation.

Dites à un paysan de Basse Bretagne, qu'un monsieur qui dispose pendant trente années consécutives de trois mille ouvriers qu'il ne paye pas peut faire bien des choses, il vous répondra qu'il le croit bien. Tenez le même langage à un directeur des forçats de la Guyane, il vous assurera qu'il est impossible de faire quoi que ce soit avec les éléments en question. Toute l'histoire de la transportation dans la colonie dont nous suivons les développements est là en quelques lignes.

Pendant la crise dont nous parlions plus haut, des décrets successifs du Prince-Président, puis de l'Empereur, créaient en Guyane un ordre de choses nouveau : la colonisation pénale était établie. Un décret du 8 décembre 1851, attribuait à la Guyane et à l'Algérie les affiliés aux sociétés secrètes et les repris de justice en rupture de ban. Aimable confusion des hommes de cœur et des bandits dont nous ne nous étonnerons pas, car nous sommes à six jours seulement du coup d'État. Les décrets se succèdent comme des roulements de fusillade. Décret du 27 mars 1852, qui gratifie notre colonie des détenus du bagne et des forçats libérés qui faisaient une demande de « nouveau séjour. » Décret du 31 mai 1852, qui nous attribue les déportés d'Algérie qui depuis leur arrivée auront encouru une peine afflictive ou infamante. Décret du 20 août 1853, qui nous vaut les réclusionnaires et les condamnés aux travaux forcés des différentes colonies françaises. Enfin la loi, — ce n'est plus un décret, c'est une loi, — du 20 mai 1854, dit que les anciens bagnes de France sont supprimés, et avantageusement remplacés par la transportation en Guyane.

Napoléon III, enfin Empereur, se vengeait de la légitime opposition qu'il avait rencontrée. Le décembriseur ne pensa qu'à se venger. Il savait l'histoire des convicts du sud australien, car il se piquait à ses heures d'économie politique. Que fit-il? Il envoya pêle-mêle au bagne les Delescluze et les assassins; la consigne pour les garde-chiourmes fut et fut seulement : cruauté pour tous. Napoléon III proscrivit ses ennemis, mais il ne le fit point en utilitaire. Personne ne s'aperçut qu'il faisait en Guyane un essai de colonisation pénale. On comprit seulement qu'il venait d'inventer pour les républicains un bagne plus affreux que les autres.

Les cinq décrets pouvaient être pourtant l'origine de la rénovation de la colonie. Les transportés, utilisés à faire des routes, des ponts, des canaux, des travaux de dessèchement dans ce pays où manquent encore tous les travaux préparatoires, eussent rendu à la colonie des services inappréciables.

On les employa à des œuvres extravagantes. Dispersés aux quatre coins du pays, dans les petits îlots du littoral, sur la côte, dans les forêts de l'intérieur, on s'amusa à leur faire couper du bois, scier des planches, cultiver la canne à sucre, les épices, pour le compte du gouvernement. Au lieu d'enrichir la colonie par des travaux préparatoires, l'au-

torité sembla avoir pris à tâche de la ruiner en faisant avec
ses forçats une concurrence illégale et antiéconomique à
l'industrie privée. Cette œuvre immorale et bête fut accomplie, heureusement, avec toute la maladresse qu'il était possible d'y mettre. Sans cela le travail libre, découragé par
la concurrence insoutenable du travail des ateliers pénitentiaires, aurait émigré en masse. Il n'en fut pas ainsi. Un
pénitencier n'était pas plus tôt établi qu'il était abandonné.
On avait à peine commencé à travailler les bois qu'on aban-
donnait le chantier pour aller cultiver ailleurs les arbres à
épices. Et le bagne voyageait de clairière en clairière, de
l'Oyapock au Maroni, du coton au tafia. Chaque rivière eut
tour à tour son petit pénitencier; aucun des quatorze
quartiers de la colonie ne put sur ce point se montrer jaloux
de l'autre. Les pénitenciers flottants, bien connus sous le
nom de pontons, voyageaient de rivière en rivière. C'est là
qu'étaient soumis à un dur régime, sous la conduite de
garde-chiourmes, les républicains récalcitrants et les malfaiteurs endurcis. La transportation tenait la Guyane assiégée.
L'administration impériale, dont la sollicitude s'éveillait
pour les forçats au fur et à mesure que les déportés politiques disparaissaient de leurs rangs, eut bientôt des attentions
touchantes pour ses aimables pensionnaires. On retira petit
à petit les ateliers des localités insalubres qu'ils étaient chargés d'assainir. Chaque nouveau gouverneur arrivait avec un
système merveilleux, élaboré à Paris, dans le silence du cabinet, à coups d'auteurs latins. Ce système bien plus humain,
beaucoup plus efficace, cent fois supérieur à celui du gouverneur précédent, était le plus souvent abandonné dans la
même année pour des méthodes encore meilleures. Après
trente années de tâtonnements comiques, l'administration
aujourd'hui en a pris son parti : elle n'essaye plus rien du
tout. Il faut admirer toutefois ce tour de force : il y a cin-

quante moyens d'utiliser la transportation; il n'y en a qu'un seul de la rendre improductive. Ils se sont mis au moins vingt-cinq, et ont passé trente ans pour obtenir ce dernier résultat. A un moment donné pourtant on fut sur le point de réussir, de faire quelque chose; heureusement que l'autorité y mit bon ordre. Ladite autorité, qui ne pensa pas sérieusement pendant une seule heure à faire tracer des routes par ses forçats, avait, petit à petit, concentré les transportés sur les rives du Maroni. Là fut appliqué un des soixante-douze systèmes de l'administration à l'imagination fertile : le système des concessions. Système inférieur, mais qui devait toutefois donner des résultats. Cinq villages naquirent; des concessionnaires plus ou moins libres, isolés des camarades embrigadés, cultivaient les légumes d'Europe, les denrées coloniales. L'un des cinq villages, Saint-Laurent, devint rapidement une petite ville. Cela devenait inquiétant. L'administration, dans sa moralité et sa clairvoyance, ne pouvait donner aux honnêtes gens de Cayenne le spectacle dégoûtant de la richesse insolente des transportés de Saint-Laurent. On parla de l'âme de la colonie, de plaie, de lèpre; des citations morales furent faites en toutes les langues. Une série de mesures bien combinées ruinèrent la ville pénitentiaire, jeune et insolente rivale de l'antique Sodome. Et la colonisation pénale reprit son caractère moral. Aujourd'hui les consessionnaires de Saint-Laurent surveillés, tracassés, administrés comme on ne doit pas l'être même en enfer, — il leur faut trois signatures pour vendre une carotte, — ne cultivent plus les denrées d'Europe et du Tropique, mais seulement le farniente. Et des Iles du Salut au fleuve Franco-Hollandais, nous assistons à un spectacle édifiant : les transportés livrés à l'œuvre la plus moralisatrice que l'on connaisse encore. Cette œuvre, cette pensée, sortie, comme Minerve, toute armée du cerveau de quelque

grand administrateur méconnu, consiste à faire rouler aujourd'hui des brouettes de pierre de tribord à bâbord de
l'établissement pénitentiaire, et, demain, de faire ramener
ces mêmes pierres de bâbord à tribord; et ainsi de suite
pendant l'éternité.

En résumé, l'administration n'ayant pas eu le bon sens
tout bourgeois d'employer la transportation aux travaux
préparatoires, qui manquent encore complètement et sans
lesquels il n'y aura jamais d'immigration sérieuse, se servit
de ces milliers d'ouvriers et du budget afférent, qui est de
six millions par an, à faire aux quatre coins de la colonie, à
tort et à travers, et le plus souvent en dépit du bon sens, des
essais administratifs de culture, d'exploitation forestière et
pastorale, aussitôt abandonnés qu'entrepris par les petites
vanités brouillonnes qui se succédaient au pouvoir. On avait
des mortalités de 62 pour cent par an, comme, par exemple,
au pénitencier de la Montagne d'Argent. Et cette autorité
scieur-de-long et jardinier, savez-vous ce qu'elle a fait avec
cette force gigantesque qui peut se représenter par le travail
de cent millle ouvriers pendant un an, appuyés sur un capital de cent millions? Rien, rien, rien!

On a piétiné sur place, pataugé dans la boue pendant
trente ans, et aujourd'hui, en l'an de grâce 1886, tout est
encore à commencer. Il est des grands hommes de Cayenne,
qui demandent avec des pleurs et des cris le retrait de la
transportation. Il serait plus intelligent d'utiliser cette force
colossale, que de se voiler la face en la voyant passer. S'il
existe un administrateur en France capable de faire travailler en Guyane aux travaux préparatoires, transportés et
récidivistes, qu'on l'envoie de suite à Cayenne comme gouverneur à vie et avec des pouvoirs illimités.

En même temps que l'administration dépensait en entreprises baroques les ressources de la transportation, les

colons gaspillaient, avec guère plus d'intelligence les forces que d'un autre côté l'immigration leur fournissait.

Les 14,000 esclaves émancipés en 1848 furent transformés en électeurs par un décret solennel. Mais le sacre-
ment fut impuissant à en faire des producteurs. Ils restè-
rent fainéants comme avant la descente de la Grâce, et il
fallut chercher d'un autre côté.

Les poètes qui dirigeaient les affaires de la seconde République ne paraissent pas s'être beaucoup préoccupés de
la Guyane. Les gouverneurs, de leur côté, ne pouvaient
prendre des immigrants à leur compte, pour leur faire accomplir les travaux préparatoires nécessaires. Nulle compagnie non plus, compagnie à puissant capital, en possession de vastes espaces et d'avantages sérieux, ne se
forma pour le défrichement, la mise en culture, l'exploitation des terres guyanaises. L'émigration ne vint pas encore de là.

Ce fut sans plan et sans méthode, au hasard des goûts
et des besoins particuliers, que se fit le recrutement
des émigrants; de sorte que l'immigration, à faible courant,
irrégulière, inappropriée servit aussi peu que possible
les intérêts généraux de la colonie.

De 1854 à 1869, pendant que les directeurs de la transportation se livraient à leurs désopilantes expériences, les
colons demandèrent des émigrants à l'Afrique. On les re-
recruta sur la côte de Krou, à Liberia, au Dahomey, au
Gabon. Plus de mille furent introduits. Mais en 1869, des
philanthropes maniaques firent interdire ce recrutement,
sous le prétexte ridicule qu'il encourageait les guerres
entre les petits potentats de la côte. Ces populations dégradées et abruties n'en continuèrent pas moins leurs per-
pétuels combats, seulement, au lieu de vendre leurs esclaves aux recruteurs français qui leur donnaient la liberté, le

bien-être et bientôt les droits politiques, elles recommencèrent, tout simplement, à les manger.

En 1861, nos négromanes, qui venaient de ·déployer tant d'ardeur pour protéger leurs bien-aimés Africains, firent demander à l'Angleterre la permission de faire la traite des Hindous. Il ne s'agissait que d'Aryas, de Dravidiens ou de Kouschites; c'était moins grave. L'Angleterre faisait une assez bonne opération : en nous vendant ses Hindous des castes dégradées, elle débarrassait l'Inde de l'exubérance de sa population, de la lie de ses castes, et ne donnait, en même temps, à nos colonies qu'une population rachitique rongée de syphilis. Et encore, au bout de treize ans, en 1874, quand elle vit qu'on avait tout de même trouvé moyen d'utiliser les parias gangrenés au physique et au moral qu'elle nous avait généreusement cédés à un prix respectable; quand elle s'aperçut que cette engeance valait pour nous encore mieux que rien du tout, son but n'étant pas atteint, sous prétexte de mauvais traitements infligés à ses sujets, elle nous ferma les ports de l'Inde. Trois mille coolies avaient été introduits dans la colonie. Depuis 1860, nous avons aussi introduit quelques centaines d'Annamites. L'immigration asiatique eût pu toutefois rendre de sérieux services, si la fièvre de l'or ne s'était emparée de la colonie.

Les partisans de l'immigration africaine se sont de nouveau agités en 1882, sous le couvert d'un nègre enrichi de Cayenne, dont quatre ou cinq intrigants multicolores tirent les ficelles. L'échec a été aussi complet qu'il devait l'être avec de pareilles gens.

Des efforts sont faits actuellement pour attirer l'immigration chinoise, si utile, mais si périlleuse. Douze ou quinze fils de Han, établis à Cayenne, menacent déjà de se rendre maîtres de tout le commerce de la place.

Chinois, Hindous, Nègres ont leurs partisans et leurs détracteurs parmi les créoles qui disputent doctement sur la question.

Les administrateurs insulaires et les mulâtres de couleur foncée tiennent pour le nègre. Ils sont forts comme des Turcs sur leurs principes, et capables de pousser leurs arguments jusqu'aux dernières limites de la logique. Les uns pour avoir de l'avancement, les autres parce qu'ils sont orfèvres, vous parlent sans broncher de l'assimilation à peu près immédiate d'un anthropophage du Congo à un citoyen français ayant quatre-vingts générations de civilisation. Dès qu'ils seront capables de porter un pantalon et un bulletin de vote, est-ce que les nègres ne seront pas Parisiens comme vous et moi?

Les mulâtres à peau claire, les épiciers européens et deux ou trois fonctionnaires, demandent l'immigration coolie. Ils ne veulent pas être soumis à la tutelle des nègres. Ils veulent des auxiliaires et non des égaux ou des maîtres. Au nom de la civilisation, ils demandent que les destinées du progrès dans la colonie ne soient pas confiées à la race la plus fruste de la terre. Les coolies sont doux, pacifiques, intelligents, ils peuvent rendre de grands services; en les traitant bien, ils fournissent plus de travail que les nègres, médiocrement laborieux de leur nature.

Enfin un petit groupe, peu nombreux, tient pour l'émigration chinoise.

Il est une quatrième immigration à laquelle personne ne paraît plus penser, et qu'il ne serait peut-être pas mauvais d'étudier : c'est l'immigration blanche. J'ai fait justice plus haut de la légende qui fait de la Guyane un pays inhabitable pour l'Européen. Les causes qui ont fait échouer les diverses entreprises de colonisation par les Français sont connues. Je voudrais que la colonie fût utile aux

Français. Je ne vois pas pourquoi les contribuables métropolitains feraient les frais de ridicules essais de trans-
plantation de nègres, de la côte de Guinée à la côte de
Guyane. Je ne vois pas pourquoi ces mêmes contribuables
donneraient à grands frais des sauvages à la civilisation, pour
envoyer ensuite chez ces pseudo-civilisés nos enfants en
tutelle. Faites plutôt de la colonisation blanche basée sur
une hiérarchisation de races.

Que la France, que d'intelligents capitalistes, industriels, entrepreneurs, de puissantes sociétés bien montées,
aménagent ces belles terres de Guyane pour y transplanter,
après les travaux préparatoires faits par une race inférieure
quelconque, ceux des pauvres et des courageux du vieux
pays qui voudront, la hache et la charrue dans les mains,
venir conquérir dans ces terres nouvelles la véritable indépendance, la véritable liberté, l'aisance et peut-être la
richesse.

Que les bons électeurs actuels et leurs congénères futurs nomadisant dans les forêts du littoral, soient noyés
dans une population française étagée depuis la côte jusqu'au plateau intérieur. Sinon, que l'on se range à l'avis de
ceux qui disent qu'il n'y a rien à faire pour nous dans
ce pays, et qu'on agisse en conséquence. Car le *satu quo*
nous ridiculise, comme disait si justement Jules Duval.

En 1854, un ouvrier des mines d'or de Minas-Geraes,
Indien brésilien appelé Paulino, découvrit des pépites en
arrachant de la salsepareille dans une crique du haut Approuague. Un coolie, qui l'accompagnait dans son voyage,
l'aida à fabriquer les rudimentaires appareils encore aujourd'hui en usage dans la colonie pour l'extraction de

l'or des alluvions des rivières. Paulino ne savait pas notre langue. Un honnête homme, qui était un homme de
valeur, Prosper Chaton, ancien consul de France à Para,
traduisit en français le petit rapport du Brésilien. Mais au
lieu de s'associer avec Paulino, songeant à faire la fortune
de la colonie avant de songer à la sienne propre, il courut informer le gouverneur local. Chaton mourut pauvre,
après avoir dédaigné vingt fois la fortune. Ce fut un vieux
blanc créole, d'une des plus honorables familles de la
colonie, M. Félix Couy, qui exploita le premier les placers,
de concert avec Paulino. Le premier placer de la colonie
fut celui de l'Arataye, dans le haut de l'Approuague.
Couy y fut assassiné, et, peu après, Paulino mourut à
l'hôpital de Cayenne dans le dénuement.

Ce n'est pas à gens comme Chaton et Couy que la
fortune réserve ses faveurs. Quelques vauriens sans conséquence, un portefaix, un charbonnier, un maçon, un
tonnelier, un palefrenier, par toutes sortes de procédés
obscurs, mirent tout d'abord la main sur quelques millions. Successivement les criques de l'Approuague, du
Ouanari, de l'Oyapock, de l'Orapu, de la Comté, du
Kourou, de Sinnamary, de la Mana et du Maroni, furent
fouillées, tournées et retournées en tous sens. Des sommes
énormes furent englouties dans ces recherches. La population tout entière émigra aux placers, où une très petite partie gagna de l'argent, et où une bien plus forte se ruina.

Le travail des placers, qui consiste à retourner les boues
des criques et des marais, décima la population ouvrière.
Tous les ans il se faisait des vides qu'il fallait combler.
Mais l'étrangeté de la vie du Grand-Bois, l'appât d'un salaire élevé, l'espoir secret de voler des pépites, maintenaient le marché convenablement approvisionné de travailleurs. Coolies, nègres, Chinois, Martiniquais, affluèrent,

et bientôt la fine fleur des aventuriers français sembla choisir la colonie comme lieu de rendez-vous. Tout travail agricole fut abandonné, toutes les industries locales tombèrent. La colonie vécut au Grand-Bois. Les déceptions, les dépenses infructueuses, la jalousie, la rage de la fortune rapide donnèrent à la recherche de l'or un caractère forcené. On se précipitait dans tous les sens dans les hauts, aussi loin que possible, avec la fièvre, jouant son va-tout, empruntant pour le rejouer encore, et cela finissait parfois par la mort ou par le déshonneur. On se disputait, on s'escroquait les placers. Directeurs, employés, dégoûtés de faire la fortune d'un maître qui la veille était leur valet, paressèrent et parfois volèrent. Les ouvriers suivirent l'exemple, et volèrent aussi. L'industrie de l'or volé s'établit à Cayenne. L'ouvrier descendu de la mine savait bien, et sait toujours, à qui vendre le produit de ses larcins. Avec l'argent que vient de lui compter en cachette l'honorable épicier du coin, avec les économies qu'il a faites pendant une année de travail, il mène pendant deux mois une vie de débauches et d'orgies. L'or ne lui coûte pas, il le prodigue. Quand le malheureux n'a plus un liard, fatigué, énervé, délabré, hébété, il remonte, mourir.

A quoi tout cela a-t-il servi? A avilir l'ancienne population et à en amener une autre encore plus méprisable; à tuer toute agriculture et toute industrie, et à faire renchérir le prix de la nourriture, des logements et des objets de première nécessité à un prix monstrueux; à faire mourir quelques milliers de jeunes gens dans la forêt, qui n'en demeure pas moins vierge. Qu'a-t-on fait des 50 ou 55 millions d'or extraits des alluvions? La plus forte partie a été dépensée en extravagances ou en nouvelles recherches; l'autre a été placée en France en rente sur l'État, par cinq ou six Crésus de trouvaille. Ces truands de la veille, milords du lendemain, crèvent maintenant dans leur peau de vanité et d'arrogance.

En somme, la colonie a été ruinée. Le plus clair de sa richesse, le capital emmagasiné en terres cultivées, instruments de culture, appareils industriels, a disparu. L'or trouvé au placer y est retourné, et a été incorporé aux boues des criques sous forme de recherches infructueuses. Le crédit de la colonie est perdu. Les habiles de la contrée s'étant habitués à vendre aux financiers parisiens des placers déjà épuisés, les capitalistes métropolitains considèrent maintenant comme une duperie toute opération faite avec un placérien cayennais. L'aristocratie européenne des placers de Guyane, d'anciens marchands de bœufs, d'anciens sergents, d'anciens cuisiniers, malgré ses décorations et ses places au conseil général, est reçue d'une singulière façon, quand il lui arrive de se présenter aujourd'hui dans le cabinet d'un homme d'affaires parisien.

Si seulement ces faquins avaient songé à faire servir l'industrie aurifère à la prospérité générale de la colonie, comme cela s'est passé partout ailleurs! Mais il n'en a été rien. Pas une route, pas un canal, pas une institution de plus!

Celui qui a vu de près pendant deux ans cette population nouvelle, son égoïsme étroit, sa vanité ridicule, qui a vu combien était réduit le groupe des hommes honnêtes et intelligents de la colonie, ne peut qu'être inquiet à l'endroit de la France équinoxiale.

Quand le dernier placer sera épuisé, que la dernière bâtée sera lavée, que la gangue sera vide, qu'arrivera-t-il? La colonie se trouvera avec moins de bras, moins de courage, moins de crédit et moins de capitaux qu'en 1854 et même qu'en 1680.

L'époque de l'or d'alluvion touche à sa fin; dans dix ans

elle aura complètement disparu; après cette maldonne de quarante ans, quel jeu va jouer la colonie?

On nous saura gré de faire grâce de l'histoire administrative de cette dernière période. Nous avons montré la transportation inutilisée, les placers nuisibles, l'immigration gaspillée. Ces trois faits remplissent l'histoire. Inutile de broder sur cette trame la biographie des frêles roitelets qui ont successivement émargé au budget des gouverneurs pour la somme annuelle de 45,000 fr.

Après deux siècles d'efforts, 30,000 Français et 300 millions dépensés, pouvons-nous dire que nous avons créé une Guyane française?

La population qui est de 25,000 habitants, celle d'un canton de la métropole, ne compte pas, parmi les créoles, cent Français d'origine française, moins que la population d'une commune métropolitaine. Le reste est une arche de Noé, où se coudoient nègres, mulâtres, coolies, Chinois, Annamites, Martiniquais, Hollandais, Surinamois, Anglais, Portugais, Arabes, Kabyles, Brésiliens, Yankees, Japonais. On parle toutes les langues dans ce milieu cosmopolite : l'anglais, le portugais, l'espagnol, le chinois, l'annamite, l'arabe, le berber, le malabar, le tamoul, le créole martiniquais, le créole cayennais et même le français. Celui-ci fume l'opium, celui-là le haschich, les civilisés chiquent, ceux-là mâchent le bétel. Ici on vote, là on danse comme au Congo, plus loin c'est une fête hindoue, les soldats de Mokrani s'arrêtent dans les rangs en marche, sous l'œil du garde-chiourme, et adressent leur prière à Mahomet. Je vois un turban, plus loin un fez, le costume de Pékin, celui de Tokio; je distingue un burnous, la gandoura des Soudaniens, des nègres en chapeau à haute forme, des gens en calembé. d'autres nus. Le drapeau français flotte au-dessus de tout cela. Des officiers nègres, des fonctionnaires coolies, des administrateurs à type incertain, qui nous viennent de je ne sais où et n'ont jamais vu la France, circulent dans ce musée. Je me sentirais aussi bien chez moi à Singapour ou aux îles Fidji. Cela, un prolongement de la métropole! un quatre-vingt-huitième département! Passons vite, car les 30,000 Français que l'ineptie administrative a assassinés sur ces rivages se lèveraient en masse des tombeaux inconnus où ils reposent pour nous faire entendre leurs protestations indignées.

Quelques honnêtes vieux créoles blancs se lamentent dans leur coin comme Jérémie, sans espoir. Ceux-là seuls ne méprisent pas la terre, et ils sont honnis pour ne pas la mépriser. Une de nos communes moyennes fait plus de culture que toute la Guyane actuelle, de l'Oypoack au Maroni.

Quand le dernier placer aura été épuisé, ce qui aura lieu d'ici quelques années, toute industrie aura disparu; il restera à peine, par-ci par-là, quelques chantiers de bois.

Sans industrie et sans agriculture, un pays n'a pas de commerce. Celui de la Guyane, si l'on n'y comprend pas la vente de l'or, est actuellement de quelque 100,000 fr. à l'exportation.

Quand l'or aura disparu, la colonie ne sera plus qu'une vaine ombre, un fantôme de colonie, une possession sur le papier. La France Équinoxiale n'aura plus de réalité tangible. Il restera une ville de Cayenne avec des maisons vides, comme celles du village abandonné de Goldsmith. On trouvera deux ou trois bouts de route ne conduisant nulle part, même pas aux dix ou douze hameaux, formés de carbets aux toits de chaume, disséminés dans la forêt de la côte, et qu'on appelle pompeusement aujourd'hui les chefs-lieux des quartiers. Après trois cents ans, nous n'aurons pas fait plus de travaux préparatoires que n'en feraient en six mois les Américains dans un de leurs districts du Far-West. Tout sera à recommencer.

La rare et multicolore population créole, non seulement n'a pas incorporé au sol ses capitaux, mais ne les a pas conservés dans la colonie. Chacun a vécu au jour le jour, payant la viande dix francs le kilo quand c'était nécessaire, mais n'élevant pas et ne cultivant pas. Les individus enrichis à la mine ont compris d'instinct la nécessité d'une culbute. Ils ont immobilisé leurs capitaux en les plaçant en rentes sur l'État. Ils dépensent leurs revenus à acheter des électeurs, à solder des harems de négresses. D'ailleurs, ces messieurs émigrent les uns après les autres vers la métropole, ou ils s'en vont cacher, dans quelque petit village bien obscur, leur nullité tarée et leurs richesses. Les deux ou trois cents personnes intéressantes et respectables de ce milieu contaminé, désespérées du présent, épouvantées de l'avenir, impuissantes, se résignent en gémissant.

La situation est triste. Après trois siècles, cent expériences malheureuses, pas de travaux préparatoires, pas de population, pas de capitaux, pas de vie économique, et le peu qu'il y a de tout cela, c'est Cayenne, une nuisance.

Le progrès, la colonisation, le peuplement ne peuvent venir d'agents intérieurs, la mise en branle du peu qui existe ne peu être obtenue par des propulseurs locaux, car ces agents, ces propulseurs n'existent pas.

Il n'y a pas non plus à compter sur l'administration métropolitaine, pour toutes sortes de raisons qui fourniraient matière à tout un chapitre. Entre autres, parce que depuis trois cents ans l'administration française a échoué dans toutes les tentatives qu'elle a faites en Guyane. Et aussi parce que cette administration métropolitaine, qui pourrait faire encore aujourd'hui ce qu'elle a fait déjà dix fois : risquer et perdre sur cette terre quelques milliers de Français et quelques dizaines de millions de francs, se désintéresse aujourd'hui de sa colonie.

Y a-t-il à compter sur les capitalistes et les hommes d'affaires de l'Europe? Quel Rothschild prêtera son argent, quel grand administrateur, ses lumières? La Guyane, de longue date, a mauvaise renommée. Et nos placériens actuels, par les opérations louches qu'ils ont lancées sur le marché de Paris, ont enlevé à la France Équinoxiale le peu de crédit qui lui restait encore.

Nous ne chantons pas le *De profundis*; nous constatons simplement ce qui est. Pas de population, pas de capitaux, pas de crédit. La ruine totale est proche. Eh bien! c'est peut-être de cette dernière catastrophe que sortira la renaissance. La colonie, dans ses limites incontestées, a pour 10 milliards de bois d'ébénisterie et de construction; ses savanes peuvent nourrir 600,000 têtes de bétail; les terres basses et les terres hautes se prêtent aux cultures de tous les climats. Avec une immigration préparatoire tenue en tutelle, nous pourrions faire exploiter tout cela. Mais aurons-nous l'intelligence de renoncer au système de colonisation sentimentale que nous appliquons si volontiers partout? Il est très probable que non. Alors, prenons une résolution virile, à la suite de laquelle on ne pourra plus, selon la très énergique expression de Jules Duval, nous jeter à la face l'exemple de cette colonie « comme une injure et comme un défi! »

CHAPITRE II.

LES RICHESSES DE LA GUYANE FRANÇAISE.

I.

LA FORÊT.

La Guyane française est une immense forêt bordée du côté de la mer par une vaste bande de terres alluvionnaires, large le plus souvent de 15 à 20 kilomètres. Son étendue incontestée qui dépasse 120,000 kilomètres carrés, comprend les riches espaces limités par l'Oyapock, le Maroni, l'Atlantique et les Tumuc-Humac. Mais sa population totale est tout au plus de 25,000 habitants, et aujourd'hui c'est à peine si on trouve, sur la côte et aux environs, quelques défrichements et quelques bandes de savanes plus ou moins entretenues. Presque partout règne la forêt vierge. Mais cette forêt, qui n'attend que la main de l'homme, est prodigue sous les Tropiques. La Guyane peut aisément devenir un des plus riches pays du globe, où abonderont les exploitations forestières, pastorales, agricoles et minières. Comme l'a si justement dit Saint-Amant : « *Si la Guyane, au lieu d'être une vieille terre, était une* « *découverte moderne, on s'y précipiterait avec fureur.* » D'ailleurs, cette vieille terre est aujourd'hui encore aussi peu connue qu'au jour où Pinçon la découvrit.

C'est ce pays que nous voulons faire connaître. Nous envisagerons pour cela les quatre branches principales de ses richesses : la Forêt, les Savanes, les Cultures et les Mines.

La forêt et les produits forestiers.

La forêt est doublement précieuse : par ses bois, par ses produits.

Ses 260 essences n'ont pas de rivales dans le monde. Ses bois de dernière qualité sont encore supérieurs à nos peupliers d'Europe, ceux de première qualité sont les plus beaux que l'on connaisse. Les bois de la Guyane présentent toutes les qualités imaginables de dureté ou de souplesse, de résistance ou d'élasticité, de brillant et de poli. Ses bois précieux sont un des chefs-d'œuvre de la création. Quelques-uns offrent un parfum plus délicat que les plus suaves aromes, les autres des couleurs plus belles que celles des plus beaux marbres. Blanc de lait, noir de jais, rouge, rouge de sang, veiné, marbré, satiné, moucheté, jaune sombre, jaune clair, bleu de cobalt, bleu d'azur, vert tendre : toutes les couleurs de la palette ont été mises à contribution par la nature. Un hectare de bois dans la Guyane française pourrait fournir les éléments de la plus admirable mosaïque que l'on ait encore jamais vue. Il ne faut pas oublier que la France ne possède que 25 essences, et que les 260 que l'on connaît en Guyane ne représentent qu'une partie de la collection complète. En 1860, Agassiz remarquait à Pará, dans une exposition des produits de l'Amazonie, une collection de 117 espèces de bois de couleur abattus sur un espace de moins de 75 hectares.

À une époque où le bois commence à manquer, où l'Europe est obligée de reboiser ses montagnes dénudées, n'est-il pas temps de se demander quelle sera la région, quel sera le peuple qui vont maintenant fournir le bois nécessaire à la consommation? Il s'agit de grands intérêts, puisque la France seule importe pour 200 millions de bois par an, et l'Europe entière pour plus d'un milliard. Il semble que les innombrables cours d'eau de la Guyane française n'attendent que l'installation de quelques scieries pour fournir à l'Europe des millions de stères de bois. Car les magnifiques essences de la grande forêt coloniale constituent une des grandes richesses, richesse frappante, palpable, de la contrée. C'est une estimation bien modérée que d'attribuer 1,000 francs de bois à chaque hectare de forêt, et cette évaluation porterait à 10 milliards de francs la valeur totale des bois de la Guyane française dans ses limites d'aujourd'hui.

Ailleurs, les travaux de défrichement sont extrêmement coûteux et causent parfois la ruine des entreprises les mieux conçues; dans la Guyane française, les travaux de défrichement consistent à débarrasser le sol de quelques milliards de francs qui gisent à la surface et empêchent la culture.

Mais il y a dans la forêt autre chose à utiliser que les bois rares et précieux réservés par la patiente économie des siècles à l'ébénisterie, à la construction navale, au charronnage, à la charpente et à tous les usages civils. La forêt produit : elle produit tous les ans ou même plusieurs fois par an. On peut utiliser la forêt sans la détruire. Les produits de la forêt, produits spontanés, réguliers et certains, sont aussi riches que variés. Le grand bois donne en abondance au chercheur qui parcourt ses espaces des produits alimentaires, oléagineux, médicinaux, résineux, aromatiques, tinctoriaux et textiles.

On n'a pas assez insisté sur l'extrême importance des

produits forestiers dans cette région tropicale. Nous croyons même pouvoir dire que cette importance n'a jamais frappé personne dans notre Guyane. Cependant la forêt donne annuellement, elle donne en abondance, sans culture et sans danger au colon ayant pour tout capital ses deux bras. Parmi les produits alimentaires, elle donne : le cacao sauvage, l'arrow-root, le touka; parmi les oléagineux : l'aouara, toutes les graines de palmier, le carapa, le ouabé, le caumou; parmi les produits médicinaux : la salsepareille, le copahu et l'ipéca; parmi les résineux : le caoutchouc et les autres ficus; parmi les aromates : l'aloès, le bois de rose, l'arbre à l'encens et la vanille; parmi les produits tinctoriaux : l'indigo sauvage; pour la tannerie : les palétuviers; parmi les textiles : le maho, le balourou, l'arroumian, le moucoumoucou, la pite. Pour utiliser ces richesses, point n'est besoin d'une longue patience, d'un outillage compliqué, d'une dispendieuse installation. Il n'y a qu'à se baisser et à prendre; on peut ramasser le bien-être dans les forêts de la Guyane comme on cueille les marguerites dans nos prairies. Ce ne sont pas de riches industriels que ces Tapouyes qui envoient tous les ans sur la place de Para pour 110 millions de caoutchouc et 10 millions de cacao, richesses qu'ils ont dérobées à la forêt inépuisable et prodigue.

Battre le bois en quête de ses produits nous paraît un mode de prise de possession aussi lucratif que peu dangereux. Là où on n'entreprendra pas de gigantesques coupes blanches en vue de la grande exploitation forestière, des coupes intelligemment pratiquées ouvriront le grand bois à l'air et à la lumière et faciliteront la recherche des produits forestiers. D'ailleurs, rien encore n'a été fait et les produits de la forêt ont été aussi respectés que la forêt elle-même.

Des principaux produits forestiers.

Les produits forestiers de' la Guyane sont innombrables.
Ils présentent la variété la plus grande, pouvant répondre
à tous les besoins. Produits alimentaires, oléagineux, médicinaux, résineux, aromatiques, tinctoriaux, textiles, abondent dans cette terre, que l'on désignait autrefois sous le
nom de France Équinoxiale.

A la fin de cette étude nous donnons une nomenclature
de la majeure partie de ces produits. Nous nous contentons
ici d'en passer en revue les principaux.

PRODUITS FORESTIERS ALIMENTAIRES.

Produits forestiers alimentaires ligneux.

Les *Palmiers.* — « L'espèce humaine, dit Linnée, a son
« habitation naturelle au sein des régions tropicales, où
« les palmiers lui fournissent spontanément une riche ali-
« mentation; elle s'établit artificiellement en dehors des
« tropiques, arrachant à une nature marâtre la chétive
« subsistance extraite des céréales. » La Guyane possède
25 ou 30 variétés de palmiers. Chacun de ces arbres donne
sa graine, dont on mange soit la pulpe extérieure, soit l'a-
mande, soit les deux produits. Les palmiers fournissent
un mets excellent : le « chou palmiste, » qui atteint parfois
la longueur d'un mètre et la grosseur de la cuisse. Ce chou
est la ressource classique du voyageur perdu dans les bois.

Le *Cacaoyer sylvestre.* — Le cacaoyer sylvestre est très
répandu aux Tumuc-Humac, dans le haut bassin de l'Oyapock, où il vit en famille, sur les bords de l'Aragouari et du
Yari. L'exploitation des cacaoyers sylvestres en Amazonie

se solde annuellement sur la place de Para par une somme
de 10 millions de francs. C'est sur les bords du Bas-Yari
que nous prîmes, au dix-huitième siècle, les plants de
cacaoyers qui ont formé les premières plantations de l'Ile-
de-Cayenne. Les fruits sauvages sont un peu plus amers
que ceux cultivés, mais un procédé de raffinage fort simple
bien connu des Brésiliens du Para, enlève tout goût d'a-
mertume au chocolat du cacaoyer sylvestre.

L'*Arrow-root*. — L'arrow-root est extrait de la racine
d'une marantacée, espèce d'arbrisseau aquatique fort répandu dans le pays.

Le *Touka*, dont le nom est déjà connu en France, est
un des plus beaux arbres de la région tropicale. Quant il
a atteint son développement complet, les plus gros noyers
d'Europe paraîtraient petits auprès de lui.

Les toukas sont si communs dans les îles de l'Amazone
et sur les rives du cours inférieur du fleuve, que plusieurs
bateaux partent tous les ans, quand la saison est venue,
de Pará et de Mapa, faire la récolte des cabosses. Ces cabosses, grosses au moins comme le poing, atteignent parfois
une grosseur double. Leur enveloppe, extrêmement dure,
renferme de une à deux douzaines d'amandes exquises,
aussi fines que nos meilleures noisettes. Ces fruits singuliers
tombent pendant un mois environ, de janvier à mars, et
jonchent le sol de petits boulets de canon. Les ramasseurs
de touka ne s'aventurent point sous les arbres avant que la
saison soit complètement passée. Mais, aussitôt, les bateaux
sont chargés, les amandes sont vendues au Brésil et dirigées
vers l'Europe, pour y être transformées en huile ou con-
sommées comme fruit de dessert. Ces « castanhas, » comme
les appellent les Brésiliens, peuvent soutenir la comparaison
avec les amandes de Provence les plus renommées. On
trouve des toukas dans les forêts des environs de Cayenne.

À Roura, il en existe des plantations. Le prix de la cabosse varie à Cayenne de 20 à 50 centimes. Chaque arbre peut en produire une centaine au moins, soit, par pied de touka, un revenu annuel de 20 à 50 francs.

Les *Canari-Macaque* (marmite des singes) sont au nombre des arbres les plus singuliers de la contrée. Ce sont deux espèces de couratari dont les fruits affectent la forme d'une petite marmite, au couvercle adhérent par une charnière mobile. L'un des deux couratari renferme dans son « canari » des amandes au goût fort agréable ; l'autre, « l'arbre à la marmelade, » a son canari plein d'une espèce de confiture fort recherchée des singes et qui est comme le miel de la forêt. Les créoles font avec ce miel des préparations excellentes.

Les arbres de la forêt offrent au voyageur trois fruits délicats :

Le *Balata*, petit fruit du grand arbre du même nom. Ce fruit est gros comme une petite prune, son goût rappelle celui de la pêche. Malheureusement, pour faire la cueillette, il faut souvent couper l'arbre au pied, car les fruits du balata ne poussent que dans les hautes branches, et ceux qui tombent au pied de l'arbre ne valent rien, étant trop mûrs et desséchés par le soleil. Les *Mombins* donnent la prune-mombin généralement très goûtée. On en tire une boisson rafraîchissante délicieuse. La *Carambole*, fruit du carambolier, est un fruit oblong, partagé en lobes cannelés. La chair en est jaune et l'épiderme rougeâtre. C'est le fruit de la région dont le goût se rapproche le plus de celui de la prune d'Europe.

Produits forestiers alimentaires herbacés.

Les herbacés du grand bois fournissent deux fruits exquis : l'ananas sauvage et la marie-tambour.

L'*Ananas sauvage* n'est pas rare dans la forêt. Il est moins gros que l'ananas franc, mais son goût est aussi fin.

La *Marie-Tambour* est une liane fort commune sur le bord des criques. Son fruit, gros comme une noix, est formé d'une enveloppe pulpeuse de couleur jaune, renfermant une masse de petits noyaux granulés verdâtres, d'un goût délicat et parfumé.

Le *Couzou* appartient à la même famille, le fruit est identique à la marie-tambour, seulement il est gros comme un œuf.

L'*Oyampis*, ainsi nommé de la tribu indienne où on l'a trouvé pour la première fois, est un couzou plus gros qu'une orange. Ces trois fruits sont réellement délicieux. Les placériens qui remontent les criques ne manquent jamais de s'arrêter quand ils voient les lianes précieuses, pour remplir la partie libre du canot de ces beaux fruits aux couleurs d'or.

PRODUITS FORESTIERS OLÉAGINEUX.

L'extrême abondance des graines oléagineuses dans les forêts de la contrée est telle, qu'il semble que l'on puisse s'étonner à bon droit de ce qu'il n'esxite pas à Cayenne, ou dans l'un des quartiers de la colonie, une *huilerie centrale* où convergeraient tous les produits recueillis sur les points abordables par eau. M. Michély avait établi à Cayenne une huilerie centrale en 1851. Il achetait ouabé, carapa, sésame à 4 francs le baril de graines, — pouvant donner 21 litres d'huile, d'une valeur de 15 francs. — (Les huiles de drupe ont seules la propriété, comme on sait, de former des savons sans le secours de l'art ; or, ces huiles sont celles principalement fournies par la fabrication locale. Celles de graines sont propres à la fabrication de savons mous, à l'éclairage ordinaire, aux arts et la médecine). — En même temps que s'établissait à Cayenne l'huilerie centrale Michély, était créée à Neuilly, près de Paris, une manufacture d'huile d'aouara d'Afrique, qui fournissait 2,000 litres d'huile par jour. Tous ces essais ont été abandonnés. Depuis les débuts de l'industrie aurifère, il a été impossible de trouver dans la colonie des bras pour les industries agricoles.

La France, tributaire de l'étranger pour les graines oléagineuses et les huiles pour près de 150 millions par an, trouverait dans les forêts de la Guyane un véritable grenier d'abondance.

Produits forestiers oléagineux ligneux.

Les *Palmiers*. — Vingt ou trente espèces de palmiers poussent spontanément dans la région. Les palmiers sont surtout des oléagineux. Or, comme ils sont extrêmement répandus, on peut être certain que l'industrie de la fabrication des huiles est appelée à prendre en Guyane un immense développement. Le palmier peut être immédiatement utilisé, pour ainsi dire sans capital et sans bras, en se bornant à ramasser ses graines dans la forêt, qu'il serait d'ailleurs facile d'aménager en oléagineux dans certains cantons comme celui de Kourou, par exemple.

L'*Aouara du pays* ne pousse pas en touffe divergente offrant l'aspect d'un éventail comme l'aouara pays nègre. Sa tige est droite, garnie de piquants, et atteint jusqu'à 10 mètres. Ses fruits sont jaunes, tandis que ceux du palmier africain sont noirs. L'huile du palmier indigène ne diffère en rien de celle du palmier africain, sinon qu'elle lui est un peu supérieure. L'aouara du pays est extrêmement commun, on en peut trouver jusqu'à 300 à l'hectare, donnant 4 régimes par pied et 1 litre par régime, soit 4 litres par arbre et près de 1,200 litres à l'hectare, d'une valeur de plus de 1,200 francs. Il est rare cependant de trouver ainsi l'aouara en famille, une moyenne de 100 pieds à l'hectare est déjà considérable. Mais on trouve cette moyenne dans un grand nombre de terres sablonneuses, où on n'a qu'à détruire les arbres étrangers et à exploiter la plantation naturelle. Sans capitaux, avec ses deux bras, le colon peut ramasser autant de graines d'aouara qu'il en veut. Cette industrie n'est point inconnue aux Paraenses. De janvier à mars, époque de la grande maturité des aouaras, on peut ramasser en moyenne 25 régimes par jour, pendant 80 jours, soit 2,000 régimes, donnant 2,000 litres et valant plus de 2,000 francs. Ce travail ne prendrait au colon des côtes sablonneuses que les seuls loisirs de cette saison sèche. Les colons qui s'adonneraient à cette entreprise, pendant les temps où la concurrence ne serait pas forte, pourraient, en ramassant les aouaras, se faire des revenus considérables. L'aouara aura son jour dans la colonie. — Dans l'aouara indigène comme dans l'aouara pays nègre, c'est la pulpe extérieure ou parenchyme qui est utilisée. L'amande donne un corps gras, solide, appelé *tiotio* dans le pays; on l'extrait au moyen d'une forte chaleur. A Sierra-Leone et à Maryland on vend ce produit, plus ou moins liquéfié, sous le nom d'huile d'amande de palme ou de graisse africaine.

Le *Caumou* donne une huile blanche semblable à celle d'aouara, propre à l'alimentation, l'éclairage, la savonnerie. Les graines de caumou donnent en huile 18 p. o/o de leur poids total.

Le *Carapa*. — On en distingue deux variétés, aux fruits également oléagineux : le carapa rouge et le carapa blanc. Le carapa est un bel arbre, précieux en ébénisterie et fort répandu dans les bois. Ses fruits, de la grosseur du poing, sont à 4 valves. Ils laissent échapper à maturité, de février à juillet, une grande quantité d'amandes amères qui donnent une forte proportion d'huile. Cette huile, qui brûle sans fumée avec une belle flamme, est précieuse pour la saponification. Elle préserve de la piqûre des vers et des insectes les bois qui en sont enduits. Un pied de carapa donne 30 litres d'huile, à 1 franc le litre, soit un rendement de 30 francs par arbre. L'hectare peut contenir environ 50 pieds, soit un rendement de 1,500 francs à l'hectare. Le carapa est peut-être le seul arbre de la Guyane poussant en famille. Dans certaines régions, on trouve des forêts de carapa ne renfermant pas 10 p. 100 d'arbres étrangers. Tel est le cas des forêts de carapas du quartier de Kourou. Sur la rive gauche de ce fleuve, à une dizaine de kilomètres du bourg, on trouve des bois de 2 à 3,000 carapas vivant en famille. Ces arbres sont égalementa bondants à l'Oyapock, au Ouanari, à Ouassa, au Cachipour, et aussi à l'Amazone, où onles appelle andirobas. Les propriétaires des forêts naturelles de carapas pourraient aisément les agrandir et les rendre régulières, en détruisant les arbres étrangers qui s'y trouvent. Le revenu net des carapas serait fort élevé, car les frais de récolte, de transport, de trituration et de pressurage ne seraient pas bien considérables. Le rendement obtenu par la meilleure méthode, qui est celle de la presse à froid, est énorme ; il est en huile de 50 p. 100 et même de 70 p. 100 du poids des amandes. De plus, on retire des tourteaux une espèce de suif assez estimé. Enfin, il faut remarquer qu'il n'y a pas de graines de perdues, car, même en complète germination, elles fournissent une huile aussi bonne que celle retirée des graines sèches.

L'aouara, le carapa et le caumou sont par excellence les trois arbres oléagineux de la contrée. Mais les autres oléagineux de la forêt, ligneux et herbacés, sont très nombreux.

Produits forestiers oléagineux herbacés.

Le *Ouabé*. — Le ouabé est une liane qui grimpe sur des arbres ressemblant au carapa et au touka, ce qui la fait prendre parfois, mais à tort, pour un arbre de cette famille. Le fruit de cette liane a beaucoup de ressemblance avec celui du carapa. Il est à trois valves, contenant chacune une amande. Ces amandes renferment une si grande quantité d'huile, qu'en les présentant au feu elles s'enflamment d'elles-mêmes. Des expériences ont permis de constater que l'amande du ouabé contenait de 70 à 75 p. 100 d'une huile vraiment magnifique, à la fois comestible et siccative. Le ouabé croît en abondance dans les terrains humides, sur les bords de la mer et des rivières. Le fruit est mûr en novembre et en décembre. Il serait alors aisé d'en ramasser une grande quantité de barils. — Dans la Guyane française, il est plus abondant dans les quartiers sous le vent que dans les quartiers au vent. — Les plantations de ouabé, faites de graines ou de boutures, rapporteraient au bout de dix-huit mois. — C'est avec l'écorce de l'amande du ouabé que sont fabriqués ces colliers et ces bracelets noirs si recherchés par les femmes créoles des Antilles.

PRODUITS FORESTIERS MÉDICINAUX.

La Guyane française est peut-être le pays du monde le plus riche en plantes médicinales. On y connaît plus de 150 plantes, herbes, arbustes ou grands arbres, ayant dans leurs feuilles, leurs fruits, leur sève, leurs fleurs ou leurs racines des propriétés déjà expérimentées. Un naturaliste peut aisément payer ses voyages dans l'intérieur de la contrée en ramassant des plantes médicinales.

Parmi les plantes dont les propriétés sont les mieux connues en Europe la Guyane possède le copahu, le sassafras,
le ricin, le tamarin, le papayer, la salsepareille, l'ipéca.
Toutes sont très communes, et rien ne serait plus facile que
de réaliser des bénéfices sérieux dans cette industrie destinée à prendre un jour dans le pays un très grand développement.

Déjà les Brésiliens du Pará et de l'Amazone ramassent sur
leurs terres la salsepareille et l'ipéca, et exploitent le copahu
et le ricin. Cette industrie rapporte annuellement aux deux
provinces plusieurs centaines de mille francs.

Les naturalistes et les médecins qui ont étudié l'intérieur
de la Guyane française ont tous été frappés de l'extrême
richesse du pays en plantes médicinales. Ces trésors, comme
tous les autres dont ce pays regorge, n'attendent que la bonne
volonté des hommes.

Produits forestiers médicinaux ligneux.

Le *Copahu* est commun dans la région des montagnes.
C'est un grand et bel arbre employé dans la construction
et l'ébénisterie. On n'a qu'à le percer avec une tarière pour
en retirer le lait qui s'écoule aussitôt. Un travailleur peut
recueillir dans sa journée 15 kilogrammes environ de copahu; ce qui représente, à 4 francs le kilogramme, prix
moyen, 60 francs pour une journée de travailleur.

Le *Sassafras*, dont on connaît l'emploi dans les maladies
vénériennes, n'est pas rare dans les forêts.

Le *Ricin* ou *Palma-Christi* est un des végétaux caractéris-
tiques de la flore guyanaise. Le ricin abonde de la côte aux
montagnes et des montagnes à l'Amazone.

Le *Tamarin*, également très répandu, n'a guère été employé jusqu'à ce jour dans la colonie que pour la construction.

Le *Papayer* est un des arbres les plus communs du pays. On sait qu'on a déjà commencé en Europe à retirer du fruit du papayer la papaïne, qui a les mêmes propriétés que la pepsine.

Produits forestiers médicinaux herbacés.

Le plus répandu est la *Salsepareille*. C'est en ramassant de la salsepareille à l'Approuague que l'Indien brésilien Paoline découvrit les placers de la Guyane française. Les Tapouyes et les Brésiliens de Pará s'adonnent en grand à la recherche et à la préparation de la salsepareille. Un travailleur peut ramasser dans sa journée, laver et sécher, 10 kilogrammes de racines. Ce qui, au prix moyen de 5 francs le kilogramme, lui fait une journée de 50 francs. Les racines une fois séchées, on les boucane pendant vingt-quatre heures sur un feu lent et on en fait des bottes d'une quinzaine de kilogrammes chacune.

L'*Ipéca* (Ipécuacanha), si recherché dans la médecine brésilienne, est également apprécié en Europe. L'ipéca n'est pas rare dans les forêts de la Guyane.

PRODUITS FORESTIERS RÉSINEUX.
(Gommes, résines, baumes. — Tous ligneux.)

Le *Caoutchouc*, connu de tous temps des Indiens, a été pour la première fois décrit par Lacondamine à la suite de son voyage de l'Amazone, en 1745. Cinquante plantes différentes donnent des gommes plus ou moins analogues au caoutchouc, tant dans l'ancien monde que dans le nouveau, mais en trop petite quantité ou de qualité trop médiocre pour rémunérer l'exploitation. Cependant la consommation qui en devient de plus en plus considérable obligera les producteurs à utiliser de nouveaux

ficus. Le meilleur caoutchouc est produit par le caoutchoutier de l'Amazone, très répandu dans les îles et sur les rives
du fleuve. A l'embouchure de la rivière, et surtout sur la
rive gauche, entre l'Araouari et le Yari, il vivait en famille
à ce qu'on assure. Le caoutchoutier des îles de l'Amazone
est un des plus riches. Chaque arbre peut donner 5 litres
de lait, soit 3 kilogrammes de caoutchouc, à 5 francs le
kilogramme, soit 15 francs par pied. Ce caoutchouc est
des plus estimés. L'exploitation en serait facile : si on le
plantait de boutures, au bout de quinze ans l'arbre pourrait supporter des incisions. Mais actuellement on ne se
donne pas la peine de planter, car il est encore très répandu. — Dans les îles de l'Amazone, dans la région Des
Canaux, à l'embouchure du Yari (Saô-Antonio), régions qui
sont le centre de l'exploitation, dans tout l'Amazone, on appelle seringueros les gens qui incisent le caoutchouc (de siringa, parce que les Tapouyes en faisaient des seringues).
Leur travail, qui rappelle celui des extracteurs de résine de
nos forêts de pins, est fort lucratif : par homme et par jour
il donne en moyenne 3 kilogrammes de caoutchouc, à 5
francs, prix moyen, soit 15 francs par jour. Et le caoutchouc se vend jusqu'à 12 francs le kilogramme ! La saison
pendant laquelle les seringueros se répandent dans la forêt
dure d'avril à décembre. Ce qui représente par homme environ 100 jours de travail, assurant une récolte atteignant
le chiffre de 300 kilogrammes de caoutchouc et la valeur de
1,500 francs. 80,000 Amazonenses se livrent annuellement à
cette industrie. Pará vend pour 110 millions de gomme par
an, vingt fois plus que la Guyane française ne vend d'or. —
Les caoutchoutiers ne sont pourtant pas rares en Guyane.
Les Cayennais n'auraient pas même besoin d'aller chercher
aux extrémités sud-orientales de leur territoire les arbres
précieux : ils se trouvent aux portes de Cayenne. Tous les

petits mornes de rivière de 12 à 15 mètres d'élévation en
recèlent. Dans les hauts des rivières ils doivent vivre en
famille. Fusée-Aublet les savait communs à l'Approuague,
à la Comté, à la crique Galibi. Plusieurs placériens en ont
vu et incisé dans les forêts de cette région. En 1851, l'Administration de Cayenne engageait les personnes industrieuses à s'adonner à la recherche du caoutchouc. On pensait
qu'il se trouvait dans les forêts de l'Ile-de-Cayenne. L'arbre
a vingt mètres de hauteur sur un mètre de diamètre à la
base, l'écorce en est grisâtre et le bois blanc. Son fruit (sa
graine) a le goût de la noisette. « Les Galibis et les Garipons
« mangent ces graines, dit Fusée-Aublet; j'en ai mangé
« aussi, les ai trouvées excellentes et n'ai pas été incom-
« modé. » Quand on découvrit l'or à l'Arataye, on y découvrit aussi le caoutchoutier. P. Chaton, ancien consul de
France à Pará, se fit l'apologiste du caoutchouc, et ne man-
qua pas de répéter à ses compatriotes de la Guyane que les
Brésiliens de Para faisaient dans cette industrie des fortunes
réellement considérables. Cayenne envoya en France quelques kilogrammes de gomme, mais seulement comme curiosité, et ne s'émut pas davantage. Pourtant, dès le temps
de Fusée-Aublet, les Indiens faisaient grand cas de l'arbre
qu'ils appelaient siringa. « Pour peu qu'on entaille l'écorce
« du tronc de cet arbre, il en découle un suc laiteux, et
« quand on veut en tirer une grande quantité on commence
« par faire au bas du tronc une entaille profonde qui pé-
« nètre dans le bois, on fait ensuite une incision qui prend
« du haut du tronc jusqu'à l'entaille, et par distance on en
« pratique d'autres latérales et obliques qui viennent abou-
« tir à l'incision longitudinale. Toutes ces incisions ainsi
« pratiquées conduisent le suc laiteux dans un vase placé
« à l'ouverture de l'entaille; le suc s'épaissit, perd son hu-
« midité et devient une résine molle, roussâtre et élastique.

« Lorsqu'il est très récent, il prend la forme des instruments
« et des vases sur lesquels on l'applique couche par couche.
« On fait sécher à mesure en exposant à la chaleur du feu.
« Cette couverture peut devenir plus ou moins épaisse,
« elle est toujours molle et flexible. Si les vases sont en terre
« glaise, on introduit de l'eau pour la délayer et la faire sor-
« tir; si c'est un vase de terre cuite, on le brise en petits mor-
« ceaux : c'est la façon d'opérer des Garipons. — Les In-
« diens savent aussi utiliser en torches la gomme-résine du
« caoutchouc. » (Fusée-Aublet.)

Le *Balata franc* ou *saignant*. — C'est cet arbre qui donne
la gutta-percha. Malheureusement le lait se concrète et ne
coule pas en abondance, ce qui rend l'exploitation peu lucrative.

PRODUITS FORESTIERS AROMATIQUES.

Produits forestiers aromatiques ligneux.

La forêt est riche en aromates. Les plus fameux, parmi
les arbres, sont l'arbre à l'encens et le bois de rose.

L'*Arbre à l'encens* est généralement très commun dans les
forêts de la Guyane, et dans certains cantons il vit presque
en famille. Cet arbre pourrait, tout comme le caoutchouc,
être exploité de suite, sans faire de plantations. Son encens,
appelé *résine élémi*, est récolté, en fort petite quantité il est
vrai, par les créoles, qui vendent cet encens aux églises de
la colonie qui toutes en font usage. Cet encens brut, bien
qu'il n'ait pas subi la moindre préparation chimique, peut
rivaliser avec les meilleurs encens connus.

Les *bois de rose*, et particulièrement le *rose femelle*, fournissent par la distillation de leur bois une grande quantité
d'essence de rose absolument semblable à celle de l'Orient.
Le rose femelle est commun dans la forêt, et la matière pre-

mière ne manquerait point à une usine qui s'établirait dans
la colonie pour la fabrication de l'essence précieuse.

Produits forestiers aromatiques herbacés.

La *Vanille*. — La vanille n'est pas rare dans l'intérieur. Au
plus profond des grands bois on la voit le long des rivières
tomber en guirlandes de la cime des grands arbres au niveau
de l'eau. Elle affectionne particulièrement le bois sucré. La
cueillette est difficile, parce que les gousses se trouvent
généralement à la cime des arbres, d'où elles reçoivent plus
directement les influences de la lumière et du soleil. Cependant, il n'était pas jadis de nègre ou d'Indien qui revînt du
grand bois sans sa provision de gousses de vanille, enlevées
ainsi à la gourmandise des singes et des oiseaux. Car la nature
accomplit dans les forêts de la Guyane ce que la main de
l'homme est obligée de faire dans les vanillières : la reproduction. La vanille des bois, appelée *vanillon* dans la colonie, est moins prisée que la vanille cultivée, mais une
bonne préparation peut la mettre à la hauteur de l'autre.

Outre la vanille, la forêt fournit encore l'*Aloès,* cette plante
précieuse qui, parmi ses nombreuses propriétés, compte
celle de fournir un parfum recherché.

PRODUITS FORESTIERS TINCTORIAUX. — TANNERIE.

Produits forestiers tinctoriaux ligneux.

La forêt possède sans doute un grand nombre d'arbres
ayant des propriétés tinctoriales, car les Indiens en connaissent une dizaine dont ils savent tirer parti. Il est regrettable que personne dans la colonie ne se soit encore livré à
l'industrie des arbres à teinture, car l'expérience faite sur les
essences connues a été des plus satisfaisantes.

Le plus connu, le plus précieux et le plus commun des

arbres tinctoriaux de la Guyane française est le *Génipa*. Les Indiens le connaissent depuis fort longtemps, car toutes les tribus l'emploient en même temps que le roucou. C'est le jus de son fruit qu'on utilise. Ce jus, d'abord bleu clair, devient ensuite tellement noir, qu'on peut s'en servir pour écrire. Les femmes indiennes s'en servent pour peindre leurs maris en noir quand ils sont las de la couleur rouge.

Produits forestiers tinctoriaux herbacés.

L'*Herbe à indigo* ou *Indigo sauvage* est une plante commune dans les terres basses et marécageuses de la contrée, principalement dans les pinotières de l'Approuague. On coupe quelques brassées d'herbe, on les soumet à la préparation et on en retire une belle teinture. Un habitant de Cayenne en fournit longtemps la colonie entière (de 1850 à 1860), cherchant l'herbe sauvage quand on lui demandait de la teinture et la préparant dans sa batterie de cuisine. Ce produit sauvage n'est guère inférieur à l'indigo du Bengale. On peut faire de 4 à 8 coupes par an de cette herbe, qui repousse en moins de deux mois. Il serait possible de se livrer actuellement en Guyane à l'industrie indigotière, sans être obligé au préalable de faire des plantations. La France importe annuellement pour plus de 20 millions de francs d'indigo. Avant la Révolution, c'était notre colonie de Saint-Domingue qui en fournissait le monde. Maintenant c'est le Bengale qui en a le monopole.

Tannerie.

En Guyane, les côtes de l'Océan, les bords des rivières et l'intérieur des terres présentent en grande abondance un arbre précieux à divers titres : le *Palétuvier*. Une des propriétés les plus remarquables du palétuvier est son extrême richesse en tannin.

Le palétuvier grand bois, le palétuvier montagne, sont au nombre des arbres les plus riches en tannin. Mais l'écorce du *palétuvier rouge* en contient six fois plus que celle du chêne. Cette particularité ne peut manquer de faire un jour du palétuvier rouge un des arbres les plus recherchés de la région.

PRODUITS FORESTIERS TEXTILES. — PAPIER, VANNERIE, SPARTERIE.

Produits forestiers textiles ligneux.

Les *Palmiers*. — Tous les palmiers sont textiles. Par leurs fibres, leurs filaments, ils sont propres à la fabrication de tous les objets de vannerie et de sparterie. Ils fournissent des cordes et des cordages en même temps que des tissus, des plus grossiers aux plus fins. Leurs fibres peuvent encore fournir d'excellente pâte à papier. La décortication des fibres en vue de leur utilisation comme textile est des plus simples et accessible aux petits capitaux. On peut en tirer aussi des chapeaux aussi fins que ceux de Panama. Les pagnes, dites de Madagascar, dont les élégantes font des chapeaux, sont tirées des fibres de palmier. Les Indiens connaissaient parfaitement les divers usages de cet arbre précieux : c'est des fibres du bâche que les Mayés tiraient le fil dont ils se servaient pour fabriquer leurs fameux hamacs; d'autres tribus utilisaient le conana, l'aouara, le maripa, le paripou, le caumou, le pataoua, le moucaya, le pinot, le sampa, le palmiste, le macoupi, l'ungaravé, le zaguenette, le chiqui-chiqui, etc.

Les *Maho*. —Les six variétés de maho ont une écorce textile capable de remplacer le chanvre. Tout comme les cinq autres, le gigantesque maho taoub peut fournir des cordes, du fil et servir à la fabrication des vêtements. Son fil est même très beau : il a des reflets argentés. Mais le meilleur des six maho est le *petit maho*. Les Indiens utilisaient les maho pour la confection des cordes, ils en tiraient aussi des étoupes pour calfater leurs canots. Les Galibis en faisaient des hamacs magnifiques que l'on croirait encore aujourd'hui, après bien des années d'usage, faits de jute et de fil d'argent. L'abondance des maho dans la contrée, et particulièrement du petit maho, qui couvre les terres sablonneuses des bords de la mer, permet de se livrer en grand à l'exploitation de ce textile.

Les *Fromagers*. — La ouate de ces arbres gigantesques est à peu près semblable au coton, mais beaucoup plus courte et donnant difficilement des fils. Aux États-Unis, on en fabrique des chapeaux. Un gouverneur de la Guyane française s'en confectionna un vêtement dans lequel il se présenta à Versailles. Comme feutre et comme ouate, le duvet du fromager serait réellement précieux, si on en juge par le cas qu'on en fait aux États-Unis.

L'*Aloès,* commun dans la colonie, donne, comme on sait, après battage et rouissage, des fils blancs et soyeux.

Produits forestiers textiles herbacés.

On ne saurait trop insister sur l'importance que présentent dans cette région les textiles herbacés, plus abondants, plus variés et plus riches encore que les textiles ligneux. Ces plantes précieuses se prêtent à des emplois multiples : tissus, sparterie, papier, vannerie. Cinq surtout méritent une mention spéciale : le balourou, le balisier, l'arrouman, le moucoumoucou et la pite.

Le *Balourou* et le *Balisier*. — Rappelant par la forme le bananier. Le balourou est providentiel dans la contrée ;

on l'emploie à tout : sa graine nourrit les oiseaux, ses feuilles sont employées à envelopper toute chose, à faire des paniers, à couvrir les cases, les hangars, les carbets. C'est un textile précieux. Mais il pourrait être plus avantageusement utilisé en le transformant en pâte à papier brute. Son extême abondance, car il tapisse dans bien des endroits le sol de la forêt et presque partout forme des bordures le long des criques ou sur le bord des pripris, permettrait, sans grande installation, sans grandes dépenses, d'en tirer d'énormes bénéfices. D'après le général Bernard, le papier de balourou est un des plus beaux que l'on connaisse. Pousse comme l'ortie, se multiplie comme le chiendent ; il sera même difficile de l'extirper jamais d'une façon complète.

L'*Arrouman* a deux variétés : la rouge et la blanche. Très commun dans les pripris. Il rendrait dans la sparterie les services que rendrait le balourou dans la fabrication du papier et le petit maho comme textile. Il atteint la hauteur de 4 mètres, supérieure à celle du bananier et surtout du balourou. C'est dans les savanes basses noyées et dans les pripris qu'il se plaît et qu'il atteint ses plus grandes dimensions. Il pousse en éventail de longues feuilles à forte côte. C'est cette côte qui serait surtout précieuse dans la sparterie. Les feuilles, que l'on divise avec les dents en lanières minces comme une feuille de papier, sont textiles. Ce sont les Indiens qui ont montré aux créoles le parti qu'on pouvait tirer de l'arrouman. L'arrouman était par excellence l'herbe des Indiens. Ils en faisaient des *pagaras*, corbeilles légères, munies d'un couvercle ; des *catouris*, espèces de hottes ; des *ouaouaris*, éventails à souffler le feu ; des *matoutous*, espèces de nattes ou tapis ; des *bacallas*, petits paniers peints en mosaïque et d'un tissu délicat ; des *couleuvres* ou presses à manioc ; des *manarets, borgnes, gouris*, et autres ustensiles de vannerie. L'arrouman remplacerait avantageusement le rotang dans tous les ouvrages auxquels on emploie actuellement celui-ci.

Le *Moucoumoucou* tient un peu du balourou, mais beaucoup de la tayove. Il est extrêmement commun dans les terres basses, où il forme d'épais cordons le long des rivières. Peut être employé à la fabrication du papier.

La *Pite*. — La Pite ressemble à l'ananas. C'est le véritable chanvre du pays. On la taille, la rouit et la bat comme le chanvre. Ses fils, blancs, longs et soyeux, sont supérieurs à ceux du maho. Ses usages sont depuis longtemps connus des Indiens, qui l'emploient concurremment avec le maho. Au Pará, les Tapouyes et les Brésiliens en font des bas et des gants. L'Espagne cultivait autrefois la pite pour en faire de la dentelle.

L'exploitation des bois.

Jusqu'à ce jour, l'exploitation forestière a été en enfance dans la Guyane. Elle s'est faite d'après les procédés les plus primitifs, sans machines, avec peu de bras, et des bras coûtant plus cher encore que ceux qu'on aurait pu recruter en Europe. Les États-Unis fournissent à Cayenne des planches de sapin pour les travaux de menuiserie, pendant que cent espèces précieuses pourrissent aux portes de la ville dans les forêts d'à côté. Ces admirables essences guyanaises, inutilisées aujourd'hui, sont pourtant aussi riches que variées. Pour s'en convaincre, il suffit de jeter un coup d'œil sur la nomenclature des bois de la Guyane que nous donnons à la fin de ce chapitre.

Les pessimistes font une douzaine d'objections à l'exploitation forestière en Guyane :

1. Les arbres, disent-ils, ne poussent pas en famille, ce qui occasionne une grande perte de temps. Aux États-

Unis, au contraire, les sapins vivent toujours en famille, ce qui facilite l'exploitation. — Sans doute, mais ces sapins qu'on trouve en famille aux États-Unis, on ne les trouve qu'à 3 ou 4,000 mètres d'altitude, et c'est là qu'il faut aller les chercher. En Guyane, au contraire, les essences que l'on exploitera s'étagent entre le niveau de la mer et une altitude de 3 à 400 mètres. Qu'importe que les essences ne vivent pas en famille? Il faut les exploiter toutes, abattre tous les arbres, couper la forêt à pied. On exploitera sur une grande échelle, puis on classera les essences, mettant ainsi à profit le luxueux désordre de la forêt. « A côté d'un balata, on trouvera un ouacapou, un simarouba, un cèdre noir, un grignon fou, un langoussi. Débitez le *balata* en pièces propres aux machines, en bois de charpente, et les bouts en longrines pour les chemins de fer; une bonne scie, mue par une locomobile, se chargera de cette opération, et vous trouverez dans le tronc des pièces qui, pour les machines, donneront de 2 à 3oo fr. Choisissez dans le *ouacapou* les pièces qui peuvent être utilisées pour la marine et ensuite pour la construction civile. Faites des planches avec le *simarouba* au moyen d'une sie circulaire à grand diamètre qui sera mue par la locomobile, les planches de simarouba se vendront dans la contrée même pour les travaux d'intérieur. Avec le *cèdre noir,* qui se scie très facilement, vous ferez des bordages incorruptibles qui sont fort appréciés en Europe. Avec le *grignon fou,* vous aurez des planches à l'usage du pays et que vous pourrez aussi exporter. Avec le *langoussi*, vous aurez des bois courbes que vous enverrez en Europe. » (Chaton.)

2. L'exploitation des bois d'ébénisterie et de construction ne peut être considérée dans la région que comme une industrie locale destinée à fournir aux besoins du pays. Car, dit-on, on n'a fait jusqu'à ce jour en France que des

demandes peu importantes. — Il est évident que malgré
leur excellence nos bois de Guyane ne peuvent avoir une
réputation solidement établie avant d'avoir été exploités.

3. La nature des bois de construction de la contrée, à
quelques exceptions près, est, dit-on, peu favorable à la
construction des navires. — Qui donc a trouvé cela?
C'est le fait contraire qui a été reconnu vrai, non seulement par l'industrie privée, mais encore par tous les
hommes officiels chargés d'expérimenter ces bois.

4. Le prix de revient est trop élevé. — Les bois de
Guyane ne sont pas encore cotés, il est vrai, à leur juste
valeur; mais, dans l'état actuel des prix on peut encore
faire 30 francs de bénéfice par stère. Le stère de bois de
Guyane, rendu en France, revient à 100 francs et se vend
jusqu'à 130.

5. Beaucoup d'arbres sont vicieux, ce qu'on ne recon-
naît qu'après les avoir abattus. Ils renferment des tares
intérieures qu'aucun signe extérieur n'annonce. — Il faut
fendre par le cœur tous les gros sujets, tant pour s'assurer de leur état que pour empêcher les gerçures qui ne
manqueraient pas de se produire si le cœur, bien qu'in-
tact, n'était pas exposé à l'air.

6. On cite quelques personnes qui ont monté des scieries et qui n'ont pas réussi. — On pourrait en nommer un
bien plus grand nombre qui ont fait leur fortune dans
l'exploitation des bois.

7. On cite l'exemple de l'Administration pénitentiaire
qui, d'après certains, n'aurait pas obtenu dans ses chantiers
forestiers des succès bien remarquables. — Le fait certain
est que l'exploitation forestière a toujours donné des bénéfices à l'Administration susnommée, malgré les moyens
imparfaits qu'elle avait à sa disposition. Que serait-ce si
les forêts étaient mises en coupe par des hommes du mé-

tier, appuyés sur de puissants capitaux, et faisant travailler
pour leur compte personnel !

8. Comment pourra-t-on, disent les pessimistes, utiliser
les branches faibles, les racines et les fagots? En France,
rien ne se perd. — On en fera du charbon qui trouvera
bien aisément un débouché sur place. L'industrie du charbonnage a toujours été prospère dans la colonie, et encore
aujourd'hui elle se soutient fort bien.

9. Et le halage pour atteindre le point d'embarquement,
comment le faire à force de bras dans un pays si peu peuplé? — On le fera avec des Decauville, ou autres petits chemins de fer qui conduiront les bois au dégrat. Car on opère
en grand, bien entendu, sans cela il faudrait se contenter
d'exploiter sur quelques centaines de mètres de profondeur
le long de la rivière.

10. Les bois sont fondriers. Il faudra les charger sur le
Decauville, comment charger ces bois énormes sur ce petit
chemin de fer? — On les tronçonnera sur place, au préalable, au moyen d'une locomobile.

11. Il faudrait assurer le débouché. La consommation
n'est pas habituée à ces essences. — On fera de la réclame.
Le bon marché et la supériorité d'une denrée finissent
toujours par la faire prévaloir sur les produits similaires in-
inférieurs et plus chers. On n'assure pas un débouché, on
le crée, on le force. Il faut commencer par produire.

12. Il faudrait, pour travailler ces bois très durs, soit
dans l'ébénisterie, soit dans la construction navale, modifier l'outillage. — Peut-être moins qu'on le croit; mais
qu'importe? Tout nouveau produit, toute invention nouvelle, nécessitent des modifications importantes, de véritables révolutions dans l'outillage. C'est un fait banal.
Le monde économique est mouvement, changement et
progrès.

Il est des conclusions qui sont classiques dans la matière
et que nous allons citer textuellement pour terminer cette
étude. Elles sont extraites d'un rapport de M. de Laparent,
directeur des constructions navales, l'un des hommes les
plus compétents dans la question des bois.

« Il y a lieu de donner une grande extension à l'exploita-
« tion des immenses forêts de cette région, forêts dont cer-
« taines essences annoncent des qualités exceptionnelles
« d'élasticité, de force et de durée. Les essais comparatifs
« suivants, faits du chêne de France, du teck de l'Inde et
« des bois injectés au sulfate de cuivre, ne peuvent laisser
« aucun doute à ce sujet.

| | | NOMBRES PROPORTIONNELS | |
Essences.	Poids du mètre cube.	A l'élasticité.	A la résistance à la rupture.
Chêne de forêt...............	745ᵏ	1,000	1,000
Teck (qualité supérieure).....	650	2,000	1,920
Teck tendre................	590	1,100	1,330
Hêtre injecté...............	790	1,420	1,100
Peuplier injecté.............	390	665	830
Angélique..................	770	2,250	1,800
Coupi	1,100	1,760	1,660
Bois violet.................	845	2,250	2,650
Ouacapou..................	842	2,000	2,000
Balata....................	1,070	3,325	3,150
Courbaril.................	940	4,000	2,825
Taoub....................	865	2,000	2,000
Saint-Martin	930	2,000	2,325
Cèdre noir	800	1,820	2,325

« Sans vouloir attacher une importance absolue à ces
« expériences qui demanderaient à être répétées et variées,
« on ne peut s'empêcher d'être frappé de l'infériorité du
« chêne de nos forêts de France sous le rapport de l'élas-
« ticité et de la solidité. Mais, quelle que soit l'importance

« que l'on doive attribuer à ces conditions, il en est
« une qui dans les constructions navales doit primer toutes
« les autres, c'est celle de la durée. Or, voici le tableau
« des pertes combinées de force et de durée, après un
« séjour de six mois en terre ou dans le fumier :

Chêne de forêt, 3o,5 p. 100 de perte.
Teck supérieur, 16,5o.
Teck tendre, 25.

Hêtre injecté, 3o.
Peuplier injecté, 1o.

Angélique, 5.
Coupi, o.
Bois violet, o.
Ouacapou, o.
Balata, 1o.
Courbaril, 12,5o.
Saint-Martin, 14,75.
Cèdre noir, 22,5o.
Taoub, 31,75.

« Ces expériences sont si significatives, qu'il est impos-
« sible de ne pas être frappé de l'étonnante supériorité, à
« tous les points de vue, des essences américaines.
« L'angélique, principalement, paraît appelée à rendre
« les plus grands services aux constructions navales, parce
« que, indépendamment de ses qualités de dureté et d'élas-
« ticité, de force et de durée, sa densité ne dépasse pas
« celle du chêne ordinaire. Les autres essences sont au con-
« traire un peu lourdes, sans qu'il y ait cependant excès à
« leur égard. Leur place serait dans le fond des navires,
« tandis que l'angélique remplacerait avantageusement le
« teck dans le bordé sous blindage.

« J'ajouterai, en terminant, que la plupart de ces es-
« sences conviendraient merveilleusement aux traverses de
« chemin de fer, attendu qu'elles possèdent les qualités
« les plus recherchées pour cet emploi : une longue du-
« rée et une pesanteur spécifique qui contribue à la soli-
« dité de la voie. »

Depuis le rapport de M. de Laparent, de nouveaux essais ont été faits sur une assez grande échelle à Brest, à
Cherbourg et sur le chemin de fer de l'Ouest (embranche-
ment de Mantes). Ils n'ont fait que confirmer les expériences du savant ingénieur. Les fabricants de Paris ont aussi
été à même d'apprécier les avantages que présente pour
l'ébénisterie l'emploi des bois de la Guyane. Ils offrent,
par la richesse et la variété de leurs nuances, des ressources précieuses pour la construction des wagons, les cabi-
nes de navire, les ameublements, la marqueterie et tous les
ouvrages de luxe.

Ainsi, l'exploitation des bois précieux, des bois de construction navale et des bois communs rivaliserait de richesse avec l'exploitation des produits forestiers.

Mais la France, après trois siècles, en est à apprendre
l'alphabet des richesses de sa colonie.

II.

LES SAVANES.

Quand on sort de la forêt, c'est pour rentrer dans la *savane*. On appelle Savane dans la Guyane française ce qu'on appelle la Prairie dans l'Amérique du Nord, les Llanos à l'Orénoque, les Campos au Brésil, la Pampa dans l'Argentine. Mais les caractères ne sont pas absolument les mêmes. La savane, soit dans les terres basses, soit dans les terres hautes, est peu herbue. Les graminées qui la couvrent sont clairsemées et de peu de hauteur. Parfois l'herbe est fine et tendre, mais le plus souvent grosse et rugueuse. La qualité de l'herbe dépend principalement de l'aménagement des eaux. Avec quelques travaux d'irrigation et de drainage, quelques semis de bonnes herbes, les plus mauvaises savanes se transformeraient rapidement en excellents pâturages.

La savane se présente généralement sous la forme d'une longue vallée ou d'un long coteau enchâssé dans la forêt. Ainsi, de longs rubans de savanes, rayés de rivières encore inconnues, se déroulent entre l'Oyapock et l'Amazone. La partie septentrionale de l'île de Marajo est occupée par le prolongement de cette zone de pâturages, et les Brésiliens y font paître des dizaines de milliers de bœufs et de chevaux.

L'immense route herbeuse des grands bois s'étend parfois sur plusieurs centaines de kilomètres de longueur, mais le plus souvent sa largeur n'est que de quelques kilomètres. En long et en large la savane est divisée en plusieurs compartiments par des rideaux de bâches et d'aouaras. Souvent un ruisselet, sorti de quelque roche pour se perdre dans le pripri, arrose les haies de la savane; parfois un lac étend ses eaux dans les fissures du granit : lac et ruisseau alimentent d'eau potable le bétail de la savane. Dans les savanes d'Iracoubo, qui s'étendent d'Organabo à Macouria, on voit passer de petites bandes de chevaux sauvages, venant on ne sait d'où, échappés, sans doute, de quelque parc lointain mal enclos. La Guyane française, avec ses 3,000 kilomètres carrés de savanes, ne nourrit pas plus de 5,000 têtes de bêtes à cornes.

Les savanes sont loin d'offrir un aspect uniforne. Elles présentent environ neuf aspects différents. On distingue les savanes noyées, les hauts pâturages salés, les savanes tremblantes, les pripris ou pinotières, les savanes basses, les savanes moyennes, les savanes sèches ou savanes hautes, les hauts pâturages secs, et enfin les prairies artificielles.

1° Sur le bord de la mer, dont le flot atteint directement leurs herbes, ou derrière le rideau de palétuviers qui borde la rive, se trouvent dans maint endroit de la côte des prairies basses que le flot marin couvre de quelques pieds d'eau pendant la plus grande partie de l'année. Dans ces *savanes noyées* ou *bas pâturages salés,* poussent les herbes aquatiques et s'ébattent les oiseaux d'eau. Le fond en est ferme, on peut généralement y chasser sans danger, si on ne répugne pas à entrer au besoin dans l'eau jusqu'à mi-corps. Des boas constrictors, appelés modestement couleuvres dans le pays, sont les paisibles dominateurs de ces espaces marécageux qui ne présentent actuellement d'autre utilité et d'autre emploi que la chasse. Pourtant quelques digues, quelques canaux d'écoulement, suffiraient à racheter d'immenses espaces le long de la côte de l'Atlantique, entre le Maroni et l'Amazone. Les terres ainsi conquises feraient d'excel-

lentes savanes, à la condition de brûler, après le desséchement, les herbes aquatiques, roseaux, joncs et carex, uni-
ques produits du sol argileux, et de semer à la place des
herbes de Guinée et de Pará. On pourrait également utiliser
ces terres pour les cultures tropicales, qui seraient là
dans leur zone de prédilection. C'était l'idée du fameux ingénieur suisse Guizan, qui réussit, à la fin du siècle dernier,
à faire abandonner par les colons de la Guyane française
la culture des terres hautes pour celle des terres basses.

2° Les *hauts pâturages salés* forment des espèces de petits
plateaux dominant les anses. Ils sont formés d'un sable
aride, brûlant pendant l'été, et couvert pendant les pluies
de plusieurs graminées et légumineuses recherchées par le
bétail. Le chiendent, la gesse, le mélilot y sont communs.

3° Le problème des *savanes tremblantes* ne peut être
étudié sans péril que par voie d'induction. Qu'on s'imagine
derrière les eaux presque permanentes des savanes noyées,
dont elles sont généralement séparées par un cordon de
palmiers bâches et d'arroumans, des terres grasses détrem-
pées par les eaux d'infiltration et formées principalement
par la décomposition d'herbes marines, alternativement
chauffées par le soleil et inondées par les eaux du voisinage.
La terre, meuble et friable, n'offre aucune consistance, ce
n'est que boue à moitié liquide, de la vase molle de deux
mètres d'épaisseur dans laquelle le pied enfonce jusqu'à ce
qu'il ait trouvé la couche d'argile. Pas de pied assez léger
pour parcourir ces périlleux espaces où l'on creuse son
tombeau sous ses pas. Une épaisse végétation d'herbes
luxuriantes, mais de mauvaise qualité, couvre ces abîmes,
comme pour rassurer le chasseur lancé à la poursuite
des oiseaux d'eau, et attirer par la belle verdure et la
fraîcheur d'une herbe abondante semblable à celle de
Pará, le bétail qui s'enlisera et périra embourbé. On ne

pourra utiliser les savanes tremblantes que lorsque les
savanes noyées auront été desséchées, et les criques au cours
incertain, endiguées ou canalisées. Alors les eaux d'infiltration ayant disparu, il faut attendre que l'été ait calciné
la terre, puis brûler les herbes et les détritus, et creuser
des saignées d'écoulement pour que les eaux des pluies
ne détrempent point à nouveau la boue desséchée des
savanes.

4° La savane que l'on appelle *pripri* ou *pinotière*, du
nom du palmier qui en borde les rives et en peuple les
iles, tient à la fois de la savane noyée et du llano. Le fond
en est argileux et au-dessous du niveau de la mer. Pendant l'hivernage, le débordement des criques, les infiltra
tions sous-marines couvrent de un à deux mètres d'eau
la prairie disparue. Des herbes aquatiques avec des gazons
flottants nourrissent des milliers d'ibis, de flamants et
d'aigrettes. Par la rivière et par les canaux d'infiltration
sont arrivés en foule, dans l'aquarium improvisé, les
poissons des montagnes et les poissons de la haute mer.
Porcs et volailles viennent se désaltérer sur les bords du
lac et happer, quand ils peuvent, les petits poissons de la
rive. Mais ces chasseurs sont eux-mêmes guettés par de
redoutables ennemis : le caïman, long de quinze pieds, qui
fait brusquement surgir au-dessus de l'eau sa tête hideuse;
la gigantesque couleuvre, qui cache son corps monstrueux
dans la boue, la tête aux aguets. L'été venu, une herbe
fine, mais plus ou moins rare, pousse dans le lit du lac
desséché qui, par endroits, ne produit pas un brin d'herbe,
présentant sur des kilomètres de développement l'aspect
blanc et poussiéreux d'une place publique non empierrée.
Le colon parcourt à pied sec son lac évanoui, qui réap-
paraîtra aux pluies suivantes, si personne ne canalise les
rivières indisciplinées et ne draine les savanes noyées de

la côte. Le colon qui habite aujourd'hui les bords des pripris serait désespéré que personne aidât la nature dans la
formation de cette terre inachevée : il a dans son lac artificiel un réservoir à poissons tellement bien fourni, que
dès que les eaux commencent à baisser, il pêche ses pri-
sonniers à la pelle, quitte à tuer les plus gros avec son
sabre d'abatis.

5° Les *savanes basses*, communes le long des rivières,
dans les régions moyennes, sont de vrais marais à fond de
sable où poussent la fétuque flottante, le paturin, la cauche
aquatique et les joncs.

6° Les *savanes moyennes* ne sont plus des marais, mais
ne sont pas encore des coteaux ou des plateaux. Elles ne
sont ni trop humides ni trop sèches et sont immédiatement utilisables. Elles sont couvertes d'excellentes herbes
dont on pourrait tirer le parti le plus avantageux, car à
côté des bromes, plantes dures auxquelles les animaux ne
touchent pas, se trouvent l'herbe à bœuf, le panic, le pied-
de-poule, le paturin, diverses légumineuses et autres plantes
aussi recherchées que celles de nos prairies d'Europe.

7° Les *savanes sèches* ou *savanes hautes* commencent
aux altitudes moyennes, à une dizaine de mètres au-dessus
du niveau des plus hautes marées et à dix ou quinze kilomètres du littoral. Ce sont généralement de petits dos
de terrain que les plus fortes pluies sont impuissantes à
inonder complètement. C'est le pays d'élection pour l'élevage, qui, là, peut s'entreprendre de suite avec des travaux
d'aménagement presque nuls. Et, par bonheur, ces longs
coteaux, terrains en dos d'âne, sont les plus répandus dans
la région des herbes. D'innombrables rivières traversent
ces prairies, les divisant, grâce aux rideaux de palmiers
et de grands arbres qui ombragent les criques, en autant
de compartiments naturels. Chacun de ces compartiments

porte un nom distinct dans la grande savane. La petite
prairie est elle-même semée de bouquets de palmiers, squares
étranges, murailles et châlets de verdure où les bestiaux se
réfugient au moment des grandes ardeurs du soleil. Ils y
mangent les graines tombées au pied du maripa et de l'aouara et y boivent l'eau claire de quelque trou de roche.
De petits îlots boisés, surgis comme par merveille du niveau
uniforme de la prairie, servent, pendant les mois où la
savane est mouillée, de refuge et de forteresse au troupeau
et au berger qui y peuvent braver les caïmans et les couleuvres. Ces savanes hautes ou savanes sèches reposent sur
un lit de granit et sont formées d'une légère couche de
sable mêlée à une petite quantité de terre végétale, détritus
de plantes qui ont pourri sur le sol. Le sable a été jadis à
nu, la savane a eu sa naissance et sa croissance, dont les
géologues n'ont pas encore expliqué les lois. A l'époque où
le sable était à nu, les vents, en le promenant sur les roches,
finirent par creuser, par raviner le granit, et aujourd'hui
quelques-unes de ces savanes ont un aspect bosselé, déchiré,
déchiqueté qui rappelle la dune saharienne en formation.
Le plus dangereux habitant des savanes hautes est une
herbe dure, envahissante, parasite, la cauche élevée ou
herbe à balai, qu'il faut brûler tous les étés, sous peine de
la voir s'emparer de toute la prairie. Il serait plus simple
de la sarcler et de l'arracher une bonne fois. On brûle les
endroits qui en sont infestés, préférant courir le risque
d'incendier la savane entière, ce qui arrive assez souvent.
Le désastre est d'ailleurs réparé par les huit mois d'hivernage. Cette mauvaise herbe détruite, on retrouve la savane
peuplée de ses herbes préférées, le chiendent, les fétuques,
les paturins, foin véritable, nourriture aussi bonne que
l'herbe du Pará, laquelle se vend aujourd'hui 25 francs les
5oo kilogrammes sur la place de Cayenne.

Ce sont des savanes sèches que les fameuses savanes d'Iracoubo, Sinnamary, Ouassa, Counani et Mapa. Il n'y a qu'à tracer quelques rigoles pour le drainage ou l'irrigation, sarcler quelques herbes dures, semer quelques graines d'herbes fines, faire des hangars, des parcs et des barrières, et au bout de six mois chaque hectare de ces savanes est en état de nourrir deux têtes de bétail.

C'est dans les savanes sèches que le colon devra porter immédiatement son industrie. Situées à quelques kilomètres seulement de la rive de la mer, dont elles ne sont séparées que par quelques savanes noyées ou quelques pripris, elles seraient aisément abordables par les rivières en attendant le desséchement et l'aménagement de la zone intermédiaire des terres basses. Quelques journées d'homme suffiront pour transformer la savane sèche en une véritable prairie; quelques couples suffiront pour la multiplication rapide des bœufs et des chevaux et la multiplication indéfinie des moutons.

Dans la savane sèche, enfin, le colon pourra se livrer immédiatement aux cultures alimentaires et autres, sans passer par les travaux de desséchement d'un prix considérable qu'il lui faudrait entreprendre pour l'aménagement des terres basses. Maïs, manioc, légumes, arbres fruitiers prospéreront rapidement dans l'enclos cultivé qui assurera au pionnier sa subsistance quotidienne, en attendant les bénéfices de l'exploitation forestière ou de l'exploitation pastorale. Sans parler du gibier délicat que nous savons hanter les savanes sèches et les grands bois.

8° Pour les *hauts pâturages*, sur les pentes et les plateaux des montagnes, ils possèdent une herbe maigre et fine, mais fort nutritive et très saine. S'ils étaient plus aisément abordables, on pourrait les cultiver immédiatement et leur confier une tête de gros bétail à l'hectare.

9" Les *prairies ou savanes artificielles*, qu'on ne s'attendait pas sans doute à trouver dans cette région, n'y sont pourtant pas bien rares : quelques savanes naturelles, jadis en culture et redevenues savanes, quelques abatis abandonnés en tiennent lieu. Or, les champs et les abatis abandonnés ne sont pas rares sur la côte de la Guyane française. Les plantes qui croissent dans ces savanes spéciales diffèrent complètement de celles qui poussent dans les savanes voisines, de terrain identique. Dans ces dernières on ne trouve que des joncs, des laiches, des carex, tandis que dans la savane artificielle on trouve d'excellentes herbes : le chiendent, le mélilot, l'herbe à bœuf, le pied-de-poule, le panic. Utilisées en pâturages ou pour les cultures, ces savanes artificielles seront une trouvaille précieuse pour le colon. Pour l'agronome, elles sont l'indice de ce qu'aurait pu être cette région au sol si riche et si bien arrosé, si les hommes avaient su en tirer parti.

Dans leurs neuf variétés, les savanes de la Guyane française présentent les plus sérieuses ressources à l'élevage.

La Guyane amazonienne, le haut Rio Branco comptent par centaines de milliers leurs têtes de bétail.

C'est dans la Guyane vénézuelienne que Cayenne aujourd'hui (1886) va s'approvisionner du bétail nécessaire à sa consommation.

Seule la Guyane française n'a pas su tirer parti de ses savanes, bien favorables pourtant à l'industrie pastorale, comme l'ont prouvé des essais aussi heureux qu'accidentels et passagers.

Causes d'insuccès.

1° Les colons ont eu le tort, dès le début, de dédaigner les Indiens. Mais il est encore temps de changer de politique à leur égard. On trouve des indigènes un peu partout dans la Guyane française, et, dans certains districts, ils sont très nombreux. Dans les pampas, dans les llanos, ils n'ont point été dédaignés par les Espagnols. Les Indiens de ces contrées n'avaient jamais vu de chevaux avant l'arrivée des Européens, mais depuis, ils sont devenus les meilleurs cavaliers du monde, montant à cru les chevaux les plus fougueux. Si les Français de la Guyane n'ont pas dans leurs savanes d'innombrables troupeaux de bétail, bœufs, chevaux, mulets, c'est en partie parce qu'ils n'ont pas su se faire des auxiliaires des Indiens. Ces auxiliaires précieux nous auraient dressé, comme ils l'ont fait pour les Espagnols, de ces intrépides *peons llaneros, pieds noirs, indiens corneilles,* qui ne semblent faire qu'un avec les Indiens des savanes. Ils nous auraient donné une race métisse, des Gauchos, des Mamalucos, qui auraient porté notre nom, notre langue et nos idées jusqu'aux plus lointaines extrémités de notre antique France Équinoxiale. Il faut ignorer les services que rendent encore de nos jours les Tapouyes aux éleveurs de l'Amazone et du Rio Branco pour ne pas regretter vivement le dédain qu'ont eu nos prédécesseurs pour les Indiens. Sans approfondir ici la question ethnique, il est permis de déplorer, à propos du sujet qui nous occupe, la malheureuse antipathie qui éloigna les premiers colons de ces aborigènes qu'il eût été si facile de nous assimiler.

2° Les principes les plus élémentaires d'économie rurale semblent avoir été toujours ignorés de la population. C'est ainsi qu'on n'a jamais eu, qu'on n'a pas encore la notion du rapport qui doit exister entre la force numérique du troupeau et l'étendue du pâturage qui lui est affecté. Dans le principe, le fourrage abonde et le troupeau s'accroît, mais au lieu de limiter le nombre des têtes de bétail, de voir la quantité qu'on peut nourrir, on se félicite d'un accroissement qu'on rêve vaguement illimité, le pâturage s'épuise : famine, maladie, épidémie, et il vient un moment où le hattier serait heureux de pouvoir se défaire à vil prix des bêtes étiques qui restent encore debout. Mais les voies de communication rares et difficiles ne facilitant pas le débouché, le troupeau meurt sur place.

3° On n'a pas pensé non plus à faire pour l'été provision de quelques-unes des plantes fourragères dont le pays abonde. Pendant l'été, les herbes deviennent sèches, les pâturages s'épuisent, la disette décime le troupeau, et Cayenne étant trop loin pour qu'on y conduise le bétail, on le laisse, avec résignation, s'abattre dans la savane, où les urubus en font des festins. C'est annuel, habituel, reçu, dans l'ordre naturel des choses, et personne ne s'en émeut. On est à la Guyane française, comme un peu partout dans nos colonies, d'une apathie toute musulmane. Il serait pourtant si simple au hattier d'avoir autour de sa ménagerie des pâturages abondants et de bonne qualité, même pendant la saison sèche!

Divers arbres à produits permanents pourraient aussi être cultivés en vue principale ou secondaire de l'alimentation du bétail, tels que goyaviers, acajous, aouaras, manguiers, arbres à pain, bananiers, dont les bestiaux mangent les fruits. Les bambous eux-mêmes, malgré leur taille gigantesque, sont précieux pour la nourriture du bétail, qui prise fort leurs jeunes pousses et leurs feuilles vertes ou sèches. On n'en saurait trop planter le long des criques et ailleurs, car ces bordures serviraient à la fois de nourriture et d'abri. Les têtes de cannes, l'écume des sirops constituent également une bonne nourriture qui pourrait être réservée pour l'été. Enfin, rien n'empêche qu'aux approches de la saison sèche, les prairies ensemencées d'herbe de Pará, d'herbe de Guinée, d'herbe de cosse, de taïes, soient fauchées et leur récolte emmagasinée. Rien ne s'y oppose, mais personne ne le fait. Voici trois cents ans qu'on vit au jour le jour dans la colonie.

4° Pas une savane basse n'a encore été aménagée, elles sont actuellement telles qu'elles sont sorties des mains de la nature. Elles ne sont aucunement en état de recevoir le bétail. Bien plus, la plupart d'entre elles, par suite de la négligence à veiller à l'écoulement des eaux, se sont successivement gâtées. Tout ce qui n'est pas savane haute est à peu près perdu. C'est ainsi qu'aux portes de Cayenne on voit des savanes dont l'étendue, la belle verdure pendant la saison des pluies, offrent un leurre auquel on peut se laisser prendre. Mais bientôt on ne tarde pas à s'apercevoir de l'illusion. Ces terrains, qui affectent un niveau presque parfait, sont composés d'une terre argileuse imperméable. Les eaux pluviales, n'étant point absorbées, ne peuvent s'écouler que par des plis de terrain qui les conduisent dans des fonds, origine d'une crique. Mais il reste toujours une petite nappe d'eau au milieu de laquelle, à des distances fort rapprochées, croissent des plantes dures d'une nature aigre, dont les débris successifs forment une touffe qui s'élève au-dessus de ces eaux sans écoulement. De là l'aspect de belle verdure de ces savanes. Mais il s'en faut que de telles herbes constituent un bon pâturage. Le bétail mange il est vrai leurs jeunes pousses, mais ce n'en est pas moins une pauvre nourriture. Or, rien ne serait plus facile que d'assainir ces terrains, que de transformer ces espaces marécageux en excellents pâturages. Il suffirait pour cela d'un travail bien simple : fouiller un fossé d'un mètre de largeur, suivant les principaux plis de terrain ; un homme pouvant faire 15 mètres par jour, sur un mètre de large et un mètre de profondeur, le travail se ferait très rapidement. De petites

saignées aboutiraient à ce fossé, et le terrain serait suffisamment desséché. En creusant fossé et rigoles, on rejetterait
en tas les mottes extraites et celles qui couvrent la savane;
séchées, couvertes d'un peu de terre, puis brûlées, elles
constitueraient un excellent engrais. Les plantes grasses
une fois poussées empêcheraient la savane d'être brûlée par
le soleil. N'étant plus couvert d'eaux stagnantes, l'ancien
marais, débarrassé des plantes marécageuses détruites jusqu'à la dernière racine, serait transformé en herbage. Tel
est le mode générique d'aménagement de la plupart des
savanes basses. Il est une mesure qu'il ne faut pas négliger
non plus, c'est le curage des fossés et la régularisation du
cours des criques. Le plus grand nombre des savanes basses qui sont devenues pripris, doivent cette transformation
à l'obstruction des criques ou des fossés. Le nettoiement
des fossés, la régularisation du cours des rivières dans la
partie de leur cours sujette à inonder, les canaux de desséchement à ouvrir dans les marais, sont des travaux d'intérêt public, car non seulement ils servent un grand nombre
d'intérêts particuliers, mais encore, en supprimant les marécages, ils rendent le pays plus sain et les communications
plus faciles. On pourrait, de plus, utiliser les eaux su-
perflues à l'irrigation de certains pâturages trop secs pendant l'été.

5° Dans les savanes sèches, celles que nous avons signalées
comme étant presque immédiatement utilisables, les travaux
d'aménagement consistent surtout à détruire les plantes nuisibles et à semer de bonnes herbes. Ces travaux n'ont pas été
menés plus loin que ceux du desséchement des savanes humides, c'est-à-dire qu'ils n'ont pas encore été commencés.
Les herbes nuisibles peuvent l'être, soit en étouffant les
bonnes plantes en les privant des sucs de la terre et des influences de la lumière et du soleil, soit en étant dangereuses

pour le bétail. Les plantes envahissantes sont fort redoutables par leurs racines traçantes et par la quantité de graines
dont elles jonchent le sol. Les plantes vénéneuses se montrent surtout dans les lieux ombragés, sur le pourtour des
bois : « semblables aux malfaiteurs, elles semblent craindre
la lumière et se cacher dans l'ombre pour porter des coups
plus certains. »

6° On a usé et surtout abusé dans la Guyane française de
l'incinération des savanes. On n'a vu dans l'incinération
qu'un moyen de prendre des tortues dans les savanes sèches, ou d'y faciliter la chasse aux bécasses. Étrange mode
d'aménagement. L'incinération des savanes de terre haute
est une mauvaise pratique, l'humus est à peu près con-
sommé, l'aridité s'accroît, et bientôt le roc apparaît sous une
mince couche de terre végétale balayée par les vents. Mais
l'incinération des savanes basses, noyées, pripris et autres,
est une excellente opération. Elle détruit la multitude d'insectes nuisibles, de reptiles de toutes sortes qui fourmillent
dans les herbes ; elle purifie l'air empesté par les miasmes
qui se dégagent de la putréfaction végétale et animale, elle permet de se rendre un compte exact du relief des terrains et
d'arriver ensuite au desséchement. Il faut avoir seulement la
précaution de veiller aux étincelles qui pourraient propa-
ger l'incendie ; de veiller à certains palmiers, pinots et autres
qui brûlent en dedans et dont l'incendie ne se révèle que
deux ou trois jours après. C'est merveille de voir avec quelle
rapidité, à la moindre étincelle, la savane prend feu quand
les chaleurs de l'été ont desséché les herbes. En un instant
l'incendie dévore les hectares, les centaines d'hectares, les
savanes entières, pour peu que le vent souffle avec force.
C'est merveille d'écouter le bruissement vague et sourd, les
sifflements, les bourdonnements, les crépitements, les courses folles des tribus de reptiles et des tribus d'insectes qui

rampent précipitamment ou qui s'élèvent dans l'atmosphère, exhalant à leur manière leur frayeur ou leur douleur.
Tous fuient l'élément dévorant qui finit le plus souvent par
détruire la république entière : ceux-ci tombant les ailes
brûlées dans le brasier, ceux-là atteints dans leur course par
l'élément plus rapide qui les carbonise dans leurs horribles
et suprêmes contorsions. — L'incinération des prairies basses terminées, il n'y a plus pour en faire de bons pâturages
qu'à y semer de bonnes herbes : du panic, de l'herbe à bœuf,
de l'herbe de Guinée. Malheureusement nos colons n'ont pas
été jusqu'à ce jour partisans de ces pratiques savantes. Ils ont
brûlé leurs savanes, c'est vrai, mais leurs savanes sèches. Et
cela pour y ramasser cinq ou six tortues grosses comme la
tête et se vendant à peu près le prix d'un poulet.

7° Si les créoles avaient possédé l'art d'élever le bétail,
ils auraient bientôt été obligés de limiter le nombre de leurs
troupeaux devenus trop nombreux pour leurs savanes non
aménagées. Mais cet art leur a été également étranger. 5,000
têtes de bêtes à cornes vaguent aujourd'hui dans les prairies de la contrée, à la garde de Dieu et à la miséricorde
des tigres. Ceux-ci prélèvent assez régulièrement leur tribut,
et poussent l'insolence jusqu'à poursuivre quelquefois leurs
victimes jusqu'au parc. Tout cela est ainsi depuis longtemps,
et pourtant rien ne serait plus facile que de mettre fin à ce
fâcheux état de choses.

8° Le bétail ne se multiplie pas parce que les soins les plus
vulgaires, les plus usuels lui sont refusés. Il faudrait sans doute
tenir les bestiaux approvisionnés d'eau de bonne qualité.
En hiver elle n'est pas rare, mais en été elle manque toujours. Comme on n'a pas su s'en fournir, on est alors obligé
de laisser le troupeau aller chercher à de grandes distances,
pour se désaltérer, une eau souvent saumâtre et corrompue.
Parfois la crainte du tigre empêche le troupeau de sortir et

l'oblige à se contenter de l'eau croupie et chargée d'exha-
laisons putrides de quelque flaque de la savane. C'est la
saison des maladies du bétail : disette d'eau, disette d'herbe,
et la maladie règne jusqu'aux premières pluies. La morta
lité est parfois extrême, l'épidémie détruit la ménagerie, les
ménageries voisines, toutes celles du quartier. Croirait-on
qu'il n'existe pas un abreuvoir dans les savanes? Le bétail
choisit la crique ou la flaque d'eau de son goût. Les
abords fangeux de la plupart de ces abreuvoirs naturels
occasionnent la perte des jeunes animaux ; parfois le troupeau entier est malade pour avoir bu de mauvaise eau.
Ce ne sera pourtant pas le vétérinaire qui le guérira,
car il n'y en a qu'un seul pour toute la colonie. La science
de saigner et de purger les bestiaux mériterait plus d'un
disciple dans ces savanes sauvages, souvent marécageuses,
où le part et les maladies font de si grands ravages dans
les troupeaux. En l'absence de vétérinaire, quelques notions d'hygiène générale propre à chaque espèce de bétail
ne seraient pas non plus sans doute une superfluité pour
les créoles.

Le bétail.

Il n'y a peut-être pas 500 têtes de *chèvres* et 300 têtes
de *brebis* dans toute la colonie; cependant ces animaux
s'élèvent avec plus de facilité qu'en Europe, par suite de
l'uniformité du climat qui leur convient très bien. La laine
ne gêne pas les moutons : à la seconde ou à la troisième
génération elle disparaît. Les moutons se vendent jusqu'à
90 francs par tête, et une brebis donne jusqu'à trois petits
par an. Les terres hautes, moins humides, sont celles qui
leur conviennent le mieux.

Dans les pays où le maïs est la céréale nationale comme
aux Etats-Unis, c'est le *porc* qui est l'animal le plus répandu.

La Guyane, admirablement favorisée pour la culture du
maïs, ne devra pas avoir beaucoup de peine pour élever
des quantités considérables de porcs. En effet, on les voit
aujourd'hui, à moitié sauvages, se promener par bandes
dans les forêts des quartiers, passant comme des trombes
aux pieds du chasseur effaré. Ce sont les cochons marrons.
On fait une battue quand on veut prendre quelques-uns
de ces animaux. La statistique coloniale accuse près de
5,000 porcs.

Les *bœufs*, introduits en 1766, sous l'intendance de
M. Maillard, se multiplieraient rapidement si toute espèce
de soins ne leur faisaient pas complètement défaut. Le
nombre des bêtes à cornes n'est encore que de 5,000 têtes.
Plusieurs essais ont été faits par des hommes intelligents,
tous ces essais ont été couronnés de succès et tous ont
disparu, sans laisser trace, avec les hommes intelligents
qui les avaient menés à bonne fin. Maillard avait réuni
16,000 têtes de bêtes à cornes entre Kourou et Sinnamary.
Que devint ce troupeau après le départ de Maillard?

Pomme dirigea une tentative fameuse dans la savane de
Ouassa, au Territoire Contesté. Sa ménagerie était établie
au milieu des plus riches savanes. Il en avait de basses
pour l'été et de hautes pour l'hivernage. Toutes étaient tra-
versées par de petits ruisseaux aux eaux abondantes et pures.
Des plateaux boisés abritaient les cases des bergers et les
hangars des troupeaux. Partout les herbes étaient bonnes,
des cantons entiers étaient couverts de chiendent. Les Indiens du haut Oyapock descendaient, les tapouyes de la
côte gardaient les troupeaux. Pomme allait peupler tout
entière sa savane de 150,000 hectares, longue de 60 kilomètres et large de 25. Mais la Révolution de 89 éclate.
La Guyane française va avoir un député. Pomme a le
malheur d'être élu. Il eut le tort de préférer la gloire au

8

bétail. Quand il revint, les 12,000 bœufs de ses ménageries avaient disparu. Pomme n'était plus représentant et il était ruiné.

Plus récemment, un homme actif et ingénieux, Jolivet, débute à Organabo avec deux génisses et un taureau, et quelques années après il avait 150 têtes de bétail. Riche, il abandonna sa savane pour la France.

Les *chevaux* sont si nombreux à Parà et à Marajo, qu'à une certaine époque les éleveurs brésiliens vendaient un cheval 5 francs, et en faisaient cadeau comme d'un petit chien. Ils furent même trop nombreux un jour à Marajo, et les éleveurs durent abattre 40,000 juments, dont ils vendirent les peaux 2 francs l'une. De tous ces cadavres abandonnés sortit une épizootie qui dépeupla momentanément de chevaux la grande île brésilienne. A Cayenne, il n'y a pas de race indigène, tous les chevaux sont exotiques. Le Gouvernement et les particuliers sont obligés d'importer à grands frais les chevaux dont ils ont besoin, bêtes souvent mal choisies, qui sont mises hors de service peu de temps après leur arrivée. Ce n'est pas que la colonie n'ait essayé d'élever des chevaux. Mais on s'y est pris maladroitement. On n'a su choisir ni les étalons ni les juments. On a pris les plus gros animaux qu'on a pu trouver, négligeant de les prendre jeunes. Les résultats n'ont pas été brillants, comme on le pense bien. D'ailleurs, on procède ainsi pour les taureaux, que l'on choisit aussi gros et par suite aussi vieux que possible.

. Les *ânes* réussissent fort bien et sont assez nombreux. On les emploie comme montures, à la voiture, au cabrouet.

Des *buffles* ont été introduits à diverses reprises et ont toujours réussi. L'Administration pénitentiaire en a récemment introduit au Maroni, où ils prospèrent admirablement.

Si on avait fait des *mulets*, ce qui aurait été aisé, on aurait passé les Tumuc-Humac et on serait aujourd'hui en relation avec toutes les tribus de l'intérieur. Y pensat-on jamais? Les mulets ont toujours été rares dans la colonie.

Exploitation intensive.

Si quelques savanes étaient aménagées et si quelques troupeaux étaient en formation, il faudrait faire pâturer le bétail. Mais c'est là de l'exploitation pastorale intensive, un fruit d'arrière-saison d'une civilisation raffinée, et il est à peine besoin d'en parler ici.

Il ne faut pas laisser le bétail vaguer; il détruit plus qu'il ne consomme. Il faut le faire pâturer en le faisant revenir à son point de départ quand l'herbe est repoussée. De cette façon, il n'ira pas se perdre dans les bois ou ravager les propriétés. Les frais de nombreux gardiens seront ainsi évités. Les ilots de terre haute qui parsèment les savanes sont très favorables à l'établissement des cases et des hangars. Il est aisé d'y faire des vivres pour le propriétaire et les gardiens, et des herbes pour le bétail. Les pentes de ces ilots, généralement très fertiles, le deviendraient encore davantage par l'addition des engrais que le pacage permettrait d'utiliser, ou de ceux qu'on retirerait des bêtes nourries à l'étable. Il serait aisé d'engraisser les bêtes de l'étable avec les plantes fourragères cultivées, ou avec les tourteaux, résidu de l'amande pressée des palmiers.

Si le bétail, au lieu d'être en pâturage, est abandonné à lui-même, il devient sauvage. Aux débuts, quand les savanes de Marajo, de Porto-Rico et de l'Orénoque étaient désertes, les éleveurs parquaient le bétail. Ils commençaient par où nous finirons sans doute. Aujourd'hui s'ils emploient moins cette précaution, au Brésil surtout, c'est que les savanes ont été aménagées par l'usage. Le pacage est un grand moyen d'amélioration des savanes. Quand les bestiaux ont séjourné longtemps dans une savane, elle s'améliore. Les mauvaises herbes disparaissent, foulées aux pieds par les bestiaux, qui ne les paissent pas, mais les brisent; les bonnes herbes se multiplient, les animaux ne cherchant dans les savanes que les meilleures plantes, quelques graines non digérées passent avec les excréments et bientôt la savane est couverte de graminées et de légumineuses. On n'a qu'à changer de pacage tous les mois, et la prairie entière ne tardera pas à être appropriée. De véritables savanes artificielles se créent ainsi d'elles-mêmes, et pour peu qu'on y sème quelques herbes choisies, la prairie deviendra d'une puissance productive incomparable. L'exploitation sauvage a dès lors disparu. Les soins les plus minutieux peuvent être donnés au bétail. Les tigres deviennent de moins en moins dangereux dans le milieu de plus en plus civilisé. D'ailleurs, un bon gardien et une bonne carabine en ont toujours raison. Les tiques (1), plus redoutables, sont aisément détruites. On n'a qu'à mettre des volailles dans le parc, et, dans l'après-midi, alors que les tiques assiègent le bétail, celui-ci rentre de lui-même et les volailles s'empressent de lui faire sa toilette. Il y a longtemps que les hattiers de l'Orénoque usent de ce procédé. Il faut veiller seulement à ce que le bétail ne mange pas les plumes que les volailles laissent tomber dans le parc.

Bien éloignés de cette époque de haute science pasorale,

----

(1) Espèces de taons.

nous pouvons cependant nous demander ce que rapporterait une ménagerie bien conduite dans une savane bien aménagée. Supposons 1,000 hectares de savanes. Début : 200 génisses, 20 taureaux (1 taureau pour 10 génisses), coût total : 40,000 francs. Pour aménagement des savanes : 5,000 francs; entretien pendant cinq à six ans : 5,000 francs; total général : 50,000 francs. A la fin de la sixième année, on aura les bœufs nés à la fin de la première année : 200, du poids minimum de 120 kilos, à 2 francs le kilogramme, soit 50,000 francs. A partir de la sixième année, on aurait un revenu annuel de 50,000 francs, soit 100 p. cent du capital engagé.

D'où viendra le salut? De l'initiative locale? Comprendra-t-elle à l'avenir un peu mieux ses intérêts? Ou bien faudra-t-il que les éleveurs métropolitains viennent enseigner le parti qu'on peut tirer de ces magnifiques savanes aujourd'hui presque désertes? Seront-ils Normands, Poitevins ou Auvergnats les éleveurs qui utiliseront les savanes de la Guyane française? Des éleveurs de profession, à la tête d'un capital suffisant, en possession de savanes qu'ils aménageraient, réaliseraient, sans aucun doute, de belles fortunes, en établissant les premières bases du troupeau colonial.

III.

LES PRODUCTIONS AGRICOLES.

Pour écrire un traité d'agronomie pratique à l'usage de l'é-
migrant en partance pour la Guyane française, il faudrait
une foule de connaissances techniques particulières et une
vocation spéciale. Nous nous proposons seulement d'indiquer dans cette étude les aptitudes du sol guyanais aux cultures tropicales et tempérées. Vingt traités spéciaux, ou
mieux encore un mois de séjour et d'apprentissage, fourni-
ront au colon mieux que tous les économistes de la terre
l'éducation professionnelle dont il a besoin.

Il n'est pas permis, dans un catalogue des richesses
actuelles, spontanées et possibles de la colonie, de négliger
ces dernières, les richesses possibles, celles que pourrait
fournir le travail de la terre. Au bout de quelques années
de véritable colonisation, les richesses agricoles prennent
toujours la place qui leur est due, et cette place est la première. Elles n'existent pas encore dans la Guyane française ou
plutôt elles n'existent plus. Il n'y a plus d'agriculture dans
cette colonie. Sa production agricole totale est bien inférieure
à celle d'une commune moyenne de la Flandre. De ce côté,
la ruine a été beaucoup plus complète encore que du côté
de l'industrie pastorale. Mais le sol est toujours riche, et sa
puissance productive n'a pas diminué.

C'est cette productivité virtuelle que nous allons étudier.
Quand les terres de la forêt après l'exploitation auront été
ameublies par le déracinage, l'incinération et le labourage;
quand le drainage, l'irrigation ou l'endiguement auront

ameubli les savanes, pour peu que les routes et les canaux facilitent les communications, le colon trouvera les plus grands avantages à se livrer à la culture. Des cultures vivrières les plus humbles aux cultures industrielles les plus savantes, il trouvera de quoi donner carrière à son esprit d'entreprise.

Nous n'étudierons ici que les productions principales, renvoyant à la nomenclature pour les productions secondaires.

Cultures alimentaires.

Dans la culture des plantes alimentaires, le colon ne devra pas se proposer seulement de se procurer une assurance contre la famine et quelques douceurs pour augmenter son bien-être. Il pourra réaliser, dans les cultures vivrières de consommation locale et d'exportation, des gains considérables. La culture vivrière, qui est une culture de début, est en même temps une des plus lucratives auxquelles on puisse s'adonner.

Le *pain*, base de son alimentation en Europe, fera défaut au colon. Car en Guyane le *blé* pousse en herbe et donne rarement d'épis.

Le colon ne devra pas non plus penser à faire du *vin*. Il pourra cultiver quelques treilles, mais le raisin mûrit trop mal et trop irrégulièrement pour qu'on puisse songer à l'utiliser autrement que comme plat de dessert. Il paraît cependant que jadis on cultivait la *vigne* dans l'Ile-de-Cayenne. On la taillait au lieu de la cultiver en treilles, et on arrivait ainsi à faire deux récoltes par an d'un vin qui, disent les vieux auteurs, n'était pas sans qualité. Quelques Missions de la Guyane anglaise auraient, à ce qu'on assure, produit un vin aussi bon que le Madère. Malgré ces faits, plus ou moins bien vérifiés, nous croyons sage de ne pas trop compter sur les vignes de la Guyane.

Le *Maïs,* qui pousse bien jusqu'à 40° de latitude nord et sud, pousse mieux encore dans les pays chauds. La Guyane est une de ses régions de prédilection. Il donne trois mois après avoir été semé et fournit trois et quatre récoltes par an. Il n'est pas bien rare de trouver dans s les bonnes terres des pieds de maïs de 4 mètres de hauteur.

Dans certains cantons, on peut cueillir l'épi six semaines après avoir semé la graine. La culture du maïs est destinée à prendre dans la colonie une grande importance. On sait qu'aux États-Unis le maïs est la base de l'alimentation d'une population pourtant bien vigoureuse. L'Amérique du Nord récolte 7 à 800 millions d'hectolitres de maïs, d'une valeur totale de deux ou trois milliards. Pourtant aucune terre de l'Union ne fournit plus d'une récolte par an de la céréale nationale. En attendant que la culture en grand du maïs révolutionne la Guyane française, les créoles font de la bouillie et des galettes avec la graine précieuse. Ils la pilent dans un mortier pour la convertir en farine, car il n'existe pas un moulin dans la colonie.

Le *Mil,* excellent pour l'alimentation des basses-cours, sert actuellement de base à divers aliments créoles.

Dans l'Amérique équatoriale, la plante alimentaire par excellence est le *Manioc,* il est là dans son pays d'origine et de prédilection. Cette terre a pour ce produit un monopole naturel. Les diverses espèces de manioc sont venues au bout d'un an ou de dix-huit mois, et donnent jusqu'à 30 kilogrammes par pied de fruits énormes de la grosseur d'une betterave. Ces racines une fois râpées, pilées, puis pressées et boucanées, ce qui les débarrasse de leur principe vénéneux, donnent une farine grenue, le *couac,* farine nationale de la Guyane et de l'Amazone. La partie la plus fine de cette farine est convertie en galettes minces et blanches, appelées *cassaves*, aussi populaires dans le haut de l'Amazone que sur la côte de Guyane. Les couacs, blancs et jaunes, gros et fins, forment avec la cassave la base de l'alimentation créole dans une grande partie de l'Amérique du Sud. Ce sont des ressources alimentaires d'origine indienne, ainsi que diverses préparations dont le manioc fait les frais. L'Européen ne s'habitue pas toujours facilement à cette nourriture; on peut compter qu'il sera obligé de s'approvisionner en Europe de farine comme il s'y approvisionne de vin. Le manioc n'en est pas moins une culture fort importante, le couac et la cassave en même temps qu'ils constituent une réserve qui, à un moment donné, peut devenir précieuse dans une colonie en formation, peuvent toujours être cédés aux créoles à un prix pour le moins aussi rémunérateur que celui de la farine de froment. De plus, le manioc est une véritable plante industrielle, c'est de sa racine qu'on tire l'*amidon*, fait avec l'eau vénéneuse qui en découle; le *tapioca*, et surtout la *glucose,* précieux article d'exportation. En glucose, le manioc peut donner, au moyen des procédés d'extraction usités aux États-Unis du Sud, jusqu'à 10,000 francs à l'hectare. Le manioc, tout comme la canne, appelle l'usine centrale. L'usine à sucre pourrait faire double emploi : en même temps qu'elle utiliserait la canne, elle retirerait la glucose du manioc. Les détritus du manioc, 20 à 30 p. cent environ, constitueraient, mélangés ou purs, une excellente nourriture pour le bétail. On y pourrait joindre les écumes de batterie, de gros sirops, etc.

La *Pomme de terre,* qui rend de si grands services en Europe, ne donne guère que des feuilles dans l'Amérique équinoxiale. Ces feuilles, il est vrai, sont gigantesques, mais les fruits ne sont pas plus gros que des noisettes. Toutefois, la pomme de terre a de nombreux succédanés :

L'*Igname pays indien,* qui la remplace avantageusement;

l'*Igname pays nègre*, beaucoup plus grosse, se multipliant sans soins et qui n'est guère inférieure à la première. Précieuse surtout pour la nourriture des animaux et principalement du porc.

La *Patate*, mêmes usages. Ignames et patates donnent en abondance des fruits énormes au bout de six mois. On peut de la patate comme du manioc retirer une forte proportion de *glucose*.

La *Tayove* ou *Chou caraïbe* donne trois récoltes par an. Les racines rappellent l'igname; les feuilles constituent une bonne salade. La plante appelée en créole *Soucraïoube* (corruption du mot Chou caraïbe) n'est point la tayove : c'est au contraire un poison assez violent.

Le *Bananier*. — Le bananier donne à neuf mois. Cet arbre est celui qui, à surface égale, donne la plus grande quantité de nourriture. Le sagoutier d'Asie lui-même lui est bien inférieur sous ce rapport. C'est le bananier qui a fait naître ce proverbe africain : Un jour de travail pour 20 jours de nourriture. Les bananes sont la viande des noirs, disait-on avant l'émancipation, et la cassave en est le pain. Les fruits du bananier se mangent cuits ou crus. Ils sont d'un goût exquis. Ils peuvent être avantageusement utilisés, soit pour l'alimentation des immigrants hindous ou africains, soit pour la nourriture du bétail et de la volaille. Le bananier donne des fruits en grande abondance, et pour ses fruits seulement peut être considéré comme plante industrielle : le débit, en quantité prodigieuse, des bananes et des bacoves (figues bananes ou petites bananes) étant toujours assuré auprès des populations créoles de l'Amérique chaude qui n'en ont jamais assez.

Le *Riz*, qui nourrit plus de la moitié des hommes, est parfaitement acclimaté en Guyane. C'est une culture de terres basses, mais il prospère sans culture dans tous les terrains de la colonie. Il donne trois récoltes par an : l'eau des pluies remplaçant avec avantage dans ces régions équatoriales le dispendieux système des irrigations de Lombardie, d'Égypte et de Caroline. La Guyane hollandaise et la Guyane anglaise ont de magnifiques rizières. Cette dernière colonie récolte assez de riz pour nourrir tous ses coolies. Cette culture n'augmente en rien les chances d'insalubrité du pays. La Guyane française aurait pu exporter de grandes quantités de riz, malheureusement on n'a pas pensé à se procurer des machines à décortiquer.

Le *Sagoutier*, qui est acclimaté, produit de 6 à 800 livres par pied d'une assez bonne farine. Il se reproduit de lui-même et pousse sans culture. On en tire le *sagou*.

L'*Arbre à pain* présente deux variétés : l'*arbre à pain à graines* dont les fruits rappellent la châtaigne, et l'*arbre à pain igname* dont les fruits rappellent l'igname. Les uns et les autres se mangent cuits.

Toutes ces cultures vivrières demanderaient l'emploi de la charrue. Mais jusqu'à ce jour les terres de la Guyane française n'ont été cultivées qu'à la pelle et à la houe, suivant le mode des indigènes, quand les indigènes travaillaient.

Laussat, en 1819, essaya de la charrue tirée par des bœufs et tenue par des noirs. Il introduisit aussi le sarcloir. Laussat fit continuer ses expériences à Laussadelphie, où les colons qui devaient labourer ne firent rien de bon par suite de leur inconduite, à Macouria, à Monjoly, à Baduel, au Canal-Torcy et dans différentes habitations. Les expériences furent aussi décisives et aussi concluantes qu'on pouvait le désirer. On pouvait croire la charrue introduite pour toujours dans la colonie; mais à peine le gouverneur avait-il laissé Cayenne, que l'habitude et la routine reprenaient le dessus et que la charrue était abandonnée pour la pelle et pour la houe.

En 1826, un autre administrateur intelligent, le général Bernard, employa la charrue sur une habitation de terre basse sise en rivière. Les résultats furent aussi décisifs que l'avaient été ceux des expériences de Laussat. Mais cette fois, l'hostilité de la population se manifesta bruyamment, et le général Bernard fut obligé de dissimuler, de cacher ses succès. Bernard tint bon, il continua à faire cultiver sa propriété à la charrue. Il n'employait que des Européens, ses laboureurs étaient des artilleurs congédiés, anciens garçons de ferme dans leur village. Le général établit qu'un homme et une charrue donnent en huit heures trente-cinq journées de nègres. Il réfuta victorieusement toutes les objections qu'on lui faisait. On lui objectait les herbes : il les sabrait, les brûlait, et sa charrue les enfouissait dans le sol. Les chicots : il les fendait et les brûlait jusqu'aux dernières racines. Les racines traçantes : il les faisait couper et arracher quand il les voyait, et, si elles brisaient le fer de la charrue, sans se décourager il faisait raccommoder le fer. On lui disait que le labourage ne donnait pas de bons résultats en terre argileuse : il aurait pu montrer les terres de l'Escaut, de la Vendée, du Marais, de la Hollande, il se contenta de faire voir les résultats qu'il avait obtenus : sa charrue avait exhaussé les terres basses, les avait rendues meubles, poreuses, susceptibles de recevoir les influences de l'air et avait complètement détruit les mauvaises herbes. Tant que le général Bernard habita la Guyane française, il y eut deux ou trois charrues dans la colonie. Le général une fois parti, le pernicieux instrument disparut et les créoles revinrent à la culture galibie.

Pendant ce temps, une colonie sœur, la Réunion, essayait aussi du labourage à la charrue. Les créoles de l'île africaine, s'étant bien trouvés de l'innovation, persévèrent dans la voie du progrès. En 1812, l'île ne produisait que

484,562 kilogrammes de sucre; en 1832, vingt ans après,
grâce en partie à l'emploi de la charrue, la production du
sucre atteignait à la Réunion 40 millions de kilogrammes.

Ces grosses ressources de l'alimentation sont complétées
par les *légumes* et les *fruits*, cultures vivrières secondaires au
point de vue de l'importance totale du rendement et de la
valeur générale comme denrée d'exportation.

Pour l'énumération des fruits et des légumes, nous prions
le lecteur de se reporter à la nomenclature qui termine ce
chapitre.

Cultures oléagineuses.

En première ligne des cultures à la fois lucratives et aisément accessibles aux petits capitaux, se trouvent celles des
végétaux oléagineux, représentés principalement par les palmiers, très communs dans la région.

Le plus précieux des palmiers est sans contredit le *Cocotier*.
Le cocotier est le roi des végétaux. A lui seul il peut satisfaire à tous les besoins de la vie. Dans les pays torrides, il
est l'indice du progrès : c'est l'arbre de la civilisation. Il
donne son amande, qui vaut la noix ; son lait, qui n'est pas
mauvais: sa sève, qui, fermentée, donne un vin agréable;
ses fibres, qui constituent un des meilleurs textiles; sa tige,
qui donne les piquets et les lattes de la maison des Tropiques.
Sans cocotier point d'Inde, dit le proverbe. Mais tout cela
est de l'utilisation sauvage, et c'est uniquement au point de
vue de l'huile et de la bourre que le colon devra se placer.
L'huile fournie par l'amande du coco passe pour la meilleure
des huiles. La bourre fournit une partie des cordages employés au Brésil et dans l'Inde. Ces deux seules propriétés
donnent au cocotier une telle valeur, que seul, parmi tous
les végétaux, il est imposé dans l'Indoustan par les Anglais,

qui pourtant importent une quantité considérable d'huile et
de bourre de coco. La moelle du cocotier est employée en
blindage pour les navires de guerre.

Le cocotier donne ses fruits en toute saison, toute l'année,
tous les jours. Au bout de cinq ou six ans il est en plein
rapport. Chaque pied donne par an environ 240 cocos, les
300 pieds que peut nourrir un hectare jonchent donc le sol
de près de 7,200 cocos, rendant pour 1,500 francs d'huile
et donnant pour 1,000 francs de bourre. Soit un rendement
total de 2,500 francs à l'hectare. Le prix marchand d'un
coco est de 10 centimes à Cayenne, soit un revenu de 750
francs à l'hectare, si on vend le produit brut.

Les cocotiers réussissent très bien dans la région. Sur
la côte du Brésil, de Maranhao à Pernambouc, sur une longueur de 250 kilomètres et snr 1 kilomètre de profondeur,
le littoral est bordé, entre les montagnes de sable, de magnifiques forêts de cocotiers. Au Venezuela, dans les provinces littorales de Cumana, Barcelona, Caracas, Carabobo,
Coro, Maracaïbo, plnsieurs propriétaires se font 50,000
francs de revenus rien qu'en huile de coco.

L'*Aouara pays nègre* est le palmier à huile d'Afrique fournissant l'huile de palme. C'est ce fameux palmier qui couvre
le sol au Cap-Vert et dans différentes parties de la Guinée.
Il est acclimenté, naturalisé à la Guyane française. Il y a tellement prospéré, depuis que Kerkowe l'a introduit en 1806,
que dans certains quartiers on le croirait indigène.

L'aouara pays nègre est en rapport sept ou huit ans après
avoir été planté. En attendant qu'il donne des fruits, on
peut faire des cultures dans les intervalles laissés libres entre
chaque pied. Chaque arbre donne, d'après le général Bernard, six régimes, soit 36 litres d'huile, 225 pieds à l'hectare donnant 8,100 litres. Le litre d'huile de palme se vend
près de 1 franc sur place, soit près de 8,000 francs à l'hec-

tare. La palmeraie une fois en rapport, on pourra la savan-
ner : le bétail mangera les graines vertes qui tomberont et
s'engraissera avec le résidu des tourteaux.

L'*Aréquier*, originaire des Indes orientales et parfaitement
acclimaté, produit une graine oléagineuse; cette graine,
mêlée à la feuille de bétel, fait l'objet d'un grand commerce
dans le Levant. Or, le bétel est pareillement acclimaté.
Cette double culture, qui serait des plus lucratives, est accessible aux plus petits capitaux.

Le *Noyer de Bancoule*. — L'arbre et son fruit rappellent
le noyer et la noix d'Europe. On mange la noix de Bancoule
en prenant la précaution de retirer le germe qui est un vo-
mitif. L'huile de noix de Bancoule vaut l'huile de noix pour
l'éclairage.

Les *Arachides ou pistaches*. — Acclimatées. La côte occidentale d'Afrique vend tous les ans pour plus de 80 millions
d'arachides. Les arachides sont le principal objet du commerce du Sénégal et de la Guinée.

Cultures médicinales.

Les plantes médicinales sont très nombreuses, même celles
qui sont actuellement cultivées pour les besoins domestiques. Nous renvoyons à la nomenclature pour l'énumération des plantes médicinales actuellement connues en
Guyane. Nous n'étudierons ici que la plus importante de
ces plantes : le thé.

Le *Thé*. — Le gouvernement de la Guyane française dé-
pensa 3 millions, en 1821, pour introduire dans la colonie
des Chinois cultivateurs de thé. L'opération fut mal dirigée.
On recruta dans les mers de l'extrême Orient 250 individus pris absolument au hasard. Ces individus s'évadèrent

presque tous pendant la traversée. A chaque escale le convoi
diminuait de trente à quarante engagés. Le commandant
ne put en débarquer qu'une vingtaine à Cayenne. Au bout
de quelques mois il ne restait plus que trois Chinois : un
cordonnier, un maçon et un charpentier. Si cette expédition
ridicule eût été mieux conduite, la Guyane française aurait
peut-être aujourd'hui un rang excellent parmi les pays
producteurs de thé. Les terres de la colonie sont très favorables à la culture de la plante. Au siècle passé, une expérience fut faite sur une assez grande échelle et réussit au
delà de toute espérance. Malheureusement on abandonna
peu après cette culture pour passer à autre chose. Les
Brésiliens font cultiver le thé sur leurs plateaux de Minas
et de Sao-Paolo. Les Chinois qui sont occupés à cette besogne trouvent ces terres un peu froides. Et cependant
le rendement est magnifique. Les Anglais ont essayé de
leur côté de faire cultiver le thé à la Trinidad, mais les
terres de l'île ont été trouvées trop sèches. La Guyane,
chaude et humide, réussirait sans aucun doute d'une façon admirable dans la culture de la plante précieuse.

Culture des résineux.

Les arbres à gomme, à résine et à baume pourraient
sans doute être cultivés avec avantage. Mais tant que la
forêt offrira en abondance à l'exploitation les caoutchoutiers, les balatas et les autres ficus, il est probable que l'on
ne s'occupera pas assez de faire des pépinières. Les plantations d'arbres à gomme et résine pourraient pourtant
être entreprises dès aujourd'hui, par des capitalistes qui ne
craindraient pas d'immobiliser leurs capitaux pendant une
quinzaine d'années. Ces plantations constitueraient à la
colonie une précieuse réserve.

Cultures aromatiques.

Les aromates sont principalement représentés par la vanille.

La *Vanille*, qui pousse spontanément dans les forêts, gagne à être cultivée. On pourrait la cultiver en grand en lui donnant des supports. La question du support est de la plus grande importance pour la vanille. Mais la liane une fois en croissance, le pied peut être brisé sans inconvénient. La vanille se nourrira des gaz aériens contenus dans l'humidité ambiante. La culture de la vanille est une culture élégante, agréable, et accessible aux petits capitaux. Elle ne demande qu'un peu de pratique et d'habileté, une main délicate : c'est une culture de femme. Le colon qui posséderait la science de cette culture et qui y joindrait une certaine habitude, pourrait se faire dans la vanille de fort beaux revenus. Un seul pied peut donner 3oo gousses valant 3oo francs (1 franc la gousse, 1oo francs le kilogramme, environ 1oo gousses au kilogramme). On peut voir dans la colonie telle treille de vanille mesurant dix mètres carrés et produisant plus de 2,0oo gousses. Ces treilles sont malheureusement fort rares.

Cultures tinctoriales.

Les plantes tinctoriales sont principalement représentées par le roucou et l'indigo.

Le *Roucou*, bien qu'indigène et se trouvant dans quelques recoins de forêt où peut-être les Indiens l'ont planté, demande à être cultivé si on veut en retirer des bénéfices appréciables. Le Brésil le cultive aussi, bien que ses forêts soient plus riches en roucou sauvage que celles de la Guyane française. Pará exporte le roucou aux États-Unis.

Cultivé, le roucou donne jusqu'à 900 kilogrammes à l'hectare. Le prix du roucou atteint, aux bonnes années, 3 fr.
5o cent. le kilogramme sur place, ce qui procure un revenu
de plus de 3,000 francs à l'hectare. Le prix moyen, depuis
cinquante ans, a été à Cayenne de 2 francs le kilogramme,
ce qui représente un revenu de près de 2,000 francs à
l'hectare. Malgré ce prix rémunérateur, la production
annuelle de la colonie n'a jamais excédé 600,000 kilogrammes, et le chiffre d'exportation de la denrée 1,500,000
francs. La culture du roucou est facile. Sans se déranger
beaucoup de ses autres occupations, un colon laborieux
peut cultiver deux hectares de roucou. Le roucou vit
quinze ans. La manipulation pour tirer de la graine la
teinture rouge est des plus simples. Les Indiens le connaissaient bien avant nous. C'est avec le roucou qu'ils se pei-
gnent le corps, ce qui les fit prendre, au début, par
maintes savantes personnes, pour une nouvelle race couleur vermillon. Ils en teignent aussi leurs hamacs et en
colorent leurs poteries.

La consommation de cette denrée est malheureusement
restreinte et limitée. La chimie n'a pas encore trouvé, il
est vrai, de composition remplaçant le roucou avec avantage; mais ce n'est guère que l'Asie centrale qui consomme cette teinture, que lui apportent les caravanes
du Levant et de la Russie. Comme la Guyane et l'Amazone sont les contrées qui produisent le plus de roucou
(la côte de Guinée et la Cochinchine n'en produisent
que des quantités infimes), malgré l'exiguïté relative du
débouché, les planteurs du roucou pourraient s'assurer
des bénéfices considérables à cause de leur monopole
naturel. Pour cela ils n'auraient qu'à entreposer leurs
produits, ce qui en amènerait la hausse, ou tout au moins
en régulariserait les prix, évitant ainsi les fluctuations qui

se sont produites jusqu'à ce jour dans la valeur de la
denrée. « En effet, quand on produisait trop de roucou le
prix s'en avilissait de lui-même. La récolte ne payant plus,
on arrachait le roucou ou on le laissait dépérir. Bientôt
l'offre n'était plus au niveau de la demande, le roucou
recommençait à monter de prix. On plantait de nouveau,
et le même manège se reproduisait. Depuis cent ans ça été
la marche constamment suivie et avec une régularité dont
on pourrait relever l'échelle périodique. » (Saint-Amant.)

Les colons ont été longtemps à acquérir des notions
exactes sur la composition chimique du roucou et sur les
principes qui font la valeur de la denrée. Deux théories
sont encore en présence. L'une dit : la partie colorante
n'est pas la seule utile et la seule recherchée. Le roucou
ne s'emploie pas comme teinture, il n'est que l'auxiliaire
d'une teinture; on mêle le roucou dans une certaine proportion avec la garance, 10 p. cent de roucou, 90 p. cent de
garance, ou bien on passe premièrement les étoffes dans
un bain de roucou, ensuite on emploie les mauvaises tein-
tures, qui tiennent parfaitement après cette opération. Le
roucou est à la fois une matière colorante et un mordant;
le mordant est dans la graine et non dans la pellicule
rouge ou principe colorant appelé bixine. C'est pour cela
qu'il y a un grand avantage à faire de la pâte de pression
plutôt que de la bixine pure. Cette bixine pure serait
d'ailleurs inférieure pour la teinture puisqu'elle ne contient pas de mordant. Les Tapouyes du Brésil récoltent
du roucou dans leurs forêts vierges. Ils en font du roucou
en tablettes, intermédiaire entre la bixine pure et la pâte de
pression. Bien qu'il contienne cinq ou six fois plus de matières colorantes que le roucou de pâte de pression, il se
vend à peine 25 p. cent plus cher. (Les Tapouyes, il est
vrai, ont eux-mêmes gâté les prix, en se contentant d'un

trop petit bénéfice.) L'Angleterre consomme 60,000 kilogrammes de roucou par an, dont 6,000 kilogrammes pour la coloration des beurres et fromages (car le principe colorant du roucou est inoffensif) et 54,000 kilogrammes pour la teinture. Or, le roucou en tablettes des Tapouyes du Brésil, sans doute parce qu'il ne contient pas de mordant, ne peut être employé qu'à la coloration des beurres et fromages ; ce qui prouve que le roucou de pâte ne peut être remplacé par la bixine pour la teinture. Reste la coloration des fromages. Or, comme il faudrait vendre pour cet usage la bixine douze fois plus cher que la pâte de pression pour faire les frais, et qu'on la vend seulement 25 p. cent plus cher, il n'y a pas à s'occuper de la bixine.

L'autre théorie tient au contraire pour la bixine. C'est sans doute entre ces deux théories extrêmes qu'il faut chercher la vérité.

L'*Indigo* réussit bien. Les jésuites en avaient fondé une magnifique exploitation sur la rive droite du Kourou, à l'embouchure du fleuve, dans le canton qu'ils avaient appelé Guatémala, du nom du pays le plus fameux alors par son indigo. L'indigo est la culture des petits colons, et c'est une culture fort lucrative. Au Bengale, contrée qui a presque le monopole de cette denrée, ce sont les Bengalis, petits propriétaires hindous, qui produisent tout l'indigo exporté. L'indigo des Bengalis est, il est vrai, manipulé dans une usine centrale dirigé, bien entendu, par des sujets de la reine. Mais la plupart des grandes exploitations culturales tentées par les Anglais ont échoué.

L'indigo de la Guyane vaut celui de l'Inde. C'est une culture de début, car la plante est bonne à couper deux mois après avoir été semée. Les dangers vrais ou faux de la macération et de la précipitation, opérations fort longues et mal famées, avaient fait abandonner cette culture. Mais aujourd'hui la macération et la précipitation ont été abrégées et assainies par les moyens chimiques. Lescalier, le fameux ordonnateur, l'homme aux projets, avait établi une indigoterie à l'Approuague. Sa prospérité était déjà grande quand Lescalier fut rappelé.

Le *Nopal* existe en Guyane; il est parfaitement acclimaté, ainsi que l'*Opuntia* ou nopal des jardins. Il serait donc aisé d'acclimater la cochenille. L'humidité du climat ne serait nullement contraire, car les nopaleries réussissent fort bien au Honduras, pays humide et pluvieux. La culture du nopal et l'industrie de la cochenille ont fait la fortune des ils Canaries. La cochenille y a été une véritable providence dans plusieurs districts où l'aisance, le bien-être, une prospérité toujours croissante sont venus remplacer la misère. En 1850, l'exploitation de ce produit dépassait déjà aux iles Canaries la somme de trois millions de francs (300,000 kilogrames). Le nopal prospère dans les plus mauvaises terres. Les districts cultivés en nopal aux Canaries sont des districts absolument stériles. L'hectare donne 400 kilogrammes, soit une valeur de 4,000 francs. Les dépenses qu'entraîne une nopalerie en frais de labour, en journaliers employés, les difficultés et les fatigues qu'entraînent les travaux ne sont rien en comparaison des autres cultures. On peut garnir les nopals de cochenille au bout de la troisième année, et la plantation dure dix ans. Au bout de cent jours la cochenille est arrivée au dernier terme de son développement, soit pour la sémination (ponte), en vue du développement des nopals, soit pour la dessiccation. Les cochenilles se reproduisent avec une rapidité extrême. Vers 1830, on voulut introduire l'insecte à Java. Toute la cargaison périt, sauf un mâle et une femelle. Vingt ans après, en 1850, Java exportait 50,000 kilogrammes de cochenille. (Il faut 60,000 insectes au kilogramme.) Industrie délicate, mais sûre et peu difficile.

La France achète pour cinq millions par an de cochenille. Elle en retire la plus grande partie de l'écarlate qu'elle consomme.

Cultures textiles.

En tête des textiles, il faut placer le *Coton*. Les premiers colons européens trouvèrent en Guyane le coton à l'état sauvage dans les forêts. Les Indiens l'employaient concurremment avec cent autres textiles. La culture du coton est une de celles à laquelle l'avenir promet une extension indéfinie. La France seule en importe pour 200 millions de francs par an. Liverpool en importe pour un milliard. Les États-Unis en ont presque le monopole : ils en fournissent 800 millions de kilogrammes contre 120 fournis par l'Égypte et 90 par l'Indoustan. Le Brésil (Pará et Pernambouc) en fournit des quantités peu considérables.

Entre l'Oyapock et l'Aragouary toutes les terres basses comme toutes les terres hautes seraient propres à fournir un coton excellent. Le coton de Cayenne est moelleux, d'un beau blanc, son fil est soyeux et fort long. Les Oyampis cultivent dans le haut Oyapock une espèce de coton supérieure à celle cultivée par les colons de la côte. De la côte aux montagnes, la Guyane est évidemment beaucoup mieux partagée pour cette culture que l'Algérie, où on a voulu faire quand même des essais de culture de coton malgré l'excessive sécheresse.

Le coton a toujours été d'une culture facile dans la Guyane française; on l'appelait la culture des paresseux. On le cultivait en terre haute comme en terre basse, dans les alluvions des rivières et de la mer comme sur les mornes. Il

demande peu de bras et par là convient au petit propriétaire. Il donne du coton au bout de six mois, ce qui doit le
faire encore rechercher par la petite culture. Il donne
deux récoltes par an, l'une en février, l'autre en septembre.
Il présente en Guyane cette particularité, qu'on peut indéfiniment le renouveler en le coupant par le pied, car il
devient arborescent.

Le coton récolté dans la Guyane française est un des
meilleurs du monde, ainsi que l'indiquent les prix ci-des-
sous, qui sont ceux de l'époque de la grande cherté du coton :
coton de la Louisiane 5 fr. 65 cent. le kilogramme, d'É-
gypte 4 fr. 75 cent., de Cayenne 4 fr. 70 cent., de Pará 4 fr.
35 cent., de Porto-Rico, Pernambouc, Haïti et l'Inde de
4 fr. 35 cent. à 4 francs. Malheureusement le prix moyen
du coton est à peine aujourd'hui de 2 francs le kilogramme.
Et les créoles compétents de la Guyane française disent
qu'aujourd'hui la culture du coton serait une des moins
rémunératrices.

A côté du coton on peut placer la *Soie*. Le ver à soie vit à
l'état sauvage dans les forêts de la contrée; on connaît trois
ou quatre espèces de vers à soie indigènes, et malgré les
objections qu'on a faites : objection des fourmis, objection
de l'humidité, les expériences de Perrottet, de Beauvis et de
Michély montrent que le ver à soie d'Europe est parfaitement acclimatable. Les arbres qui nourrissent le ver sont
communs dans les bois. On en connaît plusieurs valant le
mûrier : café diable, oranger, acajou, le coutarea surtout.
Le mûrier se naturalise aisément et prospère mieux qu'en
Europe et qu'en Asie. On a vu en Guyane des cocons de
douze centimètres de longueur sur six de diamètre. Les plus
petits sont de 270 au kilogramme. Les cocons milanais, qui
sont les plus gros de l'Europe, sont de 400 au kilogramme.
L'élève des vers à soie avait d'abord bien réussi. En 1851,

un habitant de Macouria possédait 7,000 cocons provenant des vers à soie qu'il avait élevés lui-même.

Le café.

Le *Café* est parfaitement acclimaté et prospère partout, mais principalement en terre haute, où son arome rappelle le pseudo-moka du Brésil. Le café de la Montagne-d'Argent a une réputation en Europe. Il demande peu de bras, peu de capitaux. Il donne à deux ans et vit un siècle. 1/2 kilogramme par pied, 800 pieds à l'hectare, à 3 francs le kilogramme, 1,200 francs. Un travailleur peut entretenir plusieurs hectares. Avec quelques capitaux on pourrait se livrer en grand à la culture du café, qui a fait la fortune du Brésil. Le Brésil est aujourd'hui le premier pays du monde pour la production du café. La production totale du globe est de 650 millions de kilogrammes. Le Brésil en fournit plus de 350 millions à lui seul, contre 100 pour Java et la Sonde, 25 pour Haïti, 5 pour la Jamaïque, 4 pour le Mexique, 1 pour la Guadeloupe (dont tout le café se vend sous le nom de café de la Martinique), 600,000 pour la Réunion, 150,000 pour la Martinique, et des quantités insignifiantes pour le Venezuela, l'Équateur, l'Arabie et les îles Sandwich. La Guyane, pour sa culture du café, n'aurait pas à craindre les coups de vent qui désolent les plantations à la Martinique, à Bourbon et au Brésil. Le café a été introduit vers 1720. Aujourd'hui on en récolte à peine pour la consommation locale. Les plantations ont été abandonnées.

Le cacao.

Le *Cacao* prospère partout.

Le cacao demande peu de bras et peu de capitaux. Il

donne à cinq ans. On peut compter 500 pieds à l'hectare, 2 kilogrammes par pied, soit, à 1 fr. 25 cent. le kilogramme, 1,250 francs à l'hectare. Un travailleur peut entretenir plusieurs hectares.

Cette culture, comme celle du café et celle du tabac, est peu absorbante, fort lucrative, facile et nullement dangereuse. Les colons européens pourraient s'y livrer dès leur arrivée sans inconvénient pour leur santé.

Le tabac.

Le *Tabac* a des débouchés non moins assurés que ceux du café. Sa consommation augmente tous les jours dans une proportion considérable. La Guyane française à elle seule en consomme annuellement 80,000 kilogrammes, soit plus de trois kilogrammes par tête. Mais ce tabac elle ne le récolte pas sur ses terres, bien que la région soit très favorable à cette culture. La France consomme par tête 890 grammes (le Pas-de-Calais 1 kil. 828), l'Angleterre 600 grammes, l'Autriche 1 kil. 480, les États-Unis 1 kil. 600, l'Allemagne 1 kil. 830. Le produit brut annuel du tabac vendu en France par la Régie est de 330 millions de francs. Et ce monopole rapporte au Gouvernement un bénéfice net de 260 millions. Sur les 32 millions de kilogrammes consommés, la France en produit 20, en importe 3 d'Algérie et 9 de Virginie, Maryland, Kentucky, Cuba, Hongrie. Malgré le bas prix du tabac dans le commerce (en moyenne 1 franc le kilogramme; le meilleur marché est celui de Hongrie : 75 centimes le kilogramme; le tabac de Cuba est le plus cher de tous : il se vend jusqu'à 30 francs le kilogramme), tous les pays qui ont su s'adonner à la culture du tabac y ont réalisé d'énormes bénéfices. Dans la Guyane française le tabac est indigène. C'est la première culture à laquelle les colons se livrèrent. Au début de la colonisation, le tabac servait de monnaie. Il est encore aujourd'hui tellement commun, qu'il pousse dans les rues de Cayenne avec les mauvaises herbes; mais personne ne le cultive. La culture du tabac est pourtant bien simple, elle est fort rémunératrice, accessible aux petits cultivateurs, ne demande aucun travail préparatoire et exige peu de soins. Les terres des montagnes produiraient du tabac de qualité supérieure aussi bien que les plateaux similaires du Haut-Orénoque (Varinas), qui produisent le meilleur tabac du monde. Dans les terres moyennes il réussit fort bien. Il faudrait seulement de bons préparateurs. Les planteurs en Guyane faisaient très bien pousser le tabac, puis ils le laissaient perdre ou le gâtaient dans la préparation. Ils ne surent jamais lui donner un apprêt faisant valoir sa qualité. En 1840, le tabac de Macouria avait été assimilé aux meilleurs de France par la Régie. Production de l'hectare en Guyane : 2,000 kilogrammes de tabac.

L'Administration pénitentiaire a réalisé des bénéfices assez considérables dans cette culture, culture qu'on ne saurait trop recommander aux colons venus d'Europe, culture dans laquelle il est impossible de ne pas réussir.

Les épices.

Depuis que Poivre, intendant de Bourbon, eut ravi, vers 1760, le monopole des arbres à épices aux Hollandais, en dérobant quelques plants des Moluques, ces plants ont si bien réussi en Guyane, que plusieurs ont repassé de l'état de domesticité à l'état sauvage. Dans la crainte que les plantations ne fussent détruites, on avait caché des plants isolés jusqu'au fond de la forêt vierge.

La culture des épices à la Guyane française a donné à une certaine époque de magnifiques revenus.

Le *Cannellier* donne d'excellents résultats, son écorce, ses feuilles, sa poudre sont de qualité supérieure à celle des cannelles de la Chine et à peine inférieure à celles de Ceylan. La cannelle demande une bonne préparation, ce qui supposerait une grande exploitation et par suite des capitaux. Ainsi l'huile essentielle de cannelle, espèce de camphre qui atteint des prix fort élevés et qu'on fait avec les rognures et les mauvaises branches, ne peut être fabriquée que dans ces conditions. Cependant la cannelle se vendant en moyenne 25 francs le kilogramme, le colon intelligent réaliserait toujours des bénéfices sérieux dans cette culture agréable et facile, et pourrait s'assurer un revenu moyen de 1,200 à 1,500 francs à l'hectare. Le cannellier pousse d'ailleurs assez vite, au bout de trois à quatre ans on peut l'utiliser. — Pará, Rio-Negro et sans doute aussi l'intérieur de la Guyane française, produisent le *bois crabe* qui est une espèce de cannelle sauvage, appelé aussi *cannelle girofle*.

Le *Muscadier* met huit à dix ans avant de donner son fruit. Mais la noix et le macis demandent peu de préparation et se vendent 15 francs le kilogramme. De plus, l'arbre une fois planté n'a guère besoin de culture. Enfin, comme il existe à l'état indigène et sauvage dans les forêts, il serait aisé d'en faire de grandes plantations dont on retirerait des avantages d'autant plus précieux qu'ils seraient obtenus sans peine dans une culture accessoire. — Le *Pouchéri* est une espèce de muscadier sauvage, croissant en pleine forêt. Sa noix vaut la franche.

Le *Giroflier* vaut celui d'Amboine. Ses clous et ses matrices se vendent 1 fr. 80 cent. le kilogramme. Le clou, comme on sait, est le bouton de la jolie fleur du giroflier.

Cet arbre pousse haut, il faut des échelles pour cueillir le fruit. L'hectare ne comporte que 150 pieds de girofliers, ce qui donne un revenu modique de 270 francs à l'hectare (un kilogramme par pied). L'arbre est long à produire, la culture en est difficile. Pourtant la Guyane française a eu sa période brillante du girofle : c'est quand le kilogramme se vendait 9 francs. Malheureusement pour les colons ce prix ne s'est pas maintenu.

Le *Poivre* (c'est le poivre noir) a été l'objet de beaucoup de discussions. On avait fondé de grandes espérances sur le poivre noir, puis sur le poivre de Guinée également acclimaté. On a été malheureux. Le général Bernard voulut réussir quand même dans le poivre et il mourut à la peine. L'hectare comporte 1,000 plants, donnant 250 kilogrammes de graines sèches d'une valeur de 6 à 700 francs. Le rendement est faible et de plus incertain. Le bois support du poivre n'a pas encore été trouvé, et, pour cette plante comme pour la vanille, le tuteur est de la plus grande importance.

Le *Gingembre* prospère le mieux de toutes les épices. Le prix en est fort élevé. On en fait peu de cas dans le pays.

La canne à sucre.

La Guyane française est un pays privilégié pour la culture de la canne à sucre. Dans les terres basses, la canne prospère fort longtemps sans aucun engrais. Dans les terres moyennes et les terres hautes, elle pousse admirablement. Ces terres grasses, vierges, profondes, ont pour cette culture un monopole naturel. Des millions d'hectares peuvent, pendant plusieurs années consécutives, se passer d'engrais, ce qui les constitue en état de supériorité évidente sur les pays concurrents. A la Guyane française, les cannes, vigoureuses et de belle venue, atteignent une hauteur moyenne de deux à trois mètres. Certains terroirs privilégiés en ont même produit s'élevant à la hauteur exceptionnelle et extraordinaire de six mètres sur un diamètre moyen de plus de six centimètres. Ces produits ont été exposés en France (Exposition fluviale et maritime) et médaillés, bien entendu.

Les frais qu'occasionnerait cette culture, pour le desséchement et l'aménagement des terres, ne seraient pas extrêmement considérables. Dès lors, les colons les plus pauvres pourraient se mettre à faire de la canne, sûrs de trouver dans l'usine centrale qui se créerait un débouché pour leurs produits si minces qu'ils puissent être.

L'hectare rend en sucre un minimum de cinq boucauts (2,500 kilogrammes), et, dans certaines terres, jusqu'à quatorze (7.000 kilogrammes). Le sucre brut se vend 40 centimes le kilogramme sur place, soit une moyenne de 1,000 francs, et dans certaines terres, jusqu'à 2,800 francs. Sans compter le tafia, d'une valeur de 100 francs au boucaut, soit 500 francs pour la moyenne et 1,400 francs pour le rendement maximum. Ce qui donne pour les terres moyennes un total de 1,500 francs à l'hectare, et pour les terres exceptionnelles 4,200 francs. Donc, au bas mot, l'hectare rendrait en sucre 1,500 francs. Si on compte, chiffres extrêmes, 500 francs pour les frais de culture et 500 pour l'usinier, il resterait pour le travailleur un bénéfice de 500 francs à l'hectare. Un travailleur peut entretenir un hectare en cannes, soit un revenu annuel et net de 500 francs, soit 1,500 francs pour une famille. Revenu net, car le petit colon s'adonnera toujours avec raison aux cultures vivrières qui lui assureront sa subsistance quotidienne, et il cultivera la canne comme denrée d'exportation, denrée industrielle que l'usine centrale utilisera sur place. La terre ici est accessible à tous, et il n'est colon si pauvre qui ne se puisse assurer de beaux revenus dans la culture de la canne, pour peu surtout qu'il sache associer à sa culture principale telle autre culture rémunératrice pour laquelle il aurait des avantages particuliers, comme celle du manioc, par exemple.

Les exploitations sucrières établies jadis avaient pleinement réussi, malgré les moyens primitifs dont on a usé jusqu'à ce jour dans la colonie pour la fabrication du sucre. En 1848, il existait dans la colonie plus de trente sucreries, toutes en bénéfice. Elles occupaient 4,200 noirs. Le sucre était la grande culture du pays. Depuis l'émancipation, les quelques entreprises de ce genre qui ont été tentées ont été couronnées de succès. Mais il n'y a plus dans la colonie de bras disponibles pour l'agriculture. Cependant, au moment où nous écrivons, une usine se forme, et le fondateur compte à bon droit, croyons-nous, sur le succès. On trouve encore un peu de cannes chez les concessionnaires du Maroni et à l'île Portal. Avec quelques capitaux, des industriels experts, de bons ouvriers, une gestion intelligente, nul doute que l'usine centrale ne réalise des bénéfices sérieux, grâce à la spécialisation de son travail.

D'ailleurs, de grandes entreprises industrielles ou sociétaires, en possession de quelque riche terre alluvionnaire du littoral ou de l'intérieur, pourraient mener de front la culture des cannes et l'industrie du sucre.

Dans cette question de la canne se trouvent renfermés, et la prospérité agricole de la colonie, et son développement industriel, et son avenir commercial. On peut l'aborder de suite, elle ne tardera pas à appeler une population de petits colons, d'ouvriers d'usine, et à fournir aux navires le fret de retour dont ils ont besoin. Il n'y a que le premier pas qui coûte. Il faut montrer ce que l'on peut faire. La colonie doit donner un échantillon de sa puissance productive. La canne ne doit pas évidemment être la culture unique; mais les colons les plus compétents voient en elle, à l'heure présente, la culture de début. Pour eux, l'avènement de la canne sera la fin de la crise, le signal de la résurrection de la colonie, la première en date des mille opérations qui feront de cette contrée, si féconde, si belle et si malheureuse, une des plus florissante de la terre.

IV.

LES MINES.

L'or.

Les richesses minières de la Guyane française sont aussi importantes que variées. Les terres de la colonie renferment l'or, l'argent, les pierres précieuses, le fer, la houille et la plupart des métaux, les granits, les grès, les terres à poterie et à porcelaine. Le plateau de Guyane est, comme on sait, une région absolument identique comme constitution géologique à celle du plateau de Brésil, dont les richesses minérales sont bien connues.

De tous les métaux que recèle le sol guyanais c'est à l'or que nous devons donner le premier rang. Ce rang lui est dû à cause de son importance historique. Les gisements argentifères, ferrugineux, ont peut-être une importance intrinsèque égale ou même supérieure. Les dépôts de terre argileuse, de terre à briques et à poterie, de kaolin, très communs, très précieux produiront peut-être un jour plus que l'or ne produira jamais. Mais jusqu'à ce jour l'or seul a été exploité.

La Guyane française traverse depuis vingt ans et plus la période de l'or, comme elle eut jadis sa période du girofle. A tout seigneur tout honneur. C'est par le seigneur du jour qu'il nous faut commencer.

L'industrie aurifère a dans la colonie ses partisans enthousiastes et ses détracteurs passionnés. Nous nous bornerons à raconter les faits, et à les accompagner de quelques réflexions suggérées par la science économique la plus orthodoxe.

Depuis plus de trois siècles la croyance à l'existence de l'or dans les hauts du pays se maintenait vivace au cœur de la population.

La fable de l'Eldorado fut propagée et accréditée au commencement du seizième siècle par un certain Martinez. Cet Espagnol, revenant de pirater en Guyane, affirma que les trésors dont il était possesseur provenaient des sables du lac Parime. Le digne corsaire, se mourant à la Havane, attesta encore à son confesseur la véracité du fait. Dès lors le doute ne fut plus permis.

Le seizième siècle fut pour la Guyane la période de la recherche cosmopolite de l'or.

Des hommes illustres payèrent de leur vie leur croyance à la fable de Martinez. La plus célèbre victime fut le fameux chevalier Walter Raleigh. Le grand navigateur n'eut même pas la gloire de mourir au désert à la poursuite de sa chimère; il périt à Londres de la main du bourreau. Après deux voyages infructueux, accusé de trahison, il fut décapité.

Au dix-septième siècle, époque des essais de colonisation par les compagnies féodales, ce fut encore l'espoir de faire dans le pays de l'or fortune rapide et sans travail, qui recruta les colons. Des gentilshommes ruinés, des capitaines de bandes, des ouvriers, parias rejetés par leurs corporations, abordèrent au pays des miracles.

L'Administration fit aussi des tentatives. Mais le même mutisme de la part des naturels, la même ignorance de la part des chercheurs firent échouer toutes ses entreprises comme avaient échoué celles des aventuriers. Pourtant on voit encore, en 1720, un gouverneur, le sieur Claude Guillouet d'Orvilliers, envoyer aux frais de la colonie un

détachement qui périt à la recherche du fameux Eldorado.

Manoa d'Eldorado et le lac Parime étaient des rêves;
mais l'existence de l'or était bien une réalité. La plupart
des tribus indiennes connaissaient les gisements. Plusieurs
Indiens s'ornaient de bijoux d'or qu'ils fabriquaient
eux-mêmes. Les Nolaques qui habitaient le haut de
l'Approuague étaient fameux par leurs bracelets et leurs
colliers d'or massif.

Vers 1700, on fit pour la première fois dans la colonie
la découverte réellement positive et authentique d'un
gisement aurifère. A une demi-lieue de Cayenne, disent
les vieux chroniqueurs, on trouva, mêlé à un sable noir,
un sable doré qui, après avoir été lavé et mis dans le
creuset, donna des paillettes d'or.

Patris, en 1762, trouva des paillettes d'or dans les
criques des Tumuc-Humac.

Quelque temps après, Buffon, concluant par analogie
entre les terrains de la Guyane française et ceux du
Mexique et du Pérou, affirma l'existence de l'or dans la
colonie. Il en signalait partout, il est vrai, excepté pourtant
en Californie et en Australie.

En 1803, le colonel Ogier de Gombaud, voyageant dans
l'intérieur, rencontra un Indien qui portait au cou un
morceau d'or de trois à quatre livres. Le colonel en
conclut aussi à l'existence de gisements aurifères dans la
contrée.

Vers 1820, un Indien d'Iracoubo montrait à un certain
Florimond une poche à pépites dans une crique. Florimond revint seul pour exploiter le trésor qu'il ne retrouva
pas.

Dans son voyage de 1830, le naturaliste Schomburgk
trouvait de l'or dans la sierra Pacaraïma.

Pendant ce temps Adam de Bauve voyageait en Guyane, de l'Oyapock aux Tumuc-Humac orientales, remontant les criques pour trouver le métal précieux. Il chercha ainsi sept ans. Découragé, malade, il revint à Paris, où la misère le poussa au suicide.

Toutefois, depuis le commencement du dix-huitième siècle, la croyance à l'Eldorado s'était affaiblie, puis avait disparu. En même temps la croyance à l'existence de gisements aurifères dans la contrée avait passé à l'état de certitude.

Mais on n'avait pas encore trouvé de gisement important. On ne savait point d'ailleurs s'il fallait chercher des pépites dans la boue des criques ou des filons dans le quartz. De plus, on n'avait pas la moindre idée de l'exploitation aurifère.

En 1854, l'or fut découvert encore une fois.

Un ancien ouvrier des mines d'or de Minas Geraes, l'Indien brésilien Paolino, cherchant de la salsepareille sur les bords de l'Arataïe, affluent de gauche du haut Approuague, fut frappé de la ressemblance des terrains qu'il foulait avec ceux qu'il avait jadis travaillés aux mines d'or du Brésil. Un coolie qui accompagnait Paolino aida celui-ci à fabriquer quelques primitifs appareils. On fouilla rapidement, et des pépites furent trouvés dans les boues de la rivière. Paolino revint à Cayenne, où il vendit ses quelques paquets de salsepareille et ses quelques grammes d'or. Ne sachant comment tirer parti de sa découverte, parlant à peine le français, il s'ouvrit à un ancien consul de France à Pará, Prosper Chaton, et au commandant du quartier de l'Approuague, Félix Couy. P. Chaton informa de suite le gouvernement colonial. Celui-ci nomma une commission, et F. Couy partit avec Paolino vérifier l'authenticité de la découverte.

Les deux voyageurs partirent aux frais de la colonie.

L'expédition dura quarante jours. Paolino jouait au sorcier. On ne rapporta que pour 400 francs d'or, et le voyage avait coûté 4,000 francs.

Quelques créoles se transportèrent ensuite sur les lieux; mais encore peu experts dans les travaux de prospection, ils durent revenir sans avoir rien trouvé. Heureusement qu'on était à l'époque des découvertes de l'Australie et de la Californie. Les placers de l'Approuague et de la Guyane durent à cette circonstance de n'être pas abandonnés. Les chercheurs poursuivirent avec ténacité leurs investigations.

La découverte de l'or dans la colonie fit du bruit dans la Métropole. Napoléon III, flairant l'El Dorado, interdit d'abord formellement, par le décret du 30 novembre 1855, l'exploitation des placers par les particuliers, réservant à la couronne seule la possession de ces trésors. Mais le 19 février 1856, le décret fut rapporté. Les prospections de l'Approuague faites par des bras inexpérimentés n'avaient pas été brillantes.

On était loin de l'enthousiasme des premiers jours. Dans l'optimisme de la première heure, on avait publié que la Guyane française dépasserait bientôt la Californie et Cayenne San-Francisco. Tel Cayennais prédisait à un ami, auteur d'un voyage en Californie, une statue d'or sur les placers des grands bois. L'ami acceptait sans façon, « sans préjudice des hommages de la postérité. » La fièvre primitive fit place à un scepticisme des plus découragés. Les placers, mal découverts encore, étaient sur le point de disparaître sous les satires et les quolibets qu'on leur prodiguait. Seul, le commandant de l'Approuague croyait toujours.

L'arrivée à Cayenne d'un mineur de Californie facilita bien à propos les recherches de l'apôtre des placers. De nouvelles prospections faites à l'Approuague furent plus que satisfaisantes. Cette fois l'or était bien et positivement découvert.

La première compagnie, fondée dès le début, ne tarda pas à faire des bénéfices. Sur ces entrefaites, F. Couy était assassiné à l'Approuague. Et quelque temps après, Paolino mourait à l'hôpital de Cayenne. Toutefois, l'exploitation aurifère était définitivement établie dans la Guyane.

L'or de la Guyane française, comme dans les districts aurifères du Brésil, provient, dit-on, de la désagrégation des montagnes. Chaque montagne contient de l'or. Les pluies, en ravinant et désagrégeant les montagnes, les racines des arbres, en désagrégeant les roches, sont les agents qui conduisent l'or aux criques. L'or entraîné se tasse, traversant la couche alluvionnaire des rivières et ne s'arrêtant que dans le gravier. Les dépôts sont un fait continuel, mais lent. Nous le voyons encore se produire sous nos yeux. L'or pousse, dit-on. Mais il pousse si lentement que lorsque les dépôts actuels seront épuisés il faudra attendre deux ou trois siècles pour constater de nouveaux dépôts de moins en moins riches.

Aujourd'hui, l'or se trouve principalement à l'état de poussière plus ou moins fine, mêlé à une couche de gravier qui repose sur l'argile. Quelques pépites sont presque imperceptibles, c'est de la poussière d'or, d'autres pèsent plusieurs grammes. Les terres alluvionnaires recouvrent ce gravier. C'est de l'épaisseur de la couche de terre alluvionnaire que dépend principalement la richesse du gisement. Cette épaisseur varie de 0^m10 à 2 mètres. Il faut tenir compte aussi de l'épaisseur de la couche de gravier, car souvent l'or tasse et se dépose sur l'argile. Un placer médiocre peut donner des résultats avantageux quand l'or se trouve à peu de profondeur, mais s'il y a deux mètres de terre à retirer pour arriver à la couche aurifère, le placer le plus riche aura peine à faire ses frais.

Il n'entre pas dans notre plan de faire l'historique de chacune des compagnies ou des sociétés qui se sont fondées pour l'exploitation des placers de la Guyane, pas plus que de raconter les découvertes heureuses ou de discuter les budgets des exploitations privées ou collectives.

L'historique des placers de la Guyane est actuellement impossible à faire, même à grands traits. Comment se reconnaître au milieu des renseignements contradictoires que fournissent les passions en conflit; comment suivre le fil de toutes les opérations multiples qui ont constitué l'exploitation aurifère en Guyane?

D'ailleurs, cet historique offrirait bien peu d'intérêt. On y apprendrait les noms de cinq ou six placers fameux dans le petit milieu cayennais. On y verrait que la recherche des trésors des alluvions a été un pur jeu de hasard. On y verrait comme quoi tels placers ont dix fois changé de main sans donner de bénéfices. Comment d'autres ont enrichi deux ou trois propriétaires consécutifs. Comment tel chercheur d'or, intelligent et actif, a battu vingt ans les bois sans résultats sérieux, et comment la fortune est venue chercher tel autre qui ne pensait pas à elle. Tel se tient depuis dix ans à un sien placer, attendant les bénéfices. D'autres ont des concessions énormes, faisant prospecter en vue seulement de riches découvertes. On y apprendrait l'organisation intime des placers, la vie des directeurs, des employés et des ouvriers qui sont dans les bois; de l'administrateur, des fournisseurs et des associés qui sont à Cayenne. On ferait connaissance avec la technologie de la prospection et de l'exploitation. — Mais nous devons nous interdire, on comprendra pourquoi, cette partie de notre sujet.

Ce qui nous préoccupe, ce sont les résultats généraux de l'industrie aurifère. On a fait à cette industrie divers reproches que nous ne citerons que pour mémoire, car ils nous paraissent exagérés. On a dit que la mortalité des ouvriers était énorme au placer, que les 10, 20 ou 30 jours de canotage dans les sauts, le travail malsain des criques avaient moissonné la jeunesse créole. — La mortalité a excédé la moyenne habituelle, nous n'en doutons pas, mais elle n'a jamais été aussi effroyable qu'on a bien voulu le dire. On a dit que la vie des mines avait inculqué à la population des habitudes de paresse et d'immoralité. — Après huit ou dix mois de désert, le mineur s'éjouit à Cayenne comme le marin après une longue traversée, voilà tout. Pour ce qui est de la paresse, le travail de la mine n'a ni accru ni diminué le penchant du créole pour le travail de la terre.

De l'histoire encore confuse de l'exploitation aurifère dans ce pays ressortent quelques faits saillants.

Pour les capitalistes, petits et grands, elle a été une loterie. Pour la masse ouvrière, elle a été un dérivatif médiocrement heureux. Presque tout l'argent gagné sur les placers a été follement dépensé à Cayenne. Le plus humble travailleur créole, en cultivant son lopin de terre, aurait réalisé de plus sérieux bénéfices. Quant au rendement total de l'or, il est bien difficile de le définir, l'or trouvé n'ayant pas toujours été déclaré. Si nous nous rapportons à la statistique officielle, le rendement total de 1856 à ce jour n'a été que d'environ 55 millions de francs. 3,500,000 francs de 1856 à 1866, 12 millions de 1866 à 1873 inclus, et environ 40 millions de 1873 à 1882 inclus. La période de 1873 à 1882 a été l'époque des grands rendements, époque qui touche à sa fin. La production moyenne de ces vingt-six années n'a été que d'un peu plus de 2 mil-

lions par an de production brute. Il serait difficile de
dire combien ces 55 millions ont coûté à extraire du sol;
mais, à part les succès de quelques individualités, on
peut se demander si l'on n'est pas en droit de conclure
qu'en général l'industrie de l'or alluvionnaire n'a pas
plus enrichi la population coloniale que n'aurait pu faire
telle ou telle branche de culture.

On a abusé, nous le savons, des rapprochements entre
la Guyane et les terres d'Australie et de Californie. Ces rapprochements sont forcés, aussi bien au point de vue des
procédés d'exploitation qu'au point de vue des rendements et des résultats. Là-bas, dans les débuts, l'ouvrier
pouvait, jusqu'à un certain point, travailler isolément et
pour son compte, gagnant 5oo francs dans sa journée et
payant un œuf 10 francs. La recherche de l'or était souvent une aventure personnelle, individuelle. L'or des placers passait en plus grande partie dans la poche des gar-
gotiers; mais quand la pioche du mineur ne fournissait
pas à ceux-ci un assez gros morceau d'or pour acheter des
victuailles, la pioche pouvait être employée à autre chose.
La douceur d'un climat aussi tempéré que celui de l'Europe, l'existence de voies de communication que l'État
avait ouvertes avec l'or prélevé sur la production totale,
permettaient au mineur malheureux de se faire immédiatement pâtre ou colon, squatter ou settler. Et la véritable
prospérité du pays se fondait. Dans la Guyane française,
la recherche de l'or est dispendieuse, la prospection des
criques coûte déjà beaucoup, quelques prospections malheureuses ruinent un petit capitaliste. La plupart des ouvriers ne sont point des aventuriers, mais bien des salariés, presque des engagés. Le canot du placer les emmène
par brigades dans les hauts, à dix et même vingt journées de canotage, au milieu des sauts et des rapides. L'ap-

provisionnement est lent, difficile et coûteux. Le travail des
bois est malsain. De chaque côté de la crique travaillée s'é-
tend la forêt vierge. L'ouvrier malade ou mécontent devra
descendre, car ce n'est pas dans la région des placers qu'on
trouve des travaux préparatoires, des voies de communication, des terres défrichées, assainies ou immédiatement utilisables. L'ouvrier descendra à Cayenne pour remonter peu
à près, toujours comme ouvrier, sur un autre placer.

Une grande partie de l'or gagné dans les solitudes a pris,
à Cayenne comme en Californie et en Australie, le chemin
des restaurants et des débits, puis de l'Europe. Mais ce qui
a été fait en Australie et en Californie a été intelligent. Ce qui
a fondé la prospérité de ces contrées, c'est la manière dont
l'État a employé la contribution imposée à l'industrie aurifère aux dépenses d'intérêt général.

Une bonne partie des millions trouvés dans le pays fut
incorporée au sol sous forme de routes, de canaux, de
terrassements, de ports creusés, de défrichements opérés,
en un mot, de travaux préparatoires. Ces travaux préparatoires ont en même temps contribué à retenir comme
agriculteurs, sur le sol où ils venaient chercher les millions, les aventuriers cosmopolites. S'ils n'avaient trouvé
aucune facilité de travail, de communication et d'échange,
fussent-ils venus par millions, que ceux-là qui ne seraient
pas morts seraient repartis. Ceux surtout qui auraient réalisé les plus belles fortunes, car il est un fait d'expérience banale, c'est que l'homme riche n'aime pas les
solitudes, et que les millions conquis dans les déserts
émigrent généralement vers les grandes cités. En Australie,
en Californie les travaux préparatoires, les voies de communication rapides transformèrent en capitales les anciens
petits chefs-lieux. L'industrie aurifère se régularisa, se transforma, et bientôt les industries agricoles et pastorales réali-

sèrent des fortunes immenses, solides, nationales, auprès
desquelles les richesses des placers ne tardèrent pas à en
pâlir. Il aurait dû en être de même à la Guyane. Et aujourd'hui, si l'on veut faire quelque chose, il faut s'y mettre.
Seuls les travaux préparatoires largements conçus et rapidement exécutés, pourront faire rendre à l'industrie
aurifère tout ce dont elle est susceptible, en même temps
qu'ils prépareront la transformation de la gangue en exploitation agricole. Sans cela, les mines épuisées, on pourra
cosntater que les millions ont émigré, que les bras se sont
affaiblis et que la terre est appauvrie. Que l'on se souvienne des 40 milliards d'or et d'argent extraits des mines
de Potosi. L'Espagne ne dota point le Pérou des travaux
préparatoires. Les riches seigneurs métropolitains dépensèrent en folies ces trésors si facilement acquis. Ces caballeros n'avaient qu'un profond dédain pour les entreprises agricoles et industrielles. Qu'arriva-t-il? Tout travail
autre que celui de la mine disparut. Et au bout de deux
siècles, non seulement le Pérou était ruiné, dépeuplé,
mais l'Espagne l'était aussi par contre-coup.

Dans la Guyane française, le drainage s'est opéré et les
travaux préparatoires n'ont pas été accomplis. Ce qui
devait arriver, nous nous plaisons à le reconnaître, avait
depuis longtemps été prévu par quelques bons esprits.
M. le gouverneur Loubère écrivait, le 24 juillet 1871, à
la chambre d'agriculture, de commerce et d'industrie :
« Il n'y a aucune hérésie contre la doctrine économique
« à admettre que l'industrie aurifère peut, non pas pré-
« cisément *constituer* la prospérité d'un pays, là serait
« l'erreur, mais y *aider* puissamment, à la condition tou-
« tefois d'être *mise largement à contribution* pour les char-
« ges de la communauté. Autrement, profitable aux in-
« dividus, elle resterait stérile pour la colonie d'où elle

« retire des richesses qui ne se renouvellent pas annuelle-
« ment, comme celles de l'agriculture. Pour apprécier
« toute la différence qu'il y a au point de vue des intérêts
« généraux et de l'avenir du pays, entre l'industrie auri-
« fère et l'industrie agricole, il suffit d'un simple rappro-
« chement. En effet, les chercheurs d'or heureux peu-
« vent à un moment donné quitter la colonie, emportant
« avec eux tous leurs capitaux. — Que restera-t-il au
« pays? Des terrains criblés d'excavations irrégulières, dé-
« chiquetés, usés, hors de service, *une gangue vide*.

« Les agriculteurs, au contraire, sont obligés d'incor-
« porer à la terre pour la mettre en valeur des capitaux
« sous forme de déboisements, défrichements, desséche-
« ments, canaux, digues, chemins, plantations, bâtiments
« d'exploitation, etc.; et ces capitaux ainsi incorporés au
« sol lui donnent naturellement une plus-value considé-
« rable, que les agriculteurs en partant ne sauraient em-
« porter avec eux. Cette plus-value reste indissoluble-
« ment liée au pays, dont elle constitue la richesse fon-
« cière et le plus solide élément de prospérité. »

Notre situation actuelle est bien facile à définir :

L'agriculture n'a pas de bras. L'industrie est morte. Les
denrées de consommation, les matériaux de construction,
la main-d'œuvre sont à des prix excessifs. Seuls quelques
heureux qui ont trouvé des millions dans les criques, peuvent, en se réfugiant en France, se dérober aux difficultés de la vie économique du milieu. Nos deux ou trois
bouts de routes n'ont pas été allongés, l'intérieur n'est
pas plus connu qu'il y a cinquante ans, et c'est en pure
perte que l'administration du pays a dépensé, depuis longues années, des sommes assez fortes pour payer des géomètres du cadastre qui ne lui ont rien fourni. Si la topographie du pays n'existe pas, ses richesses de toutes sortes

sont tout aussi inconnues. Les filons aurifères des montagnes n'ont guère été étudiés, les autres gisements métalliques ne l'ont pas été du tout. Les communications par terre et par eau sont toujours aussi difficiles. Pas le moindre essai de canalisation, de desséchement, de défrichement. Le sol, abandonné à lui-même, est retourné d'une demi-appropriation à l'état sauvage.

Il est d'autant plus urgent de s'occuper aujourd'hui de notre Guyane, qu'elle est maintenant dans la seconde période de l'or, la période de la véritable industrie aurifère : l'industrie des quartz. Infiniment moins aléatoire, le quartz ne prodigue peut-être pas tout d'abord des fortunes immédiates, subites. Il demandera des capitaux, de la science, de la pratique, un personnel expert. Mais le quartz de la Guyane est riche, et les industriels qui en feront l'entreprise réaliseront de beaux bénéfices, malgré les difficultés des transports, des communications et du ravitaillement.

Les quartz aurifères de la Guyane passent pour nombreux et riches. (Les quartz seuls renferment réellement de l'or, les autres roches sont pauvres et ne renferment pas de filons.) Le quartz repose généralement sur une couche d'argile ou est légèrement enfoncé dans cette couche. Parfois l'or se montre à l'œil nu dans le quartz, le plus souvent il est imperceptible et le mercure seul peut le faire apparaître.

L'industrie des quartz n'a pas d'adversaires dans le pays. Car on voit dans ce travail une industrie véritable et non une espèce de jeu de hasard comme dans la fouille des alluvions. La reprise de l'agriculture favoriserait dans une certaine mesure ces opérations de grande industrie. Toute industrie positive est de bonne colonisation. Le peuplement, la mise en culture, l'utilisation d'un grand pays, la colonisation, en un mot, doit être une opéra-

tion scientifique et non une loterie. Pour les immigrants
métropolitains (ouvriers de grande industrie ou colons
cultivateurs) l'aisance doit mathématiquement être assurée
au bout de dix années de travail. L'industrie des quartz et
les industries agricoles procureraient ce résultat.

Les autres richesses minérales.

L'*Argent* n'est pas rare dans la Guyane française. Les gisements argentifères sont connus depuis longtemps. Ceux
de la Montagne-d'Argent, sur la rive gauche de l'Oyapock,
à l'embouchure du fleuve, ont été exploités par les Hollandais pendant leur occupation de la colonie, de 1652 à 1658.
Plus tard, en 1700, M. de Férolles tira de cette même
Montagne-d'Argent 29 quintaux de minerai qu'il envoya à
Paris. Ce minerai, fort riche, produisit 40 p. cent d'argent
pur. D'autres gisements existent sur les bords du Camopi,
affluent de gauche de l'Oyapock.

Les *Pierres précieuses* se trouvent dans le haut des rivières, vers la région des sources, au plateau des Tumuc-
Humac. En 1778, Jacquemin y découvrit des *topazes,* des
chalcédoines et des *grenats*. Lacondamine trouva des *jades*
au Cap de Nord. Le diamant doit exister aussi, car les terres
de Diamantina, du Rio-das-Velhas et du Cerro do Frio sont
identiques comme constitution géologique à celles de la
chaine centrale de Guyane. Ces recherches, il est vrai, sont
encore plus périlleuses et plus incertaines que celles des
pépites. Toutefois, par les énormes bénéfices qu'elles pro-
mettent, elles attireraient sans doute une foule d'aventuriers le jour où la Guyane française pourrait montrer des
champs aussi précieux que ceux de Kimberley ou du Griqua
Land East.

Le *Fer,* plus précieux que l'or, l'argent et le diamant,

est extrêmement répandu. Tout le sol de la Guyane est
ferrugineux. De la côte aux montagnes il n'est pas de canton où l'on ne trouve du fer. La roche appelée *roche à
ravet,* si commune dans le pays, est très riche en minerai.
Le fer gît souvent à fleur de terre. On l'a souvent essayé, et
toujours il a été trouvé riche. Celui des montagnes passe
pour être de qualité supérieure. Il serait aisé de construire
et d'entretenir des hauts fourneaux, l'argile étant à pied-
d'œuvre et le bois de chauffage remplissant les forêts.

La *Houille* a été trouvée aux environs de Cayenne, à
Roura, au Maroni. De plus, une grande partie des savanes
basses sont de véritables tourbières. La présence du fer et
de la houille, ces deux éléments primordiaux de toute richesse industrielle, assurerait à la contrée un magnifique
avenir, si, comme on le croit, la houille était aussi abondante que le fer.

Le *Plomb* et le *Cuivre* ont aussi été découverts, mais il est
bien difficile de dire si les gisements sont nombreux et importants.

La colonie a, dans la modeste industrie des granits, des
pierres, des grès et des terres argileuses, une ressource qui
n'est pas à dédaigner. D'après Patris, Mentelle et Crevaux,
les *granits* des hautes terres seraient magnifiques. On en
trouve aussi d'une véritable beauté dans les premiers
des cordons montagneux qui s'étagent entre la côte et
les Tumuc-Humac. Ces granits seraient précieux dans un
rayon où la pierre est assez rare.

Les *Pierres meulières,* les *Grès* abondent dans les altitudes moyennes et sont aussi beaux que ceux de Marajo-Sul.
Le *grès blanc* est commun. Le *sable blanc,* souvent chargé
de silex, est propre à la fabrication du verre. Ce sable
abonde dans certains quartiers.

La Guyane est par excellence la terre des *Argiles.* On y

montre toutes les variétés d'argile, des plus grossières aux
plus fines. La *terre à briques,* la *terre à poterie* sont extrêmement communes. C'est ce qui explique l'état relativement avancé de la céramique chez les Indiens. Leurs gar-
goulettes, leurs pots, la plupart des pièces de leur batterie
de cuisine sont façonnées avec l'argile qu'ils ont retirée
de quelque trou pratiqué à côté de leur carbet. Quelques-
unes de ces pièces sont d'un travail artistique assez remarquable. Le *kaolin* se trouve dans plusieurs endroits. Il
abonde dans certains quartiers.

Les *Sources thermales* se trouvent en assez grand nombre dans la colonie. On en a découvert plusieurs dans
l'Ile-de-Cayenne et même aux portes de la ville.

Toutefois, on ne saurait trop le répéter, il est dans l'ordre naturel des choses, dans l'ordre économique et dans
l'ordre historique, de débuter dans ces terres tropicales
vierges et plantureuses par les cultures alimentaires et
d'exportation, l'élève du bétail et l'exploitation des forêts.
Les entreprises industrielles demandant de gros capitaux,
des bras nombreux, une grande science professionnelle,
ne peuvent sans danger précéder les entreprises de petite
colonisation.

V.

NOMENCLATURE

DES RICHESSES FORESTIÈRES ET AGRICOLES DE LA GUYANE FRANCAISE.

Les produits forestiers.

PRODUITS FORESTIERS ALIMENTAIRES LIGNEUX.

PRINCIPAUX PRODUITS : Les *Palmiers*, le *Cacaoyer sylvestre*, l'*Arrow-root*, le *Touka*, les *Canari-macaque*, le *Balata*, le *Mombin* et la *Carambole*.

Le *Coupi*. — L'arbre rappelle le touka. Cabosses guère moins grosses, et amandes guère inférieures comme goût.

Le *Sapotillier de Pará* ou *sapotillier sauvage*. — Son fruit a l'aspect et le velouté de la pêche. La chair en est blanche et fade. Noyau trivalve.

Les *Pruniers*, *prunier coton*, *pruniers des anses* donnent des fruits fades, bien inférieurs aux prunes d'Europe.

Le *Conana sauvage* donne une espèce de coing.

Le *Jaune-d'œuf*. — Le fruit de cet arbre est une espèce de grosse prune dont l'aspect et le goût rappellent le jaune d'œuf.

Le *Courbaril*. — Sa gousse, grosse comme un boudin, renferme une amande appelée *Caca-chien*, qui fait les délices des enfants.

Le *Poirier sauvage* rappelle plutôt le néflier, et son fruit la nèfle.

Le *Figuier*. — Fruit médiocre.

Le *Chaouari*. — Son fruit rappelle l'amande.

Le *Moucaya*. — Amande gélatineuse.

Le *Jaquier*. — Espèce d'arbre à pain, à fruits plus délicats.

Le *Cammouri*.

PRODUITS FORESTIERS ALIMENTAIRES HERBACÉS.

PRINCIPAUX PRODUITS : *Ananas sauvage*, *Marie-tambour*, *Couzou*, *Oyampis*.

L'*Ambrette* ou *Calalou sauvage* se mange en salade. Rafraîchissant.

La *Mignonnette*. — Salade acide qui rappelle l'oseille. Employée aussi en tisane.

La *Groseille*. — Inférieure à celle d'Europe.

Le *Batoto*. — Groseille du pays. Médiocre.

PRODUITS FORESTIERS OLÉAGINEUX LIGNEUX.

PRODUITS PRINCIPAUX : L'*Aouara du pays*, le *Caumou*, le *Carapa*.

Le *Touka*. — Ses amandes donnent une excellente huile à manger. Cette huile est très recherchée au Pará.

Le *Conana*. — Son amande donne une huile supérieure pour la saponification. Comme toutes les huiles de palmier et plus encore que ses congénères, elle sèche rapidement et ferait merveille pour la peinture.

Le *Maripa*. — Outre son excellent chou comestible, fournit une bonne huile d'éclairage. C'est l'enveloppe de l'amande du maripa qui inspira, dit-on, à Humboldt, la réflexion bien connue sur la puissance de végétation dans la zone tropicale : « Dans nos climats, les cucur-« bitacés seules produisent dans l'espace de quelques « mois des fruits d'un volume extraordinaire ; mais ces

11

« fruits sont pulpeux et succulents. Entre les Tropiques,
« certains palmiers fournissent en moins de cinquante
« jours un péricarpe dont la partie ligneuse a un demi-
« pouce d'épaisseur, et que l'on a de la peine à scier
« avec les instruments les plus tranchants. Je ne vois
« rien de plus propre à faire admirer la puissance des
« forces organiques dans la zone équinoxiale. » Le beurre
de maripa, fait avec la pulpe du fruit, est des plus délicats; ce beurre est excellent dans la cuisine.

Le *Bâche* (ou *Latanier*, à l'Amazone : *Mirity*) pris parfois,
mais à tort, pour le palmier mauritius ou sagoutier d'Asie.
Peuple les marais et les terres mouillées, sa graine est
oléagineuse.

Le *Paripou*. — Graine oléagineuse.

Le *Pataoua*. — Un des plus gros palmiers. Donne une
des meilleures huiles à manger

Le *Pinot*. — Gracieux petit palmier à tige menue et
élancée. Rappelle l'aréquier. Graines oléagineuses.

Le *Sampa*. — Petit palmier genre pinot. Graines olé-
gineuses.

Le *Pékéa* ou *Arbre à beurre*. — L'amande, qui est excellente, donne une huile recherchée pour la parfumerie.
L'enveloppe de l'amande est une pulpe graisseuse rappelant le lard et dont on se sert pour la cuisine.

Le *Rondier*. — Fruit oléagineux.

Le *Tourlouri*.

Le *Moucaya*. — Gros palmier. L'enveloppe de son
amande est extrêmement dure et rappelle celle du maripa. L'amande est dure, presque ligneuse, bleuâtre, et
donne une huile à brûler qu'on emploie aussi dans la
cuisine.

Le *Coupi*. — Son fruit donne une huile qui vaut
celle d'amandes douces.

Le *Gayac*. — Dont la noix de tonkin, « amande ornée d'un nom chinois qui en augmente le prix, » donne une huile comestible excellente qui est recherchée en Angleterre pour la parfumerie.

L'*Acajou-pomme*. — L'huile extraite de son amande rappelle celle d'amandes douces. Des loges du péricarpe on tire un caustique violent.

Le *Guingui-amadou* ou *Muscadier à suif*. — Ses graines donnent une huile et une graisse précieuses pour la saponification.

Le *Savonnier*. — Ses graines donnent une huile à manger qui est excellente pour la saponification.

L'*Ungaravé*. — Palmier qui donne une bonne huile à manger.

Le *Zaguenette*. — Petit palmier de la grosseur de l'aouara. Amande oléagineuse.

Le *Macoupi*. — Palmier. Amande oléagineuse.

PRODUITS FORESTIERS OLÉAGINEUX HERBACÉS.

PRINCIPAL PRODUIT : Le *Ouabé*.

La *Potalie amère* fournit une très bonne huile d'éclairage.

La *Tapure*. — Excellente huile à brûler.

PRODUITS FORESTIERS MÉDICINAUX LIGNEUX.

PRODUITS PRINCIPAUX : Le *Copahu*, le *Sassafras*, le *Ricin*, le *Tamarinier*, le *Papayer*.

Le *Corossol sauvage*. — Fruits purgatifs.

L'*Aouara*. — Racine dépurative, employée en infusion contre les maladies vénériennes.

Le *Bois tisane*.

Le *Bois immortel* (*d'Immortelles?*). — Grand arbre dont

l'écorce et les feuilles sont employés en infusion contre les maladies de poitrine.

Le *Bois à enivrer le poisson*. — Employé à la pêche. Son nom indique son usage.

Le *Counami*. — Grand arbre. Ses feuilles sont employées à enivrer le poisson.

Le *Nicou*. — Mêmes propriétés.

Le *Sinapou*. — Mêmes propriétés.

Le *Bois long*.

Le *Bois boulet de canon* ou *Calebasse Colin*.

Le *Bois balle*. — Employé contre l'asthme. La racine du bois balle est un émétique violent.

Le *Mapa*. — Lait, gomme.

Le *Médecinier*. — Rafraîchissant.

L'*Arbre à suif* ou *Ouarachi*.

L'*Ouyacou*.

Le *Sipanaou*.

Le *Simarouba*. — Écorce et racine fébrifuges, purgatives et vomitives. Écorce souveraine dans les flux dysentériques. Très commun.

Le *Balata rouge*. — Feuilles et racines.

Le *Génipa*. — Racines.

Le *Mirobolan*. — Fruit.

Le *Gayac*. — Écorce et branches employées en tisane contre maladies vénériennes.

Le *Bois piquant*. — Succédané du quinquina.

Le *Coichi*. — Succédané du quinquina. Remplace le houblon dans la fabrication de la bière.

Le *Quassia amara*. — Succédané du quinquina, stomachique et fébrifuge.

L'*Ébène verte* et la *Bignonia copaïa*. — Fleurs, écorce et feuilles purgatives et sénitives. Employées contre coqueluche.

L'*Ébène vert soufré*. — Sève employée contre l'hydropisie.

Le *Sablier*. — Graines purgatives et vomitives.

L'*Aracouchini*. — Son baume guérit la lèpre. Remplace avec avantage l'huile de foie de morue.

Le *Goyavier*. — Écorce employée contre les maladies vénériennes et la diarrhée.

Le *Mélastome*. — Feuilles en infusion pour laver les ulcères.

Le *Palétuvier rouge*. — Son écorce est fébrifuge. Succédané du quinquina.

Le *Courbaril*. — Sa résine est employée contre les affections catarrhales.

Les *Maho*. — Leur sève et leurs feuilles en infusion sont employées contre la dysenterie et les coliques.

Le *Quinquina*. — Louis XVI pensionna le médecin Leblond pour chercher le quinquina dans les forêts de la Guyane. Leblond le chercha toute sa vie sans le trouver. Il rencontra le chêne et le gland, indices de la région tempérée où croît le quinquina sur le flanc des Cordillères. Simon Mentelle, dans son voyage de l'Oyapock au Maroni, trouva des succédanés, des plantes similaires, mais pas le quinquina. Auguste de Saint-Hilaire a rencontré cet arbre dans des régions du Brésil analogues à celles de la Guyane, à une très petite élévation au-dessus du niveau de la mer. Adam de Bauve a rencontré le quinquina dans le haut de l'Hienouari.

Le *Ouapa*. — Huile excellente pour cicatriser les écorchures.

Le *Counguérécou*. — Aphrodisiaque. Guérit les flueurs blanches.

Le *Carapa rouge*. — Écorces pour pian rouge.

Le *Mombin*. — Écorces pour hydropisie du genou.

Le *Coton rouge*. — Le jus des feuilles en injection guérit l'inflammation des amygdales.

PRODUITS FORESTIERS MÉDICINAUX HERBACÉS.

PRODUITS PRINCIPAUX : La *Salsepareille*, l'*Ipéca*.

La *Simili salsepareille*.

Le *Thé Guadeloupe*. — Pousse spontanément dans les bois. Feuilles, racines surtout, contre rémittentes bilieuses.

Le *Carmentin sauvage*. — Propriétés du carmentin franc. Thé excellent.

Le *Baume de savane* ou *Basilic du Pará*. — Mal d'estomac.

Le *Batoto*. — Feuilles fébrifuges.

La *Canne-Congo*. — Suc et racines : dépuratifs. Infusion de feuilles : rafraîchissant.

Le *Conani franc*. — Liane à enivrer le poisson.

Le *Conani de Pará*. — Rafraîchissant.

Le *Petit balai*. — Rafraîchissant.

L'*Herbe à échauffure* (*Salade soldat*). Rafraîchissant.

Le *Grand Baume* (*Baume rouge*). — Racine précieuse contre l'asthme.

Le *Raguet la fièvre*.

L'*Herbe aux brûlures*.

L'*Indigo sauvage*. — Bile, fièvre, inflammations.

Le *Pareira brava*. — Diurétique, foie, voies urinaires.

Le *Pois de sept ans*. — Feuilles employées contre brûlures, plaies. Le jus des feuilles pressé sur une taie en formation la fait disparaître.

Le *Pois à gratter*.

Le *Calalou sauvage* (*Ambrette*). — Rafraîchissant.

Le *Chiendent*.

Le *Raguet* (ou *Azier*) *inflammation*. — Tisane pour fortes fièvres.

La *Guimauve*.

Le *Coquelicot*. — Fleurs employées dans les maladies de poitrine.

Le *Bois chique*. — Dysenterie.

Les *Orties*. — Feuilles employées contre hémorragie.

Le *Petit panacoco*. — Feuilles employées contre asthme.

La *Verveine*. — Purgatif.

La *Liane ail*. — Fébrifuge, douleurs.

La *Liane amère*. — Contre-poison

La *Liane franche*. — En bains contre malingres.

La *Centaurée*. — Racines fébrifuges, vermifuges et stomachiques.

La *Potalie amère*. — Feuilles en infusion contre maladies vénériennes.

L'*Amourette*. — Feuilles purgatives.

Le *Basilic sauvage*. — Vulnéraire.

La *Cléome*. — Peut remplacer les cantharides pour faire les vésicatoires.

Le *Millepertuis*. — Suc résineux purgatif et fébrifuge.

Le *Pied de poule*. — En décoction calme les convulsions.

La *Psichotre violette*. — Écorce astringente.

La *Remire maritime*. — Diurétique et sudorifique.

La *Spermacoce*. — Employée contre maladies vénériennes.

La *Toyère bleue*. — Succédané de la gentiane.

Le *Guinguiamadou*. — Guérit esquinancies chancreuses.

La *Calebasse de terre*. — Liane courante. Gale.

Le *Carata*. — (Bois mèche.)

Le *Montjoly*. — Guérit enflures, dissipe douleurs, fortifie les nerfs.

Un *Jonc de marécage*, brûlé, en poudre, guérit les chancres.

Le *Cocochat*. — Employé contre douleurs.

Le *Pourpier-roches*. — Arrête les pertes de sang chez les femmes.

La *Crête-de-coq*. — Mêmes propriétés.

La *Liane molle*. — Contre douleurs.

Le *Raguet mulâtresse*. — Maux vénériens. Urines sanguinolentes.

Malnommé rouge. — Mêmes propriétés.

Le *Gingembre*. — Mêmes propriétés.

Le *Bois savon*. — Mêmes propriétés.

Le *Peigne macaque*. — Écorce contre douleurs rhumatismales.

Le *Gangouti*. — Racines employées contre le tétanos.

Le *Cotonnier*. — Racines.

La *Belle-de-nuit*. — Feuilles pour les entorses.

Les *Graines de tonnerre*. — Amande employée contre hémorroïdes.

Le *Manioc petit Louis*. — Feuilles contre-poison.

La *Poudre-aux-vers*. — Panari.

Le *Sureau*. — Fleurs contre érésipèle.

Les *Feuilles d'argent*. — Abcès.

Le *Petit balisier des savanes*. — Fleurs pour taies, cataractes.

Le *Mavévé gaulettes*. — Pian rouge.

Le *Mavévé*. — Ressemble au café. Pian rouge.

La *Citronnelle*. — Pian rouge. (Feuilles.)

Les *Pattes-d'araignée*. — Pian rouge.

Le *Baume céleste*. — Hydropisie du genou.

L'*Acaya*. — Feuilles pour maux d'oreilles.

Le *Raguet François*. — Maux de gorge.

Le *Petit jonc ciboulette*. — La petite noix qui est dans la terre employée contre hernies.

Le *Basilic de prairie*. — Fièvre jaune.

Les *Feuilles épaisses*. — Fièvre jaune.

Le *Ouadé-ouadé*. — Fièvre jaune.

Le *Petit baume blanc des savanes*. — Fièvre pernicieuse.

La *Raquette*. — Pleurésie.

La *Calebasse*. — Employée contre pleurésie.

Le *Pois d'Angole*. — Pleurésie. (Les feuilles.)

La *Canne à sucre*. — Pleurésie.

Le *Jasmin*. — Pleurésie. On emploie les feuilles.

Le *Vulnéraire*. — Pleurésie. (Les feuilles.)

L'*Herbe foin* ou *Herbe blé*. — Pleurésie.

Les *Feuilles d'encens*. — Hydropisie.

Le *Cent-pieds*. — Foie.

Le *Croc de chien noir*. — Feuilles et racine, foie.

Le *Raguet la rate* ou *Raguet foie*.

L'*Envers rouge*. — Blessures, piqûre de serpent, crises.

Le *Capillaire*. — Phtisie.

La *Groseille*. — Feuille contre phtisie.

Le *Cacacabrit (Mignonne)*. — Phtisie.

La *Crête d'Inde*. — Phtisie.

PRODUITS FORESTIERS RÉSINEUX (GOMMES, RÉSINES, BAUMES), TOUS LIGNEUX.

PRINCIPAUX PRODUITS : Le *Caoutchouc*, le *Balata franc*.

Le *Coumaté* donne un vernis indélébile. Il sert à peindre en noir cous et voiles au pays contesté.

Le *Courbaril* donne une résine jaunâtre, transparente, difficile à dissoudre, analogue à la gomme copale. Sert à la préparation d'un vernis appelé *ambre de Cayenne*. Cette résine distillée peut donner de l'huile. Utilisée par les Indiens en torches et·en huile à brûler.

Le *Mani*. — Sa résine, principalement celle des vieilles branches, est une espèce de brai employé par les Indiens à calfater les pirogues et à fixer le bois des flèches.

Le *Mapa* fournit par incision un suc laiteux analogue au caoutchouc. Au dix-huitième siècle on le confondait avec le fameux bois seringue.

Le *Ouapa*. — Huileux et résineux. Employé par les Indiens à faire des torches.

Le *Cèdre blanc et le Cèdre gris* donnent un suc balsamique résineux, blanchâtre, qui jaunit en se desséchant. Sans incision il se dépose sur l'écorce ou même tombe au pied de l'arbre.

Le *Grignon* possède une gomme mordante dont on est obligé de se débarrasser en faisant tremper l'arbre dans l'eau, si on veut utiliser le bois.

Le *Bois rouge tisane* et le *Bois rouge flambeau*. — Leur résine balsamique, appelée baume houmiri, est un vulnéraire qui peut être employé intérieurement comme le baume du Pérou. Remplace aussi la colophane.

Les *Fromagers* donnent par incision une gomme mordante.

Le *Thoa* donne une gomme transparente.

Le *Figuier indigène* donne une résine extensible analogue pour l'aspect à la gutta-percha.

Le *Mancenillier feuille laurier* donne par incision un suc laiteux analogue au caoutchouc.

L'*Arbre à pain*. — Son suc laiteux fournit une glu.

L'*Arbre à suif*. — Variété moins riche du guinguiamadou à suif. Les Indiens enfilaient les graines dans une baguette et en faisaient des chandelles qu'ils fichaient en terre.

Le *Copal*. — Entouré de feuilles de bananier donne une lumière magnifique sans aucune mauvaise odeur. C'était un des modes d'éclairage des Indiens.

L'*Acajou pomme* ou *Acajou savane* fournit par incision une gomme à peu près analogue à la gomme arabique. Ce

petit arbre est commun dans les savanes de la Guyane. Il
pourrait être une source de richesses. En effet, il se fait
tous les ans sur la côte de Guinée un commerce de plus
de 20 millions de francs de gomme arabique

Le *Yaya* (*Arbre à la vache*). — On peut tirer une gomme
de son lait qui est presque analogue à celui des animaux.

Le *Guinguiamadou à suif.* — Ses graines, qui ne sont que
cire, fournissent par ébullition une cire végétale analogue
à la cire des abeilles et dont les Indiens faisaient des chandelles. Ce cirier donne 25 kilogrammes de cire par an. Les
bougies faites avec cette cire donnent une belle lumière
et brûlent avec une odeur douce. Ces bougies sont d'une
belle couleur jaune clair; elles sont supérieures au suif et
ne sont guère inférieures aux bougies ordinaires. L'hectare
pourrait nourrir 140 ciriers et produire 3,500 kilogrammes
de cire. C'est l'*Ucuhuba* de l'Amazone.

Le *Palmier Carnaüba* détient à l'aisselle des feuilles une
cire que l'on fait tomber en secouant l'arbre. Commun
dans les savanes de Pará.

L'*Acacia* donne par incision une gomme analogue à la
colle des luthiers.

PRODUITS FORESTIERS AROMATIQUES LIGNEUX.

PRINCIPAUX PRODUITS : L'*Arbre à l'encens* et le *Bois de rose*.
Le *Gayac* donne la fève de Tonkin (1), qui, outre son
huile comestible, fournit une huile essentielle recherchée
en Angleterre pour la parfumerie.
Le *Bois rouge*. — Écorce aromatique.
Le *Bois gaulette*. — Écorce aromatique.

(1) Ou, plus exactement, tonka.

Le *Frangipanier*. — Écorce aromatique.
Le *Conguérécou*. — Écorce aromatique.
Tous les succédanés du thé.
Toutes les épices.

PRODUITS FORESTIERS AROMATIQUES HERBACÉS.

PRINCIPAUX PRODUITS : La *Vanille*, l'*Aloès*.
L'*Herbe camphre* fournit une espèce de camphre.
Le *Basilic sauvage* n'est pas rare dans les bois.
Le *Montjoly*.
Le *Grand baume*. — Parfum d'anis.
Le *Vétiver*. — Aromatique.
Les *Quatre-épices*. — Atteint parfois les dimensions et affecte les caractères d'un arbuste.
Le *Calalou diable*. — Parfum du musc.
Tous les succédanés du thé.
Toutes les épices.

PRODUITS FORESTIERS TINCTORIAUX LIGNEUX.

PRODUIT PRINCIPAL : Le *Génipa*.
Le *Bois de campêche* se trouve dans les hautes terres.
La *Bignone écarlate*. — Ses feuilles donnent une teinture carmin.
Le *Bois violet* donne une couleur pourpre.
Le *Mencoar*. — Ses copeaux bouillis donnent une teinture noire.
Le *Simira*. — Son écorce donne une teinture rouge vif.
Le *Bois rouge flambeau*. — Sa graine teint en rouge.
Le *Panapy*. — Pourpre.
Le *Tariri*.

PRODUITS FORESTIERS TINCTORIAUX HERBACÉS.

PRODUIT PRINCIPAL . *L'Indigo sauvage.*

Le *Lucée (Sumac).* — Ses feuilles et ses graines donnent une teinture noire.

La *Beslère.* — Racine et fruits teignent en violet.

Le *Balourou.* — Sa graine teint en pourpre.

TANNERIE.

PRINCIPAL PRODUIT : *L'écorce des Palétuviers.*

Le *Mora.* — Son cœur vaut le chêne pour la tannerie.

Le *Goyavier sauvage* ne donne pas de fruits mais son écorce est riche en tannin.

Le *Grignon.*

Il se trouve dans les savanes un arbre dont l'aspect est celui du *pommier,* et qui passe pour être extrêmement riche en tannin. Commun au Pranari.

PRODUITS FORESTIERS TEXTILES, LIGNEUX.

PRODUITS PRINCIPAUX : *Palmiers, Mahos, Fromagers, Aloès.*

Les *Arbres à pain,* devenus assez communs dans les terres de la côte depuis qu'ils ont été acclimatés. Leur écorce est textile.

La *Piaçaba.* — Palmier utilisé comme textile au Pará. On se sert de sa chevelure tressée pour faire des cordes à amarrer les navires.

Le *Bois macaque.* — Son écorce fournit un beau papier de luxe. Les Indiens feuillettent cette écorce, et avec les minces membranes qu'ils détachent enveloppent les feuilles de tabac qu'ils roulent en cigares. Les Tapouyas pratiquent encore cet usage.

L'*Oulemary* (*Couroumary* ou *Taouari*.) — Son écorce sert absolument aux mêmes usages que celle du bois macaque.

Le *Kéréré* et la *Bignone écarlate*. — Fibres textiles dont on fait des paniers, des chapeaux et des cordes.

Les *Canari-macaque*. — L'écorce des deux couratari qui produisent le canari-macaque se détache en épaisses lanières employées actuellement à divers usages, mais principalement à faire des paniers.

Le *Bambousier* donne un papier de luxe, aussi beau que celui de Chine.

L'*Ita*. — Palmier; ses fibres donnent un fil fin.

Le *Chiqui-chiqui*. — Palmier dont on fait des cordages plus légers que l'eau, extrêmement solides et ne pourrissant pas.

PRODUITS FORESTIERS TEXTILES, HERBACÉS.

PRODUITS PRINCIPAUX : *Balourou, Balisier Arrouman, Moucoumoucou, Pite*.

La *Ramie*. — Une variété sauvage existe dans les terres basses et marécageuses.

L'*Ananas sauvage*. — Assez commun dans la forêt. Fibres textiles.

Les *Agaves, Agave du Mexique, Vivipara*. — Excellents textiles.

Le *Curatelle* ou *Feuille à polir*. — Ses fibres sont textiles. De plus, ses feuilles, grosses et rugueuses, sont employées à polir le bois.

Le *Bananier-corde*. — Fibres textiles très recherchées.

Les *Lianes*. — Extrêmement nombreuses dans les forêts de la contrée, peuvent toutes être utilisées comme textiles ou dans la sparterie. Elles remplacent l'osier avec avantage. Leur tronc coupé, les lianes séparées du sol, vivent, comme on sait, des gaz aériens.

Liane franche. — La meilleure des lianes. Dure plus longtemps, disent les vieux ouvrages, que le clou qui l'attache. Donne les meilleures cordes.

Liane punaise. — La plus longue de toutes, a jusqu'à vingt mètres entre deux nœuds, et son développement total atteint plusieurs centaines de mètres. Elle grimpe au sommet des plus grands arbres, les enserrant comme un serpent, les étouffant sous sa végétation parasite jusqu'au moment où l'arbre, mort et pourri, craque et tombe.

Liane rouge (*Liane à eau, Liane du chasseur*) donne, quand on la coupe, une eau pure fort abondante; après macération, fournit d'excellentes cordes.

Liane carrée. — Après macération se partage en quatre parties que l'on tresse en grosses cordes.

Liane crape. — Grosse comme une ficelle.

Liane à cœur.

Liane mousse.

Liane Notre-Dame.

Liane guélingué.

Liane blanche.

Liane panier.

Liane seguine.

Liane plate.

Liane singe-rouge.

Liane ail.

Liane serpent.

Liane cent-pieds.

Les bois.

BOIS PRÉCIEUX DE COULEUR.

Les *Satinés* (4 *variétés*). — Les premiers bois de couleur.

Satiné rubané. — A fond bleu et luisant, rubané de rouge et jaune.

Satiné marbré (*bois de Férolles*) : du nom d'un gouverneur de la Guyane française qui, à la fin du dix-septième siècle, le découvrit dans sa propriété. A fond blanc parsemé de taches rouges et jaunes.

Satiné rouge. — A fond rouge veiné de jaune. Grand arbre touffu du plus magnifique aspect. Pesanteur d'un décimètre cube de bois sec : 0,877. Force de résistance : 275 kilogrammes.

Satiné gamet. — P. 0,849. F. 230.

Les *Lettres* (3 *variétés*). — P. 1,049. F. 340.

Lettre moucheté. — Le plus précieux des trois. A fond rougeâtre ou jaunâtre. Le cœur dur et luisant est moucheté de noir.

Lettre marbré.

Lettre à grandes feuilles (*Bourracourra*).

Les *Ébènes* (5 *variétés*) abondent dans les terres de moyenne altitude. P. 1,211.

Ébène rouge.

Ébène vert soufré, appelée *taigu* au Paraguay où elle abonde.

Le *Kéréré*.

La *Bignone écarlate*.

La *Bignonia copaïa*.

Les ébènes vertes (3 *variétés*) sont de qualité inférieure. On ne les classe pas parmi les bois de couleur.

Le *Panacoco*. — P. 1,181. F. 400. Les uns voient dans cet arbre une espèce d'ébène noire, les autres une espèce de bois de fer. Cet arbre magnifique est un des plus précieux de la contrée. Il est extrêmement dur et l'aubier en est aussi résistant que le cœur. Il émousse l'acier de la hache. Cette qualité, jointe à celle de son incorruptibilité, le ferait, grâce aux énormes dimensions qu'il affecte, rechercher pour la construction navale si on pouvait trouver moyen de le livrer à bas prix.

Le *Moutouchi*. — Jaunâtre et veiné de noir. Grandes dimensions comme le panacoco. Son écorce est rétractile; on en fait des bouchons qui valent presque ceux de liège.

Le *Hêtre*. — Grand arbre à bois rougeâtre qui ressemble au hêtre d'Europe.

Le *Bois serpent*. — A fond rougeâtre veiné de noir.

Le *Bagot*. — P. 0,875. F. 255.

Le *Boco*. — P. 1,208. F. 402.

Le *Maria congo*.

BOIS PRÉCIEUX ODORANTS.

Le *Rose femelle*. — On le confond souvent avec le sassafras. Renferme une odeur à peu près semblable à l'essence de rose et qu'on obtient par distillation. Les meubles de rose femelle conservent pendant fort longtemps le parfum primitif qu'ils communiquent au linge.

Le *Rose mâle*. — P. 1,108. F. 361. Son parfum est beaucoup moins pénétrant que celui du rose femelle. Le rose mâle est un grand arbre de construction navale et de charpente, fournissant des pièces de 20 mètres de longueur sur 1^{m}50 de diamètre.

Le *Bois tapiré*. — Sec, répand une odeur suave rappelant celle du rose femelle. Il est de couleur rouge-jonquille et cette couleur persiste assez longtemps.

Le *Conanarout*. — Odeur de noyau.

Le *Coumarouna*.

Le *Courimari*.

Le *Tarala*.

Le *Cèdre jaune*.

BOIS DE CONSTRUCTION NAVALE DE Ire QUALITÉ.

L'*Angélique*. P. 0,746. F. 215.

L'angélique est un grand arbre dans le tronc duquel les Indiens creusaient de préférence leurs canots. On l'utilise aujourd'hui pour la construction navale en quilles et en bordages, usages pour lesquels il est de beaucoup supérieur au chêne. On l'emploie aussi dans la charpente. Son bois grisâtre et filandreux ressemble au ouacapou.

Les *Balatas* (3 *variétés*).

Balata rouge ou *Balata de montagne*. P. 1,109. F. 353. Est le premier des trois balatas. Il a la tige droite et lisse jusqu'à 15 à 20 mètres de la terre, les branches ne poussant qu'à cette hauteur. La couleur rougeâtre du bois devient grisâtre à la longue. S'équarrit aisément. Les termites ne l'attaquent jamais. Employé à couvert dans la construction des maisons, est d'une durée incalculable. Dans la terre et dans l'eau, résiste fort longtemps. Toutes ces qualités en font un des premiers bois pour la construction navale. La finesse de son grain le fait rechercher pour les machines. On l'utilise aussi dans la charpente. On le rencontre principalement dans les terres hautes, sur le bord des criques.

Balata blanc ou *à gutta-percha*. P. 0,972. F. 247. Utilisé aussi dans la charpente et la construction navale; sa couleur d'abord rougeâtre pâlit à la longue. Inattaquable par les termites.

Balata indien ou *à grosse écorce*. Plus gros et plus haut que le balata blanc et le balata rouge. Bien qu'il soit un peu noueux et plein de sève, on l'utilise aussi dans la construction navale.

Le *Bois de fer*. P. 0,893. F. 382. Couleur brun-sombre. Inattaquable par les termites. Émousse l'acier. Très recherché aussi pour les machines

Le *Bois de Sainte-Lucie*. Grand arbre rare mais précieux, pouvant être employé aussi bien dans l'ébénisterie que dans la construction navale.

Les *Cèdres* (7 *variétés*). Les cèdres sont fort communs. Ce sont de très grands arbres, tous utilisables dans la construction navale. Poussent de la côte aux montagnes.

Cèdre noir. Le plus précieux des sept. Habite les hautes terres. Sa couleur brune n'est pas persistante. P. 1,648. F. 159.

Cèdre jaune. Qualités supérieures de durée et de résistance. P. 0,489. F. 224. Construction navale, mâture, bordages et aussi charpente.

Cèdre gris. P. 0,489.

Cèdre blanc. P. 0,381. F. 62.

Cèdre bagasse. P. 0,842. F. 226.

Cèdre franc. P. 0,510.

Cèdre rouge.

Le *Cœur-dehors*. P. 0,991. F. 283. Ainsi nommé parce qu'il n'a presque pas d'aubier. Fibres très serrées et nullement poreuses. Ce bois se conserve très longtemps dans la terre et dans l'eau, ce qui le fait rechercher pour la construction navale. Charronnage.

Les *Ébènes vertes* (*Green heart*), 3 *variétés*. P. 1,211. F. 481. En même temps qu'elles sont recherchées pour la

construction navale (principalement par les Anglais, qui les
mettent au-dessus de toutes les autres ébènes), les ébènes
vertes, incorruptibles, extrêmement résistantes, sont prisées
pour les traverses de chemin de fer et pour les machines.

Ébène vert-vert.

Ébène vert-gris.

Ébène vert-noir.

Le *Gayac*. P. 1,153. F. 385. Arbre gigantesque aux racines menues et jaunâtres, sortant de terre. A cause de
sa durée et de sa résistance, le gayac s'emploie aussi bien
pour les machines que pour la construction navale.

Le *Grignon franc*. P. 0, 714. F. 172. Un des ornements
des forêts de la contrée par sa taille et ses branchages. Très
répandu de la côte aux montagnes. Son bois très doux se
travaille aisément et les termites ne l'attaquent jamais.
L'ébénisterie le dispute à la construction navale. Planches
ayant jusqu'à deux mètres de largeur.

Le *Manguier*. P. 0,647. F. 120. L'arbre qui produit la
mangue, ce fruit exquis, l'un des meilleurs de la région tropicale, peut rivaliser par ses dimensions colossales avec tous les géants de la forêt. Ressemble au noyer.
Aussi propre à l'ébénisterie qu'à la construction navale.

Le *Mora*. Un des rois de la forêt. Fournit des billes de
50 mètres de longueur sur 2 mètres de côté. Hautes terres.

Le *Moureiller*. Émule du mora. A plus de 30 mètres de
tronc.

Le *Mouriri*. Grand arbre fort commun dans les moyens
bassins des rivières. Très droit, très haut.

Le *Ouacapou*. P. 0,900, F. 304. Bois incorruptible, inattaquable par les insectes. Aussi précieux pour la construction civile que pour la construction navale.

L'*Ourate*. Les branches ne poussent quelquefois qu'à

25 mètres de terre. Le tronc est droit et lisse. Bois blanc léger. Mâture. Recherché aussi pour la charpente.

Le *Parcouri*. P. 0,784. F. 177. Un des plus grands arbres de la contrée. On l'utilisa longtemps en parquets.

Le *Saint-Martin*. P. 0,912. F. 229. Bois colossal de couleur rougeâtre. Facile à travailler. Donne communément des billes de 2 mètres de côté sur 30 de long. Construction navale et traverses de chemin de fer.

Le *Sassafras*. P. 0,579. F. 156. Variété de rose femelle. Des plus recherchés pour la construction navale.

Le *Sipanaou* (ou *Préfontaine,* du nom du découvreur qui le rencontra à l'Approuague où il est toujours abondant). P. 0,827. F. 207. — Construction navale et ébénisterie.

Le *Taoub*. P. 0,850. — Le roi de la forêt. Dimensions colossales, plus de 50 mètres de haut.

BOIS DE CONSTRUCTION NAVALE DE 2ᶜ QUALITÉ.

Les *Bagasses* (2 *variétés*). — Les bagasses sont au nombre des arbres les plus hauts et les plus touffus du pays. Ils peuplent le bassin de l'Oyapock où ils vivent presque en famille. P. 0,745. F. 215. Les deux bagasses donnent communément des billes de 30 mètres de longueur sur 2 mètres d'équarrissage.

Bagasse des montagnes. — Lourd, facile à travailler, mais de peu de durée.

Bagasse des marais. — Plus léger, bien plus difficile à travailler, mais dure plus longtemps.

Le *Bois balle*. — Ainsi nommé de son fruit qui ressemble à un petit boulet.

Le *Bois cannelle*.

Le *Bois capucin* (*signor*). — Ressemble au balata, d'un grain aussi fin. Commun de l'Oyapock à l'Amazone.

Le *Bois duc*. — Grand arbre recherché pour les borda-ges.

Le *Bois gaulette*. — Ce bois, avec les jeunes branches et les jeunes tiges duquel on fait les gaulettes, est un très grand arbre quand il a atteint son développement complet. P. 1,196. F. 303.

Le *Bois macaque* (*Quatélé*, *Tococo*, *Zabucajo*). — P. 0,325. Grand arbre dont les singes préfèrent le fruit à tout autre. Bois léger.

Les *Bois rouges* (2 *variétés*).

Bois rouge flambeau. — Son nom lui vient de ce que son écorce qui contient une huile grasse est employée comme torche par les Indiens et les créoles des quartiers. Il atteint 20 mètres de hauteur sur 1 mètre d'équarrissage. Le cœur devient grisâtre de rouge qu'il était d'abord, à l'inverse de l'écorce qui primitivement grise devient rouge par la suite. P. 0,784, F. 355.

Bois rouge tisane. — Similaire.

Le *Bois violet*. — P. 0,721. F. 231. Grand arbre qui croît sur les bords des marécages, monté sur de puissants arca-bas. Sa couleur violet clair se ternit rapidement. Ébéniste-rie, charpente, aussi bien que construction navale.

Le *Contacitrain* (*Fente dure*). — Grand arbre dont le bois est très lié et difficile à fendre. On le recherche aussi pour la construction civile.

Le *Couaïe*. — Grand arbre, bois fort dur, mâture. P. 0,800.

Les *Couipo* (2 variétés) *rouge* et *blanc*. — On les appelle aussi *Cœur-de-roches* parce qu'on a prétendu qu'ils avaient le cœur rempli de petites pierres. Ils ont le grain du courbaril. Le rouge est le plus lourd et le plus résis-tant des deux. Mâture, bordages.

Le *Coumarou* (*Coumarouna*). — Grand et bel arbre au cœur dur, serré, pesant.

Le *Coupaya*. P. 0,374. F. 83. — Ressemble beaucoup au simarouba duquel on ne le distingue que par les racines, celles du simarouba sont jaunes et compactes, celles du coupaya sont brunes et filandreuses. Utilisé dans la construction navale et la charpente.

Les *Coupi* (2 *variétés*). P. 0,881. F. 216.

Le *Coupi franc* et le *Coupi* noir sont de grands arbres, droits, au bois lourd. Leurs branches fournissent des courbes, des étraves.

Le *Courbaril*. P. 0,904. F. 333. — Un des géants de la forêt. Bois dur incorruptible, d'un beau poli.

Le *Courimari*. — Grand arbre monté sur des arcabas gigantesques dont on tire des meubles.

Les *Fromagers* (2 variétés) : *A tige lisse, à tige épineuse.* — Les épines de ce dernier ne tiennent d'ailleurs qu'à l'écorce. Au nombre des meilleurs bois pour la construction navale.

Le *Génipa*. P. 0,421. — Très élevé, très gros, très droit.

Le *Lamincouard*. — Bois dur, incorruptible.

Le *Langoussi*. P. 0,900.

Les *Grands maho* (5 *variétés*).

Le *Maho taoub*. — Le plus grand des mahos, ressemble au taoub. Pièces de 25 mètres le long sur 2 mètres d'équarrissage.

Maho noir. P. 1,106. F. 275.

Maho rouge. P. 0,926. F. 262.

Maho de marécage.

Maho Couratari. P. 1,091, F. 249.

Le *Mani*. P. 0,714, F. 174. Mâture.

Le *Mélastome*. — Grand arbre monté sur des arcabas.

Les *Ouaïe* (2 *variétés*), le *rouge*, le *blanc*. — Le premier poussant sur les hauteurs et qui est supérieur, le second poussant dans les plaines et les pripris. Bois très résistant.

Les *Ouapa* (2 *variétés*). P. 0,930, F. 224.

Ouapa blanc ou *Bois sabre.*

Ouapa violet. — Bois lourd, incorruptible.

Le *Pékéa.* — Tige de 40 mètres, droite et effilée.

Le *Petite feuille.* — Grand arbre au tronc droit et lisse.

Le *Chaouari.* — Espèce de pékéa.

Bois communs.

L'*Acacia.* — N'atteint pas une grande hauteur. Bois fort prisé en ébénisterie.

Les *Acajous* (8 *variétés*). — Bois très communs dans la forêt. On les emploie dans le pays aux usages les plus vulgaires. Aux placers de la Guyane française on en fait les portes des carbets, des dalles, des manches d'outils. Ce sont d'excellents bois d'ébénisterie.

Les *Acajous à planches.* — P. 0,577. Fournissent des billes de 10 mètres de longueur sur $0^m,50$ de côté. On en fait principalement des meubles, car leur grain est fin, leurs fibres sont serrées, le bois a un poli et luisant et une odeur douce et agréable. On connaît 4 variétés d'acajous à planches :

1. L'*Acajou à planches rouge.*

2. L'*Acajou à planches marbré.*

3. L'*Acajou à planches jaune.*

4. L'*Acajou à planches blanc.*

5. L'*Acajou à pommes* ou *Acajou savane.* — Est tortueux, peu élevé, mais fort commun dans les savanes; son bois est utilisé en ébénisterie.

6. L'*Acajou pâle.*

7. L'*Acajou rouge.*

8. L'*Acajou de Sénégambie*. — Aujourd'hui parfaitement acclimaté. Est fort répandu.

L'*Amarante*.

L'*Arbre de Saint-Jean* ou *Bois blanc*. — Grand arbre de belle venue au tronc blanc et lisse, avec une seule touffe de feuilles au sommet. Bois léger, facile à travailler.

Le *Bambou*. — Bien qu'il n'atteigne pas les dimensions colossales qu'il affecte aux Indes et aux Antilles, il peut être utilisé en ustensiles divers.

Le *Cambrouze*. — Est une variété de bambou. C'est le bambou des côtes ; le vrai bambou pousse le long des rivières.

Le *Bois agouti*. — Ainsi nommé de l'animal qui recherche particulièrement sa graine, espèce de noisette. C'est un grand arbre mal fait, dont le bois, qui se conserve longtemps, est employé en meubles, machines, etc.

Le *Bois Benoît fin*. — Jaunâtre et veiné de rouge. Couleur peu persistante. Ébénisterie.

Le *Bois caca*. — Espèce de copahu. Doit son nom à l'odeur désagréable qu'il exhale quand on le coupe. Le bois, une fois bien sec, l'odeur disparaît, mais elle revient par les temps humides.

Le *Bois Crabe* a l'odeur de la cannelle et de la giroflée. Petit arbre. Ébénisterie.

Le *Bois di vin* (couleur de vin). — Couleur lie de vin, qui s'efface. Ebénisterie, charronnage, charpente. P. 1,140. F. 288.

Le *Bois lézard* ou *la Morue*. — Charpente, charronnage.

Le *Bois Lemoine*. — Semblable au bois lézard ; mêmes usages.

Le *Bois moussé*. — Grand arbre de belle venue au tronc lisse et droit. Bois mou et léger et pourtant de grande durée. Charpente.

Le *Bois noir*. P. o,83g. F. 15g. — Imite le bois de couleur.

Le *Bois pagaye*. P. o,800. F. 237. — C'est ce bois qu'on emploie d'ordinaire pour fabriquer les pagayes. Ressemble au bois macaque et au courimari. Arcabas extrêmement sonores. Frappés avec un bois dur produisent un son extraordinaire, s'entendant à 20 kilomètres comme un coup de canon.

Le *Bois puant* ressemble au bois caca ; mêmes usages.

Le *Bois sucré*. P. o,565. F. 16g. — Charpente.

Le *Bourgoumi*.

Le *Conguérécou*.

Les *Couratari* (5 *variétés*). P. 1,oo3. F. 32g. — Deux courataris donnent des amandes douces et trois des amandes amères. Les deux espèces qui donnent des amandes comestibles sont appelées canaris macaques, du nom de leur fruit de forme singulière, ressemblant à une marmite qui serait surmontée d'un couvercle adhérent par une charnière naturelle. Cette marmite renferme, soit des amandes, soit une sorte de confiture fort prisée des singes. Les cinq variétés de couratari sont utilisées dans la charpente.

Les *Carapa* (2 *variétés*). — Charpente, ébénisterie.

Carapa rouge. P. o,65g. F. 171.

Carapa blanc.

Le *Copahu*. — Bon bois de charpente:

Le *Cerisier* n'atteint pas les grandes proportions qu'affecte parfois le cerisier d'Europe. Ébénisterie.

Le *Chaouari*. P. o,820. F. 211. — Charronnage.

Le *Citronnier*. — Il en existe de plusieurs variétés à l'état sauvage. C'est un bois odorant, très dur, susceptible d'un poli magnifique. Ébénisterie.

Le *Conanarout*.

Le *Gagou*. — Grand arbre dans le genre du grignon, mais plus difficile à travailler. Son bois est de couleur grisâtre. On le met quelquefois dans la famille des cèdres.

Les *Grignons fous* (3 *variétés*.) — Charpente, meubles.

Grignon fou (*ouache-ouache*). P. 0,560.

Grignon fou franc. P. 0,677. F. 146.

Grignon fou rouge. P. 0,421. F. 116.

Les *Guinguiamadou* (2 *variétés*).

Guinguiamadou à gros fruits (*Muscadier sauvage*). — Charpente. P. 0,364. F. 73.

Guinguiamadou à suif.

L'*Ivoire végétal*. — L'arbre dont la graine est appelée ivoire végétal ou noix de corozo, est un palmier, espèce de bâche ou de tourloury, appelé au Brésil, où il est commun, *cabeça de negro*. Employé dans la bimbeloterie pour la confection des ouvrages pour lesquels on emploie les os d'animaux. Approuague et Oyapock.

Le *Jacquier*. — Variété d'arbre à pain.

Arbre à pain (2 *variétés*).

Arbre à pain igname.

Arbre à pain à graines. — Ébénisterie, charpente.

Le *Jaune d'œuf*. P. 0,946. F. 267. — Ainsi nommé de son fruit qui rappelle le jaune d'œuf. Planches, charpente.

L'*Immortelles*. P. 0,317. F. 32. — Planches.

Le *Petit maho*. — Ébénisterie.

Le *Manabo*. — Bois léger, facile à travailler; planches.

Les *Mapa* (2 *variétés*). P. 0,528. F. 159.

Mapa blanc.

Mapa rouge.

Rappellent les caoutchoutiers. Tronc lisse et dépourvu de branches. Planche, charpente.

Le *Mancoar*. P. 0,957. F. 283. — Menuiserie et charpente. Grand arbre dont le bois passe pour incorruptible dans la terre comme dans l'eau.

Le *Mirobolan.* — Grand arbre, charpente.

Le *Mombin.* — L'écorce a des nodosités dont on fait des poulies. Ces nodosités sont utilisables en bimbeloterie.

Le *Nattier.* — Ses petites branches fendues en quatre donnent le bois dont on fait les nattes.

L'*Oranger.* — Nombreuses variétés. Bois très dur, similaire du buis. Ébénisterie.

Le *Ouacapou quitain.* — P. 0,991. Ressemble plus aux ouapa qu'au ouacapou. N'est pas toujours droit, souvent creux. Charpente.

L'*Oulemary.* — Grand arbre à l'écorce épaisse, brune et feuilletée; planches.

Les *Palétuviers* (5 *variétés*). — Les palétuviers sont très communs sur la côte de la Guyane, où ils forment comme un épais rideau littoral. Ils ne sont pas rares non plus dans le Grand Bois, le long des rivières et dans les endroits humides. Construction civile, planches, charpente, mâture. Les palétuviers sont en outre les meilleurs des bois de chauffage.

Palétuvier rouge. — P. 1,017. F. 297. Côte.

Palétuvier blanc. — P. 0,768. F. 146. Côte.

Palétuvier soldat. — Côte.

Palétuvier montagne. — Intérieur.

Palétuvier grand bois (*Manglier*). — Intérieur.

Le *Palmiste.* — Le plus grand des palmiers de la Guyane. Orne une des places publiques de Cayenne. Lattes et piquets de cases.

Le *Pinot.* — Ce palmier est employé aussi dans la construction des cases.

Le *Sampa.* — Palmier ayant les mêmes usages que le pinot.

Le *Rondier*. — Palmier qui rappelle le moucaya. On en fait des piliers de pont. Incorruptibles dans l'eau. Les piliers des ponts du fleuve Sénégal sont généralement en rondier.

Le *Pataoua*. — A eu son moment de vogue. On le débitait en petites planches ou lattes pour l'ébénisterie parisienne, qui en faisait des parquets et des ouvrages de marqueterie.

Le *Sablier*. — Dont le fruit une fois sec éclate à une forte chaleur. Charpente.

Le *Simarouba*. — P. 0,403. F. 96. Charpente.

Le *Simira*. — Charpente.

Le *Tamarinier*. — Ébénisterie, charpente.

Le *Tarala*.

Le *Tourloury*.

L'*Yrtelle*. — Ressemble au manabo. Mêmes usages.

Les produits agricoles.

1. — PRODUITS AGRICOLES ALIMENTAIRES.

Les produits principaux sont : *Blé* et *Vigne* (rares), *Maïs, Mil, Manioc, Ignames* et *Patates, Tayove, Bananier, Riz, Sagoutier, Arbre à pain*.

Les produits secondaires sont : Les légumes et les fruits.

Les *Haricots* sont représentés par plusieurs variétés, et, bien qu'exotiques, réussissent mieux que dans leur pays d'origine. Ils remplissent moins bien la cosse, mais se développent plus vigoureusement. Au Brésil, les haricots rouges et blancs constituent la base de l'alimentation et sont le plat national (*os feijoes*). On distingue dans la

Guyane française les *pois de sept ans,* qui ne demandent pas sept ans, mais moins de deux ans pour porter des fruits. Le pied devient ligneux et rappelle les lianes. Le *pois chique* est bon au bout de deux mois. Les *haricots verts* .portent des fruits au bout de quinze jours, leur cosse est longue de 10 centimètres. Les *pois d'Angole* ne donnent leur fruit qu'au bout de six mois.

Les *Épinards* rappellent ceux de France.

Le *Calalou.* — Grand arbuste de deux mètres, dont le fruit en forme de capsule de pavot est fort rafraîchissant. Les créoles le mettent à toutes les sauces. Il constitue la base de leur plat national : le calalou.

La *Marie-Jeanne (Aubergine).* — Gros fruit noir en forme de poire pendant au pied d'un petit arbrisseau.

Toutes les *salades* sont acclimatées, même la salade des champs (salade. soldat), dont plusieurs variétés sont indigènes. Le *pourpier* est abondant.

Choux, Raves, Navets, Radis, Ciboule, Persil sont naturalisés et produisent en abondance. La culture maraîchère serait la source d'importants revenus.

Les *Concombres.* — Dont quelques-uns affectent des dimensions énormes. Les *Giraumonts, Potirons, Citrouilles, Courges* atteignent des proportions colossales.

Les *Melons* ne sont aucunement inférieurs à ceux d'Europe, pas plus que les pastèques ou melons d'eau. Un exemple frappant de ce que fait de la Guyane française le manque de communications : Kourou est à 44 kilomètres de Cayenne. Le même melon qui se vend 75 centimes à Kourou se vend 10 francs à Cayenne.

On connaît plusieurs variétés de *Piments* : le *piment bouc,* le plus fort de tous, les *piments cerises, café, cacarat, poivron, dur, doux.* C'est avec les plus forts de ces piments que les Anglais font leur poivre de Cayenne.

Les *Artichauts,* qui ne donnent que des feuilles dans les terres basses, réussiraient peut-être dans les hautes.

On croit généralement la région tropicale plus riche en *fruits* que la région tempérée; c'est une erreur. Pour être bons, les fruits demandent une longue culture qu'ils n'ont pas encore reçue dans les régions torrides. La Guyane française ne possède guère qu'une douzaine de fruits aussi bons que ceux d'Europe, les autres sont bien inférieurs.

La *Mangue* avec ses 25 ou 30 variétés, quelques-unes bien médiocres, d'autres véritablement exquises.

La *Sapotille,* qui rappelle un peu la pêche.

L'*Ananas,* dont l'éloge n'est plus à faire.

L'*Avocat,* dont la variété jaune est peut-être le meilleur fruit de la contrée. Ses chairs fondantes rappellent à la fois le sorbet et l'amande verte. La variété rouge est inférieure.

La *Barbadine,* qui vient grosse comme un melon. C'est la variété cultivée de la marie-tambour et du couzou. Noyau granulé verdâtre. Dans le vin, remplace la fraise. On fait avec la pulpe de la barbadine d'excellentes confitures.

La *Pomme cannelle,* dont la chair adhérente aux noyaux intérieurs est vraiment délicieuse.

Le *Corossol.* — Son fruit rappelle la pomme cannelle.

La *Pomme Cythère.* — Fort agréable au goût. Outre ses propriétés toniques, parfume la bouche et fortifie les gencives.

Les *Oranges* comptent plusieurs variétés généralement médiocres, mais quelques-unes valent les oranges de Portugal et d'Algérie. On ne soigne pas assez les orangers.

Les *Cerises* comptent une quinzaine de variétés. Le noyau

trilobé est de consistance de liège. Inférieures à celles d'Europe. On en fait d'assez bonnes confitures.

L'*Abricot du pays*, beaucoup plus gros que celui d'Europe, mais de qualité inférieure. Lui ressemblant d'ailleurs fort peu.

Les *Goyaves*. — Quelques variétés sont âcres quand elles sont vertes, et pleines de vers quand elles sont mûres. Cela provient surtout du manque de culture. Toutes les goyaves font de bonnes confitures.

Les *Prunes coton* et les *Prunes des anses*. —Fort médiocres.

Le *Mombin*. — Les prunes du mombin sont les meilleures de la contrée.

La *Pomme rosat*, jolie, parfumée, doit son nom à son odeur de rose. Peu de saveur. La *pomme rosat blanche* est beaucoup plus savoureuse.

Les *Citrons*, extrêmement communs. On en fait des conserves recherchées aux États-Unis. On exporte surtout les fruits.

Les *Limons*.

Les *Letchis* ne sont pas rares.

Les *Mangoustans*. — Jardin de Baduel. Sont de mauvaise qualité.

Le *Caïmite*. — Grand arbre dont le fruit a la forme et la grosseur d'une orange, mais au goût beaucoup plus fade.

Le *Poirier* porte un fruit rappelant plutôt les nèfles.

Le *Grenadier* acclimaté, mais rare.

Le *Figuier* prospère, mais peu répandu.

Les *Pistaches* (*arachides*) communes.

L'*Oseille de Guinée*. — On en fait des confitures, des sirops.

On tire des liqueurs, des vins et alcools, de l'igname, de la patate, des bananes, du corossol, de l'ananas (son vin est excellent), de l'orange, du citron, de l'acajou. Avec la pomme d'acajou on fabrique au Brésil un vin qui rappelle l'Alicante, et qui ne lui est pas inférieur, assurent les Brésiliens. L'alcool tiré de la pomme d'acajou est de bonne qualité. L'amande de l'acajou-pomme, cette amande dont l'enveloppe fournit par la pression un caustique si violent, n'est pas inférieure à celle de Provence. L'industrie des vins créoles est complètement délaissée.

Il en est de même de la fabrication des *limonades* que l'on tirait de la plupart des fruits de la contrée.

On voit qu'avec toutes ces ressources, il sera difficile au colon d'éprouver jamais la famine, pour peu qu'il se livre au travail. Mais une fois qu'il aura réuni dans quelques hectares de terres transformées en jardins potagers et en vergers les plantes alimentaires et les arbres fruitiers de la contrée, le colon, s'il n'est pas complètement absorbé par l'industrie forestière ou l'industrie pastorale, devra se livrer aux cultures qui l'enrichiront. Il déterminera son choix d'après les bras et les capitaux dont il pourra disposer.

2. — PRODUITS AGRICOLES OLÉAGINEUX.

PRODUITS PRINCIPAUX : *Cocotier, Aouara pays nègre, Aréquier, Noyer de Bancoule, Arachides.*

Le *Sésame* ou *Ouangue*. — Acclimaté.

Le *Coton.* — Ses graines donnent une huile employée pour la savonnerie et l'éclairage.

3. — PRODUITS AGRICOLES MÉDICINAUX.

PRINCIPAL PRODUIT : Le *Thé.*

On peut cultiver dans la colonie plusieurs succédanés du thé. Le *Corossol,* qui est un calmant, croît à l'état sauvage, mais gagne à être cultivé ; le *thé Guadeloupe,* qui pousse aussi à l'état sauvage, mais que l'on cultive dans les jardins ; le

13

(*Diapana* ou la *Yapana*), la *Citronnelle*, le *Carmentin*, qui sont les véritables thés de la Guyane. Si ces feuilles étaient préparées, elles ne seraient guère inférieures au thé de Chine.

Le *Quinquina* pourrait être cultivé dans les terres hautes, où on a désespéré de le trouver. (De Beauve et Ferret affirment l'avoir trouvé dans le haut bassin de l'Oyapock (Miripi, Io, Tamande).

La *Réglisse* remplace imparfaitement celle d'Europe. On fait des colliers avec ses graines comme avec celles du ouabé, du grand et du petit panacoco.

Le *Calalou*. — Feuilles rafraîchissantes. Sa feuille remplace la graine de lin pour cataplasmes et autres usages.

Le *Frangipanier*. — Arbuste grand comme un calebassier. Ses fleurs sont employées avec celles du *Coquelicot* pour la poitrine.

Le *Citronnier*. — Feuilles contre le tétanos.

L'*Oranger*. — Ses feuilles sont un calmant.

Le *Vétiver*. — Racines emménagogues.

L'*Avocatier*. — Feuilles antidysentériques.

La *Crête-de-coq*. — Ses fleurs infusées arrêtent les pertes de sang chez les femmes.

L'*Aloès*. — On tire de ses feuilles une résine purgative très amère.

Le *Giroflier*. — Feuilles contre engorgement de la rate.

L'*Oseille de Guinée*. — On tire de ses feuilles et de son fruit un sirop rafraîchissant.

La *Tomate*. — Jus contre ulcères, chancres.

Le *Cotonnier*. — Racines contre tétanos.

Le *Corossolier*. — Racines contre tétanos.

Le *Poivre de Guinée*. — Tétanos.

4. — PRODUITS AGRICOLES RÉSINEUX.

(Voir les produits forestiers résineux.)

5. — PRODUITS AGRICOLES AROMATIQUES.

PRODUIT PRINCIPAL : La *Vanille*.

Le *Vétiver*. — Très bien acclimaté. Employé en bordures de jardins. Sa racine odorante parfume le linge et a la réputation d'écarter les insectes.

Le *Bétel*. — Originaire de l'Orient, est acclimaté.

6. — PRODUITS AGRICOLES TINCTORIAUX.

(Voir, livre III, Principaux produits : *Roucou*, *Indigo*, *Nopal*.)

7. — PRODUITS AGRICOLES TEXTILES.

PRINCIPAUX PRODUITS : Le *Coton*, la *Soie*.

Le *Cocotier*, dont les fibres de la noix constituent un textile précieux.

L'*Ananas*. — Fibres textiles.

La *Pite* ressemble à l'ananas ; on la cultivait autrefois en Espagne pour en faire de la dentelle.

L'*Aloès*.

La *Ramie* vient admirablement. Plusieurs essais sérieux ont été faits avec succès. Donne jusqu'à 4 coupes par an dans les bonnes terres.

Les *Arbres à pain*. — Écorce textile.

Le *Voukoa* (*Pandanus*). — Palmier importé de la Réunion, où on utilise ses fibres pour la confection de grosses toiles et de gros sacs. Parfaitement acclimaté.

L'*Abaka*. — Originaire de l'Inde. Bien acclimaté. On en

fait des hamacs, des moustiquaires, des rideaux de fenêtre, des robes dites d'écorce.

Le *Bananier*. — Son tronc et ses branches contiennent 25 parties de fil et 75 parties d'eau p. cent. Cette partie fibreuse peut s'employer, soit comme textile, soit pour la fabrication du papier.

La *Canne à sucre*. — La partie corticale donne une bonne pâte à papier.

8. — *Café, Cacao, Tabac, Épices, Canne à sucre.*

(Voir, livre III, les Productions agricoles.)

CHAPITRE III.

LE COLLÈGE DE CAYENNE.

—————

> Une colonie a besoin, à l'origine, d'une grande
> liberté d'allures. La plus chimérique de toutes
> les prétentions, c'est de fonder une société
> vieille dans une contrée neuve.
>
> Paul LEROY-BEAULIEU.

La colonie, en créant récemment un collège, a donné une preuve de son amour du progrès. L'institution a été largement dotée, et depuis cinq ans nous attendons les résultats. Ils ont été nuls, chacun le constate avec regret. La mise à flot, tous les deux ou trois ans, d'un maître d'école à peine possible ne saurait entrer en ligne de compte. Le collège n'a encore été d'aucune utilité à la colonie, et il n'est pas prouvé qu'il remplace avec beaucoup d'avantage l'institution pourtant bien moins dispendieuse des frères de Ploërmel. C'est donc pour des résultats négatifs que le pays a consenti un budget de 100,000 francs par an.

Les créateurs étaient pleins de bonne volonté, mais la science et l'expérience étaient également étrangères à la plupart d'entre eux. Ils ont voulu un collège parce que, dans leur esprit, collège signifiait vaguement instruction, amélioration, progrès, démocratie, et plutôt par intuition que par raisonnement, sans savoir au juste ce qu'on pouvait, ce qu'on voulait en faire, le collège a été fondé. Un peu de réflexion n'eût pas été inutile en ce moment, car il y a collège et collège. Pour ne citer qu'un exemple, il y a de la marge entre l'humble collège communal et le très illustre Collège de France. Mais on dédaigna ces subtilités. Les écoles sont bien portées dans une société républicaine. Eh bien! pensa-t-on, nous aurons la nôtre. La main du hasard plus ou moins heureuse traça programmes et méthodes, et indiqua par à peu près un but encore mal défini; la main du hasard encore amena en Guyane un personnel quelconque pris dans les rangs du corps universitaire. N'importe, l'enseigne était sur le mur et dès qu'on vit l'étiquette on se déclara satisfait.

Pour nous, plus ambitieux, nous voulons que le collège rende de grands services à la colonie. Nous savons qu'il peut être un des principaux instruments de la rénovation du pays; nous savons qu'il peut donner des résultats immédiatement appréciables, et qu'il peut être le facteur de progrès durables, sérieux et décisifs. Pour cela, il faut qu'il change complètement de caractère.

Nous nous félicitons du bon concours du Ministère et de l'empressement de l'Université, mais nous regrettons que l'ancien Conseil général n'ait pas mieux compris les intérêts de la colonie et le parti réel qu'il y a à tirer pour elle de la création d'un collège. Nous n'avons pas besoin d'une succursale mesquine, ridicule et contrefaite des lycées métropolitains. Si l'enseignement classique et traditionnel est nécessaire à quelques-uns de nos enfants, nous enverrons ceux-là en France. Notre collège réclame un enseignement particulier. Le collège de la colonie doit avoir un enseignement approprié aux besoins de la colonie. Pourquoi suivrions-nous toujours pas à pas, imitateurs maladroits et timides, les errements du passé? C'est à nous à nous rendre un compte exact de nos besoins et de nos ressources. Peut-être que si nous avions une bonne fois le courage d'un peu d'initiative, cette période trois fois séculaire d'essais fantastiques, de tâtonnements hébétés, d'expériences absurdes et de désastres lamentables qu'a si péniblement traversée la Guyane, ferait place à la période du succès.

Quelle est l'organisation intime du collège d'aujourd'hui? Ou plutôt cette organisation existe-t-elle? A diverses reprises et pendant quelques mois, quelques semaines consécutives, le collège a été d'enseignement mixte et d'enseignement spécial, selon la fantaisie de l'homme influent du jour. En somme, il n'a jamais été qu'un collège d'enseignement élémentaire. Les élèves le quittent avec des connaissances élémentaires incomplètes, connaissances qui n'ont été dirigées vers aucune application pratique. Pourquoi donc avoir remplacé les frères de Ploërmel? Voici : le but entrevu, la pensée choyée, caressée, était de préparer, par les procédés universitaires les plus rapides, le plus grand nombre possible des bacheliers ès lettres. Que la Guyane aurait été glorieuse le jour où elle aurait pu se vanter d'être le pays du monde fournissant en proportion le plus grand nombre de jeunes philosophes! Les créateurs n'avaient-ils pas fait la commande de trois ou quatre licenciés ès grec et latin! Mais, hélas! ces superbes espérances ne devaient pas se réaliser. Nous ne dépensons 100,000 francs par an que pour échouer, de temps à autre, deux ou trois pauvres jeunes gens sur la route incertaine d'un baccalauréat problématique et lointain. Ces bacheliers fort aléatoires nous reviendront peut-être un jour comme avocats, magistrats, officiers. Mais, nous le demandons à tous, quel besoin a de légistes et de héros ce pays riche et désert qu'il faut défricher et peupler? Préparons des hommes pour la colonisasion, et n'ayons jamais crainte de manquer de Saint-Cyriens et de licenciés en droit.

Sans paraphraser l'immortel Bastiat et écrire une diatribe

sur *Baccalauréat* et *Colonisation*, nous pouvons insister sur ce point : à quoi serviront au relèvement de ce pays des jeunes gens pleins de vieilles. idées, de beaux parleurs dénués de sens pratique, de graves diplômés suffisants et incapables, élite prétentieuse et impuissante, sortie dûment estampillée de quelque vieille fabrique métropolitaine? Quoi! au moment où les privilèges du diplôme tombent en France sous les huées des hommes d'esprit nous n'aurions dans ce pays, où il y a tout à oser, d'autre but en instruisant nos enfants que de les préparer à un diplôme de latin et de grec? Le collège doit-il préparer des colons experts, des arpenteurs, des ingénieurs, des agronomes, des mécaniciens, des forestiers, des comptables, des commerçants, des éleveurs, ou bien des mandarins? Et où la science de l'utilisation de la Guyane française pourrait-elle s'apprendre mieux qu'au collège de la Guyane française?.....

Vraiment, ce collège ne semble avoir été créé que pour l'agrément particulier de l'aristocratie locale. Menant les jeunes héritiers jusqu'en 4ᵉ ou en 3ᵉ, cet établissement aurait permis aux bonnes familles de faire de leurs aînés et de leurs cadets, avec commodité et économie, de graves gens de robe ou de nobles gens d'épée; à quelques rares privilégiés sortis du peuple et suffisamment soutenus et protégés par les grands du jour, de suivre les carrières dites libérales. Quant aux malheureux qui n'auraient pas pu aller terminer leurs études en France, nos bureaux déjà si encombrés de petits fonctionnaires parasites auraient été pour eux un refuge assuré. Cet enseignement qui ne prépare guère qu'au fonctionnarisme est vivement discuté et combattu dans la Métropole : ici, nous devons le repousser.

Ce ne sont pas des fonctionnaires que nous demandons, mais des colons, des colons intelligents, des colons habiles, des hommes aussi experts que possible dans la

science et dans l'art de la colonisation. Pour avoir de
tels hommes, il nous faut les former sur place. Les universitaires, ceux de la vieille école surtout, ne sont pas
rares sur le marché métropolitain, mais les spécialistes
que nous demandons y sont hors de prix. Le collège de
la colonie, une fois organisé, devra préparer *de la colonie pour la colonie*. La Guyane française a besoin de
ses enfants. Ce ne sera pas pour les envoyer parader sur
les Transatlantiques avec un galon quelconque, qu'elle
consacrera 100,000 francs par an à leur instruction.

Si nous étions des pacotilleurs, des traitants bataillant
jour et nuit pour la fortune sur quelque côte inhospita-
lière, nous serions excusables de vouloir arracher nos
enfants à cette vie de luttes et de dangers, en rêvant
pour eux les carrières libérales et les fonctions rétribuées.
Mais nous sommes créoles. Ayons le courage de ne pas
rougir de notre pays; ayons confiance dans les destinées
de cette terre. Pourquoi pousser nos enfants en masse
dans la voie du fonctionnarisme? C'est là une espèce de
désertion. Que nos enfants consacrent au contraire tout ce
qu'ils ont de force et d'ardeur au relèvement de notre
Guyane. Qu'ils placent le pays au rang qu'il mérite d'occuper.

Le collège colonial doit nous préparer, nous fournir les
nombreux spécialistes dont nous avons besoin : des ingénieurs et des conducteurs des ponts et chaussées, des
agents voyers, des contre-maîtres, des ouvriers d'arts
pour nos routes, nos canaux, nos ponts, nos ports, nos
digues; des arpenteurs, des géomètres, des ingénieurs géographes pour le mesurage de nos terres et l'établissement
de la topographie coloniale; des agronomes pour conduire de grandes exploitations agricoles; d'habiles mécaniciens pour diriger des usines; des vétérinaires pour

le bétail de nos magnifiques savanes; des jeunes gens
habitués aux langues et aux pratiques du commerce;
des économistes au courant des questions de crédit, d'as-
sociation, d'assurance, et aptes à gérer de grandes entreprises; des mineurs pour étudier et exploiter les trésors
minéraux que renferme notre sol; des hydrographes et des
marins, car un peuple qui a des côtes sur l'Amazone et la
grande mer, dans la partie la plus centrale de l'Atlantique,
ne peut manquer d'avoir des destinées maritimes.

Ces besoins n'existent pas tous à l'époque actuelle, il
s'en faut, mais ils se révéleront, s'accentueront et s'af-
firmeront successivement, et successivement le collège
colonial sera chargé d'y donner satisfaction. Nous ne pen-
sons pas, cela va sans dire, installer du jour au lendemain l'École centrale et l'École polytechnique à Cayenne.
Mais la colonie a des besoins immédiats se rapportant à
la viabilité, à l'aménagement et à l'appropriation des
terres, aux industries agricoles en général : le collège
colonial doit préparer et fournir les spécialistes requis.
De longtemps l'institution locale ne pourra voler de son
propre vol, mais au fur et à mesure des besoins et selon
leur nature, elle enverra les meilleurs de ses élèves dans
les grandes écoles scientifiques et pratiques de la Métropole. Douze ou quinze de ces écoles, qui sont d'ailleurs au premier rang, n'exigent pas de l'impétrant la
sacro-sainte garantie du diplôme universitaire.

Le collège colonial fortement organisé pourrait faire
entrer directement ses élèves dans ces écoles supérieures.
Deux seulement, l'École polytechnique et l'École forestière exigent le baccalauréat ès sciences, titre qui, tant
qu'il subsistera, ne coûterait que quelques mois de travail aux élèves qui auraient suivi les cours, cours consciencieusement scientifiques du collège colonial. Bien

qu'il ne sorte guère de ces deux écoles que des fonctionnaires, la colonie pourrait avantageusement les utiliser
chez elle. Aucune des autres écoles spéciales ne demande
le diplôme universitaire. Ce sont : l'École centrale, d'où
les élèves sortent ingénieurs; l'École des ponts et chaussées, dont ils suivront les cours comme externes pour
devenir sous-ingénieurs ou conducteurs; l'École des mines
et les Écoles de mineurs, dont les ingénieurs et les con-
tremaîtres auront tant à découvrir et à exploiter dans
notre sol guyanais; l'École des hautes études, qui ouvrira
à nos élèves les amphithéâtres et les laboratoires du Collège de France, de la Sorbonne et du Muséum, pour
les applications des sciences physiques, chimiques et naturelles; l'École des hautes études commerciales et l'É-
cole supérieure du commerce, qui les initieront à la
pratique des affaires et les mettront en relation avec le
monde du grand commerce; l'Institut agronomique, où
ils apprendront la haute science agricole qui fait tant
défaut aux colonies; les Écoles d'agriculture, qui leur
enseigneront les bonnes pratiques agronomiques; les
Écoles d'arts et métiers, dont les élèves, praticiens habiles, ingénieurs experts, ne seront jamais trop nombreux dans la colonie; les Écoles vétérinaires, auxquelles
nous devrons demander quelques sujets quand nos savanes
seront peuplées; les Écoles d'hydrographie, qui nous
feront des marins; l'École d'irrigation et de drainage et
l'École d'horticulture, qui, dans leurs sphères, rendront
des services non moins importants.

L'idéal de la Métropole n'est plus de former des bacheliers ès lettres, pourquoi celui de notre colonie, la
plus vaste et la plus belle de toutes celles que la France
ait à peupler, ne serait-il pas de former des ingénieurs?
Dans un pays neuf, le titre d'ingénieur, ingénieur civil,

ingénieur des arts et manufactures, ingénieur des mines, ingénieur agricole, doit être placé au premier rang dans l'estime publique.

Tous nos élèves ne passeront sans doute pas par les grandes écoles, tous ne seront pas ingénieurs, mais tous auront une instruction professionnelle pratique, immédiatement utilisable dans le mouvement économique local. Tous auront des notions exactes et précises des ressources de leur pays et des moyens de les mettre en œuvre, de ses besoins et de ce qu'il faut pour y satisfaire. Tous auront l'esprit positif, véridique, exempt de ce dogmatisme et de ces lubies dont le vieil enseignement farcit trop souvent la tête des jeunes philosophes.

Nous savons qu'il est impossible de créer subitement, ou même dans l'espace de quelques années, le collège colonial tel que nous le voyons dans l'avenir. Mais nous demandons qu'on en jette immédiatement les bases. Une ère de rénovation s'ouvrira pour la colonie. Il faut qu'un collège bien monté, établi d'après un plan bien conçu, un collège qui s'accroîtra et se complétera au fur et à mesure des besoins, vienne seconder et précipiter le mouvement général du progrès.

Quel sera cet enseignement qui nous préparera des hommes pratiques, n'ayant pas les yeux ouverts seulement sur les beautés de deux antiquités, mais sur la Guyane française, sur ses richesses et sur son avenir? Des hommes ignorant, si vous le voulez, les déclinaisons latines, mais connaissant à fond l'économie de leur pays et celle des régions similaires; des hommes capables de mener à bonne fin les grandes entreprises rénovatrices, capables de se mettre à la grande œuvre et de féconder le désert? Quel sera cet enseignement qui consistera principalement à étudier les intérêts coloniaux, qui ne s'a-

charnera pas à tailler nos jeunes créoles de l'Équateur
sur le patron métropolitain, qui nous formera les hommes
capables de faire honneur au pays, non pas dans des
luttes stériles de la chicane ou sur les champs de bataille
de l'Europe, mais dans la lutte du génie humain contre
les résistances de la nature et les nuisances du désert?
Enseignement qui ne visera pas à nous préparer des individualités plus ou moins brillantes, mais la légion des
hommes de cœur et de talent dont nous avons besoin;
légion qui, au lieu de ne laisser derrière elle que quelques vains et fragiles souvenirs de gloriole locale, triste
héritage d'une contrée déserte, léguera à l'avenir embelli
un pays plus riche ou pour mieux dire fondé, une nation en croissance?

Si nous avions tous passé quelque temps en Australie,
en Californie ou dans toute autre colonie anglo-saxonne,
nous ne serions pas embarrassés pour choisir notre enseignement; mais nous sommes des Français attachés exclusivement aux préjugés de leur clocher, et il est nécessaire que nous apprenions des vérités que nos maitres
de New-York, de Londres et de Berlin ont proclamées
depuis longtemps; vérités que Paris-Ville met depuis
quelque temps en pratique avec un réel succès, mais
que Paris-Gouvernement semble hésiter à reconnaitre,
dans la crainte sans doute de nuire aux petits intérêts
d'une corporation qui ne peut se transformer en un jour.

L'enseignement nouveau se substitue actuellement en
France au vieil enseignement des jésuitières du seizième siècle et des lycées-casernes du grand Napoléon. Il a déjà été
adopté depuis longtemps comme enseignement national
par plusieurs pays d'Europe et d'Amérique. Et nous, qui
nous piquons de n'être pas conservateurs, nous sommes
les derniers à avoir l'idée de conserver l'étude d'ailleurs

superficielle, insuffisante et fausse, d'une antiquité plus
ou moins recommandable, au lieu de la reléguer dans
les hautes régions où trônent dans l'isolement le Malabar
et le Sanscrit. Cet enseignement prospère de l'autre côté
du Rhin. Ce sont les *écoles réelles* qui ont fourni ces
officiers allemand géographes, topographes, mathéma-
ticiens, qui, en 1870, ont vaincu notre France. C'est
lui que l'intérêt privé a spontanément adopté aux États-
Unis, car chez ce grand peuple les écoles et les collèges
n'ont pas à subir de programme officiel, et chaque établissement n'a d'autre objet que de fournir des sujets
aux besoins d'un milieu. C'est pour cet enseignement
que les citoyens de l'Union américaine dépensent annuellement 250 millions de francs contre 75 que l'État
octroie en France à son Université. C'est grâce à cet enseignement régénérateur que le peuple américain peut
déjà revendiquer la plus forte part proportionnelle dans
les découvertes de notre époque.

En France, nous sommes longtemps restés au latin-
panacée et au grec-talisman. Encore aujourd'hui, tout ce
qu'il y a de vieux ou de vieilli, tout ce qu'il y a de byzan-
tin dans notre société, tout est, dans son vide, sa vanité,
son impuissance, acoquiné au providentiel baccalauréat ès
lettres. L'excuse de notre Guyane, pays neuf, est d'avoir
eu de mauvais exemples dans le vieux pays. De part et
d'autre cependant on a senti la nécessité de l'instruction,
et de part et d'autre on a cru se mettre à la hauteur
de l'enseignement nouveau en faisant de l'enseignement
moyen âge. Ce n'est pas sur les exemples d'un passé tenace
mais expirant qu'il fallait se modeler. On a choisi à côté.
D'ailleurs, savait-on s'il y avait un choix à faire?

Il fallait regarder ailleurs. Dès 1866, le Gouvernement
français se vit forcer les mains, et l'enseignement que nous

appelons spécial, malgré l'imperfection des programmes
et malgré les persécutions de la caste dominante, aura mis
moins de vingt ans pour enlever à l'enseignement classique
plus de la moitié de ses élèves. La Révolution s'est accomplie malgré la routine, malgré l'antique pédantisme et
malgré les intérêts de la corporation. L'instinct populaire
s'est manifesté, et la moitié des ridicules vieilleries scolas-
tiques a disparu dans le néant. Et même, concession singulière aux préjugés d'un autre âge! cet enseignement
vient de recevoir la sanction d'un baccalauréat conduisant au doctorat par la licence. Nous voyons les bons
esprits du jour, et parmi eux quelques hauts dignitaires
de l'Université, déclarer qu'ils se contenteraient de deux
ou trois lycées à latin, conservés à Paris pour la France
entière, et qu'ils consentiraient sans regret à ce que les
autres établissements d'instruction secondaire fussent pur-
gés de leurs cours d'antiquaille, et exclusivement consacrés à l'enseignement dont le pays a besoin. Et les créateurs, qui croyaient faire du dernier neuf en ornant leur
collège de Cayenne de trois ou quatre licenciés ès lettres
du bon vieux temps!

Ce que l'État a mis si longtemps à comprendre, Paris
l'avait senti depuis longtemps. Paris qui, depuis 1840,
donnait le signal de la réforme de l'enseignement, possède aujourd'hui plusieurs grandes écoles municipales :
Turgot, Say, Lavoisier, Arago, Monge faisant aux lycées
officiels une redoutable concurrence. La grande ville veut
avoir maintenant son lycée modèle : le conseil municipal
vient de créer, boulevard de la République, un grand
lycée d'enseignement spécial pur. Avec les derniers vesti-
ges du passé disparaîtra l'enseignement du passé.

Le monde savant s'est prononcé depuis bientôt cent
ans. La phalange des économistes mène, depuis un siècle,

la guerre sans trêve ni merci contre cet enseignement vieillot aux doctrines puériles ou dangereuses, aux méthodes ridicules et impuissantes ; enseignement cacochyme qui aurait momifié l'esprit français, mais dont, depuis Bastiat, il n'est plus permis de parler sans rire. La création de douze ou quinze grandes écoles plus haut citées, représente autant de triomphes de l'esprit scientifique et de discussion sur l'esprit de routine et de dogmatisme. De plus, nous sommes heureux de le reconnaître, l'Université a eu à cœur, en présence de ce mouvement, de se tenir à la hauteur de sa mission : elle a modifié et modifie, elle refond et révolutionne ses programmes.

La Province n'a pas attendu non plus le signal parti d'en haut. Il n'est pas de grande ville qui n'ait depuis plusieurs années son école professionnelle, appliquée soit au commerce, soit à l'industrie, soit à l'agriculture. Le lycée conserve l'aristocratie de naissance et d'argent, que lui dispute le séminaire, l'école pratique accapare l'aristocratie de l'intelligence et du travail.

Ainsi l'enseignement scientifique et pratique fait prime dans les grandes villes, à Paris, dans le monde savant et dans l'Université.

Voulons-nous en Guyane des moyens qu'enseigne la science contemporaine pour nous mettre sérieusement à la colonisation, ou bien voulons-nous appeler les vers latins dans le pays ?

Jusqu'à ce jour notre collège, d'une insignifiance lamentable, n'a fait ni bien ni mal, il n'a eu ni but ni méthode. Dès l'origine il était condamné à l'impuissance, car M. Chaptal lui avait porté malheur. Au début, nous ne voyons dans le régime intérieur que désorganisation et démoralisation. Nul ne pense au lendemain, aux perfectionnements, aux améliorations, soit par impuissance de juger la si-

tuation, soit par préoccupation de rapatriement forcé.
Le personnel avait la bouche fermée par les menaces de
renvoi ou par les pourboires. Un concours permanent
de bassesses s'était établi dans ce triste milieu : des
grattages budgétaires de mauvais aloi récompensaient,
sous le nom d'heures supplémentaires, les platitudes des
courtisans. Le personnel était un prétoire, le patron un
sinécuriste maniaque, et les élèves, des victimes dédaignées.
Et maintenant, où en sommes-nous? Nous voyons toujours
à la tète du cortège, malgré les vilaines histoires que
personne n'a oubliées, les créatures de M. Chaptal. Pouvons-nous compter sur le personnel actuel quand le collège sera réorganisé? Les plus optismites osent à peine
dire qu'il y aurait un choix à faire.

Ce qu'il nous faudrait, ce sont des professeurs à aptitudes spéciales et réelles, des universitaires au courant
des méthodes, des programmes et des idées nouvelles de
l'illustre et puissante corporation, mais appartenant à l'enseignement spécial, à l'enseignement primaire supérieur,
et non à l'enseignement classique, dont nous n'avons que
faire, des universitaires sortis de l'École de l'enseignement
spécial ou des grandes Écoles scientifiques de France. Le Ministère a l'esprit assez large pour nous comprendre; le
personnel universitaire est assez riche en capacités diverses
pour que nous trouvions, sans peine, dans ses rangs,
les hommes que nous cherchons. Il ne faudra rien négliger pour nous attacher ces éducateurs quand nous les
aurons trouvés. Dans un pays vide comme le nôtre, vide
de science comme de population, l'acquisition définitive
d'une dizaine de personnes expertes et pratiques s'impose-
ait au premier chef. Il nous serait si facile de faire d'un
Européen un Guyanais. Pourquoi, par exemple, ne pas
nous les attacher par des concessions, comme fait l'Algé-

rie pour certaines classes de fonctionnaires? Ce personnel
travaillera, mais il faut qu'il ait intérêt à travailler à la
prospérité de la colonie. Dans les grandes universités des
États-Unis, les professeurs sont citoyens de la ville, magis
trats municipaux, membres des corps électifs, propriétaires. C'est en faisant aux hommes de science une belle situation morale et pécuniaire que la grande République est
arrivée à se mettre à la tête du mouvement scientifique
contemporain. Ce personnel spécial dont nous avons besoin, ce personnel d'hommes de réelle valeur, nous le trou-
verons assurément. La colonie connaît, dans le passé et
dans le présent, des Européens de mérite qui ont aimé
la Guyane, qui ont travaillé toute leur vie pour elle et
se sont faits ses enfants.

Nous croyons, par cet exposé, avoir montré assez
clairement notre pensée. Terminons par une rapide es-
quisse de l'organisation du futur collège spécial, espèce
de résumé du projet de réorganisation.

Le collège de Cayenne sera réorganisé.

Il sera remplacé, aussi promptement que possible, par
un collège spécial, c'est-à-dire un collège dont les méthodes
ou les programmes rentreront, autant que le permettront
les intérêts coloniaux, dans le cadre de ce qu'on appelle
en France l'enseignement secondaire spécial.

Le collège n'aura pas en vue de préparer aux titres
universitaires, ni aux carrières libérales, ni aux fonctions
administratives. Il fournira surtout des praticiens, et les
fournira selon les besoins du moment. Le collège sera,
avant tout, un collège d'enseignement spécial et profession-
nel. Il devra s'inspirer des méthodes et des programmes du
28 juillet 1882 et de ceux des écoles agricoles, industrielles
et commerciales de la France et de l'étranger. Par ses
hautes classes, il atteindra à l'enseignement supérieur,

facilitant à ses élèves l'accès des douze ou quinze grandes
écoles spéciales plus haut citées.

Un comité de patronage nommé par le Conseil général et présidé par le Gouverneur se concertera, quand besoin
sera, avec l'assemblée des professeurs, au sujet des modifications à introduire dans les programmes, la création de
sections nouvelles, le nombre d'élèves à attribuer à chacune des sections de l'enseignement. Ce comité se chargera, en outre, de faciliter le placement dans la colonie
des élèves sortant du collège colonial et de ceux ayant
passé par les grandes écoles de la Métropole.

Trois sections seront immédiatement créées : 1° section
des mathématiques appliquées à l'arpentage et à la viabilité; 2" section d'agronomie; 3° section de comptabilité et
d'études commerciales.

La première section aurait pour débouchés : l'école des
ponts et chaussées et l'école centrale; la deuxième section,
les écoles d'agriculture et l'institut agronomique; la troisième, l'école des hautes études commerciales et l'école
supérieure du commerce.

Les matières ordinaires de l'enseignement secondaire spécial seront communes aux trois sections, mais reléguées au
second plan, avec une grande extension, cependant, pour
ce qui a trait à la colonie.

Un cours également commun, cours complet et déve-
loppé d'économie politique appliquée principalement à la
science historique et dogmatique de la colonisation, cons-
tituera la philosophie de cet enseignement.

Pour chaque section, des examens périodiques et un examen final tiendront lieu de diplômes aux élèves du collège
qui ne se présenteraient pas au baccalauréat d'enseignement
spécial, seul diplôme auquel aboutissent les cours de l'établissement.

Les cours comprendront quatre années.

Une année préparatoire. — Un instituteur de France et un adjoint, inculqueront aux enfants sortis de chez les frères les dernières notions de l'enseignement primaire.

Les élèves ne seront pas reçus avant dix ans révolus.

Chaque élève en entrant en première année choisira l'une des trois sections. Dès lors, pendant trois ans, il aura dix ou douze heures par semaine d'un cours spécial avec applications. Au bout de trois ans, l'élève aura parcouru le cycle de l'enseignement secondaire spécial, et il aura acquis de plus une spécialité.

Si l'élève doit poursuivre ses études, il pourra rester encore un ou deux ans au collège, redoublant sa troisième année et se préparant à l'école spéciale correspondant à la section dont il aura suivi les cours, ou à telle autre à laquelle il pourrait prétendre.

Chacune des trois années du cours devra être redoublée, si l'élève n'a pas subi un examen de passage satisfaisant.

Le personnel se composera de :

Un directeur, professeur spécial ;

Quatre professeurs spéciaux (le directeur compris) : de mathématiques appliquées, d'agronomie, de comptabilité et de commerce, d'économie politique et de colonisation ;

Quatre professeurs d'enseignement secondaire : deux pour les lettres (histoire et géographie, français et langues); deux pour les sciences : mathématiques, physique, chimie, histoire naturelle ;

Deux professeurs d'enseignement primaire, autant que possible un breveté complet de France et un breveté simple pour adjoint;

Un maître de gymnastique, pris à la caserne.

Le régime du collège étant l'externat absolu, il n'y aura pas besoin de maître d'études.

Ce personnel ne coûterait pas plus cher que celui d'aujourd'hui. Les ateliers s'établiraient au fur et à mesure, et ne coûteraient pas de grandes dépenses d'installation si de vrais spécialistes avaient la direction de la chose.

Qu'on y réfléchisse. Avec la même somme on peut avoir, au lieu du pitoyable collège laïque d'aujourd'hui, un grand collège dans le genre de ceux de Demerari, Québec, Melbourne et Sydney. Il suffit pour cela de demander au Ministère de l'instruction publique quelques-uns des professeurs qu'il emploie dans ses grands collèges, lycées et autres établissements d'enseignement spécial. La question est de la plus haute importance. Il s'agit de savoir si nos enfants seront nourris de connaissances de fantaisie, ou si l'enseignement qu'ils recevront leur apprendra à connaître et à utiliser le pays.

Que l'on n'oublie pas « qu'une colonie a besoin au dé-
« but d'une grande liberté d'allures, et que la plus chimé
« rique des prétentions est de fonder une société vieille
« dans une contrée neuve. »

CHAPITRE IV.

LE TERRITOIRE CONTESTÉ ENTRE LA FRANCE ET LE BRÉSIL.

––––––

Il y a là une nouvelle colonie dont il s'agirait pour la France de faire l'acquisition. Le moment est peut-être mal choisi pour parler de nouvelles opérations coloniales. La politique de ce qu'on appelle le recueillement est tout à fait à l'ordre du jour. L'opinion publique, assure-t-on, demande clairement que la France s'enferme dans une épaisse muraille de la Chine, avec une seule petite lucarne ménagée sur le Rhin.

Aussi n'entends-je point partir en guerre, faire manœuvrer des flottes, dégarnir la frontière de l'Est, demander de nouveaux crédits aux Chambres. Il ne s'agit pas de refaire ailleurs la campagne du Tonkin. Tout au contraire, il s'agit de rendre à jamais impossible, sur une des frontières de notre empire colonial, une complication qui pourrait avoir les suites les plus graves.

Ma nouvelle colonie est colonie française depuis environ deux cents ans. Non pas que nous en soyons à revendiquer sur elle, comme sur tel territoire africain, des droits diplomatiques plus ou moins contestables, droits formellement niés par quelque redoutable armée d'anthropoïdes belliqueux : non. C'est simplement un vaste et beau territoire où l'on ne trouve ni Hovas, ni Pavillons-Noirs, ni influences anglaises, ni intrigues chinoises; un territoire resté jusqu'à ce jour contesté entre la France et une autre nation, une nation amie. Entre notre champ et le champ du voisin se trouvent quelques sillons indivis. « Je vous en abandonne la moitié, a déjà dit le voisin. — Non, avons-nous répondu; non, nous en voulons les deux tiers. »

Toutefois, du moment que le voisin nous a déjà offert de partager, nous ne pouvons effacer de notre entendement cette notion que nous avons là une possession virtuelle. Cette possession, pour être indéterminée dans ses limites, n'en a pas moins une existence positive; et le jour où, en délimitant la frontière, nous fermerons une porte toujours ouverte à un conflit possible, cette possession deviendra inévitablement une colonie nouvelle.

Ce n'est pas sans quelque réserve que je puis traiter aujourd'hui une question comme celle du contesté franco-brésilien. On sait combien intimement j'ai été mêlé aux derniers événements diplomatiques auxquels elle a donné lieu, et combien j'ai payé pour la connaître. La question, pour être secondaire, ne cesse pas d'être brûlante, et le rôle qu'elle m'a fait jouer récemment pourrait faire croire que je force intentionnellement la note. Cependant j'ai trop de patriotisme pour faire autre chose qu'un exposé purement scientifique et désintéressé des faits, d'ailleurs assez intéressants en eux-mêmes, et assez graves. Je n'ai jamais eu d'autre but que d'essayer de vulgariser la notion du différend franco-brésilien, afin d'arriver à obtenir le plus tôt possible une solution pacifique. Solution qui rendrait à jamais impossible un conflit qu'il est toujours permis de craindre; solution qui resserrerait les liens d'amitié qui unissent la France et le Brésil; solution qui assurerait à la France la possession d'un territoire

qui sera la partie la plus belle, la plus utile de nos possessions américaines.

La limite méridionale de la Guyane française n'a jamais
été définitivement fixée. Les territoires qui se trouvent
entre l'Oyapock et l'Amazone, à diverses reprises occupés, puis abandonnés par la France, sont, en somme,
restés toujours à l'état de marche neutre à peu près
inutilisée. Les populations de cette contrée vivent aujour-
d'hui dans un état anarchique, en dehors des influences française et brésilienne.

Il faut parler successivement des négociations, des
traités, des actes belliqueux auxquels ont donné lieu ces
terres contestées, de ces terres elles-mêmes telles que
je les ai vues pendant le voyage que j'ai accompli dans
la Guyane centrale pendant les années 1883, 1884 et
1885, de l'intérêt qu'il y aurait pour la France à vider de
suite la question, et enfin du procédé qui parait le plus
propre à régler ce différend séculaire.

Historique diplomatique des territoires contestés de Guyane.

Au XVIᵉ siècle, la France avait nominalement la possession de la totalité de la Guyane, mais elle ne cher-
chait point à occuper toute la contrée. Absorbée par les
guerres d'Italie, puis par les guerres de religion, elle laissait, avec indifférence, Espagnols et Portugais s'adjuger
la plus grande partie des terres du nouveau monde.

Lorsque, en 1664, la première colonie française un peu
importante fut fondée en Guyane, notre possession ne
comprenait déjà plus, même nominalement, la totalité de
la grande île fluviale américaine, mais seulement les territoires entre le Maroni, l'Amazone et le Rio-Negro. Entre

le Maroni et l'Orénoque, les Hollandais avaient installé
des colonies. Pour nous, nous n'occupâmes même pas
toute notre possession nominale d'entre Maroni, Amazone
et Rio-Negro. Nous nous bornâmes à faire un commerce
d'échanges avec les Indiens de la côte, de Cayenne à
l'embouchure du grand fleuve. Le grand fleuve, nous ne
l'explorâmes point. C'est alors que les Portugais, voyant
l'état d'abandon dans lequel nous laissions cette partie de
notre colonie, songèrent sérieusement à nous évincer de
la rive septentrionale de l'Amazone.

En 1688, le gouvernement de Lisbonne faisait établir,
sur la rive nord du bas Amazone, cinq petits postes for-
tifiés : Desterro, à l'embouchure du Paru; Tohéré, près
de celle du Jary; et, un peu plus bas, Sao-Antonio de
Macapá, Arauari et Camaú. Louis XIV fit alors affirmer
par M. de Férolles, gouverneur de Cayenne, les droits de
la monarchie française sur toutes les terres du bassin septentrional du fleuve. Le gouvernement portugais ayant refusé de reconnaître bien fondées des prétentions du gouvernement français, M. de Férolles, sur l'ordre de Louis XIV,
en mai 1697, en pleine paix, enleva et occupa Sao-Antonio de Macapá, et détruisit les quatre autres forts. C'est
le premier acte belliqueux auquel donne lieu la question de ces territoires contestés. « M. de Férolles, dit
le *Mercure galant* de l'époque, exécuta avec beaucoup
de valeur et peu de troupes les ordres qu'il reçut de la
cour d'aller chasser les Portugais des forts qu'ils avaient
construits sur la rive septentrionale de la rivière des
Amazones, vers son embouchure. Avec 90 hommes il
chassa 200 Portugais soutenus par 600 Indiens, rasa les
forts, à l'exception de celui de Macapá dans lequel il laissa
garnison, puis revint à Cayenne avec les cinq ou six
embarcations qui avaient servi à cette entreprise ». Ce

fait d'armes fut inutile : la petite garnison ne put se maintenir qu'un mois à Macapá, et les Portugais réoccupèrent le poste après nous en avoir chassés.

La première convention diplomatique essayant de régler le différend est du 4 mars 1700. Des négociations eurent lieu à la suite de l'affaire de Macapá, et ces négociations furent suivies d'un traité provisionnel. Le roi de France s'engageait à s'abstenir provisoirement de faire aucun établissement sur la rive nord, mais le roi de Portugal ferait détruire Macapá et ne prendrait aucune position sur la rive litigieuse, provisoirement neutre. Conformément au traité, le Portugal détruisit Macapá.

En 1701 fut conclu un second traité. C'était à l'époque de la guerre de la succession d'Espagne, Louis XIV recherchait l'alliance du Portugal. Pour obtenir cette alliance il renonça solennellement aux prétentions que la monarchie française avait jusqu'alors maintenues sur la province de Maragnon, au sud de l'Amazone. La question de la rive nord était toujours réservée.

C'est le traité d'Utrecht, du 11 avril 1713, qui est censé terminer le différend. En réalité, il n'a servi qu'à le prolonger jusqu'à nos jours.

Ce traité, au lieu d'en finir avec un conflit qui durait depuis vingt-cinq ans, le rendit, pour l'avenir, diplomatiquement insoluble. Le plénipotentiaire portugais, le comte de Taruca, étant, comme le dit complaisamment le protocole, « parfaitement éclairé sur la question, » n'eut pas de peine à mystifier notre envoyé, un général-diplomate appelé M. d'Huxelles, fort peu au courant des difficultés géographiques qu'on lui proposait, et d'ailleurs bien connu pour être aussi maladroit diplomate que pitoyable capitaine.

Ce fameux traité d'Utrecht dit, en substance, que la

France renonce aux terres du cap de Nord, situées entre
la rivière des Amazones et celle de Vincent-Pinçon ; que
la navigation de l'Amazone, ainsi que *les deux bords, les
deux rives* du fleuve, appartiendront au Portugal, que la
rivière de Vincent-Pinçon ou de Japoc servira de limite
aux deux colonies. Les Portugais pourront reconstruire
les forts de Macapá, Arauari et Camaú.

Cette rivière de Vincent-Pinçon ou de Japoc, frontière des deux colonies, n'est indiquée ni en latitude ni
en longitude ; de plus, le traité n'indique que le point
de départ à la côte de cette frontière, et ne parle nullement de l'attribution des terres de l'intérieur. De là
double difficulté : pour ce qui est de la frontière de la
côte, jamais personne ne sut où placer exactement la
rivière de Vincent-Pinçon ou Japoc, pas plus que le vrai
cap du Nord. Pour ce qui est de l'intérieur, le traité dit
que *les deux bords, les deux rives* de l'Amazone appartiendront au Portugal. Mais les territoires des Tumuc-Humac
méridionales et de l'Équateur guyanais ne sont pas sur *le
bord,* sur *la rive* de l'Amazone : par où donc faire passer
la ligne de démarcation?

Que veut dire ce Japoc qu'on n'avait vu jusqu'alors
figurer sur aucune carte? Quelle est la rivière où aborda
Vincent-Pinçon? La relation de voyage du navigateur ne
nous apprend rien de bien précis à cet égard. Il me semble, à moi, que la rivière de Vincent-Pinçon ne doit être
autre que l'Amazone; mais les Brésiliens, de leur côté,
disent que c'est de l'Oyapock qu'il s'agit.

Aussitôt après le traité d'Utrecht, les Portugais occupèrent la rive septentrionale de l'Amazone, jusqu'au sud
de l'île Maraca. On commença dès lors à disputer officiellement sur la position exacte du cap de Nord et celle de
la rivière de Vincent-Pinçon. Les Portugais écrasèrent

quelques peuplades indiennes de la rive nord qui s'obstinaient à faire des échanges avec Cayenne, et ils envoyèrent dans l'intérieur des missionnaires jusqu'à l'Oyapock. De notre côté, en 1722, nous dépêchâmes un détachement pour s'emparer de Moribira, dans l'île des Guaribas, aux portes de Pará, et ce détachement se maintint un an dans le poste conquis. Le tout, en explication du traité d'Utrecht.

En 1723, toujours pour expliquer le traité d'Utrecht, Gama, gouverneur de Pará¹, fit rechercher par Paes do Amaral les anciennes bornes de marbre élevées par ordre de Charles-Quint, en 1543, entre les possessions de l'Espagne et celle du Portugal. Ces bornes antiques, en elles-mêmes ne signifiaient pas grand'chose. Mais la recherche qu'on en fit sert à nous prouver que, quelques années seulement après avoir été signé, le traité d'Utrecht fut réputé, du moins dans ses détails, officiellement inintelligible. Paes do Amaral découvrit les bornes par 1° 30' de latitude nord, à l'embouchure d'une rivière qu'il appelle Wiapoc ou Vincent-Pinçon, et que sa détermination astronomique nous indique clairement être l'Araguary.

Aussitôt après, le gouvernement français ayant été informé de la découverte d'Amaral, d'Ovillers, gouverneur de Cayenne, reçut l'ordre d'agir en conséquence, et toute la côte, de l'Oyapock à l'Araguary, fut effectivement annexée à la colonie de Cayenne.

De leur côté, les Portugais, fort irrités, affirmèrent officiellement pour la première fois, leurs prétentions à la possession de la rive droite de l'Oyapock, et, pour justifier leurs revendications, ils firent chercher, à l'embouchure de ce fleuve, à la montagne d'Argent, les fameuses bornes de Charles-Quint, lesquelles ayant été déjà trouvées à l'Araguary ne devaient pas se retrouver autre part. D'ailleurs, l'interprétation du traité d'Utrecht continuait de part et d'autre : les Portugais faisaient, dans l'intérieur, de grandes razzias d'Indiens jusqu'à l'Oyapock, et nous, nous confisquions les barques portugaises jusqu'à l'île de Marajo.

Sur ces entrefaites, en 1731, des négociations furent entamées entre le gouverneur de Pará et celui de Cayenne, tous deux agents de leur gouvernement respectif. Ces négociations avaient pour but d'arriver à délimiter la frontière des territoires litigieux. Ces négociations aboutirent à l'accord de 1736, qui nous laisse, chose historiquement fort importante, la libre pratique des terres situées au nord de l'embouchure de l'Amazone.

Cet accord était une espèce de désistement de la part du Portugal. Et pendant près de soixante années, de 1736 à 1794, nous usâmes si largement de ce désistement et pratiquâmes si librement les côtes au nord de l'embouchure de l'Amazone, que, plusieurs fois, les autorités portugaises purent faire saisir des barques françaises pêchant dans les parages de Pará. Aussi, en 1764, le Portugal, pour protéger sa rive nord de l'Amazone, de moins en moins respectée par nous, dut-il construire le fort de Sao-José de Macapá, non loin de l'emplacement de l'ancien fort de Sao-Antonio.

A cette époque, le gouvernement français était bien possesseur, de fait et de droit, de toute la côte entre l'Oyapock et le Carapapori, branche nord du delta de l'Araguary. En 1766, Malouet, gouverneur de Cayenne, envoyait au ministre deux mémoires pour établir définitivemen tet irrévocablement nos droits. En 1774, Fiedmond, successeur de Malouet, faisait faire par le sieur Dessingy, géographe, un relevé de la côte entre l'Oyapock et l'Amazone. Trois ans plus tard, en 1777, le même Fiedmond faisait

prendre, sans réclamation de la part du Portugal, possession effective, administrative, de la baie qu'on appelait
alors Vincent-Pinçon, au sud de Maraca, par l'établissement d'un poste militaire dénommé Vincent-Pinçon
ou Carapapori, et d'un village-mission installé dans le voisinage, à l'embouchure de la rivière Macari. Un ingénieur-
géographe, avec le titre de gardien des limites, fut installé au village-mission de Macari. Ce fut d'abord le
sieur Labbé, géographe, qui occupa ces fonctions; puis
ce fut le sieur Honlet, autre géographe. Un peu plus tard,
en 1780, une mission centrale qui devait devenir importante fut créée à Counani, à mi-chemin, à peu près, entre l'Oyapock et l'Amazone.

La frontière officielle de la Guyane française était alors
à la côte, le Carapapori, canal naturel jadis important,
qui, un peu à l'est de notre village-mission de Macari et
de notre poste militaire de Carapapori ou Vincent-Pinçon,
déversait l'Araguary dans l'Atlantique. C'est ce bras de
Carapapori que Humboldt déclara plus tard être le vrai
Vincent-Pinçon. Malheureusement cette branche nord du
bas Araguary est maintenant tout à fait obstruée. Il n'y a
donc plus à songer à elle pour limite.

Pour ce qui est des territoires de l'intérieur, on leur
connaissait officiellement, à cette époque, une limite qui
était une ligne, par à peu près, du Carapapori au rio
Branco, entre l'Amazone et la ligne équatoriale.

Tout cela était parfaitement logique et admissible, et
le serait encore aujourd'hui, n'étaient d'une part les faits
accomplis, et, de l'autre, des modifications profondes
dans l'équilibre de nos intérêts coloniaux dans le monde.
Et puis, nous n'avons plus aujourd'hui en face de nous
une colonie portugaise, une Guinée ou un Congo, mais
une des plus grandes nations de l'Amérique.

En 1782, M. de Besner, gouverneur de Cayenne, donnait à Simon Mentelle, géographe, la mission de relever le cours de l'Araguary et de reconnaître quelle ligne sensible de démarcation pourrait être établie entre la Guyane française et les possessions portugaises, en partant du point où le canal de Vincent-Pinçon ou Carapapori adopté comme borne cesse de séparer les deux colonies. Mentelle devait s'appliquer à examiner si nos limites pourraient être simplifiées, en adoptant pour frontière la grande bouche de l'Araguary au lieu du bras de Vincent-Pinçon, et quel dédommagement pourrait être offert au Portugal dans les territoires de l'intérieur. Car, poursuivant vers l'ouest, Mentelle devait, s'écartant le moins possible de l'équateur et de la ligne parallèle au cours de l'Amazone, afin, disaient ses instructions, de remplir exactement l'esprit du traité d'Utrecht, se rendre jusqu'au rio Banco, essayant de trouver à nos territoires du sud des Montagnes centrales, une frontière sensible, scientifique.

La mission qui me fut confiée en 1883 avait donc eu un précédent solennel.

Mentelle fut moins heureux que moi. Il ne put relever que la côte. Il ne visita ni le Counani, ni le Mapa, ni les terres du pseudo-cap de Nord, ni le rio Branco, ni les territoires au sud des Montagnes centrales. Chose éminemment regrettable, car si Mentelle eût pu faire en 1782 ce que j'ai fait en 1883, 1884 et 1885, le gouvernement de Louis XVI en eût probablement fini avec le vieux différend.

Les choses en étaient là, après l'échec de Mentelle, quand, en 1792, en présence du danger imminent de guerre universelle, la France évacua le poste de Vincent-Pinçon, qu'il eût été difficile de défendre. Nous résolûmes

d'en créer, sur les bords de la baie de Mayacaré, un autre
que nous n'eûmes pas le loisir d'établir.

En 1794, l'émancipation des esclaves dans la Guyane
française ayant effrayé les Portugais, ceux-ci armèrent
cinq petits bâtiments, et, en attendant une déclaration de
guerre officielle, commencèrent par venir piller, dans
le Ouassa, une grande ferme à bétail dont le propriétaire, le citoyen Pomme, était alors député de Cayenne
à la Convention. Et pendant les vingt années qui suivirent, on continua ainsi l'interprétation à main armée du
traité d'Utrecht.

Sortie du Ouassa, la flottille portugaise entra dans l'Oyapock. Les Portugais, reprenant après cinquante-huit ans
leurs anciennes prétentions, adressèrent au commandant
du fort, qu'ils qualifièrent de commandant des limites, som-
mation d'avoir à livrer les esclaves portugais fugitifs ainsi
que les déserteurs. Le poste d'Oyapock avait été évacué, et le
commandant provisoire se trouvait être le maire. Ce brave
homme réunit son conseil municipal, qui, après délibération,
déclara aux Portugais que les frontières étaient au Carapapori et que la Révolution avait libéré les esclaves. Les Portugais, en se retirant, plantèrent avec solennité un poteau
sur la rive droite de l'Oyapock, et ils appelèrent ce poteau
Notre-Dame de la Conception. Les envahisseurs avaient à
peine mis à la voile, que l'héroïque conseil municipal passait
le fleuve et brûlait le poteau de la Conception avec non
moins de solennité qu'on en avait mis à le planter.

Mais au retour, la flottille ennemie toucha à Couanni
et à Macari. Chacun de nos deux villages-missions ren-
fermait environ trois cents Indiens. A l'embouchure des
autres fleuves se trouvaient également quelques petits
centres indigènes. Les Portugais emmenèrent en masse
toute cette population à l'Amazone.

15

De 1794 à 1798, la côte entre Amazone et Oyapock fut complètement dépeuplée. Il importait d'agrandir le désert entre Cayenne et Pará, car, au contact des Français qui donnaient la liberté aux Indiens et aux esclaves, Pará se serait trouvé bientôt sans esclaves et sans Indiens.

Cependant nos Indiens de Counani et de Macari nous regrettèrent. Quelques centaines d'entre eux, déportés au loin, trompant une surveillance active, se riant de punitions sévères et bravant tous les dangers, revinrent dans de frêles pirogues de Maranhao à Macari et à Counani, par quatre-vingts lieues de haute mer.

Ces événements amenèrent Jeannet-Oudin, neveu de Danton et commissaire civil de la Convention en Guyane, à étudier la question des limites en vue de leur établissement définitif à la paix générale. En prévision d'une victoire certaine, Jeannet-Oudin recherche ce qu'on pourrait bien prendre au Portugal du côté de l'Amazone, — toujours en s'inspirant du traité d'Utrecht. Le commissaire civil fit rédiger par le géographe Mentelle et le capitaine du génie Chapel, deux Mémoires qui furent envoyés au ministre de la marine. Malgré toutes ces sages précautions, les diplomates trouvèrent moyen de signer, le 20 août 1797, un des traités les plus ridicules de tous ceux qui régissent la matière. La frontière était reportée au Vincent-Pinçon ou Carsevenne. Jamais le Carsevenne n'avait été pris pour le Vincent-Pinçon, de là une nouvelle source de confusion : et d'une. Accepter cette frontière était, de la part des diplomates français, accepter après la victoire une situation que la défaite n'avait pu nous imposer : et de deux. Mais le Directoire ne ratifia pas le traité.

Le 6 juin 1801, un nouveau traité fut signé à Badajoz. La frontière devait suivre l'Araguary, de la grande bou-

che aux sources, puis, des sources, gagner le rio Branco
en ligne droite. Voilà qui était parfait. Il était urgent,
en effet, de délimiter nos prétentions, nos droits, dans les
territoires de l'intérieur. Malheureusement, — la diplomatie
ne saurait penser à tout, — il faut deux points pour déterminer une droite. Or, un seul est indiqué : la source de
l'Araguary. Quel est le point où la frontière va atteindre le rio Branco? Cette rivière ayant plus de huit cents
kilomètres de cours, on voit qu'il y a là marge à contes-
tation. D'ailleurs, le traité de Badajoz ne fut pas ratifié
par le premier consul.

Le 29 septembre de la même année un nouveau traité
fut signé, à Madrid. Par ce traité, interprétation un peu
abusive du traité d'Utrecht, la limite est reportée au
Carapanatuba, petite rivière qui se jette dans l'Amazone
un peu au-dessous de Macapá, par un tiers de degré de
latitude nord. Voilà qui est clair. La frontière suivra le
cours du Carapanatuba jusqu'à sa source, d'où elle se
portera vers la grande chaîne de montagnes qui fait le partage des eaux ; elle suivra les inflexions de cette chaîne
jusqu'au point où elle s'approche le plus du rio Branco.
Ici, l'on commence à moins bien comprendre. Une frontière qui *se porte vers* une chaîne de montagnes dont
elle suit *les inflexions jusqu'au point où cette montagne s'approche d'une rivière*... Comme tout cela est bien dit! Quelle
précision! Faudrait-il appliquer à la diplomatie de ce
temps la définition que Voltaire donnait de la métaphysique : L'art de se rendre inintelligible aux autres et à
soi-même? — Voici le traité d'Utrecht. En gros il dit :
La France n'est plus riveraine de l'Amazone. Et en dehors de cela tout est obscur. Or, on a fait vingt-trois explications officielles de ce traité, et elles sont toutes plus inexplicables les unes que les autres.

Victor Hugues, l'héroïque corsaire devenu gouverneur de Cayenne, soupçonnant la valeur des terres acquises entre l'Araguary et le Carapanatuba, envoya dans ces territoires une mission militaire, qui revint émerveillée de la richesse du pays acquis et de son importance stratégique, qui fait de ce petit plateau comme le Gibraltar de l'Amazone. Par malheur on n'attendit pas, pour le traité définitif, le rapport de la mission, et à Amiens nous acceptâmes de rétrograder jusqu'à la limite de l'Araguary.

Par le traité d'Amiens, du 25 mars 1802, les limites furent reportées à la grande bouche de l'Araguary, par 1° 1/3 de latitude nord, entre l'île Neuve et l'île de la Pénitence. La frontière suivra l'Araguary (le Vincent-Pinçon de La Condamine), depuis son embouchure jusqu'à sa source. La navigation du cours d'eau, — il n'est pas navigable à cause de ses chutes, — sera commune aux deux nations. De la source de l'Araguary, la frontière suivra une ligne droite tirée de cette source jusqu'au rio Branco. Notre frontière de l'intérieur est toujours, comme à Badajoz et à Madrid, une droite déterminée par un seul point.

Le traité d'Amiens est l'explication officielle définitive du traité d'Utrecht. Il est vrai qu'en 1814 on a annulé toutes ces explications, et qu'on est revenu au texte même du traité primitif. Toutefois, le traité du 25 mars 1802 mérite d'être étudié à titre de glose du traité du 11 avril 1713. Ce traité d'Amiens nous consacrait la possession de la côte au nord de l'Amazone. Mais s'il est très précis pour la région côtière, il l'est moins pour la région intérieure. Notre frontière est une ligne droite tirée *de la source de l'Araguary vers l'ouest jusqu'au rio Branco.*

On dira, peut-être, que *vers l'ouest* signifie *par la parallèle.* Mais non, car premièrement, on l'aurait dit; le mot était inventé dès cette époque et les diplomates savent bien

ce que c'est qu'une parallèle. Et, de plus, la source de
l'Araguary étant inconnue, elle peut se trouver à la
hauteur de celle de l'Oyapock, ou même plus haut, et
alors la parallèle prendrait à la France une partie du haut
bassin du Maroni, ce qu'il est absurde d'admettre; ou bien
encore elle pourrait se trouver non loin des bords de l'A-
mazone, et alors la parallèle passerait au sud du confluent
du rio Branco avec le rio Negro. Il ne peut donc être question de la parallèle, quand il est parlé d'une ligne allant
vers l'ouest jusqu'au rio Branco. Que signifie donc...? Mais
peut-être les diplomates avaient-ils l'intention d'aller tracer
eux-mêmes leur droite sur le terrain, à travers les forêts
jusqu'alors inviolées de la Guyane centrale?

En 1809, les Anglo-Portugais s'emparaient de Cayenne,
qui fut remise aux Portugais. Le 30 mars 1814, le traité
de Paris stipule que la Guyane sera restituée à la France,
telle qu'elle était au 1er janvier 1792. Les contestations au
sujet des limites, contestations dont les traités de 1796,
de Badajoz, de Madrid et d'Amiens, n'avaient été que des
explications plus ou moins heureuses et plus ou moins
libres, seront réglées à l'amiable. La France et le Portugal nommeront des commissaires qui se réuniront sur
les lieux pour trancher le différend. La France nomma
Victor Hugues, qui partit aussitôt pour Cayenne. Mais
le Portugal ne nomma personne. Ainsi échoua la première tentative de solution à l'amiable du différend au
moyen d'une double commission scientifique.

Non seulement le Portugal ne voulait pas nommer de
commissaires, mais il ne voulait même pas rendre la
colonie. Les traités de Vienne eurent beau confirmer
celui de Paris, les Portugais restaient toujours à Cayenne.
Le Portugal ne nous restitua la Guyane, en avril 1817,
après d'inutiles négociations auxquelles avaient pris une

part active Wellington et le duc de Richelieu, que sur la
menace faite par le gouvernement français de s'emparer par la force des territoires situés entre le Maroni et
l'Oyapock, et à la nouvelle que l'expédition, déjà organisée,
allait partir.

La convention de remise eut lieu le 20 août 1817.
Une double commission scientifique fut, pour la seconde
fois, chargée de vider à l'amiable le différend. Les deux
nations devaient nommer des commissaires qui explore-
raient les territoires litigieux et auraient un an pour s'entendre. Si, au bout d'un an, ils ne s'entendaient pas,
le Portugal et la France prendraient l'Angleterre comme
médiatrice. Il n'y eut ni commission ni médiation, et on
ne s'occupa plus du contesté.

Peu après, en 1820, le Brésil se rendait indépendant.
De 1834 à 1838, une grande guerre civile, le *cabanage*,
ensanglantait les provinces du Nord. Dès le début de
cette espèce de jacquerie brésilienne, le gouvernement
français donnait ordre au gouverneur de Cayenne d'occuper toute la côte au nord de l'Amazone, de l'Oyapock
à l'Araguary. Cependant, les esclaves fugitifs et les soldats déserteurs se réfugiaient en masse dans les territoires
litigieux. Il importait de ne pas laisser se masser sur la
côte contestée une population aussi peu recommandable.
M. du Choisy dut établir, en 1836, par ordre du gouvernement central et de concert avec l'amiral Duperré,
un poste français sur l'îlot qui séparait le lac de Mapa
de celui de Macari. On mit cinquante hommes dans ce
poste, qui fut appelé poste de Mapa, et le petit détachement opéra des reconnaissances jusqu'à l'Araguary.
On était en pleine paix. C'est le troisième acte belliqueux
auquel donna lieu la question du contesté. Les circonstances, cependant, justifiaient notre décision. De même,

aujourd'hui, si quelques milliers de récidivistes s'évadaient et passaient l'Oyapock, — chose improbable, car le bagne est doux, — le Brésil serait à moitié excusable s'il installait un poste militaire à Counani ou à Cachipour. Alors, sans doute, nous réclamerions. C'est aussi ce que fit le Brésil en 1836. Le président de la province de Pará protesta énergiquement. Dans le sud, notamment à Rio de Janeiro, une ligue se forma contre nous : les Brésiliens jurèrent de n'acheter aucun produit français. *A Liga Americana*, le fameux journal d'Odorico Mendes prêchait ouvertement la guerre.

Toutefois, l'insurrection éteinte à Pará, de longues négociations eurent lieu entre la France et le Brésil au sujet de Mapa. Pour la troisième fois, des commissaires démarcateurs, des deux nations, durent être nommés. Mais cette fois ce fut le Brésil qui, seul, envoya sa commission, dont le chef était l'économiste Souza Franco. M. Guizot agitait alors avec le Brésil des projets d'alliances dynastiques. Il fit évacuer Mapa pour faire réussir un mariage qui ne réussit pas. Devant un si beau résultat, on ne pensa plus à régler le litige. Mais la forme fut sauvée : un traité solennel intervint le 5 du mois de juillet 1841. Il maintenait le statu quo tel qu'il résulte du traité d'Utrecht et stipulait la non-occupation réciproque.

Les Brésiliens, voyant les dispositions très conciliantes du ministère français, ne voulurent pas se contenter du petit succès diplomatique qu'ils venaient de remporter. A peine M. Guizot avait-il signé son traité que le gouvernement de Rio faisait établir, sur la terre qui avait été si solennellement neutralisée la veille, la colonie militaire de Pedro II sur la rive gauche de l'Araguary.

C'était à prévoir : aussitôt après notre reculade, le Brésil faisait un pas en avant. L'infraction à la convention toute récente de non-occupation réciproque était absolument formelle. Lors de la fondation de notre poste de Mapa, en 1836, le Brésil avait été sur le point de nous déclarer la guerre. En France, l'occupation de la rive gauche de l'Araguary par le Brésil passa totalement inaperçue. Notre gouvernement, il est vrai, n'en fut informé, ainsi que la prise de possession de l'Apurema, que dix ou vingt ans plus tard.

En 1849, puis en 1850, une expédition brésilienne organisée à Pará devait partir pour occuper le Mapa. C'était de plus fort en plus fort. « Il s'agit, » disait bravement, à la Chambre des députés de Rio de Janeiro, le 19 avril 1850, M. Tosta, ministre de la marine, « il s'agit de fonder dans cette contrée une solide colonie, afin que nous puissions y assurer d'une manière effective notre possession. » L'expédition brésilienne ayant rencontré, dans les eaux de Mapa, un aviso français en surveillance, le gouvernement de Rio, pour se consoler de n'avoir pu installer sa colonie, se mit à protester avec indignation contre les agissements des Français. Le Brésilien est né diplomate.

En 1858, une nouvelle expédition, commandée par un lieutenant de douanes, partit de Pará et entra dans le Counani, en plein territoire contesté. La population de Counani, composée d'esclaves marrons, reçut les annexeurs à coups de fusil. Alors le gouvernement de Rio se plaignit que la France entretenait à Counani des agents que soutenait Prosper Chaton, notre consul à Pará. Le lieutenant passa capitaine, et Prosper Chaton fut blâmé. Les nègres de Counani ne me rappelaient jamais ce fait sans indignation.

Je parle de ces choses sans aucun chauvinisme. J'aime beaucoup les Brésiliens. J'ai pour la grande nation sud-américaine une sympathie, une admiration, que je me permettrai de qualifier de raisonnées. Je suis partisan convaincu de la solution à l'amiable de la question du contesté franco-brésilien, et j'ai la conviction qu'il est aisé, habile et utile d'arriver de suite à ce résultat. Mais ne m'est-il pas permis, sans me voir traité en trouble-fête, de montrer combien notre conduite a été ridicule là-bas, depuis ces quarante dernières années? Sans être partisan d'une politique de matamore et d'envahisseur, n'est-il pas permis de rougir d'une politique d'abdication systématique?

Les dernières négociations entre la France et le Brésil, au sujet des territoires contestés, durèrent trois ans, de 1853 à 1856. M. His de Butenval et M. le vicomte d'Uruguay rompirent des lances dans un savant tournoi de géographie historique. M. le vicomte d'Uruguay nous offrit la limite du fleuve Carsevenne, dont on ne connaît pas la source mais seulement l'embouchure. Et M. His de Butenval offrit pour frontière la rivière Tartarougal, qui a probablement une source, mais qui n'a pas d'embouchure, car la rivière se perd dans un lacis de lacs et de marécages ainsi que je l'ai constaté. Ces doctes négociations n'aboutirent à rien.

Pardon, je me trompe. Ces négociations aboutirent à quelque chose. Les Brésiliens se tinrent ce raisonnement : « Puisque la France nous offre la limite de Tartarougal, le territoire entre Tartarougal et Araguary n'est plus contesté. » Et, en 1860, sans autre forme de procès, le président de la province de Pará annexa ce territoire connu dans la contrée sous le nom de district de l'Apurema. Depuis vingt-cinq ans les Brésiliens l'administrent, y perçoivent des impôts, y ont des électeurs, et, quand j'y passai, en 1883, on attendait l'installation d'un poste militaire envoyé de Pará.

En 1883 et 1884, je révélai tous ces faits en haut lieu. Cela provoqua un petit échange de notes entre M. Jules Ferry et M. le baron d'Itajubá, chargé d'affaires du Brésil. On en écrivit dans les bureaux. Cela causa un petit ennui aux puissances, — sans aucun résultat, comme bien vous pensez. Il fallait que quelqu'un payât les frais et la peine. Ce fut le malencontreux reporter. Et, aussitôt, l'incident fut enterré, avec les phrases d'usage.

Importance du territoire contesté.

Cependant la chose méritait qu'on s'en occupât.

Il est une objection, cependant, qu'il est bon de prévoir et à laquelle il faut répondre à l'avance, car c'est la seule sérieuse qui puisse être faite.

Pourquoi, pourrait-on dire, pourquoi ne pas abandonner purement et simplement ces territoires au Brésil? La Guyane française, après deux siècles de possession effective, après des tentatives de tous genres, est encore déserte. Nous ne l'avons peuplée que des cadavres de nos colons. Et nos millions, par centaines, y ont été enfouis en pure perte. A quoi bon nous occuper d'une nouvelle Guyane, quand l'ancienne nous a si mal réussi? Ce vieil ossuaire ne peut-il point contenir les squelettes des récidivistes que nous allons y envoyer mourir?

Pour moi, je ne vois point dans le territoire contesté une annexe au cimetière voisin. Les deux territoires sont contigus, mais ne se ressemblent pas. Certes, la Guyane de Cayenne ne m'inspire pas beaucoup d'enthousiasme. Mais je fais plus de cas du territoire contesté que de dix colonies comme celle de Cayenne.

Le territoire contesté, qu'on me passe l'expression, en vaut la peine. Ce n'est plus, comme dans la vieille co-

lonie, la forêt vierge, marécageuse, malsaine, ininter-
rompue, impénétrable, indéfrichable, c'est la prairie,
élevée, saine, aisément accessible, où les blancs peuvent
travailler sans mourir, faire souche, coloniser. C'est parce
que je connais, dans cette région guyanaise, et la forêt
et la prairie, que je suis sceptique à l'égard de la
première, enthousiaste à l'endroit de la seconde. J'ai
vu ce que des blancs, des Portugais du nord, des Gal-
legos, c'est-à-dire à peu près des Saintongeais, des Bretons ou des Normands, ont fait dans les prairies de
l'Amazone et du rio Branco, et j'en ai été émerveillé.
Celle qui nous occupe, de l'Oyapock à l'Araguary, au
nombre des plus sèches, des plus saines, des plus européennes de climat, mesure au moins 40,000 kilomètres carrés, soit environ six ou sept départements français. Toutes les prairies de la Guyane française, mises
ensemble, ne mesurent pas l'étendue d'un de nos arron-
dissements. Ce que le Brésil nous a offert du territoire
contesté, en 1856, de l'Oyapock au Carsevenne, est grand
comme deux de nos départements, seulement pour ce
qui est de la prairie; et ce que nous lui en demandons,
jusqu'à la frontière de Tartarougal, mesure une superficie double. De sorte que les savanes que nous pouvons
acquérir dans le territoire contesté représentent à peu
près l'étendue ordinaire d'une province française, —
quatre ou cinq départements, — sans parler d'une surface dix fois plus considérable en forêts. Dans ces prairies,
l'élevage donne des résultats merveilleux. Les bœufs de
l'Apurema sont aujourd'hui réputés les meilleurs de
l'Amazonie. Les savanes d'Ouassa, de Counani et de Mapa,
sont connues pour être des meilleures de l'Amérique du
Sud. Et là, l'air est sec, le climat sain, le travail des
blancs possible.

S'il est une contrée au monde où l'on puisse utiliser, employer sans barbarie, à des œuvres utiles, transportés et récidivistes, au lieu de les vouer à une mort certaine dans des œuvres inutiles ou impossibles, c'est là. Dans les forêts du Maroni où on les installe actuellement, ou bien ils mourront en masse avant d'avoir rien fait, ou bien l'administration pénitentiaire, dans la charité de son cœur, se mettra à les traiter en pensionnaires de l'État, comme elle a fait jusqu'à ce jour pour les forçats qu'on lui a confiés. Les pénitenciers de la Guyane deviendront l'hôtel des Invalides des bandits coloniaux et des chenapans métropolitains. Et c'est probablement ce qui arrivera, parce que les travaux préparatoires étant mortels pour l'Européen dans la forêt guyanaise, au lieu d'envoyer ses parias en masse à l'abattoir, l'administration pénitentiaire préférera faire sur eux des essais de moralisation en chambre. Ce qui, au bout de très peu de temps, domine dans tout directeur d'administration pénitentiaire, c'est le moraliste expérimentateur. Le travail tuerait ses sujets d'étude; eh bien! il leur fera la vie douce. Si vous décrétez à Paris la guillotine sèche, au Maroni vos exécuteurs des hautes œuvres s'improviseront en petits Benthams.

Ce n'est que dans la prairie du territoire contesté qu'on pourra faire travailler, et travailler utilement, récidivistes et forçats. Dans cette prairie, les travaux préparatoires n'occasionneront pas une forte mortalité dans les rangs des travailleurs. Le travail y sera relativement aisé, et il y sera largement rémunérateur pour ceux d'entre les relégués qui auraient droit à un travail plus ou moins libre. En peu d'années serait réalisé ce double desideratum : la moralisation des demi-coupables et des égarés par un labeur possible et fécond; l'aménagement du sol en vue de l'installation ultérieure des colons libres.

Donc, délimitez la frontière pour installer vos récidivistes dans la seule partie de Guyane où nous puissions intelligemment et honnêtement les reléguer : dans la prairie du territoire contesté.

On peut encore envisager la question à un autre point de vue, et plus grave. Tellement grave, qu'on ne peut guère insister. Maintenant que vous envoyez 20,000 récidivistes en Guyane, vous allez laisser subsister le contesté? Mais des bandes de récidivistes n'auront qu'à s'évader, — chose ni difficile ni rare, — et ils formeront une république de chenapans entre la Guyane et le Brésil. Ni le Brésil ni même la France ne sauraient, le cas échéant, tolérer un tel état de choses. Prenez les devants; établissez une frontière qui rende l'extradition possible. Sans cela le Brésil ne tardera pas à faire entendre de violentes mais justes réclamations. Gardons-nous de ce côté. Nous pourrions avoir là, un jour, plus tôt qu'on ne pense, une bien grosse affaire. Et nous en avons assez comme cela, de par le monde.

La frontière une fois délimitée, il se formera dans l'avenir, dans la prairie de l'Oyapock, au lieu d'une tribu de forçats en rupture de ban, une colonie française de peuplement, dont l'heureux développement est assuré par l'excellence du climat et la facilité du travail dans les savanes, et dont la présence à l'embouchure de l'Amazone ne sera pas sans intérêt pour la patrie française.

Cet avantage de nous valoir, à l'embouchure de l'Amazone, un beau territoire de colonisation nationale qui serait, en attendant, le plus excellemment choisi de tous nos ateliers pénitentiaires, n'est pas le seul que nous présenterait la solution du différend franco-brésilien. On a pu voir récemment, en 1883-84, à propos de ma très pacifique exploration de la région litigieuse, combien était

chatouilleux, à cet endroit, le patriotisme brésilien. Il
serait donc sage et prudent de détruire à jamais, entre
deux nations amies, ce perpétuel ferment de discorde.
Il est, en effet, bien évident, qu'il y a un intérêt majeur
pour la France à n'avoir que de loyaux amis parmi ces
jeunes peuples latins qui sont déjà au nombre de nos
meilleurs clients. Nous avons là d'immenses intérêts d'influence. Aux Latins, le monde latin. Et certes nous trou-
verions chez le Brésil, le jour où la situation serait devenue absolument nette, où il ne pourrait plus exister entre
nous ni sous-entendus ni réticences, un débouché d'activité et d'influence que peuvent soupçonner ceux-là seuls
qui ont vécu au milieu de cette jeune et noble nation
si ardemment enthousiaste de tout ce qui vient du pays
qu'elle considère, à bon droit sans doute, comme la métropole de tous les néo-Latins.

Intérêt de la question.

On ne peut pas dire, non plus, que la question manque
d'intérêt. Depuis deux siècles, elle a donné lieu à vingt-
quatre traités ou conventions. Les plus illustres hommes
d'État et diplomates français, portugais et brésiliens y
ont attaché leur nom. Il suffit de citer parmi les Français, pour ne parler que des plus connus, les Choiseul,
les Conti, les Maurepas, les Molé, les Talleyrand, les
Polignac, les Guizot et les Thiers. Par quatre fois, en
1697, en 1794, en 1836 et en 1841, en pleine paix, cette
question a donné lieu à des actes belliqueux fort graves. A
trois reprises, en 1814, en 1817 et en 1841, elle a amené
la nomination, par les deux gouvernements intéressés,
d'une commission technique mixte.

Je ne viens donc point inventer une nouvelle question

coloniale. Je n'ai jamais pensé à prendre un brevet pour
l'invention du différend franco-brésilien. Il existe, ce différend, c'est vrai, mais ce n'est pas ma faute à moi,
c'est celle de Louis XIV. Le seul tort que je me recon-
naisse dans cette affaire, c'est d'avoir cru, et de croire
encore, à la possibilité de vider de suite le litige par les
voies pacifiques, et à la nécessité, à l'urgence, à l'utilité
d'arriver de suite à une solution. S'agit-il donc d'une
aventure quand on parle d'en finir scientifiquement, pacifiquement, à l'amiable, avec une question qui a fait perdre du temps à tous nos hommes d'État depuis Colbert
jusqu'à M. Jules Ferry? Est-ce donc quelque sinistre
chicane que de demander au voisin, en vue d'éviter un
procès, de rétablir entre deux propriétés contiguës les
bornes qui ont disparu? Il ne s'agit pas de lever un
lièvre, mais d'en tuer un qui court depuis déjà deux
cents ans.

Or il n'est question aujourd'hui, dans toutes les droites
comme dans toutes les gauches, que d'organiser notre
domaine colonial. « Organisons, disent-ils, notre domaine
colonial, apurons nos vieux comptes diplomatiques, fer-
mons la porte à de nouvelles aventures. » Eh bien,
voici une belle occasion de faire de l'organisation intelligente. Nous avons depuis deux cents ans, à l'embouchure de l'Amazone, un magnifique territoire indivis;
partageons ce territoire, délimitons la frontière : ce sera
organiser la paix, les bonnes relations, la prospérité. Ne
pensez-vous pas, comme moi, que si l'on veut réellement se mettre à organiser notre domaine colonial, on
ferait bien de commencer par vider nos vieux comptes
embrouillés? Les bons comptes font les bons amis, et la
prairie de la bouche nord de l'Amazone vaut bien une
commission technique.

« Nous avons, disait récemment un de nos hommes
d'État, nous avons des droits sur divers territoires disséminés dans les cinq parties du monde. Mais chaque
revendication ne peut venir qu'à son heure. » Mot
profond, admirable programme de la politique coloniale
pratique. Mais puisque nous voulons faire de la politique
coloniale sérieuse, pourquoi ne commencerions-nous pas
notre liquidation, en nous attaquant immédiatement à
ceux de nos droits les plus anciens, les plus connus,
ceux-là surtout que nous pouvons établir, faire valoir,
solutionner si je puis dire, aisément, pacifiquement, sans
un crédit, sans une interpellation, sans faire manœuvrer
un aviso, sans déplacer une escouade, sans renverser un
cabinet? Nous faisons de grandes dépenses en hommes et
en argent pour acquérir de nouvelles possessions, et
nous en dédaignons d'autres qui seraient nôtres depuis des
siècles, si nous avions seulement voulu faire les frais
d'une délimitation à l'amiable!

J'entends d'ici gémir les effarés : « Pourquoi réveiller
cette question du contesté franco-brésilien. Elle dormait
d'un sommeil si profond! Qui sait les ennuis qu'elle va nous
causer maintenant qu'elle est réveillée! Mais point n'est
besoin de la réveiller, la question du contesté de Guyane,
elle ne dort pas du tout, elle ne sommeille même pas.
Depuis deux cents ans elle a fait assez tirer de coups de
fusil et de coups de canon, assez disputer les hommes
d'État et les diplomates, assez écrire de rapports, de
mémoires et d'in-quarto, pour qu'on ne la suppose pas
en léthargie. A Paris même, de temps à autre, elle a agité
les esprits. Mais c'est surtout là-bas, en Amazonie, qu'elle
est vivante, qu'elle passionne. Nous avons en Amazonie
une colonie française, nombreuse, riche et prospère autant
qu'estimée. Eh bien, cette colonie, à cause de cette mal-

heureuse question du contesté, se voit fréquemment en butte, de la part d'une population qui, pourtant, a beaucoup de sympathie pour nous, à de fâcheuses suspicions. Il ne faut pas que les Allemands, les Anglais et les Américains soient écoutés, quand ils présentent nos frères de l'Amazonie comme l'avant-garde de notre future armée d'invasion. Nous avons de grands intérêts dans ce merveilleux marché du Brésil, dans cette admirable vallée amazonienne; n'allons pas les sacrifier à la peur ridicule que nous causerait l'idée d'une délimitation à l'amiable. Pour s'être refusé à la très peu troublante aventure d'une commission technique, on ouvrirait pour l'avenir, pour un avenir prochain peut-être, la porte à toutes les aventures.

Opportunité de la solution du différend.

On se demandera peut-être, tout en reconnaissant l'utilité d'une prompte solution à l'amiable et les heureux résultats qu'elle ne manquerait pas d'avoir, si le moment est réellement bien choisi pour faire au gouvernement du Brésil, malgré l'opinion de la presse officieuse, ministérielle, de Rio de Janeiro, une semblable ouverture. Il me semble que le moment n'a jamais été plus opportun. En effet, le président du Conseil des ministres, M. le baron de Cotegipe, chef du parti conservateur actuellement aux affaires, s'est d'abord fait connaître par ses travaux sur les territoires litigieux de l'Empire, et notamment sur le territoire des Missions, contesté entre le Brésil et l'Argentine. L'honorable et illustre homme d'État, après s'être toujours prononcé en faveur de la solution à l'amiable, mais aussi prompte que possible, des questions pendantes à propos des territoires contestés entre le Brésil et les na-

16

tions qui l'entourent, vient, en septembre dernier, à peine
en possession du pouvoir, d'arriver au règlement du différend avec l'Argentine. Ce règlement a été un véritable
événement, un coup de foudre pour toute l'Amérique du
Sud, qui n'avait cessé de redouter depuis cinquante ans
un conflit toujours imminent entre les deux grandes nations sud-américaines à propos de ce territoire des Missions.
Ajoutons aussi que le gouvernement du Brésil ne voit
pas sans une certaine inquiétude la France écouler ses récidivistes dans une colonie qui n'est séparée de la province
de Pará que par un territoire déjà peuplé aujourd'hui
d'esclaves fugitifs et de soldats déserteurs, et cette particularité le rend tout favorable à l'idée d'une solution im
médiate. On voit donc que le moment n'a jamais été plus
opportun pour que les ouvertures de la France en vue d'un
règlement, après étude préalable sur les lieux, puissent être
accueillies favorablement par le gouvernement de Rio.

Dans son numéro du 25 mai 1885, le *Jornal do Comer-
cio*, la plus grande feuille du Brésil et de l'Amérique
du Sud, grand journal officieux de Rio de Janeiro, or-
gane de la plus haute importance, éminemment grave
et respecté, non moins que ministériel, étudiant la question du contesté franco-brésilien, conclut ainsi :

« Si, pour arriver à un arrangement à l'amiable et honorable pour les deux pays, on a recours à l'ancienne méthode,
il y a peu de chances de voir aboutir les négociations.

« Aucun diplomate brésilien ne peut se targuer d'être
plus patriote que Araujo Ribeiro, ni plus éclairé que le
vicomte d'Uruguay. Aucun diplomate français ne peut se
croire plus habile que le baron Rouen, ou mieux au courant de la question que le baron His de Butenval. Là où
ces négociateurs ont fait naufrage, naufrageront aussi les
autres.

« Le moyen qui paraît le plus raisonnable est la nomination d'une commission mixte, franco-brésilienne, comme celles qui devaient fonctionner en 1817 et 1840. Les commissaires de chacun des deux pays iraient étudier le territoire litigieux, en faire la carte, et, sur les données fournies, les deux puissances résoudraient directement la question ou la soumettraient à un arbitrage.

« Le moment est propice. La France est à la recherche d'un territoire colonial pour reléguer ses récidivistes. La philanthropie de la majorité républicaine répugne à colloquer ces malheureux sous des climats meurtriers. Le propre député de Cayenne refuse, au nom de sa colonie, le don fatal que la France veut faire à la Guyane. Eh bien, il y a un moyen pour la France de trouver de suite un territoire de relégation pour ses récidivistes. Dans la partie du territoire contesté que le vicomte d'Uruguay proposa à la France, c'est-à-dire entre l'Oyapock et le Carsevenne, existent des prairies saines, fertiles, chaudes, mais non humides, où pourraient vivre honnêtement ces dégradés. La France a donc, par conséquent, des raisons spéciales pour entrer en accord avec nous.

« Ceci est déjà connu dans les hautes régions politiques de la France, et le sera mieux encore après la prochaine discussion de la loi des récidivistes à la Chambre des députés, où est revenu le projet amendé par le Sénat. On dit que M. Franconie, député de Cayenne, parlera dans ce sens (1).

« Pour ce qui est de notre Brésil, nous voyons tous les avantages d'une solution immédiate et à l'amiable. S. M. Pedro II recueillera la gloire d'avoir pu régler un différend séculaire; la province de Pará, celle de l'Amazone,

_____

(1) Écrit en 1885.

cette somptueuse Amazonie qui vit oubliée, inquiète, mé-
contente, où fomentent déjà des germes de séparation, —
tel est le dégoût que soulève chez elle l'indifférence du
sud pour les intérêts les plus vitaux du pays, — verront
disparaître les craintes de futures complications; la colonie
française de ces deux grandes provinces, colonie riche,
nombreuse, estimée, influente, recevra avec des béné-
dictions une solution qui lui permettra de travailler et de
se développer sans attirer les soupçons.

« Deux siècles de négociations, de traités, d'actes belliqueux, c'est assez. La commission mixte est la préface d'un
arrangement diplomatique irrévocable et définitif.

« Les intérêts français sont considérables en Amazonie.
Il y a plus. Quand partit de Pará O senhor Henrique
Coudreau, la Chambre de commerce de Pará lui remit
une pétition pour le ministre des affaires étrangères de
la République française, sollicitant le prolongement de
la ligne française de vapeurs qui va déjà de France aux
Antilles et à Cayenne jusqu'à la ville de Pará. Les relations entre la France et le Brésil deviennent chaque jour
plus étroites. Il est nécessaire de les rendre de plus en
plus cordiales. La commission mixte y contribuerait largement et établirait entre les deux nations une paix, une alliance perpétuelles.

« Ajourner un problème n'est pas le résoudre. Résolvons le problème du contesté de Guyane par la nomination d'une commission mixte pour en finir avec le
litige. »

Voilà donc, la chose est assez claire, une excellente
occasion qui nous est offerte par le Brésil, de régler le
différend séculaire du contesté de Guyane. Les idées
du grand journal officieux de Rio de Janeiro sont très
loyales, très honnêtes, très sages et très pratiques, je

m'y rallie sans arrière-pensée et viens chaudement les recommander. Empressons-nous de saisir aux cheveux cette
occasion unique qui se présente à nous, acceptons les
avances qui nous sont faites, et agissons.

Moyen le plus simple de résoudre la question. ·

Il ne reste plus à aborder qu'une seule objection, mais
elle est grave.

Il ne doit pas être si aisé, dira-t-on, de résoudre cette
question du contesté franco-brésilien, puisque les plus illustres diplomates et hommes d'État de la France, du Portugal et du Brésil y ont échoué; puisque, après vingt-quatre
traités ou conventions, on voit moins clair que jamais
dans l'affaire.

Il est hors de doute, je le crois, que si l'on ne se propose, comme on l'a fait jusqu'à ce jour, que d'expliquer
le traité d'Utrecht et les vingt-trois autres qui lui servent
d'explication, on n'arrivera à rien; car ce traité et ses
vingt-trois commentaires sont, dans leurs détails, d'une
incompréhensibilité transcendante. Je me suis appliqué
à l'étude de ces œuvres diplomatiques; j'ai lu les disser-
tations auxquelles elles ont donné lieu, un peu partout,
et dans le sein même de la Société de géographie, de la
part de M. d'Avezac, répondant à Caëtano da Silva, il y a
quelque trente ans. Eh bien, je suis forcé de l'avouer,
j'ai trouvé tout cela obscur jusqu'au sublime. Je n'y ai
rien compris. Ou plutôt, pour parler plus exactement,
j'ai compris tout ce que j'ai voulu. Si cela pouvait être
agréable, je me mettrais à démontrer, tout de suite, d'une
façon bien évidente, que nous avons droit à la totalité
des territoires qui s'étendent jusqu'à l'Amazone et au Rio-
Negro. Mais si, d'aventure, il se trouvait à côté de moi

un Brésilien, il n'aurait, de son côté, aucune peine à démontrer, d'une façon non moins évidente, que le Brésil a un droit bien fondé sur tous les territoires qui s'étendent jusqu'aux Tumuc-Humac et à l'Oyapock.

Cependant, il est une chose sur laquelle nous tombons d'accord. Il existe, entre la France et le Brésil, dans la Guyane du Sud, un territoire qui est contesté : voici un fait absolument indéniable. Il est difficile de déterminer d'une façon précise les droits de chacun, puisque, depuis deux cents ans, cent cinquante diplomates de marque ont en vain peiné à la tâche. Les Brésiliens ne veulent pas cependant, et nous non plus nous ne voulons pas, — bien que nous n'ayons pas envie de nous canonner pour de telles misères, — renoncer purement et simplement à des droits acquis. Eh bien, puisque la diplomatie n'a réussi, — ce qui était un peu autrefois le rôle de la diplomatie, — qu'à embrouiller extraordinairement la question, si nous laissions là la diplomatie et ses énigmatiques documents, et si nous remettions au simple bon sens la solution de l'affaire? Si nous proposions au Brésil, au lieu de discuter avec lui sur des droits hypothétiques ou périmés, de faire un partage équitable à l'amiable? que dis-je, proposer! si nous acceptions, veux-je dire, ce que le Brésil nous propose? Voyons quels sont les territoires qui sont bien réellement contestés, non pas dans l'imagination exaltée, l'ardeur intransigeante de quelques chauvins isolés, mais dans la réalité historique. Puis, après étude technique sur les lieux des territoires réellement en litige, partageons.

Ainsi débarrassés de l'encombrant bagage diplomatique, table rase étant faite des vingt-trois inexplicables explications du traité d'Utrecht, l'édifice étant nettoyé de la végétation parasite qui le cache, tablons sur le *statu quo*. Ce qui est actuellement sous l'influence française restera français, sous l'influence brésilienne restera brésilien, ce qui est réellement neutre sera partagé. C'est là le principe dont s'est servi le baron de Cotegipe pour résoudre tous les différends territoriaux du Brésil avec les nations limitrophes. Ce principe me parait, dans l'espèce, parfaitement acceptable.

Le statu quo. — Le pays contesté. — Méthode à priori et méthode expérimentale.

Pour bien établir le *statu quo*, résumons et concluons.

Le traité d'Utrecht dit, en substance, que S. M. T. F. aura la possession des *deux bords,* des *deux rives* de l'Amazone. Quelle que soit la bonne volonté qu'y puisse mettre notre patriotisme, nous ne pouvons croire de bonne foi, que cette renonciation, de la part de Louis XIV, implique seulement renonciation par la France à la navigation du grand fleuve. Mais est-ce à dire que le traité d'Utrecht nous enlève la totalité du bassin septentrional de l'Amazone? Non; il n'est nullement question de cela. Le traité d'Utrecht, tout en nous écartant de la rive septentrionale du fleuve, laisse indéterminée la frontière des territoires de l'intérieur. Pour ce qui est des territoires de la côte, le traité laisse au Portugal les Terres du Cap de Nord et nous donne pour limite la rivière de Vincent-Pinçon. Or, la vérité vraie est que notre plénipotentiaire n'avait pas la moindre idée de la difficulté géographique qu'on lui proposait, et que c'est en pleine connaissance de cause que les Portugais essayèrent de faire prendre pour l'Oyapock cette rivière de Vincent-Pinçon qui n'était autre que l'Amazone, et de faire accepter, sous la dénomination, d'ailleurs vague et arbitraire, de terres du Cap de Nord toute la région comprise entre le grand fleuve et notre frontière orientale incontestée. Toutefois, notre diplomatie n'accepta jamais cette confusion, et, depuis le traité d'U- trecht, elle a réclamé constamment pour limite le Carapa- pori, bras septentrional du delta de l'Araguary, l'Araguary, puis, de ce fleuve, une ligne droite tirée vers l'ouest jus- qu'au rio Branco. Depuis l'obstruction du Carapapori, vers la fin du siècle dernier, on n'a cessé de demander comme frontière la totalité du cours de l'Araguary et la fameuse ligne vers le rio Branco, quitte à offrir une compensation dans les territoires de l'intérieur, pour les terres revendi- quées d'entre Carapapori et le bas Araguary. La frontière historique du pays contesté est donc l'Araguary et la ligne vers le rio Branco. Nous avons un droit diplomatique sur les territoires se trouvant au nord de cette frontière.

Mais entre ces droits diplomatiques qui représentent les prétentions extrêmes de la France, et la possibilité d'un accord, il y a un abîme. Il est bien évident que le Brésil n'acceptera pas de tabler avec nous sur de telles préten- tions. La seule affirmation officielle par notre gouverne- ment de semblables revendications, aurait pour résultat immédiat de nous mettre en fort mauvais termes avec l'empire. Un médiocre arrangement vaut mieux qu'un bon procès. Et d'ailleurs, il faut bien tenir compte du prin- cipe du fait accompli, principe qui, en Amérique et partout, régit et simplifie cette question toujours obscure des pays contestés.

Nous ne pouvons plus aujourd'hui faire valoir nos pré- tentions jusqu'au rio Branco, le rio Branco ne saurait être contesté, car les Brésiliens l'exploitent et le peuplent. Les territoires indéterminés de l'intérieur sur lesquels nous pouvons revendiquer un droit diplomatique ne sauraient être étendus, à l'ouest, au delà des contreforts du système

des Montagnes de la Lune; au sud, au-dessous des derniers
points occupés par la colonisation brésilienne en amont
des affluents de gauche de l'Amazone, entre Manáos et Macapá. Ces territoires, purement indiens, libres de toute influence brésilienne, presque inconnus, ou pour mieux dire,
n'ayant été visités que par de très rares explorateurs, —
deux, Crevaux et moi, — forment une zone assez étroite
au sud des Montagnes centrales. Tel est notre contesté
diplomatique dans les territoires de l'intérieur.

Mais déjà, la réserve absolue de nos droits sur ces territoires au sud des Montagnes centrales, ainsi délimités,
serait probablement de nature à empêcher toute entente,
si nous n'acceptions pas, en principe, le système des compensations. Il nous faut consentir, virtuellement, à renoncer à nos droits sur ces territoires, moyennant une
compensation sur la côte.

Avons-nous donc un si grand intérêt à nous annexer le
versant méridional des Tumuc-Humac et des Montagnes
de la Lune? En admettant la possibilité de les obtenir
sans dépenser, chose peu probable, pas mal de millions et
de soldats, je crois que ce ne serait pour la France qu'une
nouvelle charge sans compensations sérieuses. C'est la
prairie de la côte, la côte elle-même qui nous importent.

Et puisque, historiquement, l'obstruction du Carapapori
qui nous a obligés, pour avoir une frontière sérieuse, de
réclamer pour limite l'embouchure, aujourd'hui unique,
de l'Araguary, nous a amenés aussi à offrir pour ce fait une
compensation dans les territoires de l'intérieur, oh! aban-
donnons sans regret tous ces territoires au sud des Tumuc-
Humac et des Montagnes de la Lune, moyennant des compensations, même modestes, sur la côte. Nos droits diplomatiques sur ces territoires sont incontestables, mais, pour
arriver à une entente, offrons de les abandonner en échange

d'une compensation dans le Mapa et les Terres du Cap de Nord. Et alors, acte pris du principe accepté, nous délimiterons définitivement le pays contesté de la manière suivante : l'Oyapock, l'Araguary et la ligne de partage des eaux entre les sources de ces deux fleuves.

Si nous nous souvenons maintenant qu'en 1856 le Brésil nous a offert la limite de Carsevenne et que nous lui avons offert alors celle de Tartarougal-Grande, à 135 kilomètres plus au sud, nous nous rendrons compte qu'il ne serait pas impossible de nous entendre, puisqu'il ne reste de contesté que le Mapa, entre Carsevenne et Tartarougal, c'est-à-dire un territoire de 60,000 kilomètres carrés, peuplé de 600 habitants civilisés. Toutefois, n'oublions pas que nous ne renonçons, virtuellement, aux territoires du sud des Montagnes centrales, que pour obtenir, dans la région côtière, une compensation équitable.

Pourquoi l'entente ne s'est-elle pas faite jusqu'à ce jour? Parce qu'on a *discuté* sur des *droits* au lieu d'*étudier* des *faits*; on a voulu *prouver* au lieu de se borner à *constater*. La méthode diplomatique appliquée au règlement de ce différend est mauvaise, puisque voici deux cents ans qu'elle échoue. Elle échouerait encore; il faut l'abandonner et remettre à une autre méthode la méthode scientifique, le règlement du différend. La méthode *à priori* est condamnée, il faut adopter la méthode *expérimentale*.

Règlement du différend par une Commission franco-brésilienne d'exploration du pays contesté.

Dans ces conditions, quel est le moyen de solution à l'amiable qui se présente de suite à l'esprit, qui s'impose? Celui que nous indiquent les Brésiliens. Une Commission franco-brésilienne pour l'exploration du territoire contesté.

Cette Commission explorerait, étudierait les territoires litigieux, et donnerait avec son rapport un projet de frontière,
projet unique si le commissaire français et le commissaire
brésilien arrivaient à s'entendre, double dans le cas contraire. Sur ces données, les deux gouvernements pourraient,
ou ratifier purement et simplement, ou s'en remettre à
un arbitrage franco-brésilien ou étranger, statuant sur les
données de la Commission mixte. Car enfin, pour la première fois, toutes les données véritables du problème auraient été réunies.

Mais, dira-t-on, puisqu'il s'agit d'un procès qui dure
depuis si longtemps, on doit, dès aujourd'hui, posséder
une foule de documents. On n'a pas besoin de nommer une Commission d'exploration, de refaire encore une
fois la carte du territoire contesté. Erreur, mille fois erreur: cette carte n'a jamais été faite, et là est, précisément,
le piquant de l'histoire. Les diplomates ont disserté doctement sur des difficultés géographiques, sans avoir sous les
yeux la moindre carte d'ensemble un peu avouable. Je
n'insiste pas, car l'étude des fantaisies géographiques de
ces messieurs relève du *Charivari* et non de la Société de
géographie. J'arrive de là-bas et je sais ce que je dis.

Il faut donc commencer par faire la carte du pays. Ni
Reynaud en 1838, ni José da Costa Azevedo en 1864, ni
moi en 1883, n'avons pu étudier plus de la dixième partie
de la contrée. Or, il importe d'en saisir et fixer une bonne
fois la topographie d'ensemble; car ces terres, surtout dans
la partie littorale et spécialement pour ce qui est du Mapa
et des terres du Cap de Nord, sont soumises à de continuelles
modifications topographiques. Elles sont sans cesse bou-
leversées par les apports de l'Amazone et par de profondes
et rapides commotions géologiques qui affaissent ici et soulè-
vent là. Elles sont, dans leurs détails, en formation et dé-

formation incessantes; dans leur ensemble, en croissance régulière. Exactement comme dans les deltas des grands fleuves, on voit, entre l'embouchure de la Mapa et celle de l'Araguary, les alluvions modernes, le quaternaire actuel, faire reculer la mer et bouleverser tous les jours le relief des apports récents. Ainsi, le canal de Carapapori a disparu, les lacs du Mapa ont été bouleversés : les relevés de Roumy et de Dor, les commandants du poste français de Mapa de 1836 à 1840, et ceux de José da Costa Azevedo en 1864, ne sont plus reconnaissables. J'avais ces documents sous les yeux pendant mon voyage dans le Mapa, et je pouvais constater, à chaque instant, qu'en quarante années ou même vingt, la physionomie du district s'était complètement transformée. Ceci pour les régions qui ont été étudiées. Mais il y a plus. Nous ne possédons encore aucun document sur la région marécageuse des lacs côtiers entre l'embouchure de la Mapa et celle de l'Araguary, ni sur l'île Maraca, ni sur les hauts de Tartarougal, de Coujoubi, de Fréchal, de Mapa-Grande, de Mayacaré, de Carsevenne, de Counani et de Cachipour. Il nous faut donc, avant tout, établir une bonne carte des territoires ligitieux.

Donc, envoyez une Commission, j'entends une Commission de vrais explorateurs et non pas de grands fonctionnaires ou de diplomates, une Commission modeste, sans grand appareil, étudier le pays. Cette mission vous renseignera sur les populations, leur vie économique et politique, leur distribution, leur race, sur l'économie générale des prairies, des lacs et des forêts, et vous ramassera, pour ainsi parler, les matériaux d'une monographie encyclopédique du pays contesté franco-brésilien. En un an, la besogne pourrait être terminée. Quand on se sera bien rendu compte de la valeur exacte des districts contestés, de la répartition par rivière des populations aborigènes ou émigrées, de la valeur comparée des terres des différentes régions, — alors, mais alors seulement, on pourra s'entendre pour le partage à l'amiable. Ce n'est pas à l'aveuglette qu'on peut tracer une frontière dans un territoire grand comme le tiers ou le quart de la France. Il faut bien connaître l'ensemble et les détails pour procéder à un partage équitable. Car, ne croyez pas qu'après deux siècles, le Brésil ni la France puissent se contenter d'une frontière par à peu près, tracée dans les chancelleries.

Mais, dira-t-on, par quel procédé pratique arriver à constituer cette Commission franco-brésilienne d'exploration du pays contesté de Guyane? On commencera, n'est-ce pas, par disputer sur les frontières? Mais jamais on ne s'entendra; vous faites une pétition de principes. Il est bien certain que, si les deux gouvernements commencent par échanger des notes à ce sujet, la chose sera longue à aboutir. La diplomatie vit surtout d'ajournements. Et si ses casuistes se mettaient de nouveau à ressasser, à propos de la malheureuse rivière de Vincent-Pinçon, leurs pénibles élucubrations de géographie intentionnelle, nous en aurions probablement pour bien longtemps encore avant de voir la question avancer d'un seul pas.

Mais voici qui me semble beaucoup plus pratique, plus expéditif. Le gouvernement français, prenant acte des déclarations de la presse officieuse brésilienne, ou profitant de la première réclamation du chargé d'affaires du Brésil au sujet du territoire contesté, — il y en a tous les six mois, — nomme une Commission chargée d'explorer, d'étudier, aux points de vue géographique, ethnographique, économique et autres, la région litigieuse. Pour cela, point n'est besoin d'attendre quoi que ce soit, la Commission pourrait être nommée dès demain. On n'a pas besoin de l'autorisation du Brésil pour envoyer une mission scientifique dans le pays

contesté. Le Brésil, lui, ne nous a pas demandé notre as-
sentiment pour envoyer les siennes dans le Mapa. La Commission nommée, le gouvernement français informe du fait
le gouvernement brésilien, et l'invite à envoyer également,
dans la même région, une Commission scientifique brésilienne, afin, expliquerait notre diplomatie, d'arriver à régler à l'amiable le différend, après étude technique de la
contrée. J'ai la conviction que, si l'on procède ainsi, la
double Commission peut commencer à fonctionner dès le
printemps prochain. En tout cas, la France aurait toujours
son étude complète du territoire litigieux, ce qui serait notre
plus solide argument devant un arbitrage. Mais le Brésil,
dont nous avons vu plus haut les sentiments à ce sujet, ne
manquera pas de répondre à nos ouvertures et d'envoyer sa
Commission. Peut-être même, d'ici à fort peu de temps,
étant données les dispositions dans lesquelles on se trouve
à cet endroit à Rio de Janeiro, des propositions officielles
nous seront-elles faites dans ce sens. Donc, il n'y a aucun
inconvénient à ce que nous prenions les devants, et, ne
faisant que nous inspirer d'une idée brésilienne, nous dépê-
chions là-bas une mission pour faire la topographie de la
contrée. Car, pour nous, il y a urgence, et maintenant que
nous savons le fer chaud, il faut nous mettre à le battre. Il
n'y a aucune nécessité à s'entendre, par télégraphe, sur le
choix des commissaires, et à les envoyer solennellement
faire campagne commune. Les deux missions peuvent opérer séparément. L'essentiel, pour nous, est de ne pas laisser
se refroidir l'occasion.

Que dirai-je de plus? Je ne suis pas un inventeur, je ne
viens pas faire l'article pour une nouveauté suspecte. Je
viens simplement rappeler que par trois fois, en 1814, en 1817
et en 1841, ce vieux compte louche allait être apuré, grâce
à la nomination d'une Commission technique franco-brési-

lienne. La première fois, la France seule envoya son délégué; la troisième fois ce fut le Brésil; la seconde, personne ne bougea. Si, à ces époques, on s'en est tenu à l'intention, c'est que nous nous désintéressions alors un peu trop des questions coloniales, et que nous ne savions pas assez tous les maux, comme tous les biens, dont ces questions-là sont grosses. Depuis, nous avons payé assez cher pour acquérir un peu d'expérience. Aujourd'hui, une nouvelle occasion se présente, le Brésil nous fait officieusement des ouvertures. Acceptons, et allons de l'avant.

Le Brésil, lui, en a déjà fini avec tous ses contestés. Du côté de Venezuela, du Pérou et de la Bolivie, il y a déjà quelques années; du côté de l'Argentine, il y a quelques mois. Il ne lui reste plus que celui de Guyane. Pour nous, la vieille monarchie nous a légué, ici et là, des droits, mais aussi des embarras et des difficultés. Réglons nos différends, c'est faire de la politique coloniale sérieuse. Mais en même temps, ayons confiance, car la France ne sera pas au-dessous de sa tâche; elle saura avec honneur, justice et profit, liquider le bilan du passé.

Et quand une nation amie vient nous dire : « Réglons notre vieux différend, pour établir entre nos deux pays une paix et une alliance perpétuelles, » nous n'avons qu'à accepter avec empressement cette loyale et fraternelle invitation.

Concluons en disant avec les Brésiliens : « Ajourner un problème, n'est pas le résoudre. Résolvons le problème du pays contesté de Guyane par la nomination d'une Commission franco-brésilienne pour en finir avec le litige. »

CHAPITRE V.

LES DIRECTEURS D'INDIENS.

Parmi les territoires sur lesquels s'exerce dans le monde l'action des Européens, il en est que la race blanche est en état de peupler par elle-même, comme le Canada, l'Algérie et la Tunisie, l'Australie, les États-Unis; d'autres où elle ne peut que se superposer à la race locale, comme l'Indoustan, l'Indo-Chine, les Philippines et la Malaisie; d'autres enfin qu'elle ne peut non seulement peupler, mais même pénétrer, qu'en se croisant avec la race indigène. Sont dans ce dernier cas les régions intérieures de l'Amérique tropicale.

Chose singulière, au Canada, aux grands lacs de l'Amérique du Nord, les Français ont toujours été et sont demeurés encore aujourd'hui les bons amis des Indiens avec lesquels ils se sont mêlés et ont formé une population métisse importante. Au Brésil, lors de la conquête française, les indigènes témoignèrent à notre égard du plus grand enthousiasme, de la bonne volonté la plus inaltérable.

Ce point mérite même un développement spécial. Nous sûmes tirer au Brésil, de l'alliance avec les Indiens, tout ce qu'elle pouvait nous donner; et, par une contradiction singulière, nous semblons avoir toujours pris à tâche en

Guyane de persécuter les Caraïbes, frères pourtant des Tupis, nos alliés du Brésil. Nous fîmes cependant au Brésil œuvre d'initiation, mais au profit des Portugais, qui continuèrent là-bas, avec le plus admirable succès du reste, la politique que nous leur avions enseignée ; de même que les Anglais mirent à profit dans l'Inde celle qu'ils avaient apprise de Dupleix : tuant un peu trop sans doute et ne croisant pas assez, je parle des Portugais, mais croisant cependant puisque aujourd'hui le Brésil existe, tandis que la Guyane française n'existe pas.

A Maranhão, et plus tard à la baie de Rio, les Français firent toujours le meilleur ménage avec les Indiens. Qu'on relise le vénérable Ferdinand Denis, le *Brésil français* de Paul Gaffarel, les études de l'excellent Gabriel Gravier. Ou remontant bien plus haut dans l'histoire, qu'on parcoure les pittoresques relations de Jean de Léry, de Claude d'Abbeville, et de Yves d'Évreux. « Les sauvages aiment mieux les Français que toutes autres nations qu'ils aient pratiquées, » dit le docte et consciencieux Ramusio. « Nous « commencions, dit le chef Japy Ouassou à Razilly, nous « commencions déjà à nous ennuyer tous de ne plus « voir venir des Français, et nous délibérions d'abandon- « ner ce pays et de passer le reste de nos jours privés de « la compagnie de nos bons amis les Français, sans plus « nous soucier de haches, de couteaux, de serpes et d'au- « tres marchandises. »

Quand Salema fit son expédition, 8,000 Tupinambas nos auxiliaires se firent tuer ou réduire en esclavage plutôt que de forfaire à l'engagement qu'ils avaient juré de rester nos *parfaits alliés*. Quand les navires normands et bretons abordaient au Brésil, les parfaits alliés offraient à nos matelots les plus belles filles des tribus. Les capucins français du Maranhão ayant eu une fois l'idée d'interdire

cette coutume consacrée, les chefs indigènes s'en plaigni-
rent vivement. « Ils estimoient, » dit Claude d'Abbeville,
« que c'estoit un mépris pour eux et un grand mécon-
« tentement pour leurs filles, quelques-unes desquelles,
« comme toutes désespérées, disoient se vouloir retirer
« dans les bois, puisque les François qui sont leurs bons
« compères (ainsi les appellent-ils) ne les vouloient plus
« voir. » En 1591, l'Anglais Knivet, ayant vu les Tamoyos
massacrer ses compagnons, s'écria qu'il était Français.
« Ne crains rien, » lui dirent alors les sauvages, « car tes
« ancêtres ont été nos amis, et nous les leurs, tandis que
« les Portugais sont nos ennemis et nous font esclaves;
« c'est pourquoi nous avons agi envers eux comme tu l'as
« vu. » Mais quelquefois cet ingénieux subterfuge ne réus-
sissait pas. Les Indiens n'aimaient que nous, ils étaient
en guerre avec tous les autres blancs. En 1550, le Hessois
Hans Stade est pris par un chef fameux de cette époque, Koniam Bebe. Hans Stade insinue que la Hesse et la France
sont le même pays : « Mensonge! s'écrie Koniam Bebe,
« on ne peut plus tuer un Portugais sans qu'il invoque
« la qualité de Français. J'en ai mangé cinq, comme toi
« ils se disaient tous Français. » Cependant le terrible chef
considérant la chevelure blonde de l'Allemand, se dit que
c'était peut-être bien tout de même un Français qu'il allait
condamner à mort, et, dans le doute, il voulut bien con
sidérer l'accusé comme innocent. Ce qui prouve que les
principes du droit naturel et de l'équité sont peut-être
un peu plus familiers à certains chefs cannibales qu'aux
messieurs chargés dans notre Europe civilisée, de châtier,
à Satory et ailleurs, les révoltes vaincues. Les navires ne
repartaient jamais sans laisser quelques matelots dans le
pays pour y apprendre la langue, et un corps d'interprè-
tes s'était formé. A méditer par M. Paul Bert, et ses suc-

cesseurs en Indo-chine. Et ils croisaient, à la plus grande
joie des Indiennes. Si le Brésil était resté français, nous y
aurions aujourd'hui vingt millions de métis.

Dans l'Amérique du Nord, même chose. On connaît l'a-
necdote fameuse. « Veux-tu savoir, dit un chef Peau-
Rouge, quelle est la nation que j'aime le plus? Tiens, dit-
il, en portant la main vers l'épaule et en montrant toute
la longueur du bras : *Voilà comment j'aime les Français;*
puis, baissant la main jusqu'au coude : *Voilà pour les
Espagnols;* il la baisse jusqu'au poignet : *Voilà pour les
Anglais;* enfin, montrant le bout des doigts : *Voilà pour
les Yankees.* »

Quel singulier peuple nous sommes! C'est nous qui avons
toujours les meilleures idées du monde, mais nous ne
savons jamais les appliquer. Le Brésil a fait sa fortune
avec la doctrine de nos matelots normands et bretons. Et
déjà, en 1721, nous voyons un sieur Claude Guillouet
d'Orvillers, de sa profession gouverneur de Cayenne, déclarer, dans un rapport officiel, qu'il préfère « un seul
nègre à mille de cette moraille. » Le perspicace et bien
pensant fonctionnaire avait pris les Galibis pour des sec-
tateurs de Mahomet. Et aujourd'hui, parlez des Indiens à
quelque affreux nègre de Cayenne, il vous répondra en
se rengorgeant. « *Nous ça Fancé, mais ça sauvage là, yé
pas moun.* » C'est-à-dire : Vous et moi nous sommes des
Français, des citoyens, des électeurs, mais les Indiens ne
sont pas même des hommes. Il est bon toutefois de remarquer une chose, c'est qu'au Brésil les métis de blanc
et d'indien parlent le pur portugais, et n'ont pas été obligés d'inventer pour leur usage personnel cet affreux cha-
rabia que l'on appelle, à Cayenne, le *quéole.*

Si la Guyane Française n'a guère été pour nous, depuis
près de trois siècles, qu'un champ d'expériences malheu-

reuses, la raison principale en a été l'inutilisation de la
race indigène.

Il suffit de parcourir un ouvrage élémentaire de statistique pour s'apercevoir que, dans les États continentaux
de l'Amérique tropicale, c'est la race indigène qui a été
le plus puissant auxiliaire de la civilisation. Les Indiens et
les métis de blancs et d'Indiens forment dans cette Amérique
chaude plus des trois quarts de la population totale. Pour
ne prendre l'exemple que de deux pays absolument similaires à notre Guyane Française, quant aux conditions de peuplement, le Vénézuela et le Brésil, on est frappé tout d'a-
bord de voir qu'ils sont chacun cinq fois plus densément
peuplés que notre colonie. Il est aisé de trouver l'explication de ce fait. Dans chacun des deux États précités, la
proportion des métis de blancs et d'Indiens est d'environ quarante pour cent de la population totale, tandis
que dans la Guyane française cette proportion n'est guère
que de un pour mille.

Les nègres introduits comme esclaves ont pu donner
de bons résultats dans des petites îles comme la Martinique, la Jamaïque ou même Cuba, ou bien encore dans
des territoires de pénétration facile comme la Louisiane
et le bas Mississipi; mais, en Amérique du Sud, pour
ouvrir les sombres déserts des plateaux intérieurs, les
explorer, les maîtriser, condition sans laquelle il n'y a
pas de prise de possession, de colonisation véritable, il
n'existe qu'une seule race de pionniers : les indigènes et
les métis d'Indiens et de blancs. L'histoire de tous les États
de l'Amérique chaude est là pour affirmer cette vérité.

« Dans l'Amérique tropicale, dit Couto de Magalhens,
« la race blanche pure s'affaiblit de corps et d'esprit dès
« la troisième génération ; les Portugais n'ont dû de for-
« mer une race stable qu'en croisant avec les Indiens. »

J'entends d'ici M. Schœlcher et ses amis. « Et les nègres, » me disent-ils, « et les mulâtres? » Lisez plutôt
quelques-uns des psaumes élucubrés par les enfants de
chœur de la divinité martiniquaise. L'un d'eux, un ancien
sous-inspecteur des écoles de la circonscription de Cap-
Haïtien! nous apprend que si les nègres sont « les déshé-
rités du présent, » ils seront aussi « les géants de l'avenir ; »
que le noir « fait preuve d'une intelligence supérieure, » que la « jeune et fière nation » de Soulouque a
déjà montré avec éclat « sa supériorité : » « en forçant
les Espagnols à rentrer chez eux, humbles et soumis, en
terrassant les Français à ses pieds, en jetant les Anglais à
la mer. » Et à moi, qui vous parle, les nègres des Antilles
et de la Guyane ont toujours dit, avec un hochement de
tête protecteur, qu'il n'y avait presque plus de blancs en
Europe, et que sans les beaux pays des nègres d'Amérique, les Européens, aujourd'hui, mourraient ·de faim.
Sans faire au grand chef occulte de nos colonies l'injure
de douter de la véracité et de la modestie de « ses
enfants, » risquons quelques observations.

Je crois aux nègres. Ils ont leur utilité, commes les
Australiens, les Tasmaniens, les Samoyèdes, les Eskimaux,
les Veddas. En se croisant avec les blancs ils donnent
parfois, et même souvent, des hommes d'une superficie
remarquable et même des hommes d'une valeur réelle.
Admettez que nous traiterons les nègres en pupilles et les
mulâtres en auxiliaires, et nous sommes d'accord. Bien.
Mais au point de vue de ce qui nous occupe maintenant, l'Amérique chaude, pensez-vous que le nègre vaille
l'Indien?

Moi, je ne le crois pas. D'abord les nègres ne sont pas
chez eux ; comme nous, ils sont étrangers dans cette terre.
Ce sont des esclaves importés. Ils ne se sont maintenus

en nombre que grâce à un recrutement annuel en Afrique, d'autant plus abondant que la mortalité des esclaves était plus forte en Amérique. Et aujourd'hui, combien sont-ils ces nègres? Pour 500,000 dans l'Amérique latine, vous comptez 30 millions d'Indiens et de métis d'Indien et de blanc.

Voici pour l'acclimatement. D'autre part, quelle espérance fondez-vous sur ces gens-là? J'en demande bien pardon aux fanatiques de la négromanie intolérante et exclusive qui a fait école chez nous, mais où avez-vous vu les nègres abandonnés à eux-mêmes enfanter quelque part quelque chose qui ressemblât à la civilisation? Les Indiens, eux, du moins, ont produit, seuls, bien absolument seuls, les merveilleuses civilisations du Pérou et du Mexique. Et qu'ont-ils produit en Amérique après deux siècles d'éducation, ces nègres? Cayenne, la Martinique, Haïti et les bataillons de moricauds combattant contre les nordistes pendant la guerre de sécession. Ceux qui s'enthousiasment pour nos nègres d'Amérique, s'inspirant d'un sentimentalisme démodé, ne connaissent guère, pour la plupart, nos compatriotes les Dahoméens de là-bas. Moi, je les connais, j'ai vécu plusieurs années avec eux, et d'ailleurs ne les hais point du tout. Seulement je trouve bête de faire la bouche en cœur et de leur dire « frère et ami. » Il faut les utiliser, à leur plus grand bien, mais aussi au nôtre. Seulement, voilà, je crois qu'on ne peut guère les utiliser. Tandis que les Indiens, eh bien! c'est à eux que l'on doit ces deux résultats qui, en somme, ne sont pas méprisables, le Brésil et la Colombie.

Ceci posé, voyons ce qu'il y aurait à faire aujourd'hui pour tirer le meilleur parti possible de ces Indiens, dont l'inutilisation a été une des causes principales du marasme séculaire de notre colonie de Guyane.

Ce n'est point la matière première, si l'on peut ainsi parler, qui nous a manqué là-bas; mais il a été fait autrefois dans notre colonie un bien fâcheux gaspillage d'Indiens. Vers 1750, les voyageurs, les auteurs les plus autorisés, attribuaient de 100,000 à 200,000 indigènes à notre possession de Cayenne. En 1750, 10,000 Indiens, au bas mot, travaillaient aux exploitations agricoles de Guatemala et de l'Oyapock. Ce dernier fleuve et le Kouron se peuplaient d'indigènes et de métis. Et, remarquons cette coïncidence, cette époque fut celle de la plus grande prospérité de la Guyane, qui était alors une de nos plus importantes colonies de plantation.

En 1763, les réductions d'Indiens furent supprimées. Les Indiens se dispersèrent, le métissage s'arrêta. Depuis, les Indiens furent tenus en mépris systématique par toutes les administrations qui se succédèrent. Et aujourd'hui la colonie, cherchant fiévreusement partout une émigration qu'elle ne trouve nulle part, se meurt faute de bras.

Depuis 150 ans, dix ou douze tribus ont disparu. Aujourd'hui le nombre total de nos indigènes est réduit à 20,000 au plus. Les statistiques officielles le restreignent à 6,000, 5,000 et même 2,500 ! Cinquante Indiens à peine travaillent temporairement, et d'une façon fort irrégulière, chez les civilisés. Sur la côte on ne compte plus qu'une seule tribu, celle des Galibis, qui habitent à l'Iracoubo, à la Mana et au Maroni. Dans l'intérieur on en connaît seulement sept : les Émérillons, les Poupourouis, les Aramichaux, les Acoquàs, dans les plateaux du centre; les Oyampis, à l'Oyapock; les Oyacoulets, entre l'Aoua et le Tapanahoni; les Roucouyennes, à l'Itany.

Ces Indiens ne sont pas nombreux, sans doute, — quelques milliers seulement, — mais, dans une contrée déserte comme la Guyane, où, en dehors d'une poignée de forçats,

d'une poignée de nègres et d'une poignée de fonctionnaires, il n'y a plus personne, ces quelques milliers d'individus représentent une valeur qui est loin d'être négli-
geable. D'autant plus que ce sont précisément ces Indiens
si injustement dédaignés qui sont les vrais maîtres du
pays, les maîtres des rivières et des forêts, des marais et
des cataractes, du secret de l'or et du secret du caoutchouc.
Fils des solitudes inviolées, les Indiens, trompés par nous,
tristes, défiants, s'éloignent, se retirent dans leurs impénétrables déserts. Et nous, nous ne serons réellement les
possesseurs de l'immense domaine que de vaines frontières
étendent, bien inutilement, jusqu'aux Tumuc-Humac, que
lorsque nous nous serons mêlés aux aborigènes, quand
nous nous serons croisés avec eux.

Il ne serait pas encore trop tard pour essayer de tirer
parti des quelques milliers d'Indiens dispersés dans les
forêts de notre colonie, d'essayer de les amener à nous,
de les civiliser, d'en obtenir ces métis précieux, grâce auxquels notre race pourrait enfin faire souche dans le pays.

On ne fera, nous le savons, à cette idée philanthropique
autant qu'utilitaire, aucune objection tant que l'idée se
tiendra dans le domaine spéculatif, qu'elle se présentera
comme principe abstrait sans virtualité de réalisation positive. Mais qu'on veuille faire passer dans la pratique
l'idée acceptée pour bonne en théorie, et nous verrons
surgir toutes les fins de non-recevoir habituelles.

Aussi n'entends-je point présenter une panacée. Les
maîtres de la science politique et de la sociologie ont suffisamment plaisanté ce travers pour que je m'applique à
éviter de tomber dans la maladie de l'innovation à outrance.
Étant donné un mal, ou un besoin, vite une loi et fonctionnaire et tout va pour le mieux. Je ne propose ni
fonctionnaire ni loi.

Je désire seulement exposer certain procédé spécial, certain mode particulier d'action, qui a admirablement réussi auprès des Indiens dans le grand empire limitrophe de notre colonie guyanaise.

Le principe dont les Portugais, puis les Brésiliens se sont inspirés est fort simple. Il repose tout entier sur ces deux points : 1° Dans les pays peu connus, sauvages, il importe de donner à la plupart des missions scientifiques un caractère moins académique, moins doctoral, moins spécial et moins abstrait, — moins azimuth et muséum, disait un Brésilien illustre, — mais plus utilitaire, plus pratique, plus humain; 2° que les missions scientifiques ainsi comprises doivent être constituées en permanence. Et ils créèrent des directeurs d'Indiens, naturalistes ou militaires, évangélistes ou astronomes, mais, avant tout, directeurs d'Indiens.

Je me bornerai à donner sur la question des directeurs d'Indiens au Brésil quelques idées générales, certain qu'on n'aura aucune peine à en induire la proportion dans laquelle nous pourrions imiter l'institution de nos voisins, pour tenter un nouvel essai en vue du relèvement de notre malheureuse colonie de Guyane.

Essai peu dispendieux, d'ailleurs, puisqu'il se réduit aux proportions modestes d'une mission scientifique absolument ordinaire, bien que d'un caractère spécial, nouveau pour nous; essai des plus aisés à tenter, puisqu'il ne nécessite aucune création, aucune innovation administrative; essai nullement périlleux ni même inquiétant, puisqu'il se résume à une œuvre toute de science et de philanthropie.

Le poste de Directeurs des Indiens, au Brésil, est un poste ni administratif, ni politique, ni hiérarchique, mais seulement philanthropique et scientifique.

Il n'a point été inventé pour sastisfaire aux appétits d'un

fonctionnarisme besoigneux. En effet, c'est un poste demandant une très grande dépense d'activité. Et il n'existe
qu'un seul directeur par province à Indiens.

La mission principale du directeur consiste : 1° à entretenir des relations avec les chefs des tribus mi-civilisées
(*aldeadas, mansas*); 2° à appeler à la civilisation les Indiens
sauvages (*boçaes, bravos*).

Pour la première partie de sa mission, — rapports
avec les Indiens civilisés, — il se rend auprès des différents chefs, si loin qu'ils puissent habiter dans l'intérieur;
il va, pour ainsi dire, les chercher au fond de leurs retraites, il écoute leurs plaintes, pourvoit à leurs besoins, leur
donne des cadeaux et leur distribue des honneurs. Il s'a-
vance peu à peu dans les bois et les déserts, il y fonde des
campements où il réunit des sauvages à qui il inculque,
de son mieux, le goût du travail et l'amour de la propriété. Il doit savoir les gouverner par persuasion, insi-
nuation, en sachant s'adapter, intelligemment, à eux.

Les Indiens sont très sensibles au galon. Au Brésil, les
chefs indigènes (les tuxaus) reçoivent les mêmes honneurs
qu'un capitaine de la garde nationale. C'est plaisir de constater combien ces bons chefs sont flattés, quand, ac-
compagnant à la ville leur directeur, ils se voient enfin
prodiguer, par les autorités locales, toutes ces petites
distinctions qu'ils ont, de longue date, si passionné-
ment briguées. Qui oserait blâmer ces bons sauvages d'une
passion si inoffensive, si naturelle, et qui les rend si aisément gouvernables?

Le directeur choisit aussi parmi les jeunes Indiens ceux
qui pourraient avoir des bourses dans les écoles; il les
présente aux autorités et à ces personnes de bonne volonté
que l'on rencontre toujours, et qui ne demandent pas mieux
que de donner une famille nouvelle aux jeunes barbares

fraîchement débarqués de leurs forêts. Ces enfants, ces
adolescents, transformés par l'école, parlant la langue
civilisée, ayant appris un peu de la leur aux jeunes camarades de la ville, deviennent ensuite les propagateurs
les plus zélés de cette civilisation qui les a si généreusement accueillis, et ils constituent le trait d'union, le lien
nécessaire entre les maîtres du littoral et les maîtres de la
forêt. La domestication des adultes est laborieuse, il est
bien plus fructueux d'agir sur les jeunes générations. Les
hommes restent dans le campement, le directeur leur
donne quelques ustensiles de travail, et il en obtient en
échange quelques enfants qu'il s'engage solennellement à
faire élever avec bienveillance. Par ce moyen, un directeur
peut mettre en contact les centres civilisés avec des milliers
de sauvages.

Et, — chose digne de remarque, — ces pupilles parlent
le portugais pur, et tous les demi-civilisés et toute la masse
rurale du Brésil aussi. Pourquoi à Cayenne, à la Martinique, à Haïti, cette masse rurale, ces demi-civilisés par-
lent-ils un jargon français incompréhensible pour nous
autres Français? Pourquoi le tairais-je? j'ai été professeur
de petits nègres pendant deux ans, et depuis j'ai vu, au
Brésil, les établissements d'instruction primaire et secondaire destinés aux jeunes Indiens, aux jeunes métis d'Indien
et de blanc. Eh bien, les résultats donnés par les derniers
sont infiniment supérieurs à ceux donnés par les premiers.

Si vous ne le croyez, ayez le courage de faire une vé-
rification. Faites-vous, comme moi-même, éducateur et
instructeur de petits négrillons, puis allez voir ce qui se
passe à l'*Asylo* de Pará et chez les *Educandos* de Manáos.
A l'Asylo da Providencia, sur la route de Bragança, près
de Pará, et aux Educandos, dans la banlieue de Manáos,
sont recueillis de petits Indiens absolument sauvages. Ils

n'ont point de papa employé dans les bureaux du gouvernement. Ils ne portent pas à dix ans, comme les petits nègres de Cayenne, l'habit noir, la cravate blanche et le chapeau à haute forme. Ils arrivent nus, les narines percées, les oreilles fendues. Et on trouve moyen de leur apprendre à tous un métier manuel en un an, en deux ans. On en fait de bons artisans. Dès qu'un nègre sait lire et mettre des souliers, il n'a qu'un rêve : être avocat. On dépense cent mille francs par an à Cayenne pour faire fort mal frotter, par douze professeurs, trente petits messieurs en bois d'ébène.

L'Asylo et les Educandos comptent ensemble trois cents élèves. Ces deux établissements subviennent à leurs dépenses par le travail des élèves, tous artisans au bout de six mois. L'Asylo fait des bénéfices, grâce à une scierie à vapeur que dirigent les enfants. Et à l'Asylo et aux Educandos vous ne trouverez que de bons dessinateurs, de bons mécaniciens, des enfants déjà utiles aux autres et à eux-mêmes. Et si vous avez du goût pour la musique, ils vous joueront la *Marche de Faust* et la *Prière de Mignon* d'une façon irréprochable. Et voilà des activités précieuses acquises à la civilisation. Quoi qu'en disent les légendes, n'ayez crainte, ils ne retournent pas dans leurs forêts. Ils se sentent utiles dans leur milieu nouveau et ils y restent, et ils y sont heureux. Ils pouvaient aussi bien rêver de faire des avocats, et même d'en faire de bons, ou des chefs de bureaux, mais ils sont trop sensés et trop pratiques pour songer à cela. Les nègres sont une race de vanité et les Indiens une race d'industrie.

Je n'entends parler que des nègres que j'ai vus, ceux d'Amérique. Ceux d'Afrique valent probablement mieux. L'Afrique ne sera vraiment annexée à la civilisation que par l'intermédiaire des Nigritiens, et l'Amérique ne le sera qu'avec l'aide des Indiens. Couto de Magalhem le dit avec raison : « Les fils du sol habitués à la vie demi-barbare « sont les essentiels éléments de la victoire ; dans la « lutte, pacifique mais tenace, de l'élaboration de la ri- « chesse d'un peuple, ils sont les éléments indispensables « du succès. Il ne s'agit pas seulement de la conquête du « sol, il s'agit aussi, et surtout, de milliers de bras ac- « climatés, les seuls qui puissent ouvrir promptement « la voie. Si les colons européens nous sont nécessaires, « les colons indiens nous le sont bien davantage ; car, ainsi « que nous le dit la grande France par la voix éloquente de « M. de Quatrefages, aucune race n'est aussi avantageuse « au Brésil comme élément de travail que la race du blanc « acclimatée par le sang de l'indigène. »

Qu'a-t-on fait dans la Guyane française pour l'éducation des jeunes Indiens? Ont-ils une école professionnelle, une simple école primaire, une salle d'asile! Rien, absolument rien; on fait semblant de croire qu'ils n'existent pas. Et pourtant ils sont à eux seuls aussi nombreux que tout le reste de la population.

Pourquoi n'a-t-on aucun rapport avec eux? Parce que personne ne daigne apprendre leur langue. On apprend encore un peu de langue française à Cayenne, pour devenir avocat ou chef de bureau, mais les langues indiennes, bah! allons donc! des langues de sauvages! *Nous ça Fancé, mais ça sauvages là, yé pas moun.*

Le Brésil, lui, attache une si grande importance à cette connaissance des langues indigènes que Pará et Manáos ont chacune une chaire de *lingua geral* subventionnée par la province. Ces cours de langue tupi ont rendu les dialectes indigènes familiers à un grand nombre de Brésiliens. La plupart des directeurs d'Indiens ont successivement été élèves, puis titulaires de ces chaires de langue indienne.

En Guyane française on ne trouverait assurément pas dix personnes parlant seulement le galibi.

Et pourtant, de l'autre côté de l'Amazone, ils n'ont pas cessé de s'inspirer de l'aphorisme du vieux capitaine normand : « Toute tribu où vous avez un interprète est une tribu civilisée. » Le blanc parle-t-il la langue des sauvages, le blanc est un ami, et le sauvage se confie à lui. Ne la parle-t-il pas, c'est un étranger, un barbare, un ennemi. Il n'est pas besoin de remonter jusqu'aux Romains, il nous suffit de voyager un peu en Europe. Nous réputons ennemi quiconque ne parle pas notre langue.

Avant tout, le directeur des Indiens est un appreneur de dialectes indigènes.

Fort belle, d'ailleurs, cette langue, en dépit de tout ce qu'en pourraient dire les nègres d'Amérique, et autrement fertile en trésors littéraires que tous les jargons créoles et tous les idiomes cafres ou bambaras.

Parlant de la *lingua geral*, il y a deux cents ans, le P. Simon de Vasconcellos écrivait : « A quelle époque ont-« ils donc appris, au sein du désert, des règles grammati-« cales si certaines qu'ils ne manquent pas à la perfection de « la syntaxe? En cela ils ne le cèdent d'aucune manière aux « meilleurs humanistes grecs et latins. Voyez par exemple « la grammaire de la langue la plus répandue au Brésil, « qui nous a été donnée par le vénérable P. José de An-« chieta, et les louanges que l'apôtre accorde à cet idiome! « Grâce à ces réflexions, beaucoup de personnes pensent « que l'idiome dont nous parlons a les perfections de la « langue grecque, et par le fait, j'ai moi-même admiré en « elle la délicatesse, l'abondance et la facilité. »

Les directeurs d'Indiens en se vouant au métier d'interprète ne font pas seulement œuvre d'utilitaires, mais encore de savants et peut-être même de lettrés.

Vous ne savez pas quels merveilleux trésors de littérature primitive renferment ces langues indiennes. Ils sont le charme de la forêt vierge, de Cayenne aux Andes et des Andes à la côte du Brésil.

Voyez ces maximes :

« La force du droit prime le droit de la force. »

« Mieux vaut la constance que la force. »

« C'est presque toujours à son préjudice que le faible fait alliance avec le puissant. »

« L'intelligence unie à l'audace surmonte les situations les plus désespérées. »

« L'intelligence et le savoir-faire surpassent la force et la valeur. »

« La ruse et l'adresse peuvent plus que tout le reste pour se venger d'un ennemi. »

Des milliers d'années avant Ésope des bardes sauvages faisaient parler les plantes et les animaux. Écoutez la fable du *Renard* et du *Jaguar* :

« Ne fais pas le bien sans savoir à qui...

« Un jour, en se promenant, le renard entendit un cri rauque.

« Qu'est-ce que cela? Je veux voir.

« Le jaguar l'aperçut et lui dit : Je suis né dans cette fosse, « j'y ai grandi et maintenant je n'en puis sortir. Veux-tu m'aider « à tirer cette pierre?

« Le Renard aida, le Jaguar sortit et le Renard lui demanda : « Que me donnes-tu?

« Le Jaguar, qui avait faim, répondit : Je vais te manger.

« Le Renard était jeune, pourtant il dit : Un bienfait se paye par « un bienfait. Il y a dans le voisinage un homme qui sait toutes « choses, allons le lui demander.

« Ils passèrent dans une île. Le Renard dit à l'homme qu'il « avait tiré le Jaguar de la fosse et que celui-ci, pour son salaire, « voulait le manger.

« Le Jaguar dit : Je veux le manger parce que j'ai faim. Les bien-
« faits ne se payent pas.

« L'Homme dit : C'est bien ; allons voir la fosse.

« Tous trois partirent, et l'Homme dit au Jaguar : Entrez, je
« veux voir comment vous étiez.

« Le Jaguar entra, l'Homme et le Renard roulèrent la pierre.
« Le Jaguar ne put plus sortir. Alors l'Homme dit au Jaguar :
« Tu sauras maintenant qu'un bienfait se paye par un bien-
« fait.

« Le Jaguar resta dans la fosse, l'Homme et le Renard s'en
« allèrent. »

Écoutez maintenant ce chant d'amour :

> « Que de fruits encore verts
> « Et de jeunes fleurs sur le sol!
> « Que de sang épandu
> « A cause de l'amour!
>
> « Pin, donne-moi une pomme;
> « Rosier, donne-moi un bouton;
> « Fille au teint brun, donne-moi un baiser,
> « Car je t'ai donné mon cœur.
>
> « Le fauve demande la forêt;
> « Le poisson les eaux profondes;
> « L'homme la richesse,
> « Et la femme la beauté.
>
> « Rouda qui trône au ciel,
> « Fais que pour les autres femmes
> « Il ait le corps couvert de plaies,
> « Et fais qu'il se souvienne de moi, ce soir,
> « Au coucher du soleil.
>
> « Et la nuit, dans son cœur,
> « Fais vivre mon souvenir,
> « Que je sois en sa présence,
> « Que j'occupe toutes ses pensées.

Pour la seconde partie de sa mission, — rapports avec

18

les Indiens sauvages, — le directeur envoie des Indiens *mansos* auprès des tribus *boçaes* ou *bravas*, afin de leur montrer les avantages recueillis par les tribus venues à la civilisation ; il envoie des cadeaux aux chefs et cherche peu à peu à les attirer pour que la tribu réfractaire entre en rapport avec les groupes civilisés.

Tous les ans, le directeur des Indiens présente en même temps, et au président de la province et au gouvernement central, un rapport sur la situation des tribus, et il propose les mesures qui lui paraissent les plus aptes à accélérer chez les Indiens le mouvement de civilisation. Ce sont là les seules attaches hiérarchiques du directeur, bien moins fonctionnaire que missionnaire, apôtre de l'ordre laïque. — Ceci, bien entendu, sans préjudice de ses travaux scientifiques spéciaux.

Nous avons dit que le directeur des Indiens a un rôle mi-scientifique et mi-philanthropique.

En effet, le Brésil est redevable à ce contact permanent de ses civilisés avec les Indiens, par l'intermédiaire des directeurs dont nous parlons, d'excellents travaux linguistiques, anthropologiques et ethnographiques, dont nous n'avons certes pas le pendant pour notre Guyane française ; et de *roteiros* (relations de voyages, itinéraires) extrêmement précieux. Les œuvres de MM. Couto de Magelhaens, Gonçalves Dias, Baptista Caëtano, Severiano da Fonseca, n'ont pas leurs équivalentes chez nous.

De plus, le directeur des Indiens recueille à la meilleure source, dans ses rapports immédiats et constants avec les tribus, tous les renseignements linguistiques, géographiques, ethnographiques possibles ; renseignements qu'il serait difficile d'obtenir autrement. Il les contrôle au besoin les uns par les autres. Quelques-unes de ces informations ont été précieuses. C'est un Indien, José da Encarnação, qui a fait connaître aux Brésiliens l'importance du Purus et de ses affluents. Ce sont des Indiens qui ont signalé aux gens de Manáos les plus riches de ces terres à caoutchouc qui font aujourd'hui la fortune de la province. Ce sont eux qui ont révélé l'usage d'un grand nombre de plantes indigènes employées aujourd'hui avec le plus grand succès dans la pharmacie générale: c'est par eux qu'on a appris que la fameuse tribu des Mundurucus, si redoutée jadis pour sa férocité, est celle qui présente le plus de dispositions pour l'agriculture sédentaire. Énumérer tous les services rendus dans cette contrée par les directeurs d'Indiens, serait écrire l'histoire de la conquête de l'Amazonie par la civilisation.

Le rôle des directeurs d'Indiens est philanthropique, et, pour dire plus et tout d'un mot, social. Non seulement il est destiné, — c'est du moins ce qui est arrivé au Brésil, — à arrêter la disparition de la race, mais encore à utiliser les éléments indigènes comme base, comme masse principale du travail local.

On sait de quelle manière misérable ont échoué, dans notre Guyane, les entreprises de colonisation européenne. Sans parler d'autres causes, il faut en grande partie attribuer ces insuccès répétés au mépris inintelligent qu'on n'a cessé de professer dans cette colonie pour la race indigène. On ne peut citer qu'une seule exception : les tentatives, d'ailleurs couronnées du plus magnifique succès, faites vers le milieu du siècle dernier à Kourou et à l'Oyapock ; tentatives tout de suite abandonnées dès qu'elles eurent réussi. C'est en agissant différemment, c'est en poursuivant avec ténacité l'œuvre de la civilisation des indigènes, que les provinces brésiliennes, nos voisines, ont su peupler leurs comptoirs et leurs administrations, et jusqu'à leurs plus hautes assemblées politiques, soit de purs Indiens appelés à la civilisation, soit de métis de blanc et d'Indien, de ces fameux *mamelucos*, si justement appréciés et dont le premier président de Manáos disait si sagement, lors de la fondation de la province, que c'était sur eux que reposait tout l'édifice social de l'Amazonie. « Les immigrants portugais, en s'unissant aux filles du pays, donnent naissance à cette nouvelle et admirable race des mamelucos, race qui se distingue des tribus sauvages, non seulement par la couleur plus claire, mais encore, mais surtout, par l'amour avec lequel elle se consacre à l'agriculture et aux arts industriels; et dont les magnifiques exploitations témoignent déjà du haut degré d'industrie et de civilisation auquel elle est parvenue. En Amazonie, l'avenir est à elle. » (J.-B. de Figueiredo Tenreiro Aranha, Rapport à l'assemblée provinciale, 1852.)

Ce sont ces indigènes et ces mamelucos qui forment aujourd'hui le gros des ouvriers employés dans les seringaes, et qui fournissent à la culture nationale du Brésil une production forestière évaluée pour les deux provinces à environ 150 millions de francs par an.

Aussi bien, si, en Guyane, la production forestière est absolument nulle, avons-nous l'explication de cette anomalie étrange dans ce fait, que nous comptons à peine deux douzaines de mamelucos dans cette colonie, tandis qu'à côté ils forment la masse de la population.

Ce qui nous montre sous une autre face cette vérité éclatante, que la pénétration de l'intérieur n'est possible qu'au moyen des enfants de la forêt vierge. Et on sait que tant qu'une colonie est réduite à n'être qu'une façade sur la mer, maigre comptoir adossé à un continent fermé et hostile, cette colonie demeure languissante dans ses mouvements paralysés.

Attirez les Indiens à vous, et pour cela commencez par aller à eux, ne les abandonnez pas à eux-mêmes; et ils vous rendront familier cet intérieur qui aujourd'hui vous épou-

vante; ils vous prêteront leurs bras pour fouiller cette terre
dont ils sont nés, et, en unissant leur sang au vôtre, ils
donneront à la civilisation la seule race qui puisse utiliser ces
contrées, une race adaptée, et par conséquent viable, et de
plus progressiste.

Sans entrer dans plus de détails sur l'organisation de ces
sortes de missions, missions permanentes, philanthropiques,
scientifiques et utilitaires, de ces espèces d'inspectorats des
affaires indigènes confiés, au Brésil, aux directeurs des
Indiens, j'ose espérer que j'ai réussi à faire sentir les avantages que pourrait offrir à la Guyane française, un directo-
rat ou inspectorat de cette nature confié à un missionnaire
ayant déjà vécu la vie sauvage avec les tribus du Grand-
Bois.

CHAPITRE VI.

LA PLACE DE PARÁ.

Importance de la place. — La belle ville de Santa-Maria de Belem do Gram-Pará, appelée plus simplement Pará, capitale de la province du Gram-Pará, est le grand port et le centre le plus important de l'Amazonie et la troisième place de commerce du Brésil.

Sa population était, en 1883, d'environ 60,000 habitants; son commerce extérieur, importation et exportation réunies, d'environ 150 millions de francs, dont environ 61 avec les États-Unis, 47 avec l'Angleterre, 20 avec la France, 12 avec le Brésil du Sud, 6 avec l'Allemagne, 4 avec le Portugal; le mouvement de son port, navigation fluviale non comprise, est d'environ 200,000 tonnes.

D'après M. de Santa Anna Nery, dont la compétence dans la matière est bien connue, le commerce du port de Pará, en 1885, a dépassé 250 millions de francs, dont plus de 50 millions avec la France.

Mouvement maritime. — Les tableaux que nous donnons ici indiquent le mouvement maritime de Pará avec l'étranger et les ports du Sud de l'empire, selon les nationalités, pendant l'année 1882.

NAVIRES ENTRÉS.	A VOILES.	A VAPEUR.	TONNAGE EN TONELADAS PORTUGAISES [1].
Anglais	40	91	100.752
Américains	31	3	16.813
Français	20	20	25.275
Brésiliens	12	52	69.020
Allemands	16	0	3.584
Portugais	21	0	5.979
Norvégiens	9	0	3.545
Suédois	8	0	2.398
Danois	6	0	1.132
Hollandais	3	0	665
Belges	1	0	202
Total	167	166	229.365

NAVIRES SORTIS.	A VOILES.	A VAPEUR.	TONNAGE EN TONELADAS PORTUGAISES.
Anglais	24	67	70.507
Brésiliens	8	37	50.826
Français	20	14	16.768
Américains	18	3	12.202
Allemands	10		2.333
Portugais	15		4.081
Norvégiens	1		157
Suédois	3		909
Danois	6		1.246
Hollandais	2		443
Belges	1		212
Total	108	121	159.684

ENTRÉS ET SORTIS.	VOILIERS.	VAPEURS.	TONNAGE EN TONELADAS.
Anglais	64	156	171.259
Brésiliens	20	89	119.846
Français	40	34	42.273
Américains	49	6	29.015
Allemands	26		5.917
Portugais	36		10.060
Norvégiens	10		3.702
Suédois	11		3.307
Danois	12		2.378
Hollandais	5		1.108
Belges	2		414
Total	275	285	389.279

[1] La tonelada portugaise est de 793 kilogrammes. La livre est de 459 grammes.

De 1878 à 1882, voici quelle a été la progression du mouvement maritime de Pará, entrées et sorties réunies.

ENTRÉS ET SORTIS.	VOILIERS.	VAPEURS.	TONELADAS.
1878...........................	237	224	395.464
1879...........................	284	241	457.228
1880...........................	286	289	511.388
1881...........................	335	260	447.105
1882...........................	285	275	389.249

Mouvement maritime avec la France. — La France vient au troisième rang dans le mouvement maritime de Pará. En 1882, elle compte 42,273 toneladas contre 171,259 pour l'Angleterre et 119,846 pour les ports du sud du Brésil, pour un total de 389,279 toneladas. Soit un peu plus d'un dixième du mouvement total.

Le mouvement maritime avec la France se fait, pour ce qui est de la navigation à voiles, par l'entremise des trois-mâts de l'importante maison Denis Crouan, de Nantes, dont l'associé au Pará, M. Donatien Barrau, dirige une des plus importantes maisons de commerce de la place. A la sortie, ces voiliers partent avec des chargements de cacao; à la rentrée, ils apportent des conserves alimentaires.

Les vapeurs appartiennent : 1º à la *Compagnie postale faisant le service du Canada* : ils sont chargés à la sortie des produits spontanés de l'Amazone, et à la rentrée des produits manufacturés de l'Amérique du Nord et du sud du Brésil; 2º à la *Compagnie des Chargeurs réunis,* qui a créé un service circulaire, le Havre, Lisbonne, Ceara, Maranhâo, Pará, Lisbonne, le Havre. Ils ont en outre accepté une subvention pour un autre service direct du Havre à Manáos, par Lisbonne et Pará. Malheureusement à l'heure qu'il est (avril 1885), malgré les sympathies que les Chargeurs avaient rencontrées et les espérances qu'ils étaient en droit de concevoir, cette compagnie a abandonné ces deux lignes. Enfin, 3° le petit vapeur *Jeune Amiral*, qui partait de Cayenne et allait chercher des bœufs à Paranahyba et à Maranhâo, touchait trois ou quatre fois par an à Pará. Malheureusement il se perdit en 1884, et la compagnie emploie son successeur, le « *Dieu Merci* », à aller chercher les bœufs à l'Orénoque.

Navigation fluviale du port de Pará. — Il est difficile de donner une statistique exacte du mouvement maritime du port de Pará avec l'intérieur. Il suffit de dire qu'en 1882 ce mouvement fut fait par 52 vapeurs, dont 25 appartenant à la compagnie de l'Amazone, 7 à la compagnie de Marajo, 20 à des particuliers; que ces 52 vapeurs, jaugeant au total 21,324 toneladas, firent ensemble 543 voyages, et avec quelques barques, canots et batelâos transportèrent, seulement en caoutchouc, cacao et toucas, de l'intérieur au port de Pará, 19,646 tonnes de produits, dont 9,770,797 kilogrammes pour le caoutchouc, 6,152,782 pour le cacao et 3,722,875 pour les toucas.

On ne peut évaluer à moins de 80,000 tonnes la quantité de produits amenés de l'intérieur au port de Pará et à 120,000 tonnes la quantité d'objets manufacturés et de consommation, ce qui porterait à 200,000 tonnes le mouvement fluvial de la ville, contre 200,000 tonnes environ pour le mouvement maritime extérieur, sommes qui en effet doivent être à peu près égales, puisque Pará est l'entrepôt de l'Amazonie et que les relations directes de Manáos avec l'extérieur sont jusqu'à présent des plus faibles.

Exportations du port de Pará. — Par ordre d'importance, les produits amazoniens qui constituent l'exportation du port de Pará sont les suivants, avec leur valeur officielle totale pour l'année 1882 : caoutchouc, 30,062 :

893 $ 465 (1); cacao, 3,653 : 209 $ 320; toucas, 606 :
680 $ 266; quinquina, 471 : 696 $ 000; cuirs de bœuf,
400 : 768 $ 336; produits des républiques voisines, 284 :
488 $ 560; chapeaux de paille, 267 : 965 $ 558; peaux de
cerf, 174 : 782 $ 876; colle de poisson, 156 : 437 $ 282;
coumarou, 103 : 387 $ 658; copahu, 73 : 786 $ 049;
piassaba, 58 : 793 $ 340; ucuhuba, 41 : 042 $ 700; salsepareille, 33 : 725 $ 248; ivoire végétal, 17 : 742 $ 000;
roucou, 13 : 272 $ 776; sucre, 12 : 248 $ 609; guarana,
11 : 390 $ 205; café, 11 : 239 $ 088; barriques vides, 8 :
342 $ 000; articles divers, 6 : 835 $ 509; bois, 5 : 441 $
666; tabac, 3 : 885 $ 494; vieil argent, 2 : 400 $ 000;
coton, 2 : 180 $ 000; plantes médicinales, 1 : 783 $ 600;
peaux de capivara, 1 : 541 $ 500; sapucaïa, 1 : 368 $ 000;
vieux cuivre, 1 : 050 $ 000; orchidées, 1 : 000 $ 000. Et
d'une valeur de moins d'un conto de reis : eau-de-vie,
cachaça, confitures, farine de manioc, tapioca, haricots,
miel, objets d'histoire naturelle, os, puchiry, peaux de
chèvre, racines de manaca, rapé, graines de caoutchouc,
suif, savon national.

Ce qui constitue une exportation d'une valeur totale de
36,494 : 266 $ 744, dont 19,486 : 737 $ 090 avec les États-
Unis; 11,997 : 969 $ 128 avec l'Angleterre; 4,241 : 079
$ 852 avec la France; 653 : 364 $ 816 avec le Brésil du
Sud; et 115 : 115 $ 958 avec le Portugal. Soit environ 90
millions de francs, dont environ 49 pour les États-Unis,
28 pour l'Angleterre, 11 pour la France, 1,500,000 francs
pour le Brésil du Sud, et 500,000 francs pour le Portugal.

Voici quelle est la proportion des produits exportés pour
les cinq grandes nations importatrices en 1882 :

(1) Dans la numération commerciale brésilienne on compte par *milreis*. Le milreis,
valant de 2 fr. à 2 fr. 50, se figure ainsi : $. Le *conto de reis* (mille milreis) est
indiqué par un signe qui le suit, ce signe est indiqué ainsi, : . Nous n'avons pas cru
inutile d'initier nos lecteurs à cette singulière numération.

Les États-Unis importent surtout du caoutchouc, pour 18,466 : 404 $ 136; des toucas pour 305 : 579 $ 963; du quinquina pour 276 : 870 $ 000; des peaux de cerf pour 174 : 782 $ 876; du copahu pour 67 : 657 $ 260; du coumarou pour 63 : 329 $ 868; des cuirs de bœuf pour 56 : 435 $ 005; de la colle de poisson pour 22 : 236 $ 500; de l'ivoire végétal pour 15 : 627 $ 000; du cacao pour 10 : 146 $ 440.

L'Angleterre reçoit les produits suivants : caoutchouc, 11,259 : 738 $ 150; toucas, 298 : 476 $ 912; colle de poisson, 132 : 205 $ 752; quinquina, 124 : 620 $ 000; cuirs de bœuf, 73 : 123 $ 250; piassaba, écrit aussi *piazzava*, 55 : 676 $ 732; coumarou, 40 : 057 $ 790.

La France importe : cacao, 3,628 : 065 $ 440; caoutchouc, 235 : 414 $ 929; cuirs de bœuf, 194 : 868 $ 826; quinquina, 70 : 206 $ 000.

Le Brésil du Sud : Produits des républiques voisines, 281 : 200 $ 239; chapeaux de paille, 267 : 965 $ 558; ucuhuba : 36 : 928 $ 200; salsepareille, 30 : 317 $ 428.

Le Portugal : cuirs de bœuf, 76 : 341 $ 255; caoutchouc 12 : 104 $ 483; cacao, 10 : 796 $ 600.

Voici quelle a été la progression de ces cinq nations de 1878 à 1882, en contos de réis :

ANNÉES.	ÉTATS-UNIS.	ANGLETERRE.	FRANCE.	BRÉSIL DU SUD.	PORTU-GAL.
1878.............	4.529	8.368	1.661	639	283
1879.............	6.885	8.778	4.930	621	163
1880.............	9.156	9.399	2.622	451	189
1881.............	11.345	9.777	3.812	639	182
1882.............	19.486	11.997	4.241	653	115

Voici quelle a été, en contos de réis, la progression de l'exportation des principaux produits :

MATIÈRES EXPORTÉES.	1878	1879	1880	1881	1882
Caoutchouc	10.152	14.763	17.559	20.148	30.062
Cacao	1.391	4.637	1.765	3.177	3.653
Touca	534	272	871	699	606
Copahu	40	36	58	68	72
Colle de poisson	90	148	138	157	156
Coumarou	1	15	100	94	103
Roucou	25	40	25	26	13
Peaux de biche	47	59	111	166	174
Cuirs de bœuf	343	346	383	380	400
Piassaba	12	59	36	65	58
Quinquina	180	245	221	112	471
Chapeaux de paille	242	303	198	338	267
Guarana	58	24	44	26	11
Salsepareille	25	22	27	59	33

Et voici quelle a été, en milliers de kilos, cette même progression :

MATIÈRES EXPORTÉES.	1878	1879	1880	1881	1882
Caoutchouc	1.777	5.605	7.977	8.427	9.624
Cacao	2.699	5.129	3.121	5.404	6.293
Touca	4.792	1.750	5.252	6.368	4.033
Copahu	43	34	31	36	38
Colle de poisson	35	405	53	59	63
Coumarou	1	8	36	35	50
Roucou	86	132	81	96	55
Peaux de biche	57	60	65	72	76
Cuirs de bœuf	1.355	1.306	730	1.140	1.027
Piassaba	114	212	125	204	171
Quinquina,	90	122	110	56	176
Chapeaux de paille	85	116	85	149	124
Guarana	19	10	20	14	7
Salsepareille	27	22	14	27	21

Enfin, les deux tableaux qui suivent donnent le mouvement d'exportation du principal produit, le caoutchouc, par exportateur et par pays d'exportation en 1882, en kilogrammes.

EXPORTATEURS.	ÉTATS-UNIS.	EUROPE.	TOTAL.	STOCK AU 31 DÉC.
E. Schram et Cie	712.213	1.424.035	2.136.248	100.000
J.-C. Gonçalves Vianna et Cie.	1.094.169	744.930	1.839.099	100.000
W. Bramber et Cie	947.705	140.359	1.088.064	5.000
Samuel G. Pond et Cie	907.477	132.096	1.039.573	16.000
Martins et Cie	549.768	143.055	692.823	20.000
Sears et Cie	809.979	29.820	839.799	79.000
Singlehurst Broklehurst et Cie..	587.514	27.756	615.270	28.000
Francisco Gaudencio da Costa et Filho...................	107.955	202.058	310.013	4.000
Denis Crouan et Cie	5.250	197.113	202.363	
Paes da Costa et Cie	979.710	513.141	1.492.851	4.000
Gonçalves Sampaio et Cie	818.100	52.440	870.540	6.000
Teixeira Bastos et Irmão.......		72.130	72.130	
Calheiros et Oliveira..........	397.330	17.260	414.590	
Elias José Nunes da Silva et Cie.		50.025	50.025	
Manoel Pinheiro et Cie	3.480	33.006	36.486	
Manoel José de Carvalho et Cie.	1.170	20.330	21.500	
H. T. Gould..................	19.005		19.005	
Paul Mouraille et Cie	10.126	7.000	17.126	
Divers exportateurs..........	23.947	25.144	49.091	
Exportat. directe de Manáos....	34.500	403.736	438.236	
Stock en premières mains......				11.000
Totaux..........	8.009.398	4.235.434	12.331.886	373.000

Comparaison des cinq dernières années :

ANNÉES.	ÉTATS-UNIS.	EUROPE.	TOTAL.	STOCK AU 31 DÉC.
1878.....................	3.158.597	4.873.351	8.031.948	544.000
1879.....................	3.360.009	4.507.620	7.867.629	913.000
1880.....................	3.834.275	4.599.482	8.433.757	747.000
1881.....................	4.427.117	4.389.690	8.816.807	682.000
1882.....................	6.034.192	4.028.438	10.062.630	783.000

Importations du port de Pará. — Ce qui rend impossible de faire une statistique exacte de l'importation est que, le plus souvent, les produits manufacturés ne sont pas importés au Pará sous leur pavillon national, mais ont passé, avant d'arriver en Amazonie, par deux ou trois maisons de nationalités différentes. C'est aussi, et c'est surtout parce que les importateurs ont intérêt à dissimuler la provenance des articles pour tromper l'acheteur, et la quantité pour tromper la douane, avec laquelle il y aurait cependant, à ce que disent les mauvaises langues, certains accommodements. Le démarquage des produits, l'introduction d'articles imités, falsifiés, se faisant sur une assez grande échelle, toute statistique exacte est impossible; il faut s'en tenir à des généralités.

La valeur totale de l'importation doit dépasser 60 milions de francs. Comme celle de l'exportation atteint 90 millions, il s'ensuit que l'exportation dépasse de 30 pour 100 l'importation (1).

Voici, approximativement, la part de chacune des grandes nations importatrices :

Angleterre	19 millions de francs.	
États-Unis	12 1/2	—
France	9	—
Allemagne	6	—
Portugal	3 1/2	—

L'importation du Brésil du Sud est considérable. Elle atteint dix millions de francs. Elle vient de Maranhão, qui fournit de la farine de manioc, du riz, des volailles, des cuirs et des meubles; de Parahyba, qui envoie du bétail, des cuirs et des peaux tannées; de Ceará, qui donne ses cafés; de Pernambuco, qui fournit du sucre, du tafia et quelques produits industriels, tels que savon, chaussures; de Bahia, dont on achète les tabacs, les cigares, les gros tissus; et enfin de Rio, qui envoie ses cafés, ses cognacs, sa bière, ses bougies, ses grosses cotonnades, ses articles de mode, ses chaussures, et des viandes du Rio Grande ou de la Plata.

_____

(1) Le commerce total de Parä, en 1885, a atteint, d'après M. de Santa Anna Nery, 250 millions de francs.

Genre, des transactions commerciales. — Les plus forts acheteurs étant les maisons de commission pour l'intérieur, et les commerçants de l'intérieur ne pouvant guère liquider leurs comptes que par des remises annuelles aux époques des récoltes, récoltes qui varient suivant les distances et les localités, les vendeurs doivent se soumettre à donner de longs termes, douze mois pour les marchandises sèches (fazendas), et de six à huit pour les comestibles (estivas).

Presque toujours les acheteurs exigent la date du dernier jour du mois, ou bien ils achètent ce jour-là un objet de peu de valeur, pour avoir droit à la date du dernier achat. Quand les ventes ne sont pas faites au comptant, sous escompte de 5 ou de 10 pour 100. les vendeurs émettent des traites qui ne sont guère acceptées par les tirés qu'à la fin du mois qui suit celui de la vente. On a vainement essayé de réduire ces longs termes, cause principale des crises qui surviennent avec une certaine régularité sur cette place tous les quatre ou cinq ans à peu près.

Les ventes se font le plus souvent par des encans (leilões), où l'on vend indistinctement des marchandises fraîches et anciennes. Ces encans ne sont pas seulement un moyen de liquidation comme cela a lieu sur les autres places, mais encore un moyen usuel de vente. Les prix qu'on obtient à ces leilões ne sont guère rémunérateurs, mais on explique la persistance du système par la nécessité de faire du mouvement, des affaires.

Les maisons de commerce. — On a dit que l'Amazonie était une colonie portugaise, et certes il y a du vrai dans cette assertion. Non que les Portugais inondent le Portugal de produits amazoniens ou l'Amazonie de produits portugais, mais tout leur passe par les mains. Ils sont bien 25,000 dans la contrée.

A Pará, leur puissance est tellement bien établie que la première préoccupation des journalistes, des chefs de parti, des grandes maisons, est de se concilier leurs sympathies. Ils sont extrêmement solidaires; il est difficile de ruiner une maison portugaise, car toutes les autres la soutiendront au besoin; au contraire, si les Portugais mettent à l'index une maison étrangère, elle n'aura qu'à se bien tenir. Leurs opérations sont assez secrètes. Ils forment entre eux une espèce de ligue défensive et offensive.

Il existait autrefois au Pará deux ou trois maisons portugaises de premier ordre, il ne reste plus aujourd'hui que la toute-puissante maison Elias Nunes da Silva. En revanche, les maisons de second ordre sont extrêmement nombreuses. La colonie dispose de très grands capitaux. Les Portugais sont les principaux actionnaires des grandes sociétés et des établissements de crédit. Enfin, presque toutes les maisons de détail sont portugaises, ne s'alimentent que chez des Portugais importateurs quand elles n'importent pas elles-mêmes directement.

Dans l'intérieur, leur puissance est encore plus grande qu'à Pará. Leurs nombreuses maisons de commission y centralisent presque tous les produits du pays. On les trouve partout; il n'est si humble district qui n'ait sa maison portugaise.

On sait les aptitudes commerciales des Portugais, leur âpreté au gain, leur esprit économe, leur sobriété, leur souplesse, leur habileté, et aussi leur fidélité à remplir leurs engagements. Ne tirant guère de leur pays que des conserves, ils sont obligés de demander aux grandes nations industrielles, à l'Angleterre, à la France, aux États-Unis, à l'Allemagne, l'aliment de leur commerce. Mais les Portugais sont avantageusement connus dans les divers marchés industriels du monde, et ils n'ont pas de difficultés à se faire

avoir de grands crédits. Leur habileté et leur probité leur
gagnent la confiance des grandes maisons, comme leur af-
fabilité et leur bon naturel la sympathie de tout le monde.

Ce sont les produits de l'industrie américaine qui sont
les plus appréciés en Amazonie. Et il faut dire que c'est
justice. Déjà, pour nombre d'articles, les Yankees sont
absolument sans rivaux. Leurs cotonnades, leur mada-
polam, leurs haches, sabres d'abatis sont d'une supériorité
incontestable. Les États-Unis apportent aussi au Pará divers produits qu'ils sont à peu près seuls à fournir à la
consommation du marché, tels que farine de froment,
pétrole, saindoux, maïs, papier, seaux, balais, avirons,
goudron, brai, bougies stéarines, chaînes de fer, souliers,
objets en caoutchouc, indiennes imitant nos indiennes
françaises.

Les Américains sont très actifs, font beaucoup de réclame, entretiennent des agents fixes ou voyageurs pour
exposer les produits américains, donner des catalogues,
faire des offres. Ils ont établi à Pará une sorte de bazar
ou de musée qui n'est autre qu'une exposition permanente
des produits de leur industrie.

Depuis que les maisons portugaises se sont mises à importer directement, les grands importateurs américains établis
à Pará se sont retirés, et les deux maisons actuelles de na-
tionalité non américaine, la maison Samuel G. Pond et la
maison Sears, ne font guère que la commission. Grâce à
leur habileté commerciale, à la facilité avec laquelle elles
donnent des crédits, elles se sont assuré toute la clientèle
portugaise.

Les Anglais n'ont pas pu non plus, dans l'importation,
lutter contre les Portugais. Ils avaient jadis, avant la navigation à vapeur directe entre l'Europe et Pará, de nombreuses maisons d'importation dans cette ville, mais depuis

que les Portugais, facilités par des lignes de navigation à
vapeur, se sont mis à aller acheter directement aux marchés producteurs, les Anglais ont dû se retirer. Il ne reste
plus aujourd'hui à Pará qu'une grande maison anglaise, la
maison Singlehurst — Broklehurst, propriétaire de la Red
Cross Line. Cette maison aussi a dû se restreindre en grande
partie à la commission, opération doublement avantageuse pour elle, puisqu'elle lui donne en même temps
du fret pour ses vapeurs. Grâce à ses grandes ressources,
aux larges conditions qu'elle fait, à une grande tolérance à
l'égard des débiteurs en retard, elle a su s'assurer une énorme
clientèle. Elle est à la tête de l'importation de la place.

Une autre maison anglaise, la maison Gunston et Cie, à
la tête de la « Booth Line, » manœuvre dans le même
sens. Les deux maisons vivent en bonne harmonie et sont
étroitement alliées contre les Chargeurs réunis, en qui elles
voient leurs plus redoutables concurrents.

Les Anglais essayent sur cette place de substituer leurs
indiennes aux nôtres et réussissent assez bien. Cette concurrence anglaise est pour nous bien plus redoutable que
celle des Allemands, qui n'ont encore ni les nécessités de
grande production, ni les immenses débouchés, ni le génie
industriel de nos voisins d'outre-Manche.

Les Anglais ont aussi deux banques à Pará. Enfin, ils sont
les propriétaires de la puissante compagnie fluviale de l'Amazone, très prospère et donnant de fort beaux dividendes (1).

Les Anglais sont, en somme, avec les Portugais, les
plus puissants dans la contrée. Tout en sachant s'en tenir
au rôle d'exportateurs et de commissionnaires, ils ont su
s'emparer de la navigation, de la suprématie financière et
de l'influence politique.

(1) Elle a donné jusqu'à 60 pour 100. Aujourd'hui (1886), elle est en grande
baisse.

Les deux tiers à peu près de l'importation française sont faits par les Portugais et les Anglais.

En tête des maisons françaises, il faut citer l'importante maison Denis Crouan et Cie, qui occupe sur la place de Pará une situation prépondérante par ses achats de cacao qui englobent la majeure partie de la récolte, par ses capitaux, par la situation morale où elle a su se placer. Citons aussi l'agence Robert, de Nantes, représentée par Denis Cullerre et Cie, et la maison Mouraille, qui s'occupe spécialement de transit pour le Pérou et dont le siège principal est à Iquitos.

A Pará comme partout, les magasins de détail et de petite industrie sont le triomphe des Français. Nous voyons à Pará nos compatriotes à la tête de nombreux petits magasins prospères, de modes, de vêtements confectionnés, de modistes, d'horlogers, de bijoutiers, de mécaniciens, de teinturiers et de deux cabinets de coiffure.

Les maisons allemandes sont en plus grand nombre sur la place de Pará que celles des Anglais, des Américains et des Français. Cela tient à ce que leurs fabriques et leur pays sont moins visités par les Portugais. Les maisons allemandes ne font également que la commission. Leurs produits arrivent surtout par les navires anglais. Ces produits sont une falsification en grand de nos articles français. Inférieurs, mais meilleur marché, ils se substituent peu à peu aux nôtres, avec lesquels on les confond.

Banques. — Indépendamment des grandes maisons de la place qui font presque toutes quelques opérations de banque, il existe à Pará cinq établissements financiers : le *Banco comercial*, le *Banco de Pará*, le *New London and Brazilian Bank* (succursale), l'*English Bank of Rio de Janeiro* (succursale), et le *Banco de Portugal*.

Le Banco comercial est au capital de 2,000 contos, capital

réalisé. Ses actions émises à 100 $ sont aujourd'hui cotées à
140 $. C'est le Banco comercial qui fait le mouvement d'af-
faires le plus considérable. Les taux actuels de son escompte
sont, pour les effets n'ayant que quatre mois à courir,
9 pour 100; six mois, 10 pour 100; huit mois, 11 pour
100. Cette banque cautionne en outre les documents de la
place contre tirages à quatre mois de date. Elle ouvre
des comptes courants à découvert, mais avec garanties. Elle
reçoit de l'argent en comptes courants libres au taux de
3 pour 100, et à échéances fixes au taux de 4 pour 100.
Elle tire sur toutes les places en rapport avec la contrée.

Le Banco de Pará est au capital de 1,000 contos divisé
en actions de 100 $. 25 $ seulement ont été versés par action, et l'action avec cette entrée du quart est aujourd'hui
à 45 $. Cette banque est très prospère et a un immense
crédit. Avec ses 250 contos, elle suffit à un mouvement
d'affaires très considérable. Ses opérations et ses taux
d'escompte sont les mêmes que pour la précédente. Seulement, elle paye plus cher que le Banco Comercial pour
l'argent qui lui est confié. Tandis que le Comercial ne paye
que 4 pour 100 jusqu'à quatre mois, elle paye 5 pour 100 jusqu'à huit, et 6 pour 100 jusqu'à 12, ce qui contribue à
faire affluer l'argent chez elle.

La succursale que la New London and Brazilian Bank
a établi à Pará fait beaucoup moins d'affaires que les
deux précédentes banques. Il en est de même de l'English Bank of Rio-de-Janeiro.

Le Banco de Portugal est une agence qui limite ses affaires
entre le Portugal et Pará. Son mouvement est assez important.

CHAPITRE VII.

DE L'ÉMIGRATION EUROPÉENNE DANS LES PRAIRIES DE LA GUYANE.

Beaucoup seront étonnés d'entendre parler de l'installation de colons européens dans les Prairies de la Guyane. Ce mot de Guyane éveille généralement l'idée d'un vaste bagne où l'on envoie mourir, promptement et sûrement, les malheureux que l'on n'a pas eu le courage de livrer loyalement au bourreau. On m'a dit bien souvent : « Votre climat de Guyane est une heureuse trouvaille; comme il ne supplée M. de Paris que là-bas, très loin d'ici, sans bruit et sans appareil, il nous vaut le bénéfice des apparences de l'humanité. Mais qu'il ne soit jamais question d'envoyer dans cette géhenne des émigrants libres, des honnêtes gens! On a déjà fait des expériences concluantes, comme celle de 1763, par exemple, où l'on envoya mourir à Kourou, en dix-huit mois, de faim et de misère, 13,000 émigrants de Lorraine et d'Alsace. Ne rééditez pas ces désastres. »

Je dois déclarer tout de suite que je suis cependant un partisan convaincu de l'installation de colons européens dans les Savanes de l'Amérique équatoriale. Je verrais avec plaisir quelques milliers de nos compatriotes aller faire de l'élevage et des cultures industrielles, soit dans les prairies de la Guyane française, soit dans celles des bords de l'Amazone.

J'ai vécu quatre ans dans cette contrée. Les deux premières années, je les ai passées à Cayenne et dans les bourgades du littoral, et les deux dernières dans l'intérieur, entre l'Atlantique et le Rio Negro. Je suis même resté neuf mois tout seul, sans le moindre Apatou, chez les sauvages du centre, entre les sources du Rio-Branco et celles du Trombeta. C'étaient des sauvages bien authentiques : aucun d'eux n'était vêtu, nul ne parlait d'autre idiome que le dialecte de sa tribu, ils n'avaient jamais vu de blancs. De juillet 1884 à mars 1885 j'ai vécu, parlé et même pensé comme les Indiens. Je m'étais mis complètement dans la peau d'un sauvage. Tous ces voyages, toutes ces aventures, ces cinquante mois de séjour, m'avaient mis à la tête d'un assez joli capital de maladies du pays : fièvres de toutes sortes, eczémas, gastrites, affections du foie. — Ce noviciat ne me donne-t-il pas le droit de parler de la Guyane et de son climat? Eh bien, ce climat n'est pas aussi méchant qu'il en a l'air, puisqu'il ne m'a pas tué, moi qui, pendant quinze cents jours de suite, l'ai défié comme à plaisir.

L'émigration européenne dans les prairies de la Guyane n'est encore qu'un projet, il est vrai. On peut même ajouter que ce projet n'a pas encore reçu de commencement d'exécution. Mais c'est un projet qui passionne l'opinion, à Cayenne, à Pará, à Manáos; un projet en vue duquel de grandes sociétés américaines, anglaises et surtout allemandes sont en train de se constituer.

Aujourd'hui, partout où il y a une opération coloniale quelconque à entreprendre, on est sûr de trouver les Allemands à l'avant-garde des concurrents.

C'est donc d'un projet pour lequel les provinces de Pará

et de l'Amazone vont voter, d'un jour à l'autre, des millions,
d'un projet qui va amener la formation de sociétés allemandes, anglaises, américaines, à capitaux énormes; d'un
projet dont il ne nous est pas permis de nous désintéresser,
que j'ai l'honneur d'entretenir mes lecteurs. Nous avons
d'autant moins le droit de dédaigner les opérations qui se
préparent, que c'est sur nous que comptent les provinces,
que c'est nos émigrants qu'elles demandent. Il faut bien savoir que si nous n'arrivons pas au premier rang dans les
importations et exportations de la contrée, nous sommes
certainement (pourquoi le cacherais-je?), de toutes les colonies étrangères, la plus sympathique, et de beaucoup, aux
populations de l'Amazonie.

Avant de parler de mes Prairies je reviendrai sur cette
question tant controversée du climat guyanais. Je la traite-
rai uniquement au point de vue de la prise de possession du
sol par le travailleur européen.

Ce n'est pas le climat qui a fait échouer les entreprises
de colonisation en Guyane. Parfois, dans certaines circonstances spéciales, le climat a pu être un agent concomitant,
il n'a jamais été l'agent principal des désastres. Prenons,
par exemple, l'expédition de Kourou en 1763. Les colons
sont morts parce qu'ils n'ont trouvé ni desséchements, ni
défrichements, ni voies de communication, ni baraquements, ni approvisionnements. Le directeur de l'entreprise,
bien que frère du grand Turgot, n'était malheureusement
qu'une très galonnée médiocrité. Le chevalier Turgot faisait
monter sur les plages désertes de Kourou des maisons de
jeu, des magasins de patins, un théâtre pour jouer l'opéra-comique. Par surcroît de malheur, le gouverneur de Cayenne
était un ennemi personnel du chevalier. Même à la fin,
alors que les émigrants mouraient tous les jours par centaines, le gouverneur refusa invariablement de secourir ces

malheureux, pour se réserver le triste plaisir de convaincre son rival de maladresse.

Voici donc l'explication du grand désastre de la Guyane, de cet épouvantable désastre de Kourou à partir duquel la colonie a été à jamais perdue de réputation. Ni desséchements, ni défrichements, ni baraquements, ni voies de communications ni approvisionnements; et de plus, et surtout, des agents incapables ou coupables. Le climat a-t-il aussi concouru au désastre? Oh sans doute! Cette chaleur extrême de la plage guyanaise a été funeste aux émigrants malades, comme, aussi bien, l'eût été le froid. Mais dans quelle mesure le climat a-t-il contribué à la ruine de la colonie?

Au mois de juillet 1882, miné par les fièvres intermittentes, complètement anémié, sans appétit, sans forces, jaune, desséché, je voulus rentrer en France. On me conseilla d'aller passer quelques mois sur la côte. Je partis, bien sceptique, et me rendis à ce même Kourou, moins dans l'espoir de me guérir que dans le but d'y étudier le sinistre épisode de 1763. Je vécus deux mois dans la commune, errant au hasard chez les nègres, du pénitencier aux placers, de la mer aux montagnes; et au bout de deux mois, les couleurs, la santé, la joie de vivre m'étaient revenues. Et aujourd'hui que des secousses violentes ont déséquilibré mes forces vitales, m'ont jeté dans un nervosisme aussi funeste à la santé du corps qu'au repos de l'esprit, je suis certain que si je pouvais aller jouir de trois mois de paix profonde sur ces rives riches et belles qui enceignent l'anse de Kourou, j'y retrouverais cet état de calme mental et de bien-être physiologique que j'ai perdu là-bas, dans les déserts du Centre, quand je me suis fait Indien.

Est-ce à dire que le climat soit complètement inoffensif pour l'émigrant? Non; le climat de la Guyane présente plusieurs impedimenta à la colonisation européenne.

Ce n'est guère de la chaleur que souffre le colon blanc, la chaleur est très supportable. Aussi bien n'est-il pas nécessaire de travailler là-bas douze ou quinze heures par jour pour se procurer l'aisance. Six heures, les heures fraîches, de six à neuf et de trois à six, suffiraient largement au colon intelligent. Les insolations, qui peuvent nécessiter quelques précautions sur certains points de la côte, sont inconnues dans l'intérieur.

Dans ce climat, le grand ennemi de l'Européen et même de l'Indien et du Nègre, c'est l'humidité. L'humidité est la mère des fièvres. Mais on ne les prend pas toujours ces fièvres, et puis on n'en meurt pas. Je les ai gardées dix-huit mois, et elles ne m'ont jamais empêché de marcher. Elles minent petit à petit, tuent à petit feu, momifient, parcheminent leur victime. Mais il y a des préservatifs et des curatifs. Un colon n'est pas un explorateur. S'il a la fièvre, il se traitera, guérira, et il sera vacciné. Je vous assure qu'à l'heure qu'il est je préférerais avoir les fièvres intermittentes qu'une fluxion de poitrine.

Malheureusement il y a d'autres fièvres plus graves que les fièvres ambiantes du pays. Ce sont les fièvres provenant des défrichements, desséchements, ouvertures de routes, en un mot, de tous les travaux préparatoires à la colonisation. Quand il est employé à ces travaux, l'Européen meurt vite. Ah! si nous pouvions y employer des nègres! D'abord les nègres résistent beaucoup mieux que nous aux émanations palustres. Et ensuite, s'il faut absolument s'attendre toujours à une forte mortalité, nous pleurerons si quelques-uns de nos frères africains y passent. Au moins, parmi les Kroumens et les Dahoméens venus pour défricher la Guyane, n'aurions-nous guère de chances de faire moissonner en herbe quelque Shakespeare ou quelque Newton, quelque Victor Hugo ou quelque Ferdinand de Lesseps.

Remarquez que je suis très *fraternitaire*. Je crois que tous les hommes sont égaux. C'est là une théorie acceptée. Nos frères les Malgaches sont nos égaux, mais plutôt virtuellement que réellement. Et en attendant que cette possibilité d'égalité absolue soit devenue un fait, je crois qu'il nous faut savoir distinguer dans la pratique. Je suppose que nous ayons un besoin pressant de défricher des terres en Guyane. Il nous faut par exemple 5o,ooo kilomètres carrés pour y établir mes compatriotes, les paysans du Sud-Ouest, qui ont été complètement ruinés par le phylloxera. Ces défrichements coûteront une forte mortalité. Eh bien, — l'égoïsme, même l'égoïsme de race, est éternel, — je préférerai imposer cette mortalité inévitable à de pauvres anthropophages de la côte d'Afrique qu'à des Parisiens, des Gascons ou des Basques.

Je veux seulement attirer votre attention sur deux choses. D'abord, c'est que la nécessité impérieuse de l'émigration deviendra d'ici à peu pour les nations de l'Europe occidentale une des formes les plus passionnantes de la question sociale. Ensuite, c'est que les travaux préparatoires, sans lesquels il n'y a pas de colonisation possible, comportent une mortalité très forte. Quelles sont les victimes que vous destinez au Minotaure? — Je vous prie de réfléchir sur ces deux points. Si toutes les nations civilisées se lancent aujourd'hui dans la colonisation, l'Allemagne en tête, avec une véritable impétuosité, ce n'est point parce que la colonisation est à la mode, c'est parce que les débouchés commerciaux et ethniques sont devenus pour les Occidentaux une nécessité vitale. Ce qui nous obligera à établir, après les principes généraux de la politique extérieure, les principes généraux de la politique ethnique.

Acceptant avec moi cette nécessité fatale de la création de débouchés ethniques, cette autre nécessité fatale de tra-

vaux préparatoires, qui coûteront peut-être un homme à
l'hectare, en attendant que nous choisissions pour les im-
moler au monstre les tristes victimes dont je viens de parler, que penseriez-vous de terres chaudes (il n'y a plus guère
de terres tempérées disponibles), que penseriez-vous de
terres chaudes où il n'y aurait pas d'humidité, où il n'y aurait
à faire ni dessèchements ni défrichements, où, par conséquent, les travaux préparatoires ne coûteraient presque rien
en argent, presque rien en hommes? Voici qui me ramène
à mes Prairies.

Les Amazoniens ne sont pas, pour la plupart, de grands
philosophes, ni de grands économistes, mais ils ont une
qualité : ils connaissent un peu leur pays et le connaissent
pratiquement. Ils savent que l'on meurt dans les dessèchements et les défrichements de la forêt vierge, et que dans la
prairie, le *campo*, il n'y a rien à défricher ni à dessécher.
« La terre des Tropiques, dit un proverbe local, n'est pas
méchante, elle se défend quand on l'attaque et alors elle
tue. » Je trouve pourtant à ce proverbe deux défauts de cuirasse. L'Équateur se défend sans être attaqué, l'humidité
ambiante donne les fièvres à l'Européen, fièvres peu graves,
il est vrai, mais qui débilitent toujours plus ou moins.
D'autre part, il est des terres tropicales sans humidité, par
suite sans fièvres à la surface, des terres où l'on peut cultiver sans dessèchements ni défrichements, et où par suite
on ne connaît pas les fièvres que j'appellerai profondes, les fièvres mortelles. Par un exemple j'explique ce que je veux dire.
Ici c'est la forêt vierge : vous y jetez 25,000 blancs qui as-
sainissent, défrichent, font des routes. Dans dix ans il ne
vous restera pas 5,000 de vos préparateurs. A côté c'est la
savane : de vos 25,000 travailleurs, au bout de dix ans, il
vous restera toujours bien 20,000 individus pour le moins.
La mortalité sera toujours forte chez les premiers travailleurs

européens de Guyane, même en prairie. Mais dans les prairies la mort ne sera en somme que l'exception, tandis que dans les forêts elle sera la règle. Sans doute il vaudrait bien mieux transformer du jour au lendemain, par quelque opération magique, la situation morale et matérielle du sort du plus grand nombre, et faire de notre vieille Europe fatiguée et découragée une terre de bonheur universel, une immense abbaye de Thélème. Mais qui trouvera la panacée introuvable?

En attendant, j'entends les Amazoniens qui vous disent : « La solitude nous pèse, il y a beaucoup de bonnes terres dans nos déserts, venez à nous, vivre heureux en travaillant peu. »

Quelles sont-elles donc ces prairies de Guyane, ce véritable Eldorado de la contrée où l'air est sain, le ciel clément, la terre fertile et sans poisons?

Dans les profondeurs de cette immense forêt vierge qu'on appelle l'Amérique équatoriale, au sein de cette région des ombrages éternels, dans ce gigantesque laboratoire où la chaleur humide compose et décompose incessamment mille espèces végétales et animales inconnues, le voyageur étonné arrive parfois, après que les lunes ont succédé aux lunes dans son voyage, à de grandes étendues gazonnées, vides d'arbres, pleines de brise, de lumière et d'horizons. C'est la Prairie. La terre y est sèche et rocailleuse , la nuit presque froide, le soleil de midi très chaud. Des broussailles qui vivent çà et là, des palmiers qui se sont mis en rangs sur les bords des ruisseaux, de hautes montagnes boisées dont les lignes bleuâtres estompent l'horizon lointain, de majestueuses roches nues, noires et brûlantes sous le ciel enflammé : toutes ces beautés reposent l'œil du voyageur, fatigué de cet interminable grand bois obscur, puant, monotone et triste qui pesait si lourdement sur la respiration et la pensée. Il faut avoir marché des jours après des jours, des semaines après des semaines, des mois après des mois, dans le sentier douteux de l'Indien, au sein des profondeurs mystérieuses des forêts de Guyane, pour comprendre la différence inexprimable qui existe entre ces deux mondes si voisins, celui de la Prairie et celui de la Forêt. Le soleil et la lumière réjouissent le cœur de l'homme. Mais comment dépeindre la tristesse qui nous envahit dans ces grands bois sinistres, muets le jour et horriblement bruyants la nuit, que le soleil n'a jamais pénétrés, où les sentiers sont des coups de sabre donnés sur les arbres, où l'on marche vite, courant derrière ses guides eux-mêmes assombris, étant comme un vaincu et un prisonnier entre les rangs pressés de l'armée immobile et innombrable des géants végétaux? Jamais mes sauvages n'entraient dans la prairie sans pousser des cris de joie, sans entonner quelque chant mystique de reconnaissance et d'allégresse.

Pense-t-on que cette considération esthétique de la noble beauté de la prairie soit absolument indifférente à l'émigrant? Pour moi, je ne le crois pas. J'ai toujours trouvé les colons établis dans le campo plus actifs et plus heureux que ceux établis dans les défrichements de la forêt. Il y a dans ces épaisses masses de verdure qui se prolongent à l'infini autour du jardinet de la maison sylvestre, je ne sais quoi qui décourage et qui attriste. L'œil aime à sonder l'espace. Le colon se sent bien plus libre au sein de la grande plaine qui l'invite à voir, à parcourir, à prendre possession, que perdu, replié sur lui-même, dans un petit coin de la forêt infranchissable. Si le colon a le choix et qu'il connaisse, il est certain qu'il s'établira dans le campo, sur la petite bordure boisée de quelque *igarapé*, et qu'il ne songera nullement à aller se faire agriculteur au milieu du *matto geral*.

Donc, en premier lieu, la prairie sourira au colon euro-

péen, tandis que la forêt l'effrayera toujours un peu. Et que
l'on ne pense point que ce soit là une considération indifférente ou fantaisiste. Pour le colon comme pour tous les
hommes, la première impression est presque toujours décisive.

En second lieu, la fièvre ambiante n'existe pas dans les
savanes. Les campos de Guyane où l'on rencontre déjà quelque population ; ceux de l'Apurema au sud des terres du Cap
de Nord, ceux d'Obidos, dans le Bas-Trombeta, ceux du
Takutú et de l'Uraricuera au rio Branco, sont connus pour
être des régions parfaitement saines.

Troisièmement, le colon, ou la compagnie d'émigration, ou
les provinces intéressées, n'auront pas à s'occuper de travaux de drainage ni de desséchement. La prairie n'est pas
comme la forêt une terre en formation, moitié terre et moitié eau, un marais en croissance, non ; la prairie est une terre
achevée où il n'existe ni marais, ni *pantanos* ni *ingapos*, où
tout est terre ferme, rivières courantes ou lacs d'eau vive. Les
·desséchements et défrichements qui, dans la forêt vierge,
coûteront certainement par kilomètre carré plusieurs millions
de francs et plusieurs milliers d'hommes, n'existeront pas
dans la prairie, où, par suite, le colon aura la terre à meilleur marché et ne sera pas exposé à des maladies graves.

Enfin, en quatrième lieu, les défrichements se font dans des
conditions différentes. D'abord, le colon des prairies sera
avant tout un éleveur, ce qui ne l'obligera pas à remuer la
terre. Ensuite, la plupart de ses cultures industrielles, café,
cacao, tabac, se contentant de terres légères, pourront être
faites en pleine savane, sur le versant herbeux de quelque
coteau bien arrosé. Il n'aura donc à faire de défrichements
que pour quelques cultures qui exigent des terres assez fortes,
telles que le maïs, le manioc, les légumes. Et pour cela il
n'aura qu'à arracher un hectare de ces arbustes qui poussent

dans les campos sur le bord des petites rivières. Dans ce cas, il s'agit de défricher une garenne faiblement enracinée dans une terre sèche; dans le premier, au contraire, il s'agissait de détruire une vieille forêt inondée.

Pour résumer, on voit que la colonisation en prairie est infiniment moins périlleuse, moins pénible et moins coûteuse que la colonisation en forêt. La mortalité y serait peut-être de 5 pour 100 par an contre 5o en forêt; la dépense, de 5,ooo francs par lot de 200 hectares contre 5o,ooo dans la forêt vierge. Ces chiffres me paraissent assez près de la vérité.

Je parlais tout à l'heure des campos de l'Apurema, d'Obidos et du Rio-Branco. J'ai longtemps séjourné dans ces districts, surtout dans le premier et le dernier. Je connais tout le monde au Rio-Branco et à l'Apurema, et si les habitants de ces deux territoires se trouvaient en ce moment devant nous, je pourrais les faire venir les uns après les autres et leur dire à tous successivement : Toi, tu t'appelles un tel et demeures en tel endroit. Eh bien, dans ces campos il y a un commencement de colonisation. La population n'est pas européenne et se compose en plus grande partie de *mamelukos* (métis de blancs et d'Indiens). Mais on y trouve déjà aussi quelques blancs, blancs brésiliens, portugais, vénézuéliens. Blancs et métis jouissant de l'aisance et de la santé, ils sont heureux. Leur passion est de parcourir à cheval leurs étendues, habitude qui leur donne un air mâle et fier que je n'ai jamais connu au mameluko des forêts.

Ce commencement de colonisation est réellement prospère. Il y a vingt ans, il ne se trouvait pas dans les trois districts plus de 25,ooo bœufs et de 5,ooo chevaux. Aujourd'hui je compte environ 17,ooo chevaux et 85,ooo bœufs, ainsi répartis : Rio-Branco, 25,ooo bœufs, 5,ooo chevaux; Obidos, 5o,ooo bœufs, 10,ooo chevaux; Apurema, 10,ooo bœufs, 2,ooo chevaux. Et cela pour un petit nombre d'individus : 35 fazendas (fermes) au Rio-Branco, 6o à Obidos, 15 à l'Apurema, avec une population civilisée de 1,ooo individus au Rio-Branco, 2,ooo à Obidos, 2oo à l'Apurema. Ces prairies s'étendent dans le haut Rio-Branco, du Majari au Cuyuini, du Cuite Auaú et du Mocajahi au Roroïma, sur environ 15o,ooo kilomètres carrés; dans la région d'Obidos, de Faro sur le Jamundá à Macapá, longeant la rive gauche de l'Amazone, sur environ 5o,ooo kilomètres carrés; et dans la région de l'Apurema, de Macapá à l'Oyapock, longeant les terres du Cap de Nord et la mer sur une étendue à peu près égale. Dans ces trois districts il y aurait sans aucun doute immédiatement place pour plus de 12o,ooo familles. Et dans l'avenir, ces prairies pourraient aisément nourrir une population de 25 millions d'habitants avec autant de têtes de bétail.

Laissez-moi vous esquisser la vie actuelle de ces populations mamelukas, très sympathiques assurément, bonnes, douces, heureuses, et pourtant assez fainéantes. Étant donné l'état de bien-être que se procurent en travaillant une heure ou deux par jour ces populations peu actives et peu industrieuses, vous jugerez de l'aisance que pourrait conquérir là-bas une laborieuse famille d'Européens en faisant des journées de cinq à six heures. Je répète qu'étant donné le climat, le milieu et le genre de travail, le blanc n'a rien à craindre pour sa santé.

Le Caboclo (ou mameluko) a peu de besoins. Dans la forêt, pour manger, il cultive sa roça (1), chasse et pêche; pour acheter son linge, son mobilier rudimentaire, il faut un peu de caoutchouc. Le Caboclo des prairies vit un peu mieux tout en travaillant moins.

Dans les fazendas, la viande de bœuf, fraîche, séchée ou salée, forme la base de l'alimentation. C'est le plat de tous les

---

(1) *Roça,* abatis, défrichement cultivé.

jours, cela finit même par devenir monotone, mais enfin est-ce une nourriture saine et fortifiante. Leur bétail fournit encore le lait, qu'ils apprécient fort, en dépit de ce qu'en dit Agassiz, qui, il est vrai, n'alla jamais dans les Prairies; le fromage, qu'ils font assez bon; le beurre, dans la fabrication duquel ils sont peu expérimentés. On trouve aussi dans toutes les fermes des porcs et des moutons. Aux ressources de cette alimentation animale il faut ajouter celles de la chasse et de la pêche, qui sont très grandes dans la Prairie.

Les fazendeiros cultivent le maïs, qui donne de trois à quatre récoltes par an et dont la farine peut, sans inconvénient, remplacer celle de froment pour l'Européen; le manioc, d'où ils tirent de la farine, des espèces de galettes appelées beijús ou cassaves, et le tapioca; le riz, qui pousse à l'état sauvage dans plusieurs districts de la contrée, les ignames, les patates douces, le manioc doux (macachera), les bananes, les ananas, les papayes, et cent fruits accessoires que je n'énumérerai pas ici.

De même que le maïs, le manioc, le riz remplacent le pain, le café remplace le vin. On boit du café dix fois, vingt fois par jour chez les Caboclos des prairies de Guyane. Cela leur est d'autant moins coûteux qu'ils récoltent tous une quantité assez considérable d'excellent café.

Si l'on veut du vin, de la farine de froment, d'autres douceurs, on les fait venir de Manáos, de Pará, de Cayenne ou des bourgades intermédiaires. Ces produits reviennent au colon des prairies à deux ou trois fois leur prix d'Europe. Si notre colon travaillait en vue de bénéfices, soit le café, soit le cacao, soit le tabac, cultures qui constituent plutôt un passe-temps qu'un travail véritable et qui, par conséquent, ne le fatigueraient pas beaucoup, il est bien certain que tout en se payant le pain, le vin, un certain confort que pauvre ouvrier ou paysan d'Europe il n'avait probablement jamais connu, au bout de dix années de travail à six heures par jour, il aurait acquis, non pas la fortune, mais une solide aisance avec quelques titres de rente en portefeuille. Le chef de famille laborieux qui émigre, ne doit pas rêver pour lui la fortune rapide, ce serait folie, mais seulement la transformation de sa situation douloureuse de manouvrier misérable en celle de propriétaire à son affaire, ayant son titre de possession sur parchemin et des économies dans son coffre.

Déjà j'avais vu, au Rio-Branco, à Obidos, à l'Apurema, des familles portugaises qui venaient chercher dans ces déserts la grande liberté et le solide bien-être. Toujours entreprenant et audacieux, cet illustre petit peuple qui fut si grand jadis, au siècle où il découvrait l'Inde, l'Afrique et l'Amérique et essayait de s'approprier tous ces mondes lointains!

Il y a dans cet exode actuel en Amérique, dans cette installation dans les solitudes de nos prolétaires et de nos ennuyés, autre chose qu'une opération économique ou financière, il y a un haut enseignement philosophique.

Voyez-les ces fatigués de l'Europe. Sur la lisière de la forêt, sur la plage de quelque grand cours d'eau, s'élève l'habitation de l'homme libre. Le bateau qu'il a construit lui sert de trait d'union avec la civilisation des villes. Sa hache et son fusil sont pour lui le palladium de la liberté infinie et de la richesse prochaine. En amont, en aval, dans les clairières, sont les demeures de ses voisins, comme lui fils révoltés de l'Europe marâtre, et comme lui régénérés par le baptême des solitudes. Et toutes ensemble, ces familles d'hommes nouveaux luttent en chantant pour la conquête de la richesse.

La richesse et l'indépendance constituent le souverain bien. Et que sont les richesses toujours mesquines et toujours précaires que le travailleur d'Europe recevra si le hasard le favorise, pour prix d'une vie de luttes et de privations, à côté des richesses illimitées que la liberté des grands espaces et des pays nouveaux invite à conquérir?

Les forêts exploitées, les essences précieuses vendues, les troupeaux paissant dans les savanes, les cultures grimpant des plaines sur les coteaux : c'est le château qui remplace la ferme, le bateau à vapeur qui remplace l'humble canot, de nombreuses et puissantes machines prêtant le secours de leurs muscles d'acier au planteur et à ses enfants. Jadis simple soldat de l'armée des malheureux, l'homme hardi finira ses jours dans les jouissances infinies de la liberté sans restriction et de la richesse qui ne compte pas. Et ses enfants, libres et vigoureux citoyens des déserts fécondés et des fleuves soumis, seront des heureux et des hommes à l'âge où il n'était lui-même qu'un pauvre petit fonctionnaire nécessiteux et effaré ou un manouvrier misérable vivant de privations dans le désespoir.

Il m'est difficile de parler sans une certaine émotion de ces splendides prairies de la Guyane, où, bien que tout seul avec des sauvages, souvent sans nourriture, les pieds en sang, la tête en feu, j'ai vécu, en somme, mes seules heures vraiment heureuses. Vous me demanderez pourquoi? Je n'en sais rien. Et pourquoi le renégat de Chateaubriand avait-il trouvé le bonheur à s'enfoncer au galop de sa jument rapide dans ces déserts d'Égypte où ne vivent que la soif et la faim? — De plus, en regardant avec moi ce million d'Européens qui fuient tous les ans l'Europe pour aller s'établir en Amérique devenue un autre Chanaan, ne trouvez-vous pas qu'il y a là un phénomène grandiose et étrange, gros de changements et de révolutions pour l'avenir matériel et moral de l'humanité?

Après quatre années de Guyane, quatre années pendant lesquelles j'ai vécu la vie blanche, la vie nègre et la vie

indienne, quatre années qui m'ont valu de m'assimiler
complètement au milieu, je me demandai ce que je pourrais bien offrir à mon pays comme cadeau de bienvenue.
Je lui donne les prairies de Guyane. Ces prairies sont des
terres saines, fertiles, inoccupées, et constitueraient un
excellent débouché pour le trop-plein de nos malheureux.
Les travaux préparatoires à la colonisation y seraient
presque nuls, la mortalité des travailleurs assez faible. Or,
s'il est vrai que nous ayons toujours de temps à autre des
crises industrielles, que l'émigration soit toujours considérée dans certaines circonstances comme un excellent
remède économique, comme un exutoire nécessaire, au
cas où les émigrants demanderaient des conseils sur la route
à suivre, on pourrait alors leur indiquer, entre autres
destinations, les prairies de la Guyane. Il y a plus, d'un
jour à l'autre, le conseil général de la Guyane française,
l'assemblée provinciale du Pará ou celle de l'Amazone,
peuvent faire des contrats avec des compagnies d'émigration, contrats dans lesquels ces assemblées stipuleront l'établissement des colons dans les campos de la contrée. Les
agents de ces compagnies d'émigration peuvent venir chez
nous. Peut-être même que les législateurs de Cayenne,
de Pará ou de Manáos demanderont tout spécialement à
leurs contractants des émigrants français. Quelle conduite
tenir vis-à-vis des recruteurs? Il est bon que les sociétés
savantes, le gouvernement, le public, soient informés. C'est
pour cela que j'ai tenu, naguère, à entretenir des prairies de
la Guyane notre chère Société de Géographie commerciale.
Ni Schomburgk, ni Crevaux, ni Wiener, ni aucun des
voyageurs en Guyane n'ayant visité la région des prairies,
il était de mon devoir, à moi humble débutant, de faire
violence à ma modestie et de venir l'entretenir de cette
question, intéressante à cause de son actualité.

CHAPITRE VIII.

L'AMAZONIE.

L'Amazonie est un nouveau marché et une nouvelle nation. Un nouveau marché, en ce sens que la progression de son exportation et de son importation dépasse en rapidité tout ce qu'on avait vu jusqu'à ce jour, et que le chiffre de son commerce général s'est déjà élevé à la hauteur de celui des marchés beaucoup plus anciens, comme le Portugal (342 millions de francs en 1877), et la Grèce (234 millions de francs en 1875), dans les pays latins d'Europe; l'Uruguay (225 millions), le Venezuéla (184 millions), le Pérou (en 1877, 135 millions), le Mexique (en 1877, 255 millions), parmi les pays latins d'Amérique; la Tunisie et l'Indo-Chine parmi nos colonies; le Japon (280 millions en 1879), et la Malaisie dans le reste du monde; et quatre fois le Maroc, cinq fois la Serbie et un nombre incalculable de fois l'État libre, belge et international du Congo. L'Amazonie fait aujourd'hui pour plus de deux cents millions de commerce (1), et on peut prédire, étant donnée la progression, qu'avant la fin du siècle elle pourrait fort bien arriver au milliard. On fait bien sans doute d'essayer de forcer ces vieux marchés de l'extrême Orient, toujours indifférents ou rebelles, mais il ne faut pas perdre de vue que

(1) En 1885, le commerce général de l'Amazonie dépassait 250 millions de francs.

la vie est surtout là-bas, dans ce nouveau monde peuplé de nos enfants, enfants vigoureux et hardis, en croissance rapide. Je ne veux pas dire de mal du Hoang-ho ni du Yan-tze-Kiang, cependant j'ai plus de confiance dans le Saint-Laurent, le Mississipi, le Rio-de-la-Plata et l'Amazone.

J'appelle l'Amazonie une nation parce que, d'abord, je vois dans cette vallée gigantesque, enserrée par la convexité centrale des Andes, les hauts plateaux de la Guyane et ceux du Brésil, le grand golfe de l'Amazone dans l'Atlantique, un royaume géographique distinct; et parce que dans ce royaume géographique je vois croître une nation qui parlera portugais peut-être, comme le Brésil proprement dit, mais dont les enfants ne ressembleront pas plus aux Brésiliens de Rio-de-Janeiro que ceux-ci ne ressemblent aux Portugais.

J'étudierai successivement l'Amazonie sous huit aspects principaux : le développement économique, le milieu, la vie économique, la colonisation, l'acclimatement de la race blanche, l'installation européenne, la colonie française, les idées autonomistes.

I. — Développement économique de l'Amazonie.

La surface des deux provinces comprises dans le bassin de l'Amazone est, d'après les statistiques brésiliennes, de 3,046,732 kilomètres carrés. Le recensement de 1871 donnait aux deux provinces une population totale de 332,847 habitants. En 1883, on évaluait cette population à environ 600,000 individus : 150,000 pour la province de l'Amazone (1) et 450,000 pour celle de Pará, soit seulement 1/5 d'habitants au kilomètre carré.

_____

(1) *Amazonas.*

Agassiz calculait à 500 millions de francs le rendement annuel des produits spontanés de la contrée. Évidemment rien n'est plus fantaisiste que de telles approximations. Agassiz ne savait pas la quantité de salseparcille, de cacao, de castanha, de piaçaba et de caoutchouc qui se trouve dans les forêts de l'Amazone, ni celle de cent autres produits ou inutilisés ou inconnus. Remarquons toutefois que l'évaluation du naturaliste helvético- américain donnerait seulement un peu moins de *deux francs à l'hectare,* ce qui est incontestablement beaucoup au-dessous de la vérité. C'est par milliards de francs qu'il faut évaluer les produits spontanés qui se perdent annuellement, faute de bras, dans cette vallée de l'Amazone, la terre par excellence des gommes, des résines, des textiles, des oléagineux et des produits pharmaceutiques.

On peut évaluer l'exportation actuelle totale des deux provinces, exportation alimentée presque entièrement par les produits spontanés de la forêt, à environ 90 millions de francs, ce qui donne à l'Amazonie 150 francs d'exportation par tête d'individu contre 450 en Australie, 250 en Angleterre, 140 en France, 100 aux États-Unis, 100 en Argentine et 45 à l'ensemble du Brésil (1).

En 1867, l'Amazone a été ouvert à tous les pavillons. Depuis, la progression a été très rapide. De 1868 à 1882 la valeur officielle de l'exportation faite par le port de Pará s'est élevée de 5,827 : 243 $ 070 à 36,494 : 266 $ 744, soit une augmentation de 700 pour 100 en quinze ans. Pendant la même période, la progression de l'exportation aux États-Unis n'a été que de 400 pour 100.

La progression de l'exportation totale du port de Pará, représentant la presque totalité de l'exportation de l'Ama-

---

(1) L'exportation de l'Amazonie, en 1885, a été d'environ 250 millions de francs.

zonie, a été la suivante pendant la période de 1878 à
1882 (1) :

1878.....................	13.589 : 934 $ 492
1879.....................	21.369 : 597 $ 999
1880.....................	21.822 : 954 $ 371
1881.....................	25.776 : 074 $ 763
1882.....................	36.494 : 266 $ 744

Voici quelle a été, pour les trois années 1880, 1881 et
1882, l'exportation des trois produits principaux :

1880

Produits.	Quantité.	Valeur.
Caoutchouc.................	7,977,784 kil.	17.559 : 079 $ 954
Cacao.....................	3,121,085	1.765 : 399 $ 468
Castanha (touka)...........	5,252,050	871 : 276 $ 609

1881

Caoutchouc.................	8,427.427	20.148 : 578 $ 986
Cacao.....................	5,404,957	3.177 : 199 $ 229
Castanha......	6.368,400	699 : 163 $ 357

1882

Caoutchouc.................	9,624,569	30.062 : 893 $ 465
Cacao.....................	6,293,673	3.653 : 209 $ 320
Castanha.................	4,033,200	600 : 680 $ 260

En 1882, la navigation intérieure en Amazonie employait 52 vapeurs, jaugeant ensemble 21,324 toneladas,
soit de 406 toneladas de jaugeage moyen, et qui firent
543 voyages sur les 80,000 kilomètres de voies navigables
de l'immense bassin.

De 1879 à 1882, la navigation au long cours varie comme
suit :

(1) Au Brésil on compte par *milreis*, figurés dans les chiffres par le signe $. Un
conto de reis (million de reis) vaut 1,000 milreis et s'indique par :.
Le *conto* vaut, selon le change, de 2,000 à 2,500 francs.

Années.	Vapeurs.	Voiliers.	Tonnage total en toneladas.
1879...............	121	142	230,073
1880...............	147	145	258,155
1881...............	141	170	225,484
1882...............	166	167	229,365

En même temps que se développait le commerce de l'Amazonie, augmentaient dans une forte proportion les revenus des deux provinces.

De 1878 à 1882, les revenus généraux de la province du Gram-Pará accrurent dans la proportion suivante :

Années.	
1878.........................	4.228 : 499 $ 461
1879.........................	6.187 : 697 $ 223
1880.........................	5.654 : 011 $ 889
1881.........................	7.706 : 952 $ 823
1882.........................	10.372 : 230 $ 145

Les 9/10 environ de ces revenus provenaient de droits à l'importation et à l'exportation.

Ces revenus se décomposaient ainsi :

Années.	Revenus provinciaux.
1878.........................	1.119 : 574 $ 994
1879.........................	1.768 : 193 $ 347
1880.........................	1.495 : 228 $ 449
1881.........................	1.791 : 639 $ 515
1882.........................	2.329 : 736 $ 335

Années.	Revenus impériaux.
1878.........................	3.108 : 924 $ 467
1879.........................	4.419 : 503 $ 876
1880.........................	4.158 : 783 $ 440
1881.........................	5.915 : 313 $ 308
1882.........................	8.042 : 493 $ 810

Ceux de la province de l'Amazonas (1), pendant le même laps de temps, ont été les suivants :

(1) *Amazonas*, province de l'Amazone, capitale Manáos.

Années.	Revenus généraux.
1878	1.031 : 149 $ 007
1879	1.377 : 391 $ 756
1880	1.751 : 835 $ 310
1881	2.273 : 498 $ 557
1882	3.740 : 209 $ 663

Se décomposant ainsi :

Années.	Revenus impériaux.
1878	191 : 975 $ 665
1879	312 : 322 $ 097
1880	420 : 912 $ 693
1881	507 : 710 $ 708
1882	791 : 868 $ 774

Années.	Revenus provinciaux.
1878	839 : 173 $ 342
1879	1.065 : 069 $ 659
1880	1.330 : 922 $ 617
1881	1.765 : 787 $ 849
1882	2.948 : 400 $ 889

Ce qui donne pour les revenus généraux des deux provinces de l'Amazonie (1) :

Années.	
1878	5.259 : 648 $ 468
1879	7.565 : 088 $ 979
1880	7.405 : 847 $ 199
1881	9.980 : 451 $ 380
1882	14.112 : 439 $ 808

Pour le total des revenus provinciaux des deux provinces :

Années.	
1878	1.958 : 748 $ 336
1879	2.833 : 263 $ 006
1880	2.826 : 151 $ 066
1881	3.557 : 427 $ 364
1882	5.278 : 137 $ 224

Et pour le total de leurs revenus impériaux :

(1) On entend spécialement par *Amazonie* les deux provinces brésiliennes de *Gram-Para* et de *Amazonas*.

Années.

1878	3.300 : 900 $ 132
1879	4.731 : 825 $ 973
1880	5.579 : 696 $ 133
1881	6.423 : 024 $ 016
1882	8.834 : 302 $ 584

Ce qui montre que les revenus impériaux absorbent les 2/3 du rendement total de l'Amazonie; ce qui pousse les Amazoniens à se plaindre, violemment parfois, des Brésiliens du Sud. Les Paraenses surtout, qui se voient enlever par le gouvernement général les 3/4 de leurs revenus.

La dette, heureusement, n'est pas excessive :

Dette Para : 2.000 contos.
— Amazonas : 500 —

II. — Le Milieu Amazonien.

Climat. — Le climat amazonien est chaud, mais non torride, un peu humide, mais non débilitant. La chaleur est fort supportable, car la moyenne de la température ne dépasse pas 28°. Cette chaleur, pour élevée qu'elle soit, n'est nullement un obstacle à un brillant développement économique et social. La chaleur excessive du milieu de la journée empêche, il est vrai, la force du corps de l'homme et des animaux de se développer complètement, mais cette même chaleur fait produire avec une extrême abondance les choses nécessaires à la vie. De plus, l'inertie et le silence de l'heure de midi sont aisément compensés par l'activité à laquelle invitent les heures fraîches de la journée.

C'est dans des climats autrement chauds que celui de l'Amazonie que se sont développées les premières civilisations. Les cieux torrides du Gange, de l'Euphrate et du

Nil, semblaient devoir présenter de bien plus sérieux obstacles au travail, au progrès et à la civilisation, et cependant les races Hindoustaniques, Chaldéennes et Égyptiennes, les Aryas, les Kouschites et les Sémites sont arrivés par eux-mêmes, dans une moyenne de température de 40°, à une civilisation dont la nôtre n'est que l'héritière.

La chaleur n'est un obstacle ni au peuplement, ni au travail, ni à la richesse, ni au progrès. Les maladies endémiques, les épidémies et les fièvres provenant du défrichement, constituent une nuisance, mais une nuisance qui se retrouve aussi bien dans les pays tempérés, et que d'ailleurs l'on arrive toujours à vaincre.

On objectera peut-être que de grandes civilisations ont acquis, il est vrai, un magnifique développement dans la zone torride, mais que ces civilisations sont aujourd'hui caduques et incapables de progresser, tandis que nous ne voyons prospérer la civilisation européenne, type le plus élevé de la civilisation dans le monde, que dans les régions tempérées. Les blancs sous l'Équateur, dira-t-on, ont fourni la civilisation aryaque de l'Inde, mais ils n'ont pu s'y élever à la hauteur de la civilisation de l'Europe. La grande chaleur facilite les évolutions premières, et paralyse les évolutions subséquentes et plus complexes du progrès. Mais si ces races sont aujourd'hui stationnaires ou même en régression, ne serait-ce pas plutôt, tout simplement, parce qu'elles sont arrivées à leur âge de caducité? Cet âge arrive pour toutes les races. Le progrès est indéfini, mais nulle race n'en est le dépositaire perpétuel, il est légué comme un héritage par les races qui disparaissent à celles qui leur succèdent. Son milieu se déplace, il a déjà évolué de l'Orient en Europe, il évolue actuellement d'Europe en Amérique, pourquoi les siècles futurs ne verraient-ils pas sur les bords de l'Amazone sa plus magnifique floraison,

comme les siècles primitifs ont vu ses débuts sur les bords
des fleuves de l'Égypte et de l'Inde?

L'humidité n'est pas non plus extrême.

On sait que quand l'air est chaud et humide, l'issue de
l'eau par la peau et les poumons est très gênée, les fonctions vitales en souffrent, l'homme et les animaux vivent
dans un état permanent d'énervement et de langueur provenant de la lenteur du mouvement des fluides à travers
les tissus, et de la difficulté avec laquelle s'opèrent les
mouvements moléculaires. Ce n'est pas le climat chaud,
c'est le climat chaud et humide qui est énervant. Les
antiques civilisations plus haut énumérées, ont pris naissance ou se sont développées dans des climats chauds
mais secs, et ceux des habitats plus ou moins humides
qui ont vu progresser de grandes civilisations, ont été
peuplés par des races ayant fait leur première évolution dans des climats secs, comme cela est arrivé pour
les Aryas. Il y a une certaine proportionnalité entre la sécheresse de l'habitat et l'énergie de la race, l'humidité
et son apathie. C'est de la zone désertique de l'ancien
monde que sont sorties les trois grandes races conqué-
rantes, les Aryas, les Sémites, les Ouralo-Altaïques. L'air
chaud et sec est le moteur le plus énergique des actions
vitales, cela se vérifie partout, aussi bien qu'on voit aussi
les races énergiques s'amollir dans les milieux chauds et
humides.

Mais l'humidité n'est pas extrême dans le milieu amazonien. La moyenne des pluies n'y est que de trois à quatre
mètres, contre vingt au Bengale et sur la côte orientale
d'Afrique. Cependant, cette humidité, pour faible qu'elle
soit relativement, n'est pas sans avoir une influence fâcheuse. On a lieu de penser que les deux Amériques ont
été peuplées par une même race; or, que voyons-nous?

C'est dans les régions sèches, les plateaux de l'Amérique
Centrale, du Pérou, que la civilisation s'est développée. Les
plateaux moyens de l'Alleghani et des Grands-Lacs, du Brésil et de Guyane, plus humides, n'ont donné le jour qu'à
des populations de barbares; les régions intermédiaires,
plus humides encore, n'ont vu naître aucune civilisation.

Cette demi-humidité de la vallée de l'Amazone n'est pas
un obstacle au développement de la richesse et de la civilisation. Même l'extrême humidité ne détermine pas, par
elle-même, un développement social inférieur, pas plus que
le climat chaud et sec ne provoque, à lui seul, un développement social supérieur. L'énervement des climats chauds
et humides ne pousse pas toujours, comme on pourrait le
croire, à la résignation, la passivité, la non-action; l'énergie des climats chauds et secs ne pousse pas toujours au
mouvement, à l'action. Ce sont incontestablement les aptitudes psychologiques de la race qui entrent comme facteurs
principaux dans l'évolution sociale.

Cette demi-humidité du climat amazonien n'est donc
qu'un faible obstacle. De plus, cet obstacle est aisé à vaincre par les déboisements et les défrichements qui rendent
le pays moins pluvieux, par les dessèchements et les drai-
nages qui facilitent et accroissent la respiration terrestre,
dont dépend la santé générale.

En résumé, chaud mais non torride, quelque peu humide mais non malsain, le milieu amazonien est en principe
virtuellement propre à servir de berceau à une des grandes
races de l'humanité future.

Morphologie de l'habitat. — La morphologie de l'habitat,
bien que n'indiquant rien de particulièrement favorable
au développement des richesses et de la civilisation dans
le milieu Amazonien, prise en soi, n'indique non plus rien
de défavorable.

Le milieu amazonien est une immense vallée entre deux grands plateaux. Ces grandes étendues planes, remplies de forêts, de labyrinthes fluviaux et lacustres, en raison de leur immense étendue, devaient opposer à l'intégration des obstacles insurmontables pour des sociétés dans l'enfance. Les forêts, les retraites des cours d'eau grands et petits, des canaux naturels, des lacs, des marais, sont le refuge des tribus. Les forêts leur fournissent le gibier, les eaux, le poisson, et les profondeurs des déserts protègent leur solitude, leur facilitent d'échapper à la contrainte, de se soumettre à la subordination sociale, de s'opposer à la consolidation des sociétés. Ce sont les plus grands obstacles à l'assimilation de la race indigène par la race conquérante. Mais, dans le sens même de celle-ci, les forêts ne constitueraient pas un obstacle, les blancs ne pouvant peupler le pays qu'en détruisant les forêts pour faire leurs cultures; de plus, les lacs, les rivières, les canaux, mieux connus, seront pour eux des chemins naturels que sillonneront les bateaux à vapeur, et qui faciliteront l'agrégation des groupes de peuplement.

Cependant, il faut tenir compte d'une particularité géographique qui peut être un obstacle dans certains cas, dans d'autres peut présenter de grands avantages. Je veux parler des chutes qui constituent une force motrice énorme, jusqu'à ce jour inutilisée, mais qui interrompent la navigation au pied des deux plateaux. Tous les grands cours d'eaux dans leur cours supérieur, tous leurs affluents dans leurs cours supérieur et moyen sont encombrés de chutes, véritables digues de retenues qui empêchent les rios de l'Amazonie de se transformer en torrents algériens.

Un obstacle plus grave, du moins pour les progrès les plus complexes, est l'uniformité même de la grande vallée. De grandes plaines boisées, encore, partout et toujours.

On ne trouve qu'un contraste, celui de la terre et de l'eau.
Pas d'accidents, pas de variété. Les contrastes entre le climat diurne et le climat nocturne, entre le climat estival
et le climat hivernal sont presque nuls. Pas de phénomènes
géologiques ou météréologiques importants. Souvent un
ciel brumeux, pluvieux et triste dans sa monotonie. La
flore et la faune sont uniformes dans toute la contrée.

On serait tenté de croire à la sérénité de l'atmosphère de
l'Amazonie, il n'en est rien. Les vapeurs, les brouillards
et les nuages n'y sont pas rares. Pendant l'hiver, d'avril
à octobre au sud de la ligne, d'octobre à avril au nord,
les nuages et la pluie masquent quelquefois le soleil pendant quinze jours consécutifs, et même, pendant la saison
sèche, il est extrêmement rare de passer une quinzaine
sans pluie ou sans nuages. L'air n'est guère pur et diaphane.
Il est chargé de vapeurs qui se dégagent des eaux et des
forêts, et, le plus souvent, les horizons les plus voisins sont
noyés dans des buées épaisses qui enlèvent toute netteté aux
paysages et attristent le ciel. Ce n'est que rarement que
l'atmosphère présente une grande transparence, et l'azur un
bleu sombre et profond. L'atmosphère, pendant la plus
grande partie de l'année, est saturée d'humidité qui se réduit le matin et le soir en brouillards épais. L'évaporation
diurne sur les lacs et les rivières est faible, et la saturation
de l'atmosphère ne s'explique que par la forte proportion
des étendues d'eau. Le rayonnement nocturne est presque
nul, aussi la rosée et le serein sont-ils très faibles et fugitifs.

Les phénomènes météorologiques sont presque complètement inconnus. Il ne grêle jamais. L'arc-en-ciel est une
curiosité. Le crépuscule du soir ne dure guère qu'un quart
d'heure et celui du matin une demi-heure. Leur beauté
consiste dans les couleurs tendres dont se revêt alors le

bleu du ciel, quand il n'est pas voilé par les nuages. Toutefois, les étoiles ont un beau scintillement et les clairs de lune sont magnifiques.

Les vents sont généralement un peu humides. Parfois ils sont terribles. On essuie dans les lacs et les rivières des tempêtes effroyables; les ouragans, les tempêtes avec pluie et orage, les tourbillons aériens, les portées de vent, très rares sur la côte, sont assez fréquents dans l'intérieur. Les tornados, cyclones, trombes, syphons sont peu à redouter.

La tension électrique est très faible sur la côte et faible dans l'intérieur. Sur la côte, les orages sont rares, mais ils le sont moins dans le centre.

On voit que les phénomènes météorologiques sont trop rares pour rien changer à l'uniformité du milieu.

La vallée amazonienne semblerait donc devoir pâtir de ce vice morphologique. Car, toutes choses égales d'ailleurs, les pays uniformes sont moins favorables au progrès social, les causes de différenciation et par suite de progrès, les contrastes, faisant défaut. Rien n'est moins favorable à un développement littéraire, artistique et social.

Et pourtant il n'en est rien, l'Amazonie n'est pas un pays uniforme. Le contraste est entre la plaine elle-même et les plateaux qui la dominent, entre les terres basses riveraines des grands cours d'eau et les terres hautes de l'intérieur, entre la grande forêt, en partie inondée et presque au niveau de la mer, et les hautes et vastes prairies qui s'étendent entre les montagnes des plateaux de Guyane et de Brésil, dans les différences invraisemblables et fantastiques des admirables cantons des plateaux. Le contraste existe, absolument simple mais absolument majestueux.

Et qui a parcouru l'Amazonie ne peut se ressouvenir, sans une douce émotion, de ce monde si magnifique, sim-

ple, grand et dramatique comme une création d'un tragi-
que grec.

Économie des richesses du sol. — Quand la flore est
trop pauvre, elle ne permet pas le développement d'une
population assez nombreuse pour qu'une société puisse se
former. Exemple : l'Australie, où certains districts n'ont
pas 1/200me d'habitant, au kilomètre carré. Sans les arts
agricoles, point de développement des sociétés en richesse
et en structure, et, par suite, pas de progrès sociaux. Et au
début, point d'arts agricoles un peu prospères sans une certaine richesse de la flore.

Serait-ce, au contraire, l'exagération de cette richesse
de la flore qui constituerait un obstacle? Certes, l'exubérance
de la flore amazonienne a été un empêchement assez grave
à la constitution dans ce milieu de grandes sociétés indigènes. Et, d'abord, dans plusieurs régions de la contrée, des
forêts impénétrables, des marécages couverts d'une luxu-
riante et inutile végétation, des jungles, sont un impe-
dimentum à la prise de possession de la terre. L'exubérance
de cette végétation, la nature marécageuse du sol parfois
imperméable et fait en partie de terres noyées et couvert
d'une végétation broussailleuse presque indestructible,
sont autant d'obstacles à la préparation du sol. D'un autre
côté, la grande abondance des plantes alimentaires, si
elle peut faciliter les premiers développements sociaux,
peut aussi, selon la race, constituer dans la barbarie primitive l'immobilité sociale, en endormant les sauvages
dans la confiance du lendemain. Aujourd'hui, cette extrême
richesse de la flore est encore un obstacle, en rendant les
défrichements longs, difficiles, et périlleux à cause du
climat, et elle nécessitera l'emploi des Chinois ou des
nègres.

Cependant d'immenses étendues en Amazonie, principalement dans la région des terres moyennes et des terres hautes, sont faites de terrains sablonneux ou argileux, avec une couche de sol arable fort mince, et la végétation dont elles sont revêtues est assez maigre.

Il est rare de trouver en Amazonie une couche arable de plus de deux mètres d'épaisseur. Cette fertilité, comparativement médiocre, ne constitue pas un fait désavantageux, au contraire. Carey a démontré que les terres d'une fertilité moyenne étaient les premières attaquées par la colonisation, et l'histoire nous apprend que les terres de fertilité excessive n'ont jamais été un encouragement au travail, un excitant au progrès.

L'abondance du gibier et du poisson a été funeste à la race indigène. Avec le gibier, le poisson, les produits spontanés de la forêt, les Indiens étaient assurés de leur subsistance et n'avaient pas le stimulant du besoin pour les pousser dans la voie du travail Tout cela serait bien insuffisant pour un Européen; le sauvage, lui, a du superflu dans ses forêts. La fatalité du milieu lui a imposé la chasse et la pêche pour ses principales occupations. Les tribus obligées de courir après le gibier ont pris des habitudes plus ou moins nomades, cause permanente qui fit délaisser l'agriculture, gêna l'accroissement de la population et le progrès individuel. Sans mammifères susceptibles de supporter la domestication, les Indiens n'ont pu s'attacher au sol et devenir agriculteurs, n'ont pu profiter de leurs prairies et devenir pasteurs. Dans leur carbet, la faune amazonienne ne leur permet d'élever que des chiens et des singes, avec quelques volatiles : des aras, des perroquets, des marayes, des hoccos, et quelques gallinacés.

La chasse et la pêche, les deux grandes ressources de la faune amazonienne, importent peu à l'Européen. Par

contre, cette faune lui donne à combattre de redoutables
adversaires, non pas le jaguar et les reptiles, beaucoup
plus terribles dans les romans de voyages que dans les
forêts, mais la plaie des mouches, tourment des hommes
et des animaux domestiques, et les fourmis, les termites,
les vampires.

L'économie des richesses du sous-sol est peu connue.

En résumé, l'Amazonie présente un climat chaud mais
non torride, humide mais non débilitant ; un milieu suffisamment varié, un sol riche, mais non d'une exubérance
dont l'excès ferait obstacle au défrichement : toutes circonstances qui font de l'habitat amazonien un habitat
absolument favorable, n'offrant que des résistances relativement faibles, et assurant le plus magnifique avenir.

III. — La Vie économique.

Le caoutchouc. — Le principal produit de l'Amazonie
est le caoutchouc. C'est l'exploitation du caoutchouc qui
fait actuellement vivre l'Amazonie.

La gomme élastique est le produit de la sève d'un
arbre de la famille des euphorbiacées, dont le nom scientifique est *hœvea Guyanensis* ou encore *siphonia elastica*.
Les Indiens Cambèbes nommaient ce produit cau-uchù,
dont nous avons fait caoutchouc. Ici le peuple le nomme
seringa et le commerce *borracha*. Les Anglais lui donnent
le nom de rubber; nous, indifféremment celui de gomme
élastique ou de caoutchouc. Le *siphonia elastica* est un bel
arbre qui s'élève plus haut que le chêne et dont le diamètre varie de o^m,4o à o^m,8o. On en voit parfois d'un
diamètre supérieur. Son fruit est une graine qui ressemble
à celle du ricin, mais est trois fois plus grosse. Il y aurait
beaucoup à gagner dans la récolte de ces graines, qui

sont oléagineuses, mais personne ne s'en occupe. Le suc
laiteux qui découle des incisions faites au tronc de cet
arbre est connu sous le nom de seringa, et devient après une
défumation le produit qui nous occupe. La sève n'en est
assez abondante pour l'exploitation qu'à partir de l'âge
de quinze ans, l'arbre n'est en plein rapport que de vingt
à vingt-cinq ans. Au sortir de l'incision, cette sève se
montre fluide et blanchâtre ; au contact de l'air, elle s'é-
paissit et va se coagulant, perdant de sa couleur, qui passe
au jaune, puis à des nuances de plus en plus obscures.
Après un ou deux mois, les parties immédiatement exposées
au contact de l'air deviennent noirâtres, mais les parties
non exposées restent claires. On cherche depuis longtemps
le moyen de conserver le suc laiteux liquide et clair pour
le transporter dans cet état dans les pays manufacturiers.
Divers essais ont été tentés à diverses reprises, on a même
cru en trouver la solution dans un certain procédé Strauss.
La vérité est que l'on s'est jusqu'ici assez mal trouvé de
ces essais et que personne, pour le moment, n'est disposé
à abandonner le procédé actuel.

Terrain. — On a dit que le siphonia elastica ne prospère guère que dans les terres humides, et surtout dans
les terrains marécageux. Cela est inexact. On le trouve à
toutes les altitudes prospérant très bien, depuis le niveau
de la mer jusqu'à 3,000 mètres et au-dessus. C'est à Loxa,
à 3,000 mètres d'altitude, que Lacondamine le découvrit,
et, dans toutes les Cordillères, on l'exploite aujourd'hui
dans cette zone et dans des zones encore plus élevées.

Tous les hauts bassins des affluents de l'Amazone en
sont couverts.

L'Amazone, avec ses affluents gigantesques et ses sous-
affluents aussi nombreux que considérables, ses rivages
d'une étendue prodigieuse, son delta aussi vaste que riche

en îles de toutes dimensions, ses grandes étendues périodiquement submergées, contient une quantité incalculable d'arbres à caoutchouc. Aussi les chances de diminution de l'exploitation par suite d'épuisement des arbres sont-elles bien faibles, et le concours de tant de circonstances heureuses permet d'affirmer qu'il faudrait encore bien des années d'exploitation par bien des milliers de travailleurs. Si le courant des émigrants du Sud se dirige vers le Haut-Amazone, ce n'est pas que les districts du Bas-Amazone soient épuisés, c'est parce que là, il trouve une zone plus vaste, inexplorée, riche en lacs et en bras de rivières, le plus souvent sans propriétaires. On ne peut nier que les arbres dont on exige trop s'épuisent au bout de quelques années, mais on vérifie aussi que le repos restitue aux arbres leur vigueur primitive. Les îles du Delta conservent toujours leur ancienne renommée pour l'abondance et la belle qualité, bien que le Jary, que les seringueiros remontent aujourd'hui jusqu'à la seconde chute, le Xingu, le Tapajoz, la Madeira, le Purus, le Juruá, le Javary, et tant d'autres, et bien des vastes lacs, envoient aujourd'hui leurs produits. Le champ de l'exploitation s'élargit chaque jour, et pourtant les anciens districts accroissent leur production. Une population de travailleurs augmentant ainsi sans cesse et une immense région encore inexplorée sont de sérieuses garanties pour que l'on ait toute confiance dans l'avenir.

Travailleurs. — La nombreuse armée de seringueiros se compose d'indigènes, de gens de couleur, de naturels des Républiques voisines et de Brésiliens de diverses provinces; le nombre des Européens est très limité. L'élément servile, qui n'existe plus dans la province de l'Amazone, qui est très peu nombreux dans celle de Pará, n'a guère été, avant la récente émancipation, employé

que dans les plantations de sucre, de café et de manioc.
Il en est de même pour la province de Pará, qui n'aura
guère à souffrir de l'abolition de l'esclavage. Les provinces
du Sud au contraire, atteintes dans les sources de leurs
richesses, enverront dans le Nord des quantités de plus
en plus considérables d'émigrants. Ce mouvement a déjà
commencé d'une manière sérieuse, depuis quelques années, par suite de la sécheresse qui a désolé la province
de Ceará et les provinces voisines, et c'est en partie ce
qui a imprimé l'élan actuel au développement de la population et de la richesse de la vallée. Les émigrants du
Sud ont été surpris de voir tant et d'aussi faciles moyens
de s'enrichir négligés ou faiblement exploités. Aussi, tandis que les émigrants vers d'autres provinces sont revenus
chez eux pour y reprendre leurs travaux interrompus, les
émigrants vers l'Amazone ont appelé dans la contrée plusieurs de leurs concitoyens, qui sont venus travailler à la
riche moisson. On compte aujourd'hui environ 80,000 seringueiros. Ajoutez à cet accroissement de population une
plus grande somme d'ambition et naturellement d'énergie
de la part d'individus plus actifs et plus entreprenants
que les indigènes, et vous pourrez en conclure que le
mouvement actuel de production ne fera que grandir. Il
grandira également par l'intelligence qu'apportent dans
l'exploitation les nouveaux travailleurs. Tandis que jusqu'ici les indigènes ne travaillaient guère que pour leurs
besoins immédiats ou pour quelques petites satisfactions
d'un luxe pitoyable, se laissant exploiter par des correspondants de mauvaise foi, les nouveaux venus se groupent, ne s'adressent qu'à des maisons sérieuses qui les
mettent à l'abri des manœuvres déloyales dont étaient
victimes leurs devanciers, qui vont de leur côté profitant
de ces bons exemples. Pourvus abondamment du néces-

saire par des correspondants plus scrupuleux, ravitaillés
par de nombreuses lignes de vapeur, les Cearenses et
autres émigrants peuvent produire sans distraction beaucoup plus et beaucoup mieux.

La récolte de la gomme ne peut se faire toute l'année
dans les terres basses, à cause de la crue des eaux qui
submerge en plusieurs endroits les plus fertiles districts.
La récolte n'a guère lieu que de la fin de juillet à la
mi-janvier. En dehors de cette période, le travail est non
seulement difficile par suite des pluies, mais encore dangereux par suite des fièvres.

Exploitation. — Le seringueiro est possesseur ou locataire
du district à exploiter. Le locataire paye au propriétaire,
qui divise son district en diverses sections nommées
estradas, environ 15 kilogr. par estrada. A mesure que l'on
s'avance vers des terrains inexplorés, ces terrains vont
appartenant pour l'exploitation aux premiers occupants.

Commerce. — Les frets des vapeurs, dans l'intérieur,
sont facilement supportés par la gomme et varient suivant
les distances. A l'entrée, il est payé à Pará un droit d'octroi de 8 reis par kilo (1). Très souvent les arrivages sont
vendus à l'avance, et les commissionnaires, très souvent
aussi, ont déjà reçu le montant probable de la marchan-
dise. Aussi peut-on affirmer que ce produit est presque
un monopole que se partagent, non sans lutte, une
dizaine de maisons, parmi lesquelles cinq sont hors de
pair. Deux ou trois commissionnaires pour l'intérieur et
surtout la toute-puissante maison Elias José Nunes da
Silva et Cie, sont loin de se plier aux caprices des spé-
culateurs. Cette maison a eu jusqu'à plus d'un million
de kilogrammes emmagasinés, attendant un prix qu'elle

---

(1) Le caoutchouc a payé à sa sortie de Pará octroi, droits provinciaux, droits
impériaux, une totalité d'environ 30 pour cent de sa valeur.

avait fixé et qui a été obtenu, dominant ainsi parfois même les marchés consommateurs.

Les principales maisons d'exportation du caoutchouc sont les suivantes : Sears et Cᵢᵉ, Américains achetant pour le compte de maisons américaines et expédiant aux États-Unis;

Samuel G. Pond et Cᵢᵉ, expédiant à sa propre maison : New-York, Burdelt et Pond;

Gonçalves Vianna et Cᵢᵉ, établis au Havre, Vianna frères, expédiant pour le compte des États-Unis, l'Angleterre et la France;

E. Schramm et Cᵢᵉ, Allemands achetant pour le compte de l'importante maison de Londres Heilberth Symmons;

Martins et Cᵢᵉ, Portugais expédiant pour leur compt e aux États-Unis et en Angleterre.

Parmi les autres maisons, se détache la maison française Denis Crouan et Cᵢᵉ, qui expédie la plus grande partie de ses envois à Londres pour le compte d'une maison de cette place. Dans l'exportation de la gomme de Pará, la France vient bien loin après les Américains et les Anglais.

La gomme vendue est livrée dans le magasin du vendeur, où elle est pesée et coupée par des nègres qui ont la spécialité de ce service. On la coupe, afin de constater la présence de l'entrefine et aussi pour déjouer les fraudes qui se pratiquent avec le sernamby dans lequel on introduit quelquefois des corps étrangers. La gomme, pesée et coupée, est mise en caisses de sapin fabriquées à Pará, avec des planches expédiées des États-Unis ou du Canada.

On calcule le poids pour les caisses de fine à environ 130 kilog., et pour celle de sernamby à environ 200. Les droits de douanes à la sortie sont de 9 pour 100 pour toutes les sortes. On paye en outre comme droits provinciaux de sortie, 13 pour 100 pour la première qualité, 12 pour 100 pour la seconde et 11 pour 100 pour le sernamby. Ces droits sont calculés sur une valeur établie par une commision composée d'employés de la douane, sur la moyenne des prix de la semaine antérieure. La différence des prix entre les qualités est la suivante : étant donné le prix de la fine qui est le prix régulateur, l'entrefine vaut 200 reis de moins, le sernamby 1500 reis. Avec tous les frais, la gomme mise à bord est surchargée de 25 à 28 pour 100 de droits. Il faut en outre estimer la perte en poids qui peut varier de 1 à 5 pour 100 suivant le temps du séjour en magasin et surtout suivant la distance du lieu de production. La gomme des Iles arrive à Pará humide et jaunâtre, et celle du Haut-Purus sèche et noire.

On expédie pour l'Angleterre sur vapeurs au fret de 40 fr. par tonneau et, pour les États-Unis, par voiliers au fret de un quart de *cent* par livre (1).

Marchés producteurs. — La supériorité actuelle de la production de l'Amazone, comme quantité et comme qualité vis-à-vis des autres pays producteurs, est affirmée par les statistiques de l'Angleterre et des États-Unis.

Les prix de la gomme, qui, dans l'année 1877, ont été en janvier de 2 fr. 85 par livre, et en juin de 2 fr. 75 pour celle de l'Amazone, étaient seulement de 2 fr. 40 en janvier et de 2 fr. 25 en juin pour celle de l'Amérique centrale. En janvier 1881, celle de l'Amazone valait 4 fr. 25 et l'autre 3 francs. En juin, celle de l'Amazone était à 4 fr. 40 et l'autre à 2 fr. 85. Dans la période de 1871 à 1881 le maximun a été pour l'Amazone 5 fr. 25, en octobre 1879, contre 4 fr. 15 pour celle de l'Amérique centrale.

Nous laissons de côté celle de Madagascar, de Zanzibar et des autres points de l'Afrique; celle de Bornéo, d'An-

(1) Le *cent*, monnaie yankee, vaut un peu plus de 5 centimes. La livre en question pèse un peu moins que la nôtre.

nam et des autres points de l'Asie, qui ne figure aux États-Unis qu'en quantité relativement petite. La seule rivale de la gomme de l'Amazone est celle de l'Amérique centrale.

En 1883, la gomme de l'Amazone valait 5 fr. 60, et celle de l'Amérique centrale 4 francs, sur le marché des États-Unis.

Dans les marchés anglais, la supériorité de la gomme de l'Amazone n'est pas moins bien affirmée.

Conclusion. — Cette source de richesses est pour ainsi dire inépuisable. Quel que soit le nombre des travailleurs, quelle que soit leur activité, l'Amazone et ses nombreux tributaires leur opposeront bien longtemps encore une production supérieure à leur travail. Par suite de diverses causes, une émigration de Brésiliens d'autres provinces se dirige activement aujourd'hui, et se dirigera plus activement encore dans quelques années vers cette vallée. La production ira donc en augmentant sans que l'on puisse prévoir pour le moment une cause d'épuisement dans l'avenir. Circonstance plus surprenante encore, la hausse des prix accompagne et surpasse celle de la production. C'est que nous nous trouvons en présence d'un produit qui s'adresse à une industrie presque naissante, lequel se prête aux expériences de la science et aux inspirations de l'invention, trouvant ainsi des applications de plus en plus nombreuses qui le rendent de plus en plus précieux.

Il est triste de constater que la France ne vient qu'au troisième rang dans le mouvement d'exportation de la gomme de l'Amazone, et que ce sont des vapeurs anglais qui, en plus grande partie, importent cette gomme chez nous.

IV. — De la Colonisation de l'Amazonie.

En premier lieu, il convient de choisir les terres qui

seront les plus favorables aux premières entreprises de la
colonisation.

Il est des terres dont doivent soigneusement s'éloigner les
colons; il est des forêts immédiatement abordables, enfin
il y a des prairies. Les bords des rivières et des lacs, les
confluents, les cours inférieurs des rivières, sont des
régions de terres noyées occupant d'immenses étendues.

Ces terres sont de longtemps presque complètement ina-
bordables à la colonisation. C'est dans ces régions que se
trouvent la plupart des estradas de caoutchouc actuellement exploités. Pendant huit mois de l'année elles sont
sous les eaux. Il sera difficile et coûteux d'arriver au défrichement complet de ces contrées marécageuses.

Dans l'état actuel des choses, il faudrait de gigantesques
travaux d'endiguement et de drainage. Il est probable cependant que, dans l'avenir, le déboisement des terres
hautes, modifiant les conditions atmosphériques, amènera
une diminution notable dans la somme des eaux pluviales
de la contrée, par suite une baisse générale des eaux
dans les rivières, de sorte que les terres, aujourd'hui constamment ou périodiquement inondées, arriveront à émer-
ger aussi bien pendant la saison hivernale que pendant la
saison estivale, et pourront alors être attaquées par la colonisation.

C'est par les terres hautes qu'il faut commencer la colonisation, par les terres hautes des forêts et par les prairies.

Les terres hautes des forêts, plus saines à cause de leur
élévation et de leur moindre humidité, plus aisées à défricher à cause du moins d'exubérance de la végétation,
peuvent être attaquées en premier lieu.

Tel le territoire de ce fameux lac de Janauary, aux portes
de Manáos, lac tant vanté par Agassiz. Les tentatives,
malheureusement trop rares, de colonisation blanche qu'on

y a tentées jusqu'à nos jours ont toutes donné les plus heureux résultats. Et le climat y est si clément, que j'ai trouvé dans le district de ce lac enchanté plusieurs centenaires dans la population indigène. La fameuse *Tia Chica*, pour ne parler que d'elle, est de soixante années environ l'aînée de M. Chevreul. Elle ne connaît pas exactement son âge, mais elle avait déjà eu un enfant lors de l'arrivée au Rio-Negro d'un fonctionnaire portugais resté populaire dans la contrée, où il débarqua en 1760.

Toutefois, les terres les plus favorables, et de beaucoup, à l'installation des premières colonies d'émigrants européens sont incontestablement les prairies. Mais ceci mérite une étude spéciale (1).

Il ne sera pas si facile d'amener des émigrants européens en Amazonie. Des régions plus tempérées, mieux connues, lui feront tort. Il faudrait étudier, trouver et adopter le régime économique et social le plus propre à rendre l'émigration féconde. Il faudrait une émigration appropriée au climat, celle par exemple des paysans méridionaux ; il faudrait une émigration offrant des garanties, c'est-à-dire des familles ayant déjà un petit capital. Il faudrait un courant modéré et régulier, et des lois intelligemment protectrices, simplifier les démarches et formalités nécessaires pour avoir le droit d'utiliser la terre, rendre efficaces les garanties données au colon qu'il ne sera pas dépossédé, rendre sûres les concessions d'exploitation et les concessions définitives.

De plus, il faut être très circonspect dans le choix de l'émigrant européen. Les émigrants des villes, habitués à la vie de l'atelier et de l'assommoir, à santé altérée, incapables de résister aux fatigues et aux dangers des premières cultures, n'émigrant, le plus souvent, que dans le fol espoir

---

(1) Se reporter au chapitre VII, *De l'émigration européenne dans les prairies de la Guyane.*

de faire en peu de temps une fortune considérable, ne pourraient qu'ajouter des éléments paresseux, débauchés et
malhonnêtes à la société en formation. Il existe toutefois
certains ménages d'ouvriers qui fourniraient des colons précieux, mais il faut n'accepter qu'après bonnes informations
les émigrants venus des villes. Les pays neufs n'ont pas à
attirer chez eux la lie des sociétés européennes.

Il importe aussi de ne pas perdre de vue certaines vérités. Il ne faut pas se faire illusion sur la qualité générale
des émigrants. Même dans les campagnes, il existe dans la
classe disposée à émigrer quelques individus qui se sont
toujours montrés incapables d'un travail suivi, et qui, dans
leur patrie nouvelle, ne tiendront guère à s'astreindre à ce
travail de la terre, qui cependant leur pourrait procurer,
mieux en Amazonie qu'en France, une aisance raisonnable
au bout de quelques années de persévérance. Beaucoup
essayeront de tous les métiers interlopes pour arriver plus
rapidement à la fortune.

Qu'ils soient paysans, qu'ils soient citadins, il faut s'attendre à trouver une certaine proportion d'inutilisables
parmi les individus disposés à émigrer. Il importe aux
agents d'émigration de savoir bien discerner l'ivraie du
bon grain, aux lois qui régiront la matière de provoquer
une sélection nécessaire. La vente des terrains, à très bas
prix, bien entendu, car les émigrants ne sont pas riches ;
la vente des terrains élimine d'abord ceux des émigrants
qui n'ont pas cette vertu capitale de l'économie si nécessaire
au succès de la colonisation.

Il ne sera point impossible de recruter en aussi grand
nombre qu'on le voudra, des familles de paysans laborieux,
sobres et honnêtes. Et d'ailleurs, il est vrai de dire qu'à la
plus mauvaise émigration il y a un correctif : les pires éléments des campagnes, la lie des grandes villes arrivent à

constituer, après avoir subi dans leur vie nouvelle une sélection énergique, un bon élément de peuplement.

Il est incontestable qu'il ne serait pas mauvais de faire
faire les travaux préparatoires à la colonisation par des
nègres ou des coolies.

Le recrutement des coolies de toute race offre aujour-
d'hui les plus grandes difficultés. De plus, il n'est pas mauvais de faire acception de certaines particularités.

Si l'on veut faire de l'Amazonie un territoire de peuplement européen, il ne faut pas prendre des coolies en trop
forte proportion. Cependant il y a à distinguer.

Les Chinois sont sans aucun doute d'excellents travailleurs, leur éloge n'est plus à faire. Mais ils constituent un
élément envahissant, redoutable, ainsi que le prouve l'histoire de la Californie. Cependant les Chinois sont aujourd'hui
les coolies qu'il est le plus facile de se procurer. Il faut bien
s'attendre à ce qu'il en reste un assez grand nombre dans
la phalange des premiers défricheurs. D'ailleurs, il faut
tenir compte de ce fait que les Chinois ne se marient pas
dans le pays, ne constituent pas ethniquement un élément
colonial redoutable, mais que, d'autre part, ils feront une
concurrence sérieuse aux ouvriers européens. Enfin, beaucoup d'entre eux, leur contrat expiré, se mettront dans le
commerce, dont ils finiront peut-être par s'emparer au
détriment des habitants de la contrée.

Pour les nègres, sans aller les chercher en Afrique, ce
qui présenterait d'assez grandes difficultés, — la philanthropique Angleterre veillant d'un œil jaloux à enrayer autant
que possible tout ce qui peut favoriser le développement
des autres nations, — le sud du Brésil les pourrait fournir.
Mais il ne faut pas faire grand fond sur de tels auxiliaires,
la paresse des nègres libres les rendant de peu d'utilité à la
civilisation.

On pourrait utiliser des émigrants annamites. Les Annamites sont peut-être les meilleurs des coolies. Ils sont aussi
laborieux que les Chinois et moins envahissants. Ce sont
de précieux auxiliaires. Ce sont eux qui, à Cayenne, empêchent la population nègre et blanche de mourir de faim.
On pourrait les diriger dans tel ou tel sens; ils rendraient
de grands services dans les déboisements et dans les premières cultures. Ils sont durs à la fatigue, intelligents, pos-
sédant de nombreuses spécialités dans lesquelles ils excellent:
le défrichement, le charbonnage, la pêche. Ils ne se mê-
leraient pas non plus à la population et s'écouleraient presque tous par l'émigration de retour.

Il y a enfin l'émigration des coolies de l'Hindoustan,
émigration fort difficile à recruter, comme on sait. Les
Hindous pourraient se mêler à la population, dont ils n'al-
téreraient pas sensiblement le type plastique. Cependant,
malgré les services qu'ils ont rendus aux Antilles, à Maurice,
à Bourbon et ailleurs, force est de constater que ce sont
des travailleurs médiocres. De plus, on connaît les vices
de cette race dégradée, son peu de vigueur corporelle, les
maladies nombreuses, syphilitiques et autres, dont elle est
atteinte, et on peut redouter que des croisements avec la
race blanche, s'ils se produisaient sur une grande échelle,
n'avilissent à la longue le type physiologique et intellectuel
de la race supérieure.

Peut-être trouverait-on dans les Annamites et les Chinois
un bon élément de croisement avec la race indigène de
l'Amazonie. On sait les affinités qui existent entre les Indiens, qui sont presque tous aujourd'hui d'aspect semi-
mongoloïde et les races de l'extrême Orient. Les Indiens
reconnaîtraient peut-être des parents dans les Chinois et les
Annamites. Or, Annamites et Chinois, malgré leur petite
taille, sont généralement sains et vigoureux; ils appar-

tiennent à une des races les plus civilisées de l'humanité, il est probable que les produits de leur croisement avec les indigènes constitueraient un remarquable et excellent élément de peuplement inférieur. Il faudrait veiller seulement à ce que la multiplication des métis bi-mongoloïdes ne devienne jamais tellement importante qu'elle ne puisse, par remétissage, être ramenée au type aryaque voulu de la colonie de peuplement.

Nous avons parlé plus haut du parti qu'on peut tirer des Indiens. Ajoutons qu'ils constituent avant tout, et c'est là leur plus grande et leur plus réelle utilité, un excellent élément de croisement.

Reste à nous demander comment pourraient être conduites à bonne fin les entreprises si délicates et si complexes d'émigration et de colonisation. Nous ne sommes nullement partisan de l'action de l'État, et avons au contraire une foi profonde dans le succès de l'initiative individuelle. Le principe des sociétés d'émigration, de colonisation, étant admis, on peut, dans la pratique, en varier presque à l'infini les applications.

En dehors des sociétés d'émigration établies sur le modèle de celles qui fonctionnent dans le sud du Brésil, aux États-Unis, en Australie, et qui ont partout donné de si magnifiques résultats, on pourrait essayer peut-être de quelques autres types de sociétés, qui auraient, croyons-nous, des chances de réussir dans ce milieu. Nous indiquons seulement des idées générales, sans vouloir autrement préciser.

Il ne serait pas mauvais que des compagnies se constituassent pour faire défricher et mettre en état de culture des territoires qu'elles revendraient ensuite aux colons véritables. Le défrichement et la mise en état de culture seraient obtenus gratuitement et même avec bénéfice par

des compagnies qui emploieraient, par exemple, des Chinois.
Les coolies chinois, pendant la durée de leur engagement,
transformeraient les forêts en charbon, se livreraient à
quelques premiers essais agricoles, gagneraient quelque argent et en feraient gagner à la Compagnie ; après quoi celle-ci
pourrait vendre, selon les lieux, les terres de 20 à 25 francs
l'hectare au colon, comme cela se pratique aux États-Unis.
Dans ce dernier pays, il existe des émigrants européens, les
settlers, qui se livrent d'une façon exclusive à la spécialité
des défrichements et de la préparation à la mise en culture.
En Amazonie, en raison du climat, des marécages, les travaux préparatoires à la colonisation ne peuvent pas être
entrepris par les colons européens, qui auraient à subir
une mortalité excessive.

Il faut confier ces pénibles et dangereux travaux à des
coolies chinois, nègres ou hindous, dont la plus grande
mortalité n'importera que d'une façon relative.

Il serait bon, s'il était possible, de constituer de suite des
sociétés d'émigration, de préparation à la colonisation, qui,
avec un petit capital, une direction éclairée, mettraient en
défrichement des territoires bien choisis, qu'elles revendraient aux colons européens après avoir déjà réalisé des
bénéfices sur la part leur revenant des produits obtenus par
les défricheurs dans leurs premières cultures. En attendant
un courant régulier d'émigration africaine ou asiatique, les
sociétés pourraient employer aux travaux préparatoires,
des Indiens de la contrée ou des Cearenses.

Certes, ce n'est pas avec leur quote-part de charbon que
les compagnies pourraient réaliser de grands bénéfices pendant la période du travail préparatoire des coolies. Le charbon n'a qu'une faible valeur sous un grand volume ; il ne
supporte guère les frais de transport, et par suite ne peut
guère être utilisé que pour la consommation locale. Mais il

n'y a pas seulement le charbon. En détruisant la forêt on peut en tirer divers produits d'une assez grande valeur. Les arbres à caoutchouc qui se trouvent dans les terres hautes (celles par lesquelles il sera bon de commencer le défrichement), seront soigneusement conservés, et l'on pourra en tirer un revenu considérable. De même pour la piassaba, le copahu, le castanha. Une connaissance sérieuse des produits spontanés de la forêt permettra aux compagnies de défrichement de vendre, tout en coupant la forêt à pied, les diverses essences précieuses. Mais ce n'est pas tout : la totalité des terrains défrichés ne seront pas immédiatement vendus, à moins d'une immense publicité en Europe et d'un grand succès de réclame.

En tout cas, il serait toujours facile de constituer une réserve : dans les terrains défrichés disponibles on pourrait faire des récoltes annuelles ou bisannuelles par exemple de manioc, de maïs ou de riz, produits fort rémunérateurs, ou bien encore planter des arbustes et des arbres industriels, comme le café, le cacao, etc.

Les terrains ainsi plantés acquerraient une valeur vénale plus grande, et au cas où ils resteraient quelques années sur les bras de la société, la société agricole en retirerait des bénéfices qui représenteraient au moins le centuple de l'intérêt normal du capital engagé.

Pour tout cela, point n'est besoin de travail servile, mais seulement de travail coolie.

En dehors des compagnies de défrichement et d'émigration, il pourrait se former des compagnies purement agricoles, basées sur le travail coolie. Il est évident que dans aucun pays de la terre, et surtout dans les pays chauds, on ne verra jamais exclusivement une agglomération de petits cultivateurs, travaillant chacun pour leur compte avec leurs familles. Il faut avoir une foi socialiste bien robuste pour croire que les ouvriers, les domestiques, les salariés du travail privé, disparaîtront jamais de nos sociétés.

Je voudrais voir quelques-uns de nos plus fervents adeptes des écoles communistes, venir, surtout au début de la colonisation, cultiver le manioc sous l'équateur, en compagnie de leurs frères et amis, ces bons indiens ou ces bons nègres. C'est surtout dans les régions tropicales que les races inférieures, jusqu'à complète extinction, trouveront leur emploi en fournissant des coolies aux Européens, qui n'auront à s'occuper que de la direction générale des travaux.

Il faudrait veiller à éviter la dissémination, ne concéder de terres que sur 40 kilomètres, par exemple, de chaque côté de la rivière, choisir des centres de peuplement bien appropriés. L'exploitation du caoutchouc sera un obstacle à la colonisation agricole, d'une part en attirant à elle tous les bras, de l'autre par la difficulté de donner des concessions en territoires à caoutchouc. Il y a plus. N'y aurait-il pas un intérêt majeur à la conservation de ces arbres? Alors il y aurait un intérêt non moins majeur à la conservation de tous les arbres industriels, de toutes les plantes industrielles de la forêt. Selon nous, cette protection est impossible. Le mieux est de laisser faire. On peut toujours accorder des concessions agricoles. Elles n'auront guère de chance de trouver beaucoup d'amateurs, tant qu'il y aura dans la forêt d'immenses quantités de produits spontanés pour peu d'exploitants.

Toutefois, le jour où il y aura dans la contrée des populations plus nombreuses, l'exploitation des produits spontanés, qui, pour être réellement lucrative, demande à être faite sur des lieues carrées de terrains, deviendra beaucoup moins fructueuse étant pratiquée sur des étendues beaucoup plus restreintes.

C'est alors que commencera réellement la colonisation agricole.

Alors cette colonisation, pour peu qu'on ait soin de l'éclairer, ou même sans cela, aura garde de détruire les arbres et les plantes de la forêt qui produiraient des richesses spontanées sans cesse renouvelées.

D'ailleurs, quelques-unes d'entre elles, le caoutchouc par exemple, poussent principalement dans la région des marécages, région actuellement inabordable à la colonisation agricole.

Pour les autres, poussant dans les terres hautes, elles n'empêcheront pas, tout en étant conservées, de se livrer à la colonisation culturale. Et même, sur bien des points sans doute, on fera des plantations régulières de ces plantes poussant spontanément dans la forêt. Alors il sera nécessaire de modifier le régime de concession des terres : ces concessions ne devront pas comporter pour un seul individu des territoires immenses, comme cela se pratique aujourd'hui, mais seulement de 200 à 500 hectares pour commencer, en allant en diminuant dans l'avenir. Enfin, les frais de délimitation ne devront pas, comme aujourd'hui, être à la charge des colons, mais elles devront être faites par la province, qui devra constituer un corps de bons ingénieurs et de bons employés du cadastre.

V. — Acclimatement de la race blanche en Amazonie.

Une objection que l'on ne manquera pas de faire est la prétendue impossibilité, pour la race européenne, de s'acclimater dans les pays chauds. On ne manquera pas de montrer les fièvres comme s'opposant irrémédiablement

à l'acclimatement. Il n'est pas mauvais de faire ici quelques généralités.

Il n'y a en réalité qu'une maladie en Amazonie telle
qu'elle existe aujourd'hui, c'est-à-dire inculte : c'est la
fièvre. La fièvre est due non à l'élévation de la température, mais à l'humidité, à la décomposition des matières
organiques à la surface du sol, aux miasmes qui se dégagent
d'une terre vierge fraîchement remuée, aux émanations
palustres.

L'Amazonie, une fois cultivée comme la France, serait
aussi saine que la France elle-même. Les marais drainés et
desséchés, la fièvre disparaît; l'homme a civilisé l'air comme
la terre. Le climat de la Mitidja était au nombre des plus
malsains et des plus fiévreux du monde : maintenant que la
Mitidja est cultivée, ce canton est parfaitement sain. La
Bresse, l'arrondissement de Marennes, les marais Pontins,
la Sologne, n'ont-ils pas pendant longtemps empoisonné
leurs habitants? Mort le marais, morte la fièvre, au tropique comme dans les climats tempérés! Il ne faut pas que
l'Européen s'imagine, pas plus que le nègre ou tel autre coolie, tant qu'ils vivront au milieu des défrichements, être
suffisamment acclimatés pour être à l'abri de la fièvre des
marais.

Il n'y a seulement qu'à s'attaquer à la cause de la maladie
pour faire disparaître la maladie. Les médecins des fièvres
paludéennes sont les défricheurs. Leur mortalité sera forte,
évidemment, aussi est-ce pour cela qu'il ne faut y employer
que des coolies, nègres, jaunes ou rouges.

Il est évident que pendant la période des défrichements,
aux débuts de la colonisation, la fièvre exerce des ravages.
Comment préserver l'Européen des atteintes de la fièvre?
En ne l'employant pas aux défrichements, en l'installant
dans des terres déjà défrichées et bien exposées.

Réservant la question des prairies, où l'acclimatement des colons blancs ne présentera aucune difficulté, voyons quelles précautions il faut prendre pour la colonisation en forêts. Il n'y a pas seulement les marais et les défrichements à éviter, mais les lieux exposés au vent des défrichements et des marais. Il faut choisir, pour installer les colons européens, des défrichements opérés sur certaines régions élevées, bien aérées, exposées aux grands courants atmosphériques. Ces endroits, même situés au milieu de la nature tropicale la plus inculte et la plus sauvage, seraient absolument sains. Ainsi installés aux altitudes moyennes, dans des cantons relativement tempérés, les colons européens pourront attendre que les coolies, par leurs défrichements, aient assaini le climat.

Il y a aussi la fièvre jaune. A ce mot de fièvre jaune l'émigrant est frappé d'épouvante et s'arrête sur le rivage de l'Europe ou bien se détourne vers l'Amérique du Nord, malgré les séductions de l'éternel printemps tropical et ces jours délicieux qui, du lever au coucher du soleil, donnent le printemps, l'été et l'automne.

D'abord la fièvre jaune ne règne que sur la côte, dans l'intérieur elle est absolument inconnue. Et sur la côte elle n'est pas endémique, c'est-à-dire permanente, continuelle, elle ne règne que par épidémies, c'est-à-dire à certaines époques, comme le choléra en Europe. Le fléau n'est pas authoctone, il voyage. La mortalité des grandes fièvres jaunes ne dépasse pas celle des grandes épidémies d'Europe : pneumonie ou fièvre typhoïde; un mort sur huit malades, et cette proportion s'affaiblit tous les jours. La fièvre jaune n'est nullement le fléau qu'on s'imagine, mais une de ces maladies épidémiques comme il en règne passagèrement même dans les lieux les mieux famés du globe. Comme la pneumonie et la phtisie, et mieux qu'elles encore, elle recule devant la science de l'hygiène et le travail de l'homme, qui civilisent les climats et les approprient.

Bien que la facilité relative qu'il y a pour les colons blancs bien installés d'éviter les maladies locales soit chose incontestable, il ne faut pas manquer toutefois d'apporter une sollicitude éclairée dans le choix et le mode de recrutement des émigrants européens. Plantation d'hommes est chose délicate, c'est comme une plantation d'arbres, et sans doute il en meurt, c'est la loi.

On applaudit un général qui sacrifie 20,000 hommes pour remporter une victoire stérile, mais qui lui vaudra à lui de la gloire, et pour étendre le cercle de nos richesses, de nos grandeurs, de nos jouissances, pour élargir la civilisation nous n'aurions pas assez de larmes pour quelques malheureux qui auraient subi la loi commune ? Les émigrants sont les plus nobles soldats de la civilisation. Ils ont en vue une vie plus considérée, un véritable avancement dans la hiérarchie sociale, une descendance enrichie, la fortune. Ils sont les plus vaillants, les plus courageux parmi les pauvres. Car celui qui ne se sent que des inclinations paisibles, à qui suffit l'horizon du village et les émotions de la vie des champs, celui-là, en un mot, qui se sent capable de supporter la pauvreté, ne traverse pas les mers, au delà desquelles les épreuves le suivront. Donc, tout en sachant nous départir à l'endroit de ces vaillants, de ces lutteurs, d'une sensiblerie qui serait ridicule, ne devons-nous pas moins apporter la plus vive sollicitude dans le choix et le mode de recrutement des émigrants d'Europe.

Pour faire de la culture dans les pays chauds il faut, autant que possible, recruter des paysans. Les paysans, habitués aux travaux de la vie en plein air, résisteront bien mieux que les rachitiques de l'atelier, qui ont tou-

jours vécu à l'ombre, se livrant à un travail peu pénible.
Ce n'est pas qu'il faille battre le tambour aux carrefours
comme jadis, pour attirer les colons; il faut des contrats
individuels librement débattus. Si l'opération marche bien,
les premiers arrivés attireront leurs frères.

Il serait aisé aussi de faire des colonies d'enfants trouvés.
Ces enfants sont souvent scrofuleux, et les scrofuleux se gué-
rissent rien qu'en respirant l'air des pays chauds, et guéris-
sent si complètement qu'ils donnent naissance à une race vigoureuse.

Toutefois, en thèse générale, ce sont les constitutions les
plus robustes, et non les plus faibles, comme on l'a capricieusement prétendu, qui s'acclimatent le plus facilement
et le mieux aux pays chauds.

La famille s'acclimate mieux que l'individu. Il importe
de ne pas embrigader des célibataires pour les emmener
coloniser. Il est bien préférable de contracter avec des familles. L'enfant comme le vieillard y gagneront. Celui-là
ne s'aperçoit pas qu'il change de climat; celui-ci a la re-
traite chaude, la promenade en plein air au soleil permanent, un climat qui lui épargne les catarrhes.

Mais on ne saurait trop le répéter, il faut, autant que
possible, chercher des cultivateurs, des éleveurs de bestiaux,
et refuser ces rebuts de la ville et des ateliers, paresseux
et rachitiques.

Il importe beaucoup moins qu'on ne s'est plu à le dire
dans ces derniers temps, que l'émigrant soit du Nord ou du
Midi, Normand ou Portugais, Flamand ou Italien. On a fait
à ce sujet, à propos de l'Algérie, de curieuses fantaisies
statistiques qui malheureusement ne prouvent rien : ne sont-
ce pas les Normands, les Bretons et les Saintongeais qui
furent les premiers colonisateurs de la Guyane et du Brésil ?

Le transport des émigrants, autrefois chose terrible, très

dangereuse, n'est plus aujourd'hui qu'une véritable partie
de plaisir. C'est merveille de voir quelque navire d'émigrants allemands partant de Hambourg pour les États-Unis,
quand il fait escale dans quelque station intermédiaire. Il
est préférable de ne prendre toutefois que quelque deux ou
trois cents émigrants à la fois : il est plus facile de les bien
installer et de les mettre en état eux-mêmes de recevoir
de nouveaux convois. Les attractions puissantes qui poussent vers les pays chauds ceux qui y ont déjà vécu, ou
qui y retiennent ceux qui y sont établis, seraient bien plus
puissantes encore si on trouvait là-bas la famille, le village,
surtout quand les premières familles d'émigrants auront
été à même de constater qu'on se porte aussi bien sous
l'équateur qu'en Europe; que le blanc, dans des conditions normales, n'a pas une mortalité plus forte dans cette
nouvelle patrie que dans l'ancienne, et qu'enfin les cultures des pays chauds sont incontestablement moins pénibles que celles que le paysan est obligé de faire en
Europe.

La saison de l'arrivée est indifférente comme celle de
l'âge des émigrants. Faut-il partir sans esprit de retour?
question oiseuse. On doit partir dans l'espérance non d'une
fortune subite et merveilleuse, mais de la prompte conquête d'une aisance qui va toujours s'augmentant, et permettra un jour de jouir et de l'ancienne et de la nouvelle
patrie, et de toutes les autres encore.

Une chose qu'il ne faut jamais négliger est l'hygiène
des premiers temps de l'arrivée. L'hygiène de l'acclimatement a une assez grande importance. L'acclimatement ne
peut jamais être un préservatif complet de toute maladie
possible, quand même le pays serait en pleine culture, les
pays les plus sains de la terre ayant leurs maladies. L'acclimatement est une accoutumance générale au milieu. Outre

l'hygiène, hygiène universelle, ou conduite à tenir pour se bien porter, commune et de tous les instants, il y a à observer une hygiène locale, variable selon le climat.

Ce mot d'acclimatement a je ne sais quoi de sinistre qui effraye. On s'imaginerait qu'il faut changer de peau, de teint, de foie, de cœur, de vêtements, d'habitudes et de cerveau pour passer d'Europe aux pays chauds. Il importe d'effacer ce que les médecins ont mis de terrifiant dans ce mot. Les précautions pour l'acclimatement sont de petites précautions, simples, usuelles, instinctives, peu nombreuses, telles que celles que l'on prend quand on passe des froids de janvier aux chaleurs de juin et de juillet. Il n'y a que cela derrière la phraséologie savante qui a cherché à traiter de la pathologie, et je ne sais quelle prétendue action mystérieuse du climat chaud sur ceci et sur cela, sur le foie et sur les poumons, sur les mains et sur l'intelligence. L'acclimatement de l'Européen aux pays chauds ne dure pas plus que le passage de l'hiver à l'été, de trois à six mois environ. Qu'est-ce qui le caractérise? une éruption de petits boutons cutanés appelés bourbouilles, produits par un excès de transpiration. Transpiration et bourbouilles sont signes de santé. La transpiration ne doit jamais cesser pour longtemps. Ce serait un signe de maladie, même chez les vieux créoles. Quand les bourbouilles apparaissent chez ceux-ci, elles sont l'indice d'une santé robuste. L'expérience recommande les bains froids du matin ou du soir, une simple ablution de cinq minutes. Mais les bains de mer, quand on les a à sa disposition, sont ce qu'il y a de meilleur.

Il n'est pas nécessaire d'abandonner les vêtements européens. Nos vêtements d'été ou bien encore des vêtements de laine, sont ce qu'il y a de meilleur pour la contrée. Les petits soins, — petit soin est un tout-puissant vainqueur, — ne sont pas à dédaigner plus en Amazonie qu'en Europe. Les refroidissements, quoique plus difficiles à prendre qu'en Europe, les courants d'air, quoique moins pernicieux, doivent cependant être évités. Il ne faut pas non plus africaniser l'Européen. Il est bon qu'il ait une maisonnette très propre, entourée d'un petit jardin, vrai chalet ou cottage.

Une fois installé dans sa maisonnette rustique, que le colon européen travaille; le travail en pays chaud, quel que soit ce travail, vaut mieux que l'oisiveté, la terre fût-elle même médiocrement saine.

L'alimentation peut être la même qu'en Europe sans danger pour le colon. Il n'est pas de préjugé plus ridicule que celui de conseiller d'imiter, de parti pris, le genre de nourriture des indigènes, genre de nourriture généralement des plus défectueux. Il pourra, sans frayeur, se nourrir du mieux qu'il pourra, et c'est assurément ce qu'il aura de mieux à faire. Qu'il ne se prive pas non plus de vin. Les vins, qui se bonifient très vite sous l'équateur, vieillissent vite, deviennent plus légers, plus digestes. Le thé lui sera aussi d'un usage précieux. Et surtout le café, qui, à lui seul, peut presque nourrir le travailleur. On en prend énormément, jusqu'à dix et quinze fois par jour, en Amazonie, et c'est là une excellente chose. C'est la vie en boulettes des philosophes arabes. A l'état amer, sans sucre, le café sera un succédané du quinquina. Que le colon n'oublie jamais que le pot-au-feu est, a-t-on dit, le meilleur des réformateurs passés, présents et futurs, et, plus encore aux pays chauds qu'en Europe, la providence de l'homme blanc.

La reproduction du colon est un point qui a aussi son importance. On l'a obscurci d'énormes in-octavos. On a dit que le climat chaud maintenait une excitation continuelle, que bientôt de graves désordres, des maladies terribles, se

déclaraient dans l'organisme, etc., etc. C'est là sans doute le
témoignage de jeunes fonctionnaires coloniaux bien payés.
Les fonctions génésiques ne sont ni plus ni moins solli-
citées dans les pays chauds qu'en Europe, et les enfants des
vieux blancs que l'on voit aux colonies sont florissants
de santé, du moins pour une génération ou deux. Et on
nous présente le tropique comme un spectre!

Les régions tropicales sont à peine au début du développement et de la prospérité que l'avenir leur réserve. Le
temps n'est plus où l'on ne voyait en elles que de curieux
territoires où les nègres esclaves cultivaient sous le fouet
quelques bibelots exotiques. Le tropique deviendra le plus
puissant facteur de la production et de la consommation
générales.

Dans les contrées européennes, et même dans la presque
totalité des contrées de climat tempéré, la terre, premier
instrument de tout travail, a atteint une valeur excessive.
Seules, les terres des régions tropicales, et particulièrement
celles de l'Amérique chaude, peuvent être données au plus
bas prix.

Ce n'est que dans la zone tropicale qu'il est actuellement
possible de trouver d'immenses réserves disponibles, incultes, sans valeur. Il ne reste plus de grandes étendues de
terres tempérées disponibles, mais seulement quelques lambeaux dispersés. Les terres tropicales sont de la plus exubé-
rante fertilité, leurs produits spontanés actuels, leurs forêts
économisées par les siècles, leur capacité productives ont des
richesses qui n'ont pas de rivales dans la zone tempérée.

La race européenne est la plus apte à exploiter les terres
tropicales, parce que c'est elle qui dispose des moyens d'as-
sainissement, de défrichement les plus puissants, en même
temps que les plus grandes aptitudes au travail et les plus
grandes capacités.

Les défenseurs de l'esclavage étaient jadis d'accord avec les ardents de l'abolitionisme pour combattre l'introduction dans les régions tropicales des travailleurs européens : « Il n'y a que le nègre qui puisse travailler ces terres, » disaient les uns; et les autres pensaient : « Le nègre chez lui, aux nègres émancipés, la terre. »

Les esclavagistes s'opposaient à l'émigration blanche dans les pays à nègres. Protecteurs fanatiques de la race nègre, les ministres du culte évangélique répandent la terreur sur l'émigration européenne dans la zone chaude : ils publient, dans les journaux du Royaume-Uni, ce redoutable avis faisant, aux paysans, savoir que, s'ils affrontent jamais comme cultivateurs le climat du tropique, ils ne tarderont pas à avoir six pieds de terre sur le corps. Il faut savoir que, depuis l'émancipation, ces bons pasteurs se seront assurés sur les nègres un empire aussi absolu que celui des jésuites sur les Guaranis du Paraguay. Toutes les épargnes des nègres sont déposées entre les mains des missionnaires. Le plus clair de leurs économies est pour l'église et le pasteur. Le cottage du révérend, s'il est muni de tout le confort désirable, le doit à la piété de ces bons nègres. La femme du révérend, sa famille, le saint homme même, font des voyages en Europe aux frais de la docile communauté. Quand on a de si bons paroissiens, on ne tient pas à les mettre en contact avec des émigrants d'Europe, gens sceptiques et peu disciplinés, dont la bourse serait moins largement ouverte au ministre de Dieu. Et tel est le fin mot de la comédie.

Étrange préjugé! Pourquoi donc serait-il interdit aux blancs de cultiver le café, le cacao, le coton et autres plantes des tropiques ; cultures moins pénibles, plus faciles et plus rémunératrices que celles de l'Europe?

Ne sont-ce pas les blancs qui ont fondé la prospérité des

États-Unis du Sud depuis l'émancipation? Mais l'expérience du travail des blancs dans les régions équinoxiales a été déjà faite sur une assez grande échelle, et cette expérience est concluante.

Il est parfaitement établi que l'acclimatement sous toutes les latitudes est plus facile à la race blanche qu'à toutes les autres, grâce à ses ressources industrielles et à son énergie morale. C'est elle qui a préparé ces colonies, où l'on proclame aujourd'hui que les noirs seuls peuvent travailler : la Martinique, la Guadeloupe, la Barbade, Cuba, Porto-Rico. L'histoire de ces colonies en fait foi. Les blancs cultivent la moitié de Cuba et la plus grande partie de Porto-Rico. Les États-Unis n'ont-ils pas fait en grand l'expérience du travail des blancs dans les pays chauds? Ce sont des ouvriers blancs qui ont fait ce chemin de fer de Panama, sur le compte duquel on a fait courir de si ridicules légendes. On sait aujourd'hui, grâce à Armand Reclus, que ce travail de terrassiers accompli dans des marais n'a pas été si funeste aux blancs. Les essais de colonisation blanche tentés d'une façon intelligente à la Jamaïque, à Sainte-Lucie, à Brisbane, à Guatémala, à Suriname, ont tous parfaitement réussi. Dans toutes ces régions tropicales, le travail des blancs s'est montré en qualité et en quantité bien supérieur à celui du nègre, car la population ouvrière européenne est celle qui sait le mieux travailler, qui a plus que toute autre le besoin d'acquérir, celle qui consomme le plus, et, par suite, est capable de créer le plus grand mouvement commercial. Il est constaté que l'ouvrier blanc, employé à la terre, même comme engagiste, peut, tout en faisant des économies plus sérieuses, travailler à meilleur marché que le nègre. Plus économe, plus laborieux, il rend bientôt à celui-ci la concurrence impossible à soutenir, et le nègre doit chercher d'autres occupations ou disparaître.

Le prolétariat européen est la mine d'émigration pour l'Amérique chaude.

Les légions, aussi nombreuses que lamentables, du paupérisme se composent de malheureux et de coupables. Parmi les premiers se trouvent ceux qui ne peuvent pas trouver de travail, ou qui sont condamnés à un travail trop peu remunérateur. Des millions de malheureux sont ainsi jetés par la concurrence industrielle dans les situations les plus misérables, où la famine et la maladie assiègent tous les jours leur santé et leur existence. D'autres, désespérés, vaincus dans la lutte, sont tombés dans le vagabondage, la mendicité, le vol. Ce n'est pas sans quelques précautions qu'on pourrait jeter par milliers ces malheureux au Tropique américain.

Il faudrait procéder au début avec lenteur et méthode, emmener peu de ménages à la fois, et ceux-là seulement dont l'éducation professionnelle serait immédiatement utilisable; engager les autres pour trois ans, par exemple, pour avoir le temps de faire leur éducation d'agriculteur. Au bout de l'engagement, en possession de leur métier, ils auraient la terre. Les guerres religieuses ont peuplé les États-Unis, l'industrialisme fera émigrer le paupérisme européen en Amazonie. Que tous ces malheureux seraient heureux de trouver, où ils vont, des cieux enchantés et d'y devenir, après une courte épreuve, propriétaires de terres produisant de deux à trois récoltes par an! Pourquoi ne publie-t-on pas assez que l'Amazonie est accessible aux travailleurs blancs, et que c'est la terre promise de ces misérables trop nombreux que notre organisation industrielle a transformés en véritables parias vivant, de génération en génération, dans une invincible misère!

Pour éviter toute équivoque, hâtons-nous de dire que tout ce qui précède ne vise que l'*acclimatement des individus*.

L'acclimatement de la race est une toute autre question que nous étudierons ailleurs.

VI. — Les Européens dans le milieu amazonien.

La beauté de l'Amazonie est au-dessus de tout éloge. Nul n'y contredit. Mais si ces beautés sont mortelles, dira-t-on? Car personne n'a oublié les désastres d'une terre voisine, la Guyane française.

Quels sont ceux qui sont morts au sein de ces terres splendides où la nature a prodigué les édens? Des malheureux qui, trop confiants en d'ineptes protecteurs, avaient négligé, chose insensée et presque coupable, de penser à leurs propres intérêts. Malheur partout à qui n'a pas d'outils pour cultiver la terre, un abri pour se reposer de ses fatigues, quelques avances pour vivre une saison! Ils étaient partis en troupeaux, et les bergers, plus bêtes que chiens le furent jamais dans leur profession, les laissèrent périr.

Mais est-ce bien à l'Amazonie que peuvent s'appliquer ces lignes? On rend trop volontiers tous les pays chauds solidaires d'une insalubrité que l'on croit générale. Et nous n'avons fait que répondre par des généralités à cette vague croyance. Nous voyons une terre voisine, la Guyane française, où les entreprises imbéciles de la plus routinière, la plus formaliste, la plus incapable et la plus suffisante de toutes les administrations, coûtèrent la vie à plusieurs milliers de colons européens. Mais en Amazonie il n'en a pas été ainsi. Ni l'administration portugaise, ni l'administration brésilienne, ne se sont rendues coupables de ces criminelles inepties. L'initiative individuelle y a été aussi habile et heureuse qu'elle a été maladroite et malheureuse dans la petite colonie d'à côté. Tous les colons blancs qu'on a introduits à Cayenne y sont morts, tous ceux qu'on a introduits en Amazonie s'y sont acclimatés, y ont prospéré et y ont fait souche. Cayenne est une petite terre souillée, sinistre et maudite que l'on fuit. L'Amazonie, — climat et milieu identiques d'ailleurs, — est un vaste monde qui ne respire que la richesse et le bonheur, et qui sera d'ici peu un des centres d'attraction des émigrants d'Europe.

Toutefois, quiconque veut aller réparer les injustices que la fortune lui a faites dans sa terre natale, doit avoir le cœur haut et l'esprit ferme. Un pied dans le navire transatlantique, l'émigrant doit dépouiller le vieil homme, et se rendre compte qu'il n'est plus un matricule de l'armée des gueux, mais un homme libre en partance pour l'indépendance et la richesse. Celui qui a visité l'intérieur de l'Amazonie peut affirmer que tels Européens qu'il a rencontrés, blanchis par soixante années de forêts, de rivières, de marais, ne désespéraient pas de finir leur siècle et se montraient tout aussi verts que ceux de leurs camarades restés en Europe. Tous ces grands vieillards, ces héroïques lutteurs, m'ont affirmé que la proportion de ceux qui étaient morts dans leurs rangs n'excédait guère la moyenne ordinaire des mortalités. Tant l'indépendance, la liberté, les espérances qui se réalisent sont de puissants viatiques!

Les colons installés sur les bords du grand fleuve n'auront pas à se plaindre de l'isolement. De tous les chemins qui marchent, de tous les grands chemins de la terre, il n'en est pas de plus important que l'Amazone et ses affluents. Le bassin de l'Amazone est plus grand que dix fois la France. A plus de cent lieues de ses embouchures, le fleuve est encore aussi large que le Pas-de-Calais. A mille lieues de l'Océan, il est encore trois fois aussi large que la Seine à Paris. Toute l'Amérique du Sud en est tributaire. La Bolivie a les sources de son plus grand affluent, le Pérou les sources mêmes du fleuve. L'Équateur, la Bolivie, ont la plus grande partie de

leur territoire dans son bassin. Le plus grand avantage
du Vénézuela est de posséder le canal naturel qui fait
communiquer l'Orénoque avec un affluent de l'Amazone.
Cette grande mer d'eau douce qui s'étend en ligne droite de
Marajó au Pérou, et qu'un canal fera un jour communiquer
par-dessus quelque bas chaînon de la Cordillère avec quelque
golfe du Pacifique péruvien, est navigable sur tout son
parcours par des navires de haut bord. Le colon peut s'é-
tablir sans crainte aussi loin qu'il le voudra sur les rives du
fleuve géant, il aura toujours la mer à sa portée, grâce à ce
prodigieux Bosphore qui partage en deux continents le continent de l'Amérique du Sud. Au septentrion, au midi, des
affluents innombrables, dont quelques-uns sont beaucoup
plus importants que le Danube ou le Volga, viennent apporter au Bosphore américain le tribut de leurs eaux jaunes,
noires, blanches ou bleues. La plupart de ces rivières sont
navigables jusque dans leur cours supérieur. Et ce merveilleux système d'artères de navigation intérieure offre plus
de 80,000 kilomètres de développement, si l'on ne compte
que les rivières pouvant porter des navires de 1,000 tonneaux. Le Mississipi et ses affluents n'offrent qu'un développement moitié moins considérable. Après cette comparaison, on ne peut réfléchir sans enthousiasme à l'avenir
réservé à cette région magnifique.

L'Amazonie est peut-être la contrée la mieux arrosée de
la terre. Seulement, du confluent du Rio-Negro au cap de
Nord, le fleuve reçoit sur la rive gauche plus de vingt
grands affluents parallèles, dont cinq au moins sont aussi
importants que le Rhin. La rive droite est encore beaucoup
mieux partagée. Quatre grands cours d'eau, de ceux dont
l'importance égale celle du Danube ou du Volga, viennent se réunir au fleuve principal : la Madeira, le Tapajoz,
le Xingú et le Tocantins. Ils prennent leur source à trois

ou quatre mille kilomètres de leur embouchure dans la région
aurifère et diamantifère du plateau brésilien. Plus large
que le Rio-Negro, qui pourtant a 5 kilomètres à son embouchure (1), communiquant avec le Paraguay comme le
Rio-Negro communique avec l'Orénoque, la Madeira est
un des cours d'eau les plus importants du monde. Entre
ces quatre grands affluents coulent parallèlement 20 ou 25
affluents de second ordre, tous plus importants toutefois
que la Garonne ou la Seine.

La rive droite du Bas-Amazone a sur la rive gauche un
grand avantage. Les affluents de droite ne sont généralement encombrés de chutes que dans la partie supérieure
de leur cours, tandis qu'à gauche, à partir de 50 ou 100
kilomètres de leur embouchure, les rivières ne sont plus
navigables, à cause des chutes et des rapides. Il est à remarquer que plus on s'avance vers l'ouest, au delà du Rio-
Negro et de la Madeira, plus les rivières offrent un grand
espace proportionnel libre d'obstacles à la navigation à
vapeur.

Les cascades des rivières guyanaises tiennent à l'imperfection du système hydrographique de la contrée, contrée qui semble être encore en formation, et dont la main
du temps n'a pas encore achevé de façonner la structure
ture. Le plateau guyanais est un immense cône aplati,
dont les vallées, au lieu de descendre du sommet à la
base comme autant de rayons, s'étagent parallèlement en
couronnes concentriques comme des marches d'escalier
d'une prodigieuse pyramide. L'absence de pentes régulières, de vallées intérieures, ne permet pas aux rivières
de couler; des sources à la zone côtière, elles ne font
que sauter et tomber.

(1) Et 32 à 100 kilomètres en amont, à la Bahia de Boyassú; et encore 25 à
800 kilomètres en face de Xibarú.

Un observateur qui s'élèverait en ballon au-dessus des montagnes centrales de Guyane verrait, avec une lunette suffisamment bonne, se dérouler entre Pará et Ciudad Bolivar un gigantesque ovale dessiné par l'Amazone, le Rio-Negro, l'Orénoque et la mer. Au sein des forêts vertes et des savanes jaunâtres, il verrait sortir, des sommets des montagnes en se dirigeant vers le sud, l'est et le nord, les rubans blancs des cours d'eau descendant par des chutes gigantesques les marches d'escalier du plateau, et bondissant vers les terres basses qui bordent le grand fleuve et la grande mer. Ces chutes, dont quelques-unes mesurent 25 mètres de hauteur sur des centaines de mètres de large, sont trop rapprochées les unes des autres pour ne pas présenter un obstacle insurmontable à la grande navigation de l'intérieur; mais elles peuvent être utilisées, principalement celles qui se trouvent dans le voisinage des terres basses, et être transformées en moteurs mécaniques. Si les chemins de fer pénétraient les hautes terres du plateau, soit en suivant les chemins de ronde ou de remparts que les rivières sont obligées de sauter en cascades, soit en les escaladant au moyen de remblais, toutes les chutes pourraient être utilisées par l'industrie, et fournir une force immense, incalculable, force permanente, infatigable et inépuisable, plus considérable sans aucun doute que celle fournie par les 300 millions de tonnes de houille que l'industrie humaine réduit annuellement en fumée.

Une des particularités les plus remarquables des terres basses de l'Amazone, est la multiplicité des canaux naturels et des lacs qui bordent les rives du fleuve. Igarapés, furos, paranas, forment des douzaines de petits fleuves parallèles à côté du grand cours d'eau, comme de petits sentiers à côté de la grande route. De chaque côté du chenal principal, sur les 20, 30 ou 40 kilomètres qui

s'étendent de rive à rive, avant d'arriver au nord et au
sud de la région des canaux, se trouve un fouillis d'îles
et d'îlots formant un inextricable archipel où seuls les
seringueiros, les regatões et les Indiens sont capables de
se reconnaître.

Ces fleuves, ces estuaires, ces anses, ces lacis de canaux,
ces lacs en arrière-côte, ces interminables archipels, s'ils
constituent une ressource précieuse pour la navigation, ne
sont pas moins utiles pour la pêche.

De l'ablette grosse comme le petit doigt, au lamantin
gros comme un bœuf, tous les poissons de l'Amérique
du Sud, entraînés par le courant, semblent s'être donné
là rendez-vous. Sans parler des tortues, dont les variétés
sont innombrables et dont quelques-unes atteignent dans
ces parages des dimensions colossales, se livrer à une
énumération de tous les trésors aquatiques de la contrée
serait chose fastidieuse. Il suffit de dire que les industriels
de Mapa, de Vigia et de Pará, réalisent annuellement avec
le pirarucú, le lamantin, la colle de machoiran, des bénéfices énormes qui feraient pâlir d'envie les placériens
de la Guyane française; et qu'une bonne partie de la
population de ces villes vit dans une large aisance, grâce
seulement à ses nasses et à ses filets.

Les rivières, les canaux, invitent à explorer les forêts,
les chutes d'eau invitent à les exploiter. Chacune des innombrables cataractes du plateau de Guyane est destinée
à faire mouvoir une scierie, en attendant qu'elle serve de
moteur à l'usine qui préparera les plantes industrielles.

Car la richesse actuelle, frappante et palpable, de l'A-
mazone, c'est sa végétation forestière. Les plus riches
mines du monde se trouvent là, ne présentant que peu
de difficultés d'exploitation. Chaque hectare possède en
moyenne pour 1,000 francs de bois; soit, pour l'immense

forêt des deux provinces amazoniennes, le chiffre verti-
gineux de 250 milliards de francs!

Je ne veux pas ouvrir de parenthèse pour énumérer
les 260 espèces de bois et les 200 sortes de plantes précieuses que renferment les forêts de la Guyane et de l'A-
mazone. Ces richesses ont leur réputation faite, et il n'est
pas besoin aujourd'hui de vanter les merveilles de la forêt
vierge de l'équateur américain.

Où, mieux qu'en Amazonie, trouvera-t-on des cieux
favorables, de vastes et riches forêts et de puissants
fleuves? La couronne de forêts de l'Amazone est destinée
à fournir avant peu et pendant longtemps, le monde de
bois d'ébénisterie et de construction, en même temps que
les planteurs des plateaux et des vallées d'Amazonie auront pour mission de nourrir la vieille Europe affamée.

Pour ce qui est de prétendre que le fer va bientôt se
substituer au bois dans tous les anciens usages de celui-ci,
la crainte en est à peu près aussi sérieuse que serait celle
d'un houilleur pleurant à la pensée que l'application immédiate de l'électricité à la traction va faire tomber dans la
quinzaine, à un chiffre dérisoire, la cote des deniers d'Anzin.

L'Amazone, en face du Mississipi et du Saint-Laurent,
plus rapproché encore du Niger et du Congo, relié par
des canaux naturels à l'Orénoque et au Paraguay, au centre
du bassin terrestre de l'Atlantique, puisqu'il est à égale
distance du Canada et de la Plata, de l'Europe du Centre
et de l'Afrique du Sud, doté avec profusion de tous les
avantages géographiques qui favorisent le développement
de la navigation, verra sans doute un jour dans ses immenses
archipels, ses estuaires, ses rades, ses canaux, ses lacs, des
flottes immenses, les plus puissantes du monde, battant
pavillon amazonien. La richesse prodigieuse des forêts sans
limites; le nombre, la profondeur, l'étendue et la sûreté

des ancrages, la quantité innombrable des ports naturels,
montrent qu'il est prochain le jour où des chantiers de
construction s'établiront dans les îles et sur le littoral de
cette prodigieuse mer Égée américaine, dont le climat
est plus beau que celui de la Grèce et dont le continent
est plus riche que celui de l'Asie. Le fer, dont la terre
est faite là-bas, est à pied d'œuvre, l'argile des hauts
fourneaux est là inutilisée, le combustible couvre la terre,
la nature n'attend, depuis des siècles, que des hommes de
bonne volonté. Que les Brésiliens s'adjoignent des frères
d'Europe pour utiliser ces incalculables richesses, que leurs
appels réitérés soient enfin entendus, et bientôt le grand
Empire Lusitanien deviendra une des grandes nations
maritimes de la terre. J'ai toujours pensé que l'avenir
réserve au Brésil des destinées plus magnifiques encore
que celles qu'il promet aux États-Unis de l'Amérique du
Nord.

Rien n'est beau dans sa simplicité majestueuse comme
ce milieu amazonien. Les savanes couvrent à peu près le
cinquième de sa surface, et forment comme de vastes clairières dans l'immensité du grand bois. Et des rivages de
palétuviers qui bordent la mer et le fleuve jusqu'aux sommets des plateaux, rien n'est varié comme la forêt. Sur les
hauteurs, à côté des essences précieuses de la zone torride, la température relativement douce des altitudes a
donné droit de cité aux essences d'Europe. Les voyageurs
aux Tumac-Humac, qui ont exploré la grande gibbosité
de l'Oyapock, Adam de Bauve, Leprieur, affirment y avoir
rencontré le chêne.

Rien d'ailleurs n'est aussi étrange, aussi complexe, moins
régulier et moins uniforme que la forêt tropicale de l'Amazone. Les espèces n'y poussent presque jamais en famille,
et l'exploitant doit s'attaquer à de grands espaces à la fois,

où il abattra tout pour classer ensuite les essences. Cette
exploitation ne ressemblera en rien à celles de nos forêts
civilisées, régulières, bien plantées, taillées, échenillées,
avec un tapis de mousse sous les pieds, et sur la tête des
perspectives, des échappées dans les profondeurs, faites
à souhait pour le plaisir des yeux. Cette architecture classique des forêts d'Europe et de l'Amérique du Nord est
en opposition complète avec le romantisme touffu, gigantesque, inextricable, du style amazonien, dont la richesse
inépuisable est prodigue et désordonnée.

A côté des trésors qu'elle réserve à la grande exploitation, la forêt réserve au chasseur des richesses aussi nombreuses que variées. Des oiseaux de toute chanson et de
tout plumage, depuis le perroquet jusqu'au pigeon, depuis
le héron jusqu'à la poule d'eau, depuis le vautour jusqu'à
la tourterelle, depuis l'oiseau-mouche jusqu'à l'aigle, s'é-
battent dans les feuillages, planent dans le voisinage du
ciel ou se promènent gravement sur la berge des cours
d'eau. Des animaux innombrables, timides ou farouches,
le lièvre et le lapin du pays, le porc sauvage, la biche,
le tapir, s'offrent à la flèche et au fusil.

Les serpents y chassent aussi, guettant leur gibier, mais
leur nombre est loin d'être aussi considérable qu'on se l'i-
magine. Boas et crocodiles sont en somme des voisins inof-
fensifs. Le fusil de l'Européen, dès que l'un de ces monstres
aura fait sa connaissance, chassera les autres du canton.
J'ai, mainte fois, rencontré dans la forêt caïmans et serpents gigantesques, plus rarement des serpents venimeux,
jamais je n'ai eu à me plaindre d'eux. Les hôtes les plus
incommodes, sinon les plus dangereux que, l'homme rencontre dans les forêts sont les insectes, moustiques, maringouins, maques, qui habitent aussi la savane et la rivière, et
sont en réalité ce que l'Équateur présente de plus désa-

gréable. Tigres, caïmans et serpents font plus de peur que
de mal, mais les armées d'insectes bourdonnants et piquants
causent plus d'ennui qu'ils ne font de peur. Il existe toutefois des préservatifs plus ou moins efficaces, et, à la longue,
on arrive à supporter avec patience ces ennemis agaçants.
D'ailleurs, les criques ne sont pas rares où ni moustiques,
ni maringouins, ni piãos ne tourmentent notre épiderme.
C'est là que le colon installera son hamac ou son lit, et
l'exploiteur des bois son campement.

Ces idées, ces faits, ces inductions, vraies pour le Bas-
Amazone, plus spécialement étudié par l'explorateur, ne le
sont pas moins pour l'Amazonie entière.

VII. — Les Français en Amazonie.

La colonie française de l'Amazonas est plus nombreuse,
plus prospère, plus riche que celle de la province de Pará.
Les Français de la province de l'Amazonas jouissent auprès
de la population brésilienne d'autant d'estime et de plus
de sympathies que n'importe laquelle des autres colonies
étrangères.

Il est un fait connu de tous à Manáos et dans l'intérieur :
la colonie française est la plus nombreuse et la plus riche.
Les autres colonies, anglaise, allemande, américaine, ita-
lienne, hispano-américaine, sont beaucoup moins importantes.

Dans le Solimoens, sur 55 maisons de commerce, 23 sont
françaises, 20 portugaises, il n'y en a que 12 de brésiliennes ou étrangères. Au Madeira, au Purus, au Rio-Negro,
au Javary, et principalement au Juruá, on compte un très
grand nombre de Français établis au regatões.

Il est difficile d'en faire un recensement exact, nos compatriotes répugnant à se faire enregistrer au consulat ; mais,
se basant sur des renseignements pris auprès des principaux

commerçants français de la contrée, il semble qu'on puisse actuellement porter à 400 le nombre des Français se trouvant dans la province de l'Amazone, contre 200 dans celle de Pará. Ce chiffre de 600 Français, presque tous notables, constitue une forte proportion, une respectable minorité, si l'on ne tient compte dans la population totale que de la partie réellement civilisée dans le sens européen du mot. Nous sommes à la tête du mouvement progressiste dans l'Amazonie occidentale. La distribution de ces colonies par ordre d'importance intrinsèque et relative est, dans l'ordre descendant. Solimoens, Juruá, Madeira, Purus, Javari, Rio-Negro. Le commerce aujourd'hui considérable du Juruá a été monopolisé par une maison française, la maison Kahn, Polack et Compagnie, comme celui du Purus l'a été par les maisons anglaises.

Il faut ajouter comme auxiliaires importants bon nombre d'Israélites marocains (Tanger, Tétuan et Riff) et espagnols (Gibraltar), qui parlent tous français, se réclament de la France, et que la population brésilienne considère comme nos compatriotes.

Il y a environ 150 ou 200 de ces Israélites répandus dans toutes les rivières, où ils se font, très consciencieusement, les propagateurs de notre langue et de notre influence commerciale.

La colonie française de l'Amazone ne se compose pas exclusivement de commerçants. Elle compte des agriculteurs cultivant le cacao, de petits industriels ayant des plantations de canne à sucre et distillant de la cachaça, exploitant dans des seringaes à eux le caoutchouc, et dans leurs piaçabaes la piaçaba. Il faut aussi enregistrer une industrie spéciale : on compte plusieurs chaloupes à vapeur françaises dans les rivières de l'intérieur, dont une au Rio-Branco. Leurs propriétaires les affrètent au taux de 200 francs par jour et

s'en servent pour aller acheter eux-mêmes les produits de
la contrée, prenant du fret pour compléter leur chargement
s'il y a lieu.

A Manáos il existe une douzaine environ de bonnes maisons
françaises. La plus importante est celle de MM. Kahn, Polack
et Cⁱᵉ. Cette maison a inauguré une organisation originale et
nouvelle de l'exploitation de l'intérieur. Cet exemple, qui
a été imité, peut être considéré comme type. Cette maison
a une vingtaine de jeunes gens voyageant dans l'intérieur.
Ces espèces de commis ne sont nullement des vagabonds,
des aventuriers plus ou moins tarés, mais des jeunes gens
de bonne éducation, d'une assez bonne instruction, intelligents, laborieux, entreprenants. La maison, sur la simple
garantie de leur moralité, donne à chacun d'eux pour vingt
ou trente mille francs de marchandises, moyennant une
commission. Ils partent avec leur pacotille, et s'en vont faire
régatões dans l'intérieur. Après huit ou neuf mois d'absence,
ils reviennent du haut Juruá où du haut Purus avec un
petit pécule, et ils recommencent jusqu'à ce qu'ils en aient
assez pour s'établir à leur compte. Beaucoup d'entre eux
sont juifs d'Alsace. J'ai connu aussi parmi eux quelques
Parisiens. Il est curieux de voir ces jeunes gens blonds et
frêles, revenir bronzés et avec un air martial de leurs courses
toujours très pénibles, quelquefois périlleuses, ayant ramé
eux-mêmes leur canot pendant des mois entiers, traversé
le Brésil et passé sur les territoires boliviens, noblement
fiers des quelques contos de reis qu'ils ont si durement ga-
gnés, la mémoire pleine des souvenirs de leur héroïque campagne et l'imagination enflammée à l'espoir de nouvelles aventures. Au bout de quelques mois de Manáos, ces jeunes gens,
devenus tristes et moroses, n'attendent plus, et avec une im-
patience fébrile, que l'occasion de repartir : la nostalgie du
désert les a repris. Le vieux sang de la noble race se remet

à bouillonner avec enthousiasme au souvenir et dans l'action des grandes aventures, et c'est là une particularité que l'on ne saurait trop mettre en relief. Le Français, toujours ami des Indiens, toujours brave et endurant, se révèle sous son plus beau jour dans les grands voyages du haut Purus et du haut Juruá! Ajoutons que tous ces jeunes gens, non seulement parlent portugais, mais encore, bien souvent, plusieurs dialectes indigènes.

Un exemple pour finir. J'avais vu partir en mai 1884 deux jeunes gens, un instituteur parisien et un élève de l'école d'horlogerie de Besançon. Ils étaient, l'instituteur surtout, pâles et maladifs, et l'on considérait leur entreprise comme une pure folie. Pendant six mois on n'eut pas de leurs nouvelles. Ils revinrent en mars 1885, après des fatigues et des aventures dignes du temps de la conquête, bronzés et robustes, ayant découvert dans la région des sources du Juruá qu'ils remontaient, un seringal qui fera probablement leur fortune.

Regatões, exploiteurs des produits de la forêt, planteurs de canne ou de cacao, armateurs, commerçants, artisans : on voit que la colonie française de l'Amazone, colonie pleine de sève, embrasse déjà bien des spécialités. Il faut dire aussi qu'elle réussit parfaitement. Nous n'avons nul doute sur les magnifiques destinées qui l'attendent.

Aussi l'influence intellectuelle de la France, langue, littérature, et le reste, est-elle plus grande à l'Amazone qu'au Pará. Un seul exemple peut donner la mesure de la chose : la bibliothèque de Manáos (7,000 volumes environ) compte les deux tiers de ses livres écrits en français. Les deux tiers des habitants de la ville parlent ou lisent notre langue.

VIII. — Les idées séparatistes.

Un homme considérable de Pará, le baron de Marajó,

deux fois président de province, dans un ouvrage publié en
1883, *A Amazonia,* dit ce qui suit :

« La lecture des journaux publiés à Pará et à l'Amazone
dans ces dernières années, ne peut laisser d'impressionner
celui qui connaît le caractère pacifique et résigné de la population de l'Amazonie, et aussi la ténacité des Amazoniens,
leur opiniâtreté dans leurs revendications, quand ils sont une
fois bien persuadés que leurs intérêts ou leurs droits sont
dédaignés ou sacrifiés.

« Les journaux des différents credo politiques qui divisent ces provinces, en tout adversaires passionnés les uns
des autres, se retrouvent d'accord dans un seul camp : ils
font campagne ensemble contre le gouvernement central,
tyran des provinces amazoniennes.

« Il n'y a journal, conservateur ou libéral, libre penseur
ou clérical, qui, dans chacun de ses numéros, ne se fasse le
champion d'une réaction contre la prédominance des provinces du Sud.

« La façon peu bénévole, je dirai même agressive, dont
fut traitée la population amazonienne par un président du
conseil des ministres, qui la qualifiait de « citoyens d'arcs
et de flèches, » quand il fut question de l'augmentation de
la députation, et quelques articles peu réfléchis publiés par
les journaux du Sud, ont eu pour résultat de faire croire
à la population de l'extrême nord de l'empire, que le gouvernement et même quelques représentants des provinces
méridionales considèrent la population amazonienne comme
composée des parias de la société brésilienne, et seulement
tenue à payer les taxes.

« De là est résultée une propagande systématique dont
les forces vont toujours croissant, et qui aujourd'hui présente la question sous une forme périlleuse pour l'intégrité
du Brésil : à savoir, s'il y aurait ou non avantage pour la

population amazonienne à vivre de ses propres ressources, séparée du reste de l'empire. Et comme les plaintes des Amazoniens contre une centralisation excessive, une fiscalisation égoïste, sont justes, que l'orgueil que leur impose la richesse et la prospérité de leur pays est légitime, il est probable qu'il faudrait peu de chose pour mettre en péril cette intégrité du Brésil, peu menacée tant que vivra l'empereur, mais, dans l'avenir, si sérieusement compromise. »

L'hostilité des Amazoniens contre leurs présidents venus du Sud est à peu près constante. On ne nous envoie du Sud, disent-ils, que des créatures incapables ; et ils citent ce légendaire président de Pará, José Bento da Cunha Figueiredo, qui avait dépensé des sommes énormes à bâtir des levées pour conquérir de nouvelles terres sur l'Océan, dans un pays dont les terres désertes pourraient nourrir une population trois cents fois plus nombreuse que la population actuelle.

Et pourtant, disent les Amazonenses, nos provinces ne sont-elles pas à la tête du mouvement de propagande de l'instruction publique dans l'empire? Nous dépensons à Pará 600 contos, et à l'Amazone 404, pour subventionner nos écoles primaires et nos collèges; et, eu égard à la proportion de la population, aucune autre province de l'empire, pas même la Cour, ni Rio, n'en dépense autant que nous. Nous ne sommes donc pas des citoyens d'arcs et de flèches, et on ne devrait pas nous traiter en colonie. Et il est incontestable que le développement du progrès est extrêmement rapide en Amazonie, et que le Sud pourrait bien d'ici à fort peu de temps être singulièrement distancé.

Ils se targuent aussi, et avec raison, de la libéralité de leurs sentiments. Il n'y a déjà plus d'esclaves dans la province de l'Amazonas, et l'on en compte à peine 20,000 dans

24

celle de Pará. L'Amazonie sera depuis longtemps purgée de l'esclavage, que l'institution sera encore une question de vie ou de mort pour le Sud. C'est qu'au Nord on a le travail des Indiens, et que rien ne pourra au Sud remplacer de sitôt le travail des esclaves.

Les griefs des Amazoniens sont d'ailleurs nombreux et sérieux.

C'est une idée acceptée de tous en Amazonie, que les deux provinces du Nord sont oubliées et dédaignées par le gouvernement central et les provinces du Sud. Pendant longtemps ces plaintes ne furent qu'un murmure, on espérait qu'avec l'augmentation des revenus fournis par la contrée au gouvernement général, celui-ci montrerait plus de sollicitude pour les provinces amazoniennes. Mais ces espérances ayant été déçues, le murmure de mécontentement est devenu une clameur qui n'est pas sans inquiéter le gouvernement de Rio. Ce n'est pas seulement de l'abandon dans lequel ils sont laissés que sont indignés les Amazoniens, mais aussi de l'indifférence avec laquelle on accueille toutes leurs réclamations, de l'ignorance si souvent démontrée dans laquelle se trouve le gouvernement de Rio à l'égard des choses du Nord. Les tristes résultats des injustices commises, les inconvénients de l'extrême centralisation, déterminèrent une propagande qui d'abord ne proclama que la nécessité urgente de la décentralisation, mais aujourd'hui ne craint pas d'afficher ouvertement ses désirs de voir se réaliser la séparation de l'Amazonie du reste de l'empire.

Cette propagande, il faut le reconnaître, devient chaque jour plus active, et elle continuera sans doute, parce que les réclamations sur lesquelles elle s'appuie sont justes, parce qu'elle se base sur des faits que la population tout entière connaît et qui impressionnent très vivement la par-

tie la plus éclairée de la population. Pour ces grands problèmes de la vie sociale du Brésil, toutes ces grandes questions, ces besoins urgents, auxquels sont consacrés les revenus nationaux, qu'est-ce que le gouvernement général a
essayé de faire en Amazonie, malgré les revenus très
considérables envoyés par les deux provinces à Rio?

L'émigration, la civilisation des Indiens, la division et
l'acquisition des terres, l'augmentation de la représentation
parlementaire, le désintéressement du gouvernement central à l'égard de l'instruction publique dans les provinces,
l'arsenal de marine, l'arsenal de guerre, le manque de
subventions aux travaux publics, l'énormité des impôts
comparativement aux autres provinces, la question du contesté avec la France, sont autant de raisons qui entretiennent le mécontentement des Amazonenses à l'endroit du
gouvernement central.

L'émigration. — Il est certain qu'on ne pourrait citer
un seul fait, un seul ordre du gouvernement, tendant à
faire affluer l'émigration pour les deux provinces du
Nord.

On sait que pour faire des tentatives de colonisation
en Amazonie, en raison d'un climat spécial, de cultures et
d'industries différentes, il serait nécessaire de préluder par
quelques études méthodiques. Le gouvernement central ne
s'en est jamais préoccupé. Jamais des études, si rudimentaires qu'elles soient, n'ont été entreprises sur l'initiative
du gouvernement central, sur la question des travaux préparatoires à faire en Amazonie. Le gouvernement central,
épris avec exagération peut-être de la colonisation allemande, s'est désintéressé de l'Amazonie en pensant, ce qui
est d'ailleurs exact, qu'elle était impropre à la colonisation
germanique. Mais des immigrants de race latine, Portugais,
Français, Italiens et autres, ne pourraient-ils pas s'y accli-

mater? Pourquoi n'y a-t-il pas introduit, comme le désirait le conseiller Cansansão de Sinibú, des travailleurs asiatiques?

Des millions ont été dépensés par le gouvernement pour favoriser l'émigration dans les provinces du Sud, et le gouvernement ne se souvient des provinces du Nord que pour leur faire payer des impôts.

La civilisation des Indiens. — Qu'a-t-on fait pour la civilisation des Indiens? On devait créer des centres indigènes, mais on n'a installé jusqu'à ce jour que des directeurs des Indiens qui auraient dû être précieux, mais qui ne sont que des sinécuristes, quand ils ne trouvent pas moyen de vivre à la fois et aux dépens des indigènes et aux dépens du trésor. Les missionnaires, en très petit nombre, semblent être soigneusement choisis parmi les plus mauvais. Les missions ne sont malheureusement trop souvent que des établissements de commerce et des écoles de dépravation.

Et pendant ce temps, la catéchèse des Indiens dans les provinces du Sud a donné les plus heureux résultats.

Division et acquisition de terres. — Il n'existe pas encore pour le Nord, ni pour l'alotissement des terres ni pour leur vente, un système de législation supportable. Les frais de délimitation, extrêmement onéreux, sont à la charge de l'acheteur; et pour la mise en vente, elle se fait sans plan, au hasard de la demande; il n'existe ni cadastre ni bureau de renseignements.

Augmentation de la représentation parlementaire. — Un autre sujet de plainte des populations de Pará et de l'Amazonas est la faiblesse numérique de leur représentation au Parlement de Rio. Pará se plaint d'avoir aujourd'hui, malgré l'augmentation de sa population et de ses richesses, le même nombre de députés qu'en 1824; d'être la quatrième province de l'empire comme importance de ses revenus im-

périaux, et une des dernières pour l'importance de sa représentation parlementaire. Certaines provinces du Sud ont un
député pour 50,000 habitants, Pará un député pour 140,000.
Pará, qui a 13,000 élèves dans ses écoles primaires et secondaires, qui dépense 600 contos pour l'instruction publique,
se place dès aujourd'hui au premier rang des provinces de
l'empire pour le développement du mouvement intellectuel.
Mais cette raison n'a pas encore paru suffisante pour lui donner le nombre de députés auquel elle a droit, pas plus que
le mouvement du commerce général qui place la province
de Pará au quatrième rang parmi les provinces de l'empire.

Instruction publique. — Toutes les provinces reçoivent
une subvention du gouvernement général pour l'instruction
publique. L'Amazonie n'en reçoit aucune. Jusqu'à ces dernières années, la province de Pará avait touché une subvention dérisoire de un conto, qui vient d'être supprimée.

L'arsenal de marine. — Pará, à la bouche de l'Amazone,
devrait être l'entrepôt des magnifiques bois de construction
navale de la contrée; mais le gouvernement central ne s'est
pas ému de cette question. Bien plus, cet étrange arsenal
ne possède pas un seul chantier de construction, pas une
seule scie mue à la vapeur, pas une scierie, pas une fon-
derie, pas un dock, pas une digue; et la station navale se
compose, au grand complet, de quatre navires, dont le plus
important, la corvette *Paraense,* est à peine en état de faire
un voyage sur la côte de Marajó.

L'arsenal de guerre. — Cet arsenal, dit le baron de Marajó, est une *indécence* pour les Paraenses : c'est un ancien bâtiment de douanes, dont on a réparé les ruines avec
des constructions en bois. Cela a à peu près la valeur défensive d'un hangar ou d'une halle.

Bien digne de l'arsenal de guerre est l'Hôpital Militaire,

qui a été fort adroitement édifié dans un centre d'infections palustres accélérant singulièrement les convalescences.

Pas de subventions aux travaux publics. — Les Amazonenses se plaignent aussi du désintéressement absolu que montre le gouvernement général pour tous les travaux publics entrepris en Amazonie, notamment de l'absence des subventions pour la construction de nombreux édifices publics indispensables, pour le chemin de fer de Bragança et celui de Madeira-Mamoré, etc.

Inégalité des impôts. — Enfin, les Amazonenses affirment, et leurs hommes d'État prétendent prouver, que dans les deux provinces la proportion des impôts payés au gouvernement général est plus forte que dans le reste de l'empire.

Territoire contesté. — Les hommes politiques de Pará reprochent amèrement au gouvernement général de n'avoir pas su résoudre jusqu'à ce jour le différend pendant avec la France au sujet des territoires situés au nord de l'Araguary. L'existence de cette marche inattribuée entre la province de Pará et la colonie française est, selon eux, la cause unique de l'absence presque complète de relations de commerce entre leur ville et celle de Cayenne.

Telles sont les principales causes de cette fermentation autonomiste, ou même séparatiste. Cette fermentation ne saurait être indifférente à une nation qui a en Amazonie d'aussi grands intérêts de commerce et d'influence que ceux que nous y avons actuellement. Il se prépare de grandes choses de ce côté. Nos hommes d'État ne feraient pas mal d'étudier un peu la question amazonienne.

CHAPITRE IX.

L'ORGANISATION CONSULAIRE EN AMAZONIE.

L'Amazonie, marché nouveau, nation nouvelle, est constituée par les deux provinces de l'extrême Nord brésilien : la province du Gram-Pará et celle de l'Amazonas. Sa population n'est pas encore d'un million d'habitants, mais sa superficie équivaut à près de huit fois celle de la France, et pourrait nourrir plus de 300,000,000 d'âmes.

L'Amazonie mérite notre attention spéciale à deux points de vue principaux : à cause de l'importance des intérêts commerciaux que nous avons avec elle, à cause de l'importance de la colonie française établie dans la contrée.

Pour ce qui est du premier point, il suffit de dresser la liste des pays avec lesquels la France fait moins de commerce qu'avec l'Amazonie. Ces pays sont les suivants : Grèce, Portugal, Vénézuéla, Réunion, Indes hollandaises, Mexique, Cap, Sénégal, Antilles anglaises, Australie, Danemark, Cochinchine, Guatémala, Indes françaises, Guyane française, Équateur, Philippines, Siam, Bolivie. La France, en 1885, a fait près de cinquante millions de commerce avec l'Amazonie.

Pour ce qui est du second point, il suffit de dire pour le moment que, de toutes les colonies étrangères de l'Amazonie, la colonie française est la plus nombreuse, si nous en exceptons la colonie portugaise, dont l'immigration dépend de causes tout à fait spéciales.

Ceci établi, on ne sera peut-être pas surpris d'apprendre

que nous n'avons pas en Amazonie le moindre vice-consulat !

De mauvais esprits prétendront que c'est précisément
à cause de cette absence de consul que nos affaires sont
très prospères à Pará et à Manáos. Toutefois, une boutade
n'est pas un argument, et nous entendons démontrer que
les intérêts français sont en souffrance en Amazonie à
cause du manque de représentants du gouvernement de
la métropole.

Rien n'est susceptible d'offrir moins de stabilité que
l'organisation consulaire d'une grande nation. Il faut qu'il
y ait proportionnalité, équilibre, entre l'importance des
relations d'affaires et l'importance, le nombre des consulats. Dès que cet équilibre n'existe plus ou n'existe pas,
il faut s'appliquer à le rétablir ou à l'établir. Ainsi, nous
faisons actuellement pour quatre millions d'affaires annuelles avec la Chine et cinquante avec l'Amazonie. Dans la
première de ces contrées, nous entretenons un nombreux
personnel consulaire; dans la seconde, nous n'avons pas
même un vice-consul. Il y a là une anomalie qui appelle
une rectification.

Nous connaissons l'éternelle objection : Nous n'avons
pas d'argent. — Si, il y en a; compensez, balancez. Si
vous ne dépensiez pas 200,000 ou 3oo,ooo francs pour
un personnel afférent à quatre ou dix millions d'affaires,
vous en trouveriez 3o,ooo pour un mouvement de cinquante
millions. Il n'est pas défendu aux gouvernants de savoir
la règle de trois. Il ne serait même pas mauvais qu'ils
arrivassent à se persuader que les consuls ne sont pas
faits pour provoquer les affaires, mais que ce sont, au
contraire, les affaires qui appellent, qui exigent les consuls. Le pouvoir central n'a pas à decréter *à priori*, d'intuition, mais à constater et à s'adapter.

Cette métaphysique digérée, arrivons à des faits plus substantiels.

Quand quelques centaines de Français, tous commerçants, tous aisés, sont établis à demeure dans une vaste contrée, grande comme huit fois la France, où ils font pour une cinquantaine de millions de francs d'affaires, il est clair que ces notables, producteurs, chargeurs, industriels, doivent avoir, tant entre eux qu'avec les autres étrangers ou les nationaux de la contrée, une foule de relations de l'ordre commercial ou de l'ordre civil nécessitant la présence de ce fonctionnaire à tout faire, notaire, officier de l'état civil, juge de paix, qui s'appelle le consul.

Or, qu'arrive-t-il? Si nos grandes maisons de commerce sont à Pará, notre colonie est surtout à Manáos et dans la province de l'Amazonas; le Juruá, par exemple, est exploité presque exclusivement par des Français; au Madeira, nos compatriotes sont nombreux; au Solimoens, sur cinquante-cinq maisons de commerce, vingt-trois sont françaises. Eh bien, les Français de la province de l'Amazonas, que leurs affaires n'appellent généralement à Pará qu'une fois par an, sont obligés d'entreprendre un voyage d'au moins quatre ou cinq cents lieues quand ils ont à accomplir tel ou tel acte de la vie civile ou commerciale : un mariage, la poursuite d'un procès, un arbitrage pour l'attribution d'une forêt de caoutchoucs disputée, voire même la signature de certains papiers de moindre importance.

Manáos présente cette singulière anomalie.

Un jour de fête officielle, le 7 septembre, par exemple, jour de la fête de l'Indépendance, le président de la province, le *commandante das armas*, le commandant de la flottille, le *juiz de direito*, assistent à une messe solennelle à la cathédrale de Nossa Senhora da Conceiçao. Le corps consulaire en uniforme se trouve présent à la cérémonie. Voici le consul de la république Argentine, celui du Vénézuéla, les vice-consuls d'Espagne, de Portugal, du Pérou, d'Angleterre, des États-Unis, se pavanant dans leurs beaux habits; le vice-consul de France brille par son absence!

Au sortir de la cérémonie, le cortège défile dans la rua Municipal; vous n'y voyez que des magasins français : ceux de M. Isidore Norat, de M. Raine, de M. Schill, de M. Charréard, de MM. Kahn et Polack, de MM. d'Anthonay et Bouillié. Six commis de la maison Kahn et Polack arrivent du Juruá avec des chargements de caoutchouc. La conversation s'engage en français; toute la bourgeoisie locale y participe, et l'on n'entend plus parler que français dans le cortège officiel. Quelques jeunes Brésiliens, fraîchement émoulus de leurs études à Paris, s'en vont, discutant sur l'un de nos chefs-d'œuvre littéraires, consulter le document à la bibliothèque. Dans cette bibliothèque, sur sept mille volumes cinq mille sont écrits en notre langue. Au retour, regardant les enseignes des magasins, nous ne voyons que des « Au Louvre », « au Printemps », « à Notre-Dame de Paris », « Café Chic ». Et l'absence d'un consul français dans une ville où nous comptons plus de compatriotes établis que dans celle de Cayenne, fait qu'on se croirait dans une cité française récemment conquise et administrée par les Brésiliens.

A Pará, même anomalie. Non seulement les États-Unis et l'Angleterre y ont un vice-consul, mais encore l'Allemagne, le Portugal, le Pérou, l'Argentine, etc. La France, autrefois, entretenait un vice-consul à Pará. Depuis, notre commerce avec l'Amazonie ayant décuplé, notre vice-consulat a été transformé en agence consulaire! La France est pourtant de toutes les nations étrangères celle dont la colonie dans la contrée est la plus importante. Ce que sachant, les Brésiliens, aux jours de réception, voyant notre pauvre agent consulaire fermer, humble et modeste, le cortège, — on sait l'importance de la représentation dans ces pays, — se demandent si c'est par ignorance ou par lésine que le gouvernement de la République consent ainsi à déchoir de son rang vis-à-vis des autres nations.

Pará a pourtant pour nous une autre importance que Sabanilla, Baranquilla, la Guayra, Guayaquil et Concordia, pour que nous le traitions au moins sur le même pied que ces bourgs pourris privilégiés.

Mais ce n'est pas seulement à cause de la quotité de nos rapports commerciaux avec l'Amazonie que nous devons installer dans cette contrée une organisation consulaire moins rudimentaire que celle que nous y avons aujourd'hui. C'est encore à cause du chiffre rapidement croissant de nos nationaux résidant dans ce pays, à cause du rôle réellement étonnant de pénétration intellectuelle que nous avons là-bas, à cause enfin de certains intérêts diplomatiques.

Il est pénible d'être obligé de constater qu'aujourd'hui la colonie est obligée, le plus souvent, de recourir aux bons offices des consuls des autres nations, l'agent de Pará ne pouvant instrumenter que pour ceux de nos nationaux établis dans la région du bas Amazone. Un seul agent pour un territoire de 3,500,000 kil. c., c'est réellement peu. Un voyage de 800 lieues pour aller demander un conseil à son consul, c'est beaucoup; et, si on a le consul anglais ou allemand sous la main, on s'en sert.

. . . .

Grâce à l'importance de notre colonie à Manáos et dans les hauts affluents, nous sommes à la tête du mouvement progressiste dans l'Amazonie occidentale. Mais ce n'est pas tout.

Il faut bien remarquer que le rôle de la France dans les deux provinces n'est point uniquement mercantile ou industriel, loin de là.

On sait que toute l'Amérique du Sud se considère comme une dépendance intellectuelle, si l'on peut dire, des métropoles latines d'Europe, et tout spécialement de la France. Parmi toutes ces nations latines d'Amérique, nos bonnes clientes, nos bonnes amies, nos bonnes élèves, il en est quelques-unes qui se sont élevées au premier rang, parmi leurs jeunes rivales, pour le développement économique, artistique, scientifique, intellectuel. Et ce sont précisément celles-là qui, dans leur marche vers le progrès, serrent de plus près la France, et lui ont voué l'affection la plus active et la plus sincère. Je veux parler du Brésil et de l'Argentine. Or, le Brésil est assez connu en France pour qu'il ne soit pas nécessaire d'insister ici sur les relations d'affinité qui unissent la grande nation latine d'Europe et sa grande sœur d'Amérique; mais, ce qu'il est bon de faire connaître, c'est que de toutes les parties du Brésil, celle qui semble nous avoir consacré le culte le plus efficace, qui semble nous désirer le plus vivement, qui s'inspire avec le plus d'ardeur résolue de notre génie national, c'est cette région encore peu connue, mais d'ici à peu certainement très populaire : l'*Amazonie*.

Pará est une ville un peu cosmopolite. Cependant, l'on peut dire qu'après le portugais, la langue qui de beaucoup y est la plus répandue, c'est le français. A Manáos, dans ce qu'on nomme là-bas comme chez nous la société, on entend tellement parler notre langue, qu'on se demanderait volontiers laquelle, de la portugaise ou de la française, est la plus familière à la bourgeoisie.

Je crois connaître à Manáos à peu près tous ceux qui valent la peine d'être connus. Je n'ai jamais parlé avec

eux que le français. Et ils parlaient sans aucun accent.
Dans les écoles d'enseignement secondaire, le français est
réellement appris : les enfants de quinze ans, sous prétexte de faire des études à la mode, les bonnes études,
n'apprennent point à ânonner notre langue, *ils la parlent.*
Dans les écoles primaires, aujourd'hui, les enfants presque tous apprennent le français. On peut dire que la génération actuelle tout entière est familiarisée avec notre
langue. Cela sans peine, d'ailleurs; il y a moins de distance entre le jargon de Camoëns et celui de Voltaire,
qu'entre la langue de Thuyet et celle de M. de Courcy.
Malgré nous, sans canons, sans crédits, sans galons, nous
pénétrons de notre génie les nations néo-latines d'Amérique. Ah! certes, ce sont là nos véritables colonies!

En Amazonie, le commerce, les écoles, les fonctionnaires, la jeunesse nous parlent, nous lisent, nous aiment,
nous désirent, nous appellent de tous leurs vœux; ils
nous lisent plus que nous ne nous lisons nous-mêmes,
d'Auguste Comte à M. Paul Bourget, de Victor Hugo à
M. Xavier de Montépin, de Balzac à M. Charles Mérouvel, — connaissez-vous M. Charles Mérouvel? — Non, eh
bien, eux, ils le connaissent : ils ont tout lu, ils nous dé-
vorent, et, Dieu me pardonne, leurs journaux les renseignent
aussi bien sur nos propres affaires que nous pouvons l'être
par les nôtres. Ces journaux du Brésil! Je ne parle pas du
«*Jornal do Commercio* », qui tire tous les jours sur seize
pages, format du « Times », en sept. Je parle des journaux de Pará tel que le « *Diario do Gram-Pará* », par
exemple, — eh bien, très fréquemment, dans ce journal,
vous avez des articles en français.

J'en connais au moins cinq cents dans l'Amazonie qui, dès
maintenant, commencent à faire des économies pour venir
passer six mois à notre grande Exposition de 1889; et alors,

quand ils auront fait leur pèlerinage de la Mecque, ils remporteront comme souvenirs nos derniers ouvrages scolaires, les dernières productions de nos savants, les derniers chefs-d'œuvre de notre industrie, les dernières idées de notre démocratie progressiste.

Et vous croyez que nous ne devons pas à ces gens-là plus qu'un agent consulaire, lorsque nous prodiguons des consuls très bien payés dans des localités où nous n'avons à peu près ni commerce ni nationaux?...

Enfin, disions-nous, il est tel intérêt diplomatique qui exige que nous ayons en Amazonie une sérieuse organisation consulaire.

Je ne rééditerai pas ici la fameuse question du différend franco-brésilien à propos du territoire contesté de Guyane; cependant, ce différend existe, il existe depuis longtemps; il existe toujours, et j'ai bien peur qu'il n'existe encore pendant deux ou trois cents ans. Si, au lieu d'un modeste agent consulaire, nous avions là-bas un consul *à giorno*, — oh ! il ne nous annexerait pas le contesté, n'ayez crainte, — mais, au moins, grâce à lui, quand les Brésiliens s'amuseraient à mettre la main sur le territoire en litige, au moins ne seriez-vous pas obligés d'attendre vingt ans pour être informés du fait, comme cela s'est passé pour l'Apurema. En attendant, tout en se liant les mains, il pourrait toujours ouvrir les yeux, faire savoir au quai d'Orsay ce qui se passe à Mapa et à Counani.

Il y a encore autre chose. On sait aujourd'hui un peu partout, même en France, qu'il circule au Brésil certains bruits.

Pour ne pas me compromettre, je déclare à l'avance que je ne crois pas que ces bruits soient fondés. Dans le milieu le plus officiel de la terre on peut, cependant, d'ores et déjà, se permettre de dire que, depuis quelques années, l'A-

mazonie est très franchement autonomiste. Si je ne crai-
gnais pas de passer pour indiscret, je dirais même que je
connais à Manáos et à Pará une demi-douzaine de *senhores*
crânement séparatistes, ayant déjà leur drapeau, — nos
trois couleurs disposées autrement, — leur programme,
leur « *pronunciamiento,* et même, — ô prévision admirable !
— leur constitution et leur président tout prêts !

Mais ces séparatistes sont isolés, certainement ; quoi qu'il
en soit, il est un fait incontestable, c'est qu'en prévision de
cette échéance, qui peut n'arriver jamais, les États-Unis,
l'Angleterre, voire même l'Allemagne, font actuellement de
la propagande discrète en vue d'un protectorat commercial
bien senti à établir sur l'Amazonie.

Ne pensez-vous pas qu'en cette occurrence il serait bon
de faire là-bas représenter la France, qui, jusqu'à ce jour,
fait prime en Amazonie, par un fonctionnaire d'une autre
envergure qu'un agent consulaire ?

. . . .

Voici ma conclusion :

La France a de grands intérêts commerciaux avec l'Amazonie. La colonie française de l'Amazonie est la première
de toutes les colonies étrangères. L'influence ethnique de la
France est énorme dans cette contrée. Nous y avons, en
prévision, d'assez sérieux intérêts diplomatiques. Or, la
France ne possède, dans cet immense et admirable pays,
qui est comme un nouveau monde dans le nouveau monde,
qu'un seul représentant sans autorité, sans action, sans prestige, un agent consulaire forcément effacé, surmené.
Sans demander de *meâ culpâ* au Ministère des affaires étrangères, nous sommes certain qu'il nous confesserait que dans
nombre de contrées infiniment moins intéressantes pour nous,
nous possédons une administration consulaire bien et dû-

ment affirmée, payée, organisée et hiérarchisée (1). Nous croyons savoir qu'il est question de faire rétrograder, dans cette même région du Brésil, au rang de simple vice-consulats un ou deux consulats de parade. Eh bien, il faut faire cette réforme, et organiser les consulats de l'Amazonie.

Le consul de Pernambuco, de qui relève l'agence de Pará, n'a-t-il pas déjà déclaré, sur papier ministre, qu'il était impuissant à s'occuper de l'Amazonie, immense région toute neuve et extrêmement progressiste qu'il ne pouvait connaître de sa chancellerie du Récife?

A Pará, capitale actuelle de l'Amazonie, grand débouché commercial et maritime de la contrée, il nous faut un consul.

A Manáos, le Saint-Louis de l'Amérique du Sud, le futur grand centre intérieur entre les Andes et l'Atlantique, la base actuelle d'opération des Français dans l'Amérique équatoriale, il faut un vice-consul. La colonie française de

---

(1) En 1883, le port de Manáos a vu arriver 240 steamboats. Punta-Arenas, le principal port de Costa-Rica, où se trouve accrédité un chargé d'affaires et consul général français, n'a compté cette année-là que 90 entrées de vapeurs, et le Guatémala que 68 vapeurs à peine.

Les transactions commerciales du port de Manáos se sont élevées, en 1882-83, à plus de 22,000,000 de francs. Tout le commerce du Guatémala, qui a 1,252,497 habitants, tandis que la province de l'Amazonas en a 18 fois moins, ne s'élève pas à 29,000,000. La valeur officielle des produits exportés par la douane de Manáos a été, pendant l'exercice 1881-1882, de près de 4,000.000; en 1882-1883, de près de 6,000,000, et pendant le 1er semestre de l'année fiscale 1883-1884, de 3,500,000. Le chiffre d'exportation est à peu près égal au montant normal de l'exportation du Honduras, qui a 350,000 habitants. La valeur officielle des marchandises importées par la douane de Manaos a été, pendant l'exercice 1881-1882, de près de 10,000,000, et pendant l'exercice 1882-1883, de près de 16,000,000. Ce chiffre total d'importations représente à peu près le total de toutes les importations réunies de la république du Paraguay, où la France a accrédité un vice-consul. La douane de Manáos n'a été établie qu'en 1869. Pendant les cinq premières années de son existence elle a encaissé à peine 460,000 francs de droits. Pendant les cinq années suivantes elle a encaissé 1,360,000 francs, et, pendant les cinq années qui ont suivi, les recettes ont été de 5,000,000 de francs.

(L'année fiscale commence au Brésil, le 1er juillet et se termine au 30 juin de l'année suivante).

(Voir *le Brésil à l'exposition d'Anvers,* numéro du 9 août 1885.)

Manáos et de la province de l'Amazonas est plus importante que celle de Pará et du bas Amazone ; mais, à tout seigneur tout honneur : Pará est le grand marché financier et le grand entrepôt; c'est là que doit être notre premier représentant.

Une dépense d'une cinquantaine de mille francs! dépense plus qu'utile, nécessaire; plus que nécessaire, urgente. Dans cette seule administration des consulats, dans cette seule contrée de l'Amérique du Sud, nous pourrions montrer de bien plus fortes sommes consacrées à des postes, non pas urgents, non pas même nécessaires, mais d'une utilité fort problématique, si ce n'est pour les titulaires.

A côté du consulat de Pará et du vice-consulat de Manáos, il sera bon de poser quelques jalons; je veux dire, d'établir un certain nombre d'agences consulaires, par exemple à Teffé pour le Solimoens et le Juruà; à Labrea pour le Purús; à Manicoré pour le Madeira; à Obidos pour le Trombetas; à Santarem pour le Tapajoz; et à Macapá pour le bas Amazone.

Ceci étant, la France aurait des chances sérieuses de trouver dans l'Amazonie, d'ici une génération, sans frais, sans risques politiques, une de nos meilleures colonies de commerce et d'influence. Il en est beaucoup qui croient aujourd'hui que ces colonies-là sont les meilleures ; je leur recommande tout spécialement la question de l'organisation consulaire française en Amazonie.

CHAPITRE X.

DERNIÈRES NOUVELLES ; LA RÉPUBLIQUE DE COUNANI (1).

Généralités. — Counani : un nom harmonieux, une belle chose, une grande idée.

Le pays de Counani est une république indépendante qui, jusqu'à ce jour, a dédaigné de se faire reconnaître par les puissances. Rien d'une république d'opéra-comique, rien de l'Araucanie de l'avoué de Périgueux ni de la Nouvelle-France du marquis de Rays. C'est un bel et bon État bien existant, auquel il ne manque qu'un ordre de chevalerie susceptible d'être avantageusement vendu.

A quelques lieues au nord de l'embouchure du gigantesque Amazone, le Fleuve-Océan des Brésiliens, le *Rio-Mar*, un cours d'eau modeste, aux bords riants et heureux, aux gracieux méandres, rappelant la Seine par son tracé et son parcours, descend à l'Atlantique entre un marais peuplé d'oiseaux d'eau, et une montagne peuplée d'urnes cinéraires et funéraires, archives des tribus disparues. Ce fleuve modeste et beau, heureux et calme, c'est le Counani, le rio des vastes prairies, des hautaines futaies et des cimetières indiens.

J'y abordai en juin 1883, arrivant de Cayenne avec ma première mission scientifique officielle. J'y passai deux mois. En août j'y commençais le grand voyage qui, à travers les

_____

(1) Aux dernières nouvelles, le pays de Counani se serait déclaré indépendant. Certes ni la France, ni le Brésil, ni moi ne pouvons nous en étonner.

H. A. C. (août 1886).

déserts de l'Amérique équatoriale et les tribus inconnues, devait me conduire non loin des Andes.

Et j'y reviendrai, à Counani! quand on voudra bien se ressouvenir de ce que j'y ai fait, ou plutôt quand je me ressouviendrai de ce que j'y puis faire encore.

Il faut presque s'excuser aujourd'hui, quand on vient dire qu'on aime l'Amérique du Sud, l'Amérique chaude. Makoko et ses cannibales sont à la mode, mais la terre des Incas et de Bolivar n'intéresse plus personne. Tant mieux! nous serons moins à en jouir. Le paysage est bien plus beau quand on n'y trouve qu'un habitant tous les cinquante kilomètres. L'homme me gâte la nature.....

Aimez-vous les longs étés sans pluie, au ciel sans nuages; l'atmosphère suave et pure qui rafraîchit l'âme; les solitudes enchantées où rien ne rappelle la dictature de la société? aimeriez-vous à vivre sans le regret de la veille et sans le souci du lendemain, dans la certitude d'un avenir heureux, avec la bénédiction de la nature, sans un journal ni un député, loin de toutes les imbécillités et de toutes les scélératesses qui constituent le substratum de notre civilisation fatiguée et malade; dans la jouissance d'être, de se laisser vivre, sans appréhension comme sans enthousiasme; avec quelques chevaux, quelques vaches, quelques chiens, quelques fusils, et quelques familles d'Indiens tout nus?

Alors vous aimerez Counani.

Large et profond, solennel, beau, pareil à un dieu antique de la bonne marque, le fleuve, toujours majestueux, toujours étonnant, toujours superbe, s'enfonce dans l'intérieur inconnu, s'offrant à nous par sa partie accessible, la partie inférieure, mais cachant ses sources.

On l'a remonté pendant quinze jours en canot, on a franchi bien des chutes : toujours des cimetières indiens, des forêts de bois des îles, des savanes sans horizon, des monta-

gnes lointaines, des paysages féeriques, et toujours la largeur
de la Seine à Paris.

La forêt de la rive. — Vous amarrez le canot à un tronc
d'arbre, vous sautez sur la berge, et vous voici dans la forêt
de la rive. Les épais feuillages tamisent une lumière incertaine; les mousses et les détritus étendent sous vos pieds un
tapis moelleux et élastique; la grande armée des ébéniers, des
bois de fer et des palissandres, silencieuse, immobile, sans
un souffle, ouvre ses rangs au visiteur. Les oisifs de la forêt,
oiseaux qui rêvent et singes qui observent, somnolents
dans leurs palais de frondaisons fleuries, vous révèlent à
peine leur présence. Des fleurs étranges et inconnues, qui
n'ont pas encore de nom en latin, jaillissent de quelque
pied d'orchidée caché au haut des arbres et arrêtent le regard
au passage avec leurs formes improbables et leurs nuances
insoupçonnées. Des lianes gracieuses ou cruelles ornant
ou étouffant les géants, pendent élégantes, montent rigi-
des, rampent épaisses, et leur sillon aérien de larges feuilles
grasses se poursuit, se perd dans les dédales sylvestres,
sans commencement et sans fin. La lourde pénombre saturée
d'âcres parfums invite au repos et au rêve; et, quand on
est couché, les douces fleurs des mousses fixent la contemplation.

Mais quel est ce cri strident et horrible qui soudain re-
tentit au sein du sommeil de la forêt? Effaré, on se lève,
appuyé de sa main gauche crispée à quelque branche que
l'on torture; de ma dextre je brandis mon révolver. Eh!
c'est un oiseau jaune, gros comme le poing : c'est le
couiri, qui vient de proférer ce cri de sorcière. Quand
vous aurez fait votre stage de sauvagiseant, vous irez,
sans crainte aucune, par la forêt counanienne, sachant
bien qu'elle est mieux hantée que la Bourse et plus sûre
que les boulevards extérieurs.

Après une heure, errant au hasard, j'arrive, perché sur un roc nu, à dominer une vaste déclivité. La forêt qui s'étend à mes pieds frissonne sous les caresses d'une molle brise. Les oiseaux voletants, les singes qui gambadent, les lianes qui se froissent, les mille frôlements, les mille bruits de la forêt vierge, avant d'arriver jusqu'à moi s'harmonisent, et je n'entends que la mélodie du désert. De larges rayons jaunes se sont glissés dans les verdures : le soleil, qui s'est offert à la fête, nous a fait don de ce qu'il a de plus beau, sa lumière. Chantez, artistes plus ou moins conscients des royaumes végétaux; souffles légers et parfumés, ébattez-vous dans ce champ béni de la nature; solitude profonde, ignorée de l'homme, remplis-moi de ton calme et de ta grandeur; Rousseau, qui as inventé le *Contrat*, et toi, honnête Bernardin, quelle belle prose sentimentale n'élaboreriez-vous pas ici! Un sauvage comme moi ne pouvait songer, perdu dans cette solitude effrayante et délicieuse, à noircir des feuillets. Repu de jouissances intimes, je m'allongeais et m'endormais. Et c'est là, parole d'honneur, ce qu'un honnête homme bien équilibré a de mieux à faire dans l'occasion. Car il me venait alors, sous l'œil paternel de mon Indien, des rêves inoubliables. Et le rêve, comme chacun sait, est ce qu'il y a de meilleur dans l'existence.

Prairie. — La forêt s'étend sur un kilomètre de chaque côté du fleuve : la végétation est l'accompagnement forcé des endroits humides. Au delà s'étend la prairie, grande région rousse et glabre.

Quand des cités prospères fleuriront dans ces prairies, quand des peuples nouveaux y auront résolu le problème de sociétés sans gouvernement, quand les antiques agrégats politiques, ébranlés, disloqués, brisés, auront enfin, dans ce Jardin du monde, opéré la transformation si nécessaire, le retour voulu à la cellule indépendante; alors, mais alors seulement, on pourra la dire accomplie, l'évolution ultime de la civilisation et du progrès.

Pour la plus séduisante des expériences, le champ le plus séduisant est cette immense et merveilleuse prairie des rives de l'Amazone.

Au sortir de la forêt pleine d'ombre, moite, exsudant d'âcres senteurs, voici le plein-air de la prairie ensoleillée et vivante avec des lignes bleuâtres de montagnes lointaines, dont l'estompe indécise sourit à l'œil contemplateur; et, de l'autre côté, un panorama béant d'ondulations qui fuient, une pleine mer d'herbes jaunissantes dont les vagues, lentes et molles, déferlent et moutonnent, paresseuses, jusqu'aux dernières limites de l'horizon visuel.

La brise des savanes chante une berceuse dont les allégros font lever la tête et précipiter le pas, et l'on va, alerte, rajeuni, aspirant l'air à pleins poumons, la lumière à pleins yeux et la joie à plein cœur.

A travers les étendues de ces herbages solitaires, des ruisseaux sans nombre, silencieux ou babillards, accompagnés dans leur course par des arbustes inconnus, vont, se cherchant, s'égarant, revenant cent fois sur leurs pas, puis, finissant par se rencontrer, porter, unis, au fleuve des prairies, le tribut des sources lointaines.

Pareil à un tumulus gigantesque, un mamelon isolé couvert de silex blancs et jaunes brille au loin, étincelant sous les feux du soleil. Non, ce n'est point là quelque œuvre de vanité humaine; nul chef caraïbe n'a confié sa carcasse à ce tertre qui n'a rien d'artificiel. De ce belvédère de la prairie l'œil embrasse à la fois les montagnes, les forêts et la mer. Les ailes blanches des aigrettes, semblables aux voiles des bateaux pêcheurs, les ailes rouges

des flamants, pareilles à des flammes, se croisent, se mê-
lent et tourbillonnent sur les bords des lacs; une biche
craintive descend, hésitante, vers les dépressions humides qui sont au bas de la colline; un point noir, l'aigle
fauve, plane au zénith; les forêts de l'Occident s'empour-
prent des tons du soleil couchant, et la frêle fleur des
crépuscules, l'héliotrope de l'Amazone, livre son parfum
discret aux caresses des zéphirs du soir. En bas, une buée
épaisse s'élève sur le fleuve. Les pêcheurs, qui sortent du
village, envoient jusqu'ici quelques notes perdues d'un
chant mélancolique et monotone. La prairie sous la nuit,
pareille à la mer endormie ou au désert après la cinquième prière, remplit l'étendue de son calme, de son re-
recueillement et de sa sérénité.

Les pêcheurs. — Et maintenant, pêcheurs, descendons le
fleuve jusqu'à son embouchure.

Les pêcheurs sont des poètes ignorant la terre et ses
misères. Ils laissent le port en chantant, la joie gonfle
leur cœur comme le vent leur voile, ils vont chercher leur
vie au grand désert salé, écoutant la parole de l'Océan,
fascinés par cette immensité mouvante de dix lieues carrées qui, à l'horizon, se confond avec cet autre grand
néant qu'on appelle le ciel. Plus l'homme se pénètre de
sa qualité de grain de poussière, plus il ressent l'ironique
avilissement de sa destinée, plus il est fort et plus il
est bon. Et c'est pour cela que les pêcheurs sont grands
autant qu'ils sont doux.

Hisse! Adieu le fleuve, et valse, la goëlette, sur la haute
mer! Après avoir beaucoup péché, je finirai par me faire
pêcheur, et ce métier me lavera de toutes mes souillures.
Largue tout! Le vent du large, en soufflant sur mon âme,
la purifiera, et je jetterai par-dessus bord tous mes soucis.

« Je t'aime, champ des vagues toujours changeant et

toujours le même, miroir des étoiles; patrie de mon âme
et délice de mon cœur, toi qui portes, dans tes flots mo-
biles, les espaces infinis éternels et silencieux, soit endormie, soit démontée, hurlante ou pleurante, énigmati-
que rêveuse, ô mer, je t'aime! »

Ainsi parle le pêcheur de Counani.

Cependant, moi qui suis foncièrement prosaïque, je
trouve que la mer a bien quelques petits inconvénients.
Celui-ci entre autres : on s'y noie. Ce qui est fort désagréable. Il est vrai que ne pas savoir nager constitue une particularité fort adoucissante.

Vous êtes-vous déjà noyé? Permettez-moi de vous
recommander cet exercice purificatoire. Il est gratuit, ce
qui est un charme; pas obligatoire, ce qui en est un autre.
Il vous forme l'esprit, en fortifiant sensiblement votre faculté poétique; et le cœur, en vous endurcissant virtuellement contre l'émotion que vous pourriez ressentir du
malheur d'autrui. Chose excellente, enfin, pour vous inviter à tirer, à l'avenir, très activement parti d'une peau
si miraculeusement échappée à la dent des requins.

« Un homme à la mer!... » Je ne sais pas encore nager. Il faudra pourtant, un de ces jours, que j'aille prendre des leçons de natation. L'homme à la mer, c'était
moi.

La souffrance a sa volupté, de même le mourir. Où
suis-je? Où est la goélette? Il est difficile de nager quand
on ne sait pas. La mer est étrange, vue quand on se noie.
Le soleil luit au loin sur les flots. La belle vague cruelle!
elle me déferle sur la tête et m'empêche de voir. Je tiens
la main levée. C'en est fait, ils ne me verront pas! J'enfonce. Mes vêtements sont lourds. Que l'eau salée est mauvaise à boire! La surface de la mer est couverte de soleil.
Ils ne me verront pas! il ne me verront pas! Pas un bruit

de rame. Rien. Ils doivent pourtant me chercher. Je suis seul dans la mer. C'est grand, je ne vois rien. C'est profond, je ne vois pas le fond. J'ai mal au cœur. Les oreilles me tintent. Le soleil s'éteint. Le froid et la nuit.

Et l'on ne s'aperçoit pas quand on perd connaissance, de même qu'on ne s'aperçoit pas quand on s'endort. Quand je revins à moi, j'étais étendu, tout nu, sur le pont de la goélette, qui filait sous le vent. Deux jeunes femmes, deux négresses, la mère et la fille, me frictionnaient à poings fermés. Elles avaient l'air attendri et inquiet. Chaque matelot était à son poste. Mes vêtements séchaient aux vergues. Une lumière dorée emplissait l'étendue.

Ce baptême par immersion n'est pas nécessaire pour obtenir ses lettres de bourgeoisie dans la république de Counani.

A la suite de cette aventure, je passai pour mort, à Cayenne. Je m'amusai, depuis, à comparer entre elles les différentes oraisons funèbres par lesquelles on avait salué la nouvelle de mon trépas. « Pauvre ami! » disaient les uns, « il est mort! quel dommage! Ce que c'est que de nous, tout de même! » « Tant mieux, » disaient les autres, il y est cette fois; pas trop tôt! Ce que c'est que de nous tout de même! » Une seule appréciation s'écarta sensiblement des deux clichés inévitables. Ce fut celle d'un puissant personnage, grand fonctionnaire de son métier, et mon chaud protecteur. « Quelle perte déplorable! » s'exclama-t-il, « un garçon qui eût pu me rendre encore tant de services! »

Idées de gouvernement. — Summer prétend que le mépris des fonctionnaires est le commencement de la liberté. Ce n'est pas l'avis des Counaniens, qui ont trois capitaines pour un village de trois cents âmes. Ce n'est donc point là encore la république selon le cœur de Kropotkine. Les Counaniens, il est vrai, pourraient dire pour leur justification que leurs gouvernants ne gouvernent rien du tout. Le gouvernement de Counani a été établi pour donner de l'aliment à quelques vanités remuantes. Il n'a d'utilité que pour les gouvernants. Toutefois, il présente une particularité curieuse : il n'est pas nuisible aux gouvernés. Cela tient simplement à une chose : c'est qu'il n'existe pas.

Il n'est pas surprenant que les gens de Counani soient beaucoup plus rapprochés que nous de l'idéal du gouvernement. Cet idéal se trouve, comme on sait, ainsi que M. Thiers nous l'a enseigné, il y a plusieurs générations déjà, dans l'absence totale de gouvernement. Et Counani se trouve être un désert. Or, il n'est pas de pays qui se gouverne avec moins de gouvernement qu'un désert.

« Si la terre, au lieu d'avoir un milliard et demi d'habitants, n'en avait qu'une douzaine de millions, tout irait assurément beaucoup mieux. En Europe, le besoin pressant d'une énergique dépopulation se fait aujourd'hui sentir de la façon la plus impérieuse. » Ainsi parle Malthus, le grand économiste anglais.

Plus loin, ce moraliste ajoute : « Je ne vois qu'un moyen pratique d'arriver promptement à cette dépopulation si désirable, c'est d'encourager tous les raffinements de plaisir de nature à amortir la natalité. Il est vrai qu'en exaspérant ainsi sa névrose, l'humanité pourrait fort bien devenir folle avant de mourir, chose fâcheuse et qui fait toujours tort aux meilleures réputations. Je fonderai prochainement un prix destiné à récompenser l'auteur du meilleur Mémoire sur les moyens les plus radicaux et les plus progressistes, et en même temps les plus épicuriens, d'arriver à la dépopulation de la planète. »

Au moins, notre république de Counani n'est-elle point

saturée de population. Entre ses frontières, frontières
naturelles, scientifiques, harmoniques, qui sont l'Oyapock
et le Carsevenne en latitude, l'Atlantique et les Tumuc-
Humac en longitude, elle compte environ autant d'habitants que la France possède actuellement d'anciens ministres : six mille individus, plus ou moins susceptibles
d'être appelés des hommes. Sur ces six mille, six cents
seulement sont dans la phase du pantalon. Les autres sont
encore dans la phase de la pierre taillée, et brandissent des
haches en silex, en tout semblables à celles que l'industrie
moderne fabrique à l'usage de nos sagaces anthropolo-
gistes.

Cela fait un dixième d'habitant au kilomètre carré. A ce
compte, la France n'aurait que cinquante mille habitants,
soit quinze mille électeurs et pas même le quart d'un
sous-préfet.

J'ai l'idée que ce pays de Counani sera, un jour, une
des écoles d'application du socialisme futur. Médiocrement peuplé, il ne présentera pas l'obstacle d'une grande
densité ethnique. Capable de voir s'acclimater toutes les
races humaines, il permettra de poser et de résoudre dans
son territoire la difficile équation des races. Situé à l'embouchure du plus grand fleuve de la terre, il est, non seulement en relations aisées avec le reste du globe, mais
encore dans une des plus admirables situations de stra-
tégie générale que l'on puisse trouver nulle part. Il n'a
pas de passé, il n'a guère de présent ; son territoire est très
fertile et son climat est doux.

Son étendue n'est ni trop considérable ni trop restreinte.
Elle convient admirablement à la constitution de l'agrégat
simple de l'avenir. Elle est d'environ soixante mille kilomètres carrés, soit dix départements français, ou bien
encore deux fois la Belgique, ou la Cochinchine française,

ou la Grèce. Le pays de Counani a environ trois cents kilomètres de côtes, c'est-à-dire un littoral à peu près aussi
étendu que celui de la Gascogne, entre Bayonne et la Ro-
chelle. Ses deux fleuves frontières, le Carsevenne et l'Oyapock, et ses deux fleuves intérieurs, le Counani et le Cachipour, sont chacun aussi puissants que la Seine. Une vaste
prairie sèche et saine, grande comme environ deux départements français, s'étend, en latitude, un peu en arrrière-
côte. À l'ouest, dans le fond, sont les forêts et les montagnes.

Les sylvicoles. — Dans le Counani tout le monde est et
tout le monde sera, toujours en même temps, et un peu
agriculteur, et un peu chasseur, et un peu pêcheur; mais
deux grands groupes de fonctions s'imposent par-dessus
tout : il y aura les sylvicoles et les pastoraux.

Vivre à l'ombre, dans d'épaisses forêts sans routes; un
travail qui consiste à se promener, à saigner des arbres, à
cueillir des fruits, à arracher des herbes; une petite maison vite construite, cachée sous les ébéniers et ignorée du
reste du monde; une rivière avec un canot; un jardin
avec des ananas; aux heures calmes, le tonnerre permanent des cataractes dominant les bruits de la forêt; des
chiens qui n'aboient jamais, parce qu'il ne vient jamais nul
visiteur; se promener nu sous les vierges feuillées, le long
du courant des eaux limpides; quelques dames-jeannes de
vin et de tafia sous le toit de feuilles de palmier; des hamacs
dans lesquels on se balance, et des nattes sur lesquelles
on se roule; deux ou trois jeunes Indiennes vous rapportant chacune de quinze à vingt francs par jour à saigner
des arbres, à cueillir des fruits et à arracher des herbes :
auriez-vous, dites-moi, ô citoyen contribuable, quelque
goût pour cette vie d'anachorète?

Voici la journée finie. La langueur du soir envahit les

sens. La plantureuse et somptueuse nature tropicale, déjà
à moitié endormie, s'émeut encore aux dernières caresses
de la lumière qui s'en va. Écoutez : un seul bruit. Ce
bruit, c'est le bruit qui a précédé la pensée sur la terre et
qui lui survivra, le bruit des eaux vivantes qui marchent
dans le désert pour accomplir le grand travail éternel qui
n'a ni but ni cause. Ève, avec tes grands yeux doux de
bête qui rêve; Ève innocente dans ta nudité; Ève lascive,
que des frissons de lubricité viennent mordre au cœur;
Ève amoureuse, qui t'abandonnes avec une naïve et heureuse
bestialité aux impulsions de tes sens : femme indienne!
prends ta viole, et, adossée au tronc noueux de ce cacaoyer
sylvestre, regarde les étoiles qui s'allument dans les profondeurs de la rivière immobile, et chante. Chante la
bonté du blanc ton maitre, les charmes de l'Éden retrouvé,
l'amour de ta jeune sœur; chante le plaisir sauvage, sans
voile, sans honte et sans crainte; chante le bien-être sans
le convenu, la robuste santé que donne le désert, l'endur-
cissement à toutes les fatigues et à toutes les privations; et
surtout chante, chante la liberté d'ici, notre liberté absolue,
infinie, aussi infinie que l'étendue des cieux. Chante la mort
de l'ancienne civilisation, la ruine des anciennes sociétés
à hiérarchie et à paupérisme; et, comme dans une vision
de prophète juif, chante le dernier couplet de la chanson
de l'humanité : fais crouler les institutions brisées sur les
palais en flammes, la politique sur la science, et la science
sur la chimère du progrès.

Ensuite, mes petites chattes, nous allons nous régaler de
ce morceau de tapir boucané, avaler quelques verres de tafia,
faire notre prière du soir, puis compter le produit du travail de la journée. — Combien de caoutchouc, de cacao, de
touca, de salsepareille, de piazzava, de copahu, de coumarou, d'ucuhuba, de carajuru, de carapa, de vanille, de coca,

avons-nous récolté aujourd'hui? Car moi, voyez-vous, je
suis avant tout un citoyen des déserts, un Alceste, un Timon
d'Athènes, un négatif, un pessimiste; je serais même complètement nirvaniste, si je n'étais si fortement civaïste, mais
je n'en suis pas moins moderne. Je veux avoir mon ban-
quier à Londres, mon associé à New-York, et un petit hôtel
du côté de l'avenue du Bois de Boulogne. Je vous prouve-
rai, d'ailleurs, quand il vous plaira, que je ne suis pas le
moindrement circoncis.

Les pastoureaux. — Pastoureaux et pastourelles, sous les
acajous chargés de fruits vermeils ou dorés, chantez, dan-
sez, ébattez-vous. L'acajou est l'arbre de la prairie. Pastoureaux et pastourelles, ébattez-vous sous les acajous om-
breux.

Après des heures de galop sous le clair soleil, voici que
mon cheval dresse la tête et se met à hennir. Ce bosquet
sur la colline est un bosquet d'acajous; une maison est derrière.

Voici venir le maître de céans, le *fazendeiro,* possesseur
de mille bœufs ou vaches et de deux cents chevaux. — Votre
serviteur, monsieur le fazendeiro. Un voyageur qui va par
la savane, et qui vient vous demander de jouir pour une
heure de l'ombrage de vos acajous.

Le fazendeiro, vêtu d'un large chapeau de paille, d'un
veston bleu et d'un pantalon de coutil blanc, sans retirer sa
cigarette, d'un air bon enfant, loyal et fier : — Ami, ma
maison est votre maison, entrez, installez-vous, restez aussi
longtemps que vous voudrez, commandez et vous serez obéi.
D'où venez-vous? Où allez-vous? Resterez-vous longtemps
ici? Que m'importe! Si vous avez des loisirs, et si vous aimez
à causer, nous causerons. Toutefois, sachez ceci, je suis un
peu causeur peut-être, mais je ne veux pas être indiscret.
Voici mes domestiques avec du lait, du café, des gâteaux,

des cigares. Celle-ci est attachée à votre personne et vous conduira à votre chambre. Dans deux heures nous dînerons. Nous vous attendrons, car c'est vous qui présidez la table. Je me retire, pour ne pas incommoder. Commandez, soyez chez vous.

La fenêtre donne sur le *Campo Grande*, la Grande Prairie. Les lignes boisées des rivières zigzaguent la plaine. Sous la conduite de vachers à cheval, le troupeau est ramené à l'enclos. Sous les pas précipités des bêtes, un nuage de poussière s'élève du sol blanchâtre. Quelques cirrus pâles, fixes au-dessus d'un ciel sans air, estompent légèrement la coupole azurée. Les cavaliers se multiplient : élégants et agiles dans leur costume de cuir, ils sont sur les ailes, ils sont à l'arrière, pressant les rangs du bataillon et précipitant sa marche.

Ils entrent dans l'enclos, essoufflés. La sueur ruisselle du front des vachers et du poitrail des chevaux, les taureaux mugissent, les veaux pleurent vagissants ; vaches et génisses, comme il convient à leur sexe, entrent silencieuses, dociles et disciplinées, avec la timidité dans les yeux. On va traire. Tout à l'heure on aura du lait, et dans quelques jours du fromage et du beurre.

Vous, les gars ! bons capitaines de prairie, vous savez où trouver à boire le tafia qu'on a si bien gagné, et vous savez aussi où vous attendent la farine de manioc et la viande fraîche ou séchée. Et après, pastoureaux, que les ombres propices de la nuit vous inspirent de joyeux ébats. N'oubliez pas que les gentes pastourelles vous attendent sous les verts acajous chargés de fruits vermeils. Ce sont là les plaisirs du *Campo*.

— Monsieur le docteur, mon hôte, vous avez vu, sans doute, bien des pays et bien des hommes. Mais prenez garde de fixer ici le terme de votre course errante. On est maître,

après Dieu, dans son coin de savane; on récolte soi-même
son lait, son café et son chocolat, sa farine de maïs et sa
farine de manioc, sa viande, son poisson et ses volailles. Nos
économies nous permettent le Rœderer et les violoncelles,
les voyages en Europe et les éditeurs, et aussi, sauf votre
respect, le piano. Nos filles sont belles comme les filles
d'Orient, elles parlent votre langue et d'autres encore; elles
sont ardentes et chastes, passionnées et fidèles, intelligentes
et dévouées; et elles vivent dans le gynécée, où elles lisent
vos doctrines égalitaires, dont elles ont le bon esprit de se
moquer. Et maintenant que vous entendez la viole soupirer
dans la nuit, que vous sentez flotter sur nos têtes la brise
moite et parfumée de nos heureuses prairies, buvons, si
vous le voulez bien, à la liberté sans bornes de nos déserts,
à ces richesses qui ne font pas d'envieux, à ce bonheur plein
qui ne connaît ni amertume ni inquiétudes, et qui eût guéri
le docteur Faust du mal secret dont souffrait son génie.

L'été. — Counani, noble fleuve sur les rives duquel les
esclaves du Brésil, fuyant la maison du maître, sont venus
chercher la liberté; Counani, heureux fleuve, qui a bu de
tes eaux ne peut plus t'oublier.

Ce n'est pas seulement pour tes héroïques capitaines!
Trajan, un des fondateurs, le vieil athlète calme et doux;
Raymond, le chef chevaleresque, le brillant et fécond diplomate; José, le jeune politique, en même temps si fin et si
loyal. Ce n'est pas seulement pour tes Français, Guigues, le
paladin, le héros antique; Demas, la vertu faite homme. Ni
pour toi, mon bon vieux Jouan, qui fus le bras droit de
Prosper Chaton, le père de la cité. Ni même pour vous,
doux souvenirs, mulâtresses aux formes grecques, à la dé-
marche langoureuse, au regard plein de promesses. Non.
Ce que je n'oublierai jamais, c'est le climat de Counani.

Le climat c'est l'homme, prétend Montesquieu. Donc le

Counanien de l'avenir sera l'homme accompli, parfait, l'homme battant son plein, le microcosme. Car le climat de Counani est le plus beau climat du monde.

C'est l'été. Le soleil s'élance, sans se faire annoncer, dans un ciel pâle. La pourpre éclatante d'un crépuscule subit séduit et effraye l'œil qui ne connaît que le paresseux et mélancolique crépuscule des climats tempérés. Jusqu'à sept heures, c'est la fraîcheur d'avril ; puis, c'est le rayonnement de l'astre sur le dôme de la forêt et dans l'infini de l'azur, les lances et les étincelles de feu inondant les plaines découvertes... Porte close, par la natte verte et fine qui appelle la brise qui caresse et repousse le soleil qui brûle à côté de l'eau qui dort fraîche et pure dans les alcarazas ; c'est le temps des somnolences, des siestes, des voluptés et des rêves dans le léger hamac de *tucum* orné de paquets de plumes d'aras. Mais ne vous abandonnez pas trop longtemps à ces charmes énervants et trompeurs, aux jouissances infinies auxquelles nous convient un ciel, un climat séduisants. Ne réalisez que pour une demi-heure le rêve oriental que la chaude et lourde atmosphère qui vous caresse vous invite à créer. Puis, quand l'heure du farniente sera passée, que le soleil sera moins chaud dans la forêt et dans la savane, qu'un labeur actif vous procure l'appétit et le sommeil. N'allez pas dormir toutefois sans avoir joui quelques instants des splendeurs indescriptibles des clairs de lune de la prairie. Les palmiers aux plumes miroitantes sous les reflets de l'astre des nuits, les grands arbres touffus pleins d'ombre et de recueillement, les larges perspectives argentées, le bleu pâle d'un ciel transparent plus vaste que tous les autres cieux du monde, rempliront votre âme d'une joie douce et d'une inoubliable suavité. Car la lune, que l'optique de l'Équateur élargit démesurément, est là plus belle et plus triste qu'ailleurs, car les clartés qu'elle déverse sur la terre ont une

netteté presque solaire, une précision, des éblouissements
et une poésie qui font songer à des paysages extra-terrestres.
Car errant, inconscient et contemplatif au sein de cette nature si poétiquement parée, les ailes du rêve élèveront votre
âme jusqu'aux régions du bonheur sans mélange et de l'inef-
fable sérénité !

L'hiver. — Puis viendra l'hiver avec ses nuages, ses pluies
et ses colères. Un instant doux et serein comme en France
après l'orage, le firmament se couvre tout à coup d'un
nuage épais qui s'étend rapidement d'un bout à l'autre de
l'horizon. Grosse et lourde, appuyée sur les quatre coins de
la terre, couvant la pluie, la nuée assoupit la nature qui
attend. recueillie et silencieuse. Soudain, à un signal mystérieux parti des profondeurs des cieux mornes, les eaux d'en
haut se laissent tomber. Elles tombent en pluie compacte,
crépitante. Elles bruissent et fument dans l'atmosphère, et
couvrent d'une nappe épaisse le sol rougi qui se détrempe.
Parfois les hurlements de la tempête déchaînée viennent
troubler le silence sinistre qu'impose aux bruits de la nature
la chute des cataractes du ciel.

Avec fureur, aveuglément, les torrents descendent, descendent des heures entières.

Toute chasse est interrompue, tout sentier désert, tout
ruisseau débordant, toute porte fermée. Les maisons semblent mortes, la campagne est ensevelie. Une brume épaisse
couvre tout, la sensation du froid se répand, les Indiens
allument des feux sous leur hamac. Enveloppé dans un vêtement de laine je regarde discrètement au vitrage pour
voir si je reconnaîtrai, à quatre pas, le visiteur imprudent
qui vient, marchant dans le brouillard, appeler à la porte
close. C'est l'hiver avec le vent qui gronde, qui siffle, qui
rugit, ébranlant les maisons de bois et de paille et déraci-
nant les forêts. Pourtant l'atmosphère a encore, par mo-

ments, de chaudes bouffées. Il fait vingt-cinq degrés dans la chambre bien fermée, et, au dehors, les fleurs, solides dans ces pays équatoriaux sur leur pédoncule rigide, bravent les fureurs de l'averse. Encore un peu la pluie briserait les vitres, le vent les ferait tomber de leur gaine, car pluie et vent font rage. Il fait bon, retiré dans son chez-soi, maison, bicoque ou carbet, regarder passer au dehors les fureurs de l'ouragan. C'est le moment de manger ferme et pimenté, de boire le tafia à pleine gorge, pour combattre l'humidité envahissante.

Puis voici qu'on sort de la nuit : on voit à travers la pluie, la poussière d'eau qui cache les maisons voisines se dissipe, les toits apparaissent, l'averse ne tombe plus qu'avec modération et netteté, et ses eaux sont claires, de rouges qu'elles étaient d'abord. On contemple, en même temps, les sentiers de la prairie changés en ruisseau, chargés de boue liquide qu'ils charient, et le grand sourire du ciel bleu. Le soleil darde ses rayons de feu, les toits étincellent, les ruisseaux sont taris, le sable devient brûlant, la boue devient poussière. Et tout cela n'a pris que deux ou trois heures.

Mais, prenez garde. Le bleu disparaît sous des nuées pâlottes et grisâtres venues des lointains. Il tombe une pluie imperceptible si elle n'est vue du soleil. Quelle est cette mystérieuse rosée? On ne la voit pas, on ne la sent pas, et, au bout de dix mètres, on est trempé. Cependant, avant la fin de la journée, le ciel, comme honteux de sa conduite hypocrite, reviendra à ses brutalités premières, l'averse furieuse et les vents hurlants recommenceront à sévir.

Toutefois, allez sans crainte, voyageur. Les douches que vous offre la nature ne sont point désagréables. Si vous voulez vous abriter, la forêt vous offre de sûres et tranquilles retraites. Laissez la rivière soulever ses flots, laissez bondir, blanches d'écume, les vagues du cours d'eau courroucé. N'amenez pas seulement l'armure, et voguez gaiçment dans le brouillard grandiose.

Les grandes savanes. — Laissons un instant le fleuve, traversons la forêt relativement bien peignée des rives, et, à travers les cantons des prairies, acheminons-nous en chassant vers les forêts vierges des montagnes, vers le Grand Bois.

Les aspects multiples de la prairie ne sauraient être décrits avec méthode.

Partout des palmiers, bâches plantés en désordre sur le bord des marais, en avenue sinueuse le long des ruisseaux, en cercle ou en ellipse autour des flaques d'eau. Leurs colonnades sont l'ornement de la prairie.

Les voici, ces beaux palmiers qui enchantent les savanes de l'Équateur américain comme les peupliers embellissent nos prairies européennes, ces bâches où vivent en tribus les perroquets babillards et les aras aux couleurs éclatantes; ils sont parfois morts et décapités, creux et transparents, tristes comme d'antiques colonnes lézardées et en ruine, mais plus souvent pleins de santé, couverts de grappes énormes, plus grosses que des sacs de blé, avec des graines qui sont comme des pommes. Le palmier bâche est un arbre architectural, une colonne surmontée de dix à douze éventails retombants qui forment chapiteau.

Presque toujours, quelques-uns de ces éventails sont morts. Ils sont détachés de la cime et pendent inertes le long du tronc. Bientôt ils tomberont sur le sol, qu'ils exhausseront de leurs débris. Le tronc lui-même, un jour, tombé par le travers des flaques d'eau, pareil à un boa rectiligne, pourrira en servant de pont aux bergers et aux bestiaux. Et un peu plus tard, sa masse désagrégée servira à l'accroissement de ce sol étrange qui pousse.

Des palmiers inconnus, aux types étranges et bizarres dans l'uniformité de l'espèce, prennent place à côté des palmiers bâches, merveilles de la savane.

Ici et là on a pratiqué l'incinération : l'herbe, plus fine, rappelle celle d'une prairie de France. Elle est émaillée de fleurs sans nom, aux couleurs éclatantes, où se marient le blanc, le jaune et le bleu. Quelques pieds rabougris d'acajous sauvages couronnent les hauteurs.

La savane, aussitôt après l'incinération, se montre à moitié pelée, de grandes roches blanches apparaissent à nu dans les espaces noircis. A côté, de jaunes monticules de sable brillent de loin au soleil, rejetés hors du sol par une cause inconnue : ce sont les habitations souterraines de quelques familles de gros lézards.

A l'infini le paysage se varie. Les bœufs paissent en rang l'herbe tendre des bords d'un ruisseau, non loin d'un abatis qui brûle ; d'autres, vigilantes sentinelles, grimpent aux monticules rocheux pour voir de plus loin venir le tigre.

On respire la santé dans ces savanes équatoriales. Les chaleurs torrides y sont inconnues : le vent y circule librement, entretenant en permanence un air vif et sec. Les insectes des Tropiques, moustiques, maringouins et autres, qui sont le tourment de bien des régions voisines, sont inconnus à Counani. Ces savanes n'attendent que l'Européen. Il y trouvera d'immenses espaces fertiles, sains, de la plus grande beauté, où, à côté de l'élevage du bétail, travail éminemment rémunérateur, à côté de l'exploitation des produits forestiers, tel que le cacao, par exemple, travail plus rémunérateur encore, à côté de l'exploitation, dans la lisière boisée, des bois précieux et des bois de construction navale, il pourra se livrer, presque sans aucune dépense préalable, à la culture des produits spéciaux pour lesquels ce riche territoire a un monopole naturel.

Par endroits, des forêts de palmiers à huile, plantées par
la nature, s'offrent à l'exploitation du colon. Maintes hauteurs boisées lui offriront les emplacements les plus favorables à la construction de sa maison et de ses enclos. De
larges montagnes, unies et rocheuses, peuvent fournir les
pierres nécessaires à la construction de dix villes, ou être
utilisées elles-mêmes comme soubassement de quelque capitale des prairies. Enfin, comme il faut prévoir les objections
que d'absurdes descriptions de contrées réputées similaires
pourraient inspirer à des esprits prévenus, disons de suite
que les serpents et les tigres, beaucoup plus rares dans ces
savanes que nulle part ailleurs, ne seront pas des ennemis
bien redoutables, mais plutôt des curiosités qu'on chassera
pour les empailler. Il en est de même des crocodiles, dont
on ne parle plus sans rire quand on a voyagé seulement
pendant trois mois dans ces régions.

Ces savanes sont faites pour le colon européen. Le colon
européen seul leur manque. Mais il ne leur manquera pas
toujours. L'exode s'impose, il est l'unique soupape de
sûreté de nos sociétés près de faire explosion. Et prenez
garde que les pauvres, trompés par tant de faux prophètes,
ne forcent bientôt la caisse des riches pour payer les frais
du grand voyage et de l'installation en Chanaan.

La richesse est le souverain bien. Et ce bien suprême est
la chose du monde la plus mal répartie.

Désertons, désertons l'édifice, plutôt que de l'écrouler sur
nos têtes.

Le grand bois. — La forêt, la grande forêt vierge des
hautes terres!... Viens, chasseur, mon ami, viens la voir
telle qu'elle est actuellement, sauvage, hostile et fermée.

Le voici, le Grand Bois, plein d'une horreur sublime.
Quatre couches de végétation s'étagent entre la boue et l'a-
zur. En bas, se traînent des plantes grasses, massives et lui-

santes, auxquelles les botanistes n'ont pas encore eu le loisir de donner des noms ridicules. Les feuilles sèches, les fruits mûrs y tombent et alimentent des milliers de tribus de vermine grouillante et d'insectes bourdonnants. Quels sont les mystères de la vie végétale et animale qui s'élaborent dans cette couche en putréfaction et en floraison perpétuelles? Quels sont les artisans de ces âcres et étranges senteurs, de ces bruits inconnus et indistincts qui s'échappent de cette basse région d'ombre éternelle? Ce creuset où, non sans frayeur, on enfonce jusqu'au genou dans les œuvres étranges de la vie et de la mort en perpétuel enfantement, plie, se redresse, crie, grogne, pleure, plane, fuit sous vos pas, et l'on s'étonne de ne pas en voir sortir à chaque instant des monstres.

Des épaisseurs de ce fouillis mouvant s'élancent, frêles et pâles, des arbustes aux feuilles légères. Ces parias de la forêt s'efforcent d'atteindre la tête des grands arbres pour avoir leur part de lumière, de soleil et de vie, mais ils ne peuvent y parvenir. Ils végètent dans la pénombre, étiolés et désespérés. Tels tous ces rachitiques qui, dans notre vieille Europe, composent la caste des pauvres, des vaincus de la destinée.

Des rangs pressés de ces tristes victimes jaillissent les corps robustes des grands arbres. Leurs cimes hautaines accaparent les rayons solaires qui ne luisent que pour les caresser, et les ondées bienfaisantes qui ne tombent que pour les désaltérer, eux les heureux, les riches. Cette classe dirigeante interpose entre le plein ciel et les arbustes vaincus une masse épaisse, compacte, impénétrable, d'une verdure reluisante de force et de santé.

Cette couche infinie de verdure qui, vue d'en haut, ferait croire à la mer calme, vue d'en bas montre à la terre des branchages capricieusement travaillés, semblables aux pi-

liers contournés de quelque fantastique temple hindou, merveilleuse architecture soutenant entre le ciel et la terre le
plafond de la forêt vierge.

Ce fût de colonne, ce fourmillement de piliers végétaux,
c'est la grande mine du Counani, plus riche à elle seule que
tous les gisements d'or et de diamants mis ensemble.

De cette mer de verdure, endormie avec les vents assou-
pis, houleuse avec les vents déchaînés, émergent çà et là
les têtes de quelques géants de la forêt. Fort éloignés les uns
des autres, solitaires et solennels, ils ressemblent à autant
de pasteurs de peuples surveillant avec gravité la vie des cités et des nations. A travers le fouillis des colonnes qui fait
penser à quelque karnak impossible, bouleversé et surna-
turel, mais plus grand que toute l'Égypte avec tous ses déserts, le fût de l'arbre géant apparaît, énorme, monstrueux.
Ou plutôt il est entrevu, car tout cela est vague et indis-
tinct. Les arbustes étiolés, la végétation des lianes et des plantes grimpantes, le balancement de feuilles gigantesques qui
tapissent l'espace sur des mètres carrés, dissimulent l'ensemble et les détails dans la demi-obscurité du milieu.

Parfois le ciel se couvre. Perdu dans les épaisseurs de la
végétation vierge, le voyageur n'y voit pas plus qu'en pleine
nuit. L'obscurité et la terreur descendent, plus épaisses et
plus sombres, des architraves du plafond feuillu au grouil-
lement sinistre des pourritures d'en bas. Tout se tait, l'oiseau ne chante plus, le singe cesse de hurler, les fauves ne
font plus entendre leur cri rauque, les insectes eux-mêmes
cessent leur bourdonnement. Le silence, la nuit, l'attente de
quelque grand événement sont d'une mise en scène terrible
comme une réception maçonnique du moyen âge. Tout à
coup, un éclair bizarre, crépitant, déchire l'obscurité de
la forêt recueillie, les colonnes et les architectures végétales
apparaissent comme une vision de temple ruiné escaladé

par la horde confuse des plantes grimpantes tropicales. Puis des bruits sourds, qui glacent le cœur, se font entendre. C'est la tempête entre-choquant les hautes cimes qui grincent, gémissent et craquent. Ce sont les grandes lianes qui se meuvent et paraissent fuir, pleurant sur un mode presque humain, dans des frôlements mystérieux. Ce sont, dans les fourrés, de vagues bondissements de bêtes effarées, des cris lugubres qui sont peut-être un jeu du vent, des avalanches de pluie sifflante, clapotante qui inondent la verte toiture, et une rosée qui suinte et tombe goutte à goutte à travers les épaisseurs de la charpente des branchages. Et, dominant tout, le tonnerre qui roule, roule, en haut, sur les dômes de la forêt qui frémit sous la commotion électrique.

Puis tout cela s'agite et crie bruyamment. C'est le vent qui chasse les nuées, c'est le règne animal qui sort de sa torpeur pour annoncer la réapparition du soleil. La forêt se remplit à nouveau de lueurs crépusculaires, et le voyageur, éperdu, croit assister à quelque féerie d'Hoffmann en action. Grelottant et fiévreux, il voit dans les lianes qui courent d'arbre en arbre autant de serpents gigantesques prêts à l'enlacer, et, sentant un crapaud sous ses pieds, il croit, halluciné, que le sol marche et s'exhausse.

Je ne sais si le massacre de lapins officiels, dans quelque forêt de l'État, par quelque haut dignitaire d'un gouvernement quelconque, présente beaucoup d'émotions, — un pauvre ver de terre comme moi n'est pas convié à ces solennités grandioses, — toutefois, j'ose préférer, jusqu'à nouvel ordre, les promenades solitaires dans les dédales de Grand-Bois, telles que je les pratiquais, un fusil bien pacifique sur l'épaule, dans les forêts vierges du pays de Counani.

La ville. — Notre capitale porte le nom du fleuve principal, elle s'appelle Counani.

Elle ne compte encore qu'une trentaine de maisons et

environ trois cents habitants. Il faut dire qu'elle ne date
guère que de vingt-cinq années. Toutefois, c'est un milieu
historique, car les jésuites y formèrent, il y a un siècle, un
village de trois à quatre cents Indiens. C'est enfin une ville
d'avenir, en raison de la situation exceptionnelle qu'elle
occupe dans la grande région des prairies du bas Amazone.

Le village actuel se trouve à vingt-trois kilomètres de la
mer, en tenant compte des sinuosités du fleuve, et à quinze
en ligne droite. En profitant de la marée, des vapeurs de
trois cents tonnes de jauge peuvent remonter jusqu'au
village et s'amarrer à quai, — car il y a un quai, si rudimentaire qu'il soit. A l'embouchure du fleuve, sur la rive
sud, se trouve un vaste et bon port naturel, offrant des
profondeurs de quinze mètres, et complètement abrité par
une montagne qui s'avance en promontoire dans la mer.

Les maisons se groupent autour de deux grandes places
publiques assez bien dessinées, et le long des rues bien tra-
cées. Ces constructions sont assez sommaires, elles sont
toutes sans plancher ni étage, excepté la maison du capitaine
Trajan. La brique et la tuile sont rares, je crois qu'on n'en
trouve guère qu'à l'église. Tout est construit en bois, bois
bruts ou plus ou moins équarris reliés entre eux par un
clayonnage d'argile. La toiture, une admirable toiture qui
brave cinq hivernages sans une gouttière, est en feuilles de
palmier. C'est confortable, c'est propre, c'est sain. Et chaque
maison coûte trois semaines à construire. Peu de tables :
on mange souvent accroupi sur des nattes ; peu de lits : on
use là-bas du hamac, de l'inénarrable hamac, poésie de
l'Amérique chaude.

Ce qu'on y mange? du pain, si vous voulez. Nous avons
à Counani de la farine de froment qui nous vient des États-
Unis, et des boulangers qui nous viennent du Brésil, où ils

étaient esclaves. Le maïs, le riz, le manioc, ne nous manquent pas non plus. La biche, le tapir, la paka, l'agouti, la
perdrix, l'agami, le hocco, la poule d'eau, les tortues, mille
poissons, remplaceraient le bifteck aux pommes si nous
n'avions aussi notre bétail. Les pommes de terre de là-bas
s'appellent les ignames, et sont supérieures aux nôtres.
Comme fruits, vous avez l'ananas, la mangue, la banane, la
papaye et cent autres. Si vous aimez les conserves, trois
magasins, oui, vous lisez bien, trois magasins en re-
gorgent. Vous pouvez vous offrir des pâtés de pluvier, des
lièvres entiers, des haricots verts, du homard, et tout l'as-
sortiment que vous savez. L'absinthe Pernod? Nous en avons
chez Demas, chez Trajan et chez Vasconcellos. Du cognac?
Nous en avons, d'ailleurs aussi mauvais que celui qu'on boit
à Paris. Du tafia? Je n'en parle qu'en me découvrant, car
c'est la première boisson du monde; eh bien, les Counaniens
boivent le tafia comme les Bavarois boivent la bière. La
bière? Nous en avons des marques anglaises, allemandes,
danoises et américaines. Des volailles? C'est la plaie du pays,
elles font, révérence parler, autant de tapage que notre honorable chambre des Députés aux jours de crise ministérielle. Du lait? Parbleu! Du chocolat? C'est le pays. Du tabac? Nous récoltons la qualité de la Havane. Du café? Il
entoure nos maisons; nous prenons du café dix fois par
jour. Du vin? Assurément, et qui nous coûte moins cher
qu'à vous autres Européens : d'abord, parce que s'il était
falsifié il ne supporterait pas la traversée; ensuite, parce que
son fret ne nous revient qu'à quatre centimes le litre et que
nous ne payons pas de droits; et enfin, parce qu'un voyage
de quatre mois en mer le vieillit de quatre bonnes années
bien authentiques. Nous ne buvons que du « Retour des
Indes ».

Alors, me demanderez-vous, vous avez engraissé là-bas?.

Oui, en effet. Et c'est même la seule fois de ma vie que cela me soit arrivé.

Les habitants. — Les fêtes ? Oh les habitants de Counani ne sont pas moroses ! Ils fêteraient volontiers tous les jours, s'ils le pouvaient, le souvenir de leur sortie de la terre de servitude.

Outre les tribus indiennes, Oyampis, Palicours, Coussaris, Calayouas, Tamocomes, Tarimpins, formant un total de cinq à six mille individus vivant retirés dans l'intérieur, nous avons, sur la côte, dans la zone civilisée, outre Counani, la capitale, quatre centres de quelque importance : Cachipour, Ouassa, Rocaoua, Couripi, comptant chacun de cinquante à cent habitants.

La population civilisée, formant un total de six cents individus environ, est le produit du mélange de trois sangs : le blanc, l'indien et le nègre.

C'est une bien bonne et bien curieuse race que cette race tri-métisse. Fidèle à ses origines sauvages, chaque famille a sa maison d'isolement, au fond des forêts, sans voisins. Elle a aussi sa maison de ville, dans l'un des quatre centres, mais elle n'y habite que temporairement : sa vraie patrie, c'est la solitude du désert. Hospitaliers, généreux, prodigues, insouciants, braves, épicuriens : ils forcent la sympathie. S'ils n'étaient paresseux et dissipateurs, ils seraient tous riches ; mais à quoi bon travailler pour la richesse quand on jouit, dans la plénitude, du bien-être et de la liberté !

Ils ne sont pas voleurs, pourquoi le seraient-ils ? pas violents : quelques coups de couteaux tous les dix ans ; pas trop ivrognes, et ni plus ni moins débauchés que le commun des Parisiens. N'ayant pas encore de cafés-concerts, ils se montrent attachés aux pompes du culte catholique. Ils ont une école, laïque et gratuite, mais pas obligatoire.

Ils aiment à s'essayer au français, qu'ils parlent sans

accent mais aussi sans orthographe. Ils sont plus familiers
avec le créole de Cayenne et parlent couramment le portugais, langue maternelle de la plupart d'entre eux.

Le type général n'est pas désagréable; il se blanchit
d'ailleurs tous les jours, car des blancs de Cayenne et de
Pará sont fréquemment de passage dans la contrée.

Tous travaillent, mais tous travaillent peu.

Ils récoltent une assez grande quantité de farine de manioc,
qui entre pour une bonne part dans l'approvisionnement
des placers de la Guyane française. La pêche du machoiran,
dont ils vendent la chair salée et la colle, la construction de
quelques goélettes, constituent leurs principales industries.
La culture du café, du maïs, du tabac, du coton, du roucou,
la récolte des cacaos de la grande cacaoyère de Counani,
la récolte des produits forestiers, les embryonnaires exploitations d'or d'alluvion, l'élevage, ne sont actuellement que
des accessoires.

L'exportation et l'importation réunies ne donnent pas lieu
à un mouvement d'affaires de moins d'un million de francs
par an, et cela malgré l'absence presque complète dans la
contrée de ce stimulant tout-puissant : le capital.

Ce commerce se fait avec Cayenne, Vigia et Pará, les trois
grosses villes les plus voisines. Et il se fait par des goélettes
de cinq à quinze tonneaux appartenant aux armateurs de
Counani, goélettes construites à Counani et montées par des
équipages de Counani. Les négociants de l'endroit, Victor
Demas, Trajan, Vasconcellos, ont chacun leur compte courant dans quelque forte maison de Cayenne ou de Pará, et
il faut ajouter que ces Counaniens sont fort avantageusement connus sur les deux places.

État politique. --- Les Counaniens n'aiment guère le
Brésil, ce qu'explique leur qualité d'anciens esclaves de
cette nation. Ils aiment beaucoup la France. Depuis

vingt-cinq ans que leur république avant la lettre vit au soleil, ils ont envoyé quatre fois des pétitions au gouvernement français pour lui demander des administrateurs. La dernière fois, ce fut en juin 1883 : ils plébiscitèrent unanimement entre mes mains.

Entre temps, en 1862, l'Angleterre essayait de s'y créer une station navale. Plus récemment, les États-Unis y envoyaient des vaisseaux de guerre pour faire de l'hydrographie dans un but inconnu. Quelques patriotes polonais eurent l'idée, il y a quelques années, d'y reconstituer une Nouvelle-Pologne. Le Portugal y envoya des émissaires, qui essayèrent d'y créer une principauté qui aurait été secrètement protégée par la maison de Bragance.

Mais les Counaniens veulent être Français ou rester Counaniens. Quand je passai chez eux, en 1883, ils me dirent : « Cette fois, c'est notre dernière tentative. Si le gouvernement français ne veut pas s'occuper de nous sous prétexte que de vieux papiers nous déclarent neutres, indéterminés, inattribués, eh bien, nous nous déclarerons indépendants. »

Il paraît qu'ils viennent de le faire. Ils ont eu joliment raison.

Comment! voici des gens à qui vous refusez le droit d'être, et cela parce que, il y a cent soixante-treize ans, des diplomates, qui ne savaient pas la géographie, ont signé un traité amphigourique! Vous ne serez, leur dites-vous, vous ne serez ni Français, ni Brésiliens, ni Counaniens, vous ne serez pas. — Eh parbleu! soyez Counaniens, mes amis, c'est votre droit. Hourra pour Counani! *America to Americans!*

Ces gens-là n'ont pas voulu voir le développement économique de leur pays indéfiniment paralysé par un *statu quo* absurde; et, existant depuis vingt-cinq années, ils viennent de proclamer solennellement qu'ils existent. Ils ont bien fait. Une république de plus sur la carte du

monde ! Je voudrais bien savoir si la France et le Brésil, qui
se sont jusqu'à ce jour disputé si platoniquement le Counani,
vont maintenant lui déclarer la guerre.

Counani enfin reconnu par les puissances : c'est triple
avantage. Au point de vue français, c'est une nouvelle terre
française qui ne nous aura coûté ni un homme ni un soldat.
Au point de vue brésilien, c'est un nouvel État sud-améri-
cain qui subira fatalement dans une forte mesure l'influence
amazonienne. Au point de vue de la civilisation et du progrès : tant mieux ! disloquez, désagrégez les grands grou-
pements politiques ; le petit État, la cellule politique irréduc-
tible, voilà l'avenir.

Rendement industriel. — Dès que ce pays se sera senti
exister, je lui prédis de rapides progrès.

S'imagine-t-on ce que rapporterait une exploitation industrielle dans cette contrée ?

Laissons de côté l'élevage, qui donne d'excellents résultats,
mais qui demande quelques années avant d'être rémunérateur ; l'or, qui est très abondant, mais dont l'exploitation est
un peu aléatoire ; les cultures industrielles, qui sont d'un bénéfice certain mais partout peu rémunérateur, même à Counani ; les bois, qui ne peuvent être de suite entrepris en grand
par l'industrie sans de coûteuses et hasardeuses écoles : et
voyons ce qu'on peut faire en se livrant à l'industrie qui est
l'industrie principale de notre grand milieu amazonien,
voyons ce qu'on peut faire avec la seule industrie des produits forestiers.

Il s'agit ici de faits positifs, mathématiques, qu'il faut toutefois faire précéder de certains développements.

L'Amazone, le plus grand fleuve de l'Amérique du Sud et
du monde, voit aujourd'hui, dans son bassin plus vaste à lui
seul que la moitié de l'Europe, se développer un mouvement économique qui ne tardera pas à assurer à l'Amazonie

un des premiers rôles parmi les plus importants marchés de la terre.

Depuis seulement trente années, l'exportation du marché amazonien a plus que décuplé. Au fur et à mesure que de nouvelles régions, de nouvelles rivières étaient abordées par l'exploitation, des villes se créaient, des lignes de bateaux à vapeur, des banques, des maisons colossales s'établissaient: le commerce total s'élevait de vingt millions à cinquante, puis à cent, à cent cinquante, à deux cents. Aujourd'hui ce chiffre a été dépassé.

Et cependant, au sein de ces immenses espaces, parmi tant de trésors dont regorge cette étonnante contrée, les efforts de l'exploitation actuelle, si rapides, si multipliés, si fiévreux qu'ils puissent être, n'empêchent pas que des milliards de francs se perdent annuellement, faute de pouvoir récolter seulement les fruits de la forêt.

Une des raisons qui expliquent que cette progression pourtant déjà exceptionnellement rapide ne le soit pas encore beaucoup plus, est la dispersion de la population indigène, cette mine précieuse de la main-d'œuvre locale. Les tribus, pourtant si aisément assimilables, se prêtant si aisément à la domestication, donnant par le croisement de si heureux résultats, les tribus se sont, à la suite de traitements maladroits infligés naguère encore par les employeurs européens, se sont dispersées dans les forêts de l'intérieur. Ces injustices à l'égard des Indiens, bien connues dans la contrée, arrachaient hier encore des plaintes éloquentes et indignées à un philanthrope vénérable, qui est en même temps un savant illustre, Mgr de Macedo, évêque du Pará.

Et aussi toutes les autorités, tous les hommes de bien du pays, ne cessent de signaler en le déplorant ce fâcheux état de choses. La race indienne durement exploitée, gaspillée, recule, se dissémine, s'enfuit et disparaît.

27

La civilisation de l'intérieur a regressé par suite du gaspillage qu'on a fait des Indiens, par suite du système d'uti
lisation aveugle et inintelligente qu'on leur a toujours appliqué. Ce sont eux pourtant qui sont les maîtres des immenses
régions de l'intérieur, régions encore inexploitées ou même
inexplorées. Ce sont eux qui, en mêlant leur sang au sang
européen, constituent cette belle race amazonienne actuellement en formation, une des grandes races de l'avenir.
L'éloge de cette race indienne, autrement noble, autrement
belle, autrement intelligente et progressiste que la race nègre,
n'est plus à faire aujourd'hui. Malheureusement, le gouvernement de Rio, si habile pourtant à tant d'autres égards,
s'obstine à ne voir guère dans l'Indien qu'un sujet d'études
linguistiques et anthropologiques, tandis qu'il gâte des millions à essayer d'acclimater tant mal que bien le blanc d'Europe aux forêts vierges du tropique américain. Pour le gouvernement français, lui, il a bien d'autres chats à fouetter.

Ainsi le rôle économique de l'élément indigène qui est,
par excellence, l'élément vital du pays, semble être ignoré
ou dédaigné par l'action gouvernementale, et est, ou négligé
ou exploité d'une façon abusive et peu clairvoyante par
l'initiative privée.

Pour donner de suite au Counani l'impulsion qui en ferait,
d'ici quelques générations, un des grands marchés du
nouveau monde, il suffirait de lui appliquer, dans la pratique industrielle, quelques-unes des méthodes que nous
indiquent la science sociale et la science économique.

Il faut arriver à centraliser la main-d'œuvre indigène. Le
procédé matériel est connu et expérimenté, c'est la création
de villages indiens, l'*aldéamente,* qui a déjà donné de fort
beaux résultats à l'Amazone, chaque fois qu'on a voulu
s'en occuper d'une façon sérieuse. Le village tient la tribu :
l'Indien en village est virtuellement civilisé, il travaille, il

progresse. Ce sont les quatre-vingt mille Indiens demi-do-
mestiqués de l'Amazone qui fournissent la plus forte part
aux cent-cinquante millions de francs d'exportation de la
contrée.

Cette main-d'œuvre indigène assurée, il faudrait métho-
diser les procédés d'exploitation des produits forestiers.
Ces procédés sont aujourd'hui bien grossiers, bien sauvages,
et cependant ils donnent de beaux résultats. Pour ne parler
que des procédés de fabrication, n'est-il pas curieux de
montrer seulement pour ce qui est du caoutchouc et du
cacao, combien d'efforts isolés, de tentatives sans écho et
sans résultats ont jusqu'à ce jour tourmenté, en vue de
bénéfices plus considérables, l'esprit des producteurs.

Sans doute, des efforts plus savants, plus puissants, arri-
veraient à produire, — avantage incalculable et pour les
initiateurs, et pour la science, et pour la consommation générale, — des résultats incomparablement moins coûteux et
meilleurs. Des procédés méthodisés et perfectionnés, élabo-
rés et appliqués non par des théoriciens en chambre n'ayant
jamais étudié la question de nos forêts et de nos Indiens
que dans les écoles Centrales ou les écoles Polytechniques
des deux mondes, mais par des spécialistes d'une sérieuse instruction théorique et technique fortifiée ultérieu-
rement à la rude école de la vie sauvage vécue avec les
tribus du Grand-Bois; ces procédés ne pourraient manquer
de faire la fortune de leur inventeur en améliorant l'industrialisme local.

A côté du perfectionnement des procédés et des méthodes, il y a l'étude systématique et synthétique de l'intérieur. Le chef d'exploitation, un de ces spécialistes éprouvés
dont nous venons de parler, battrait constamment le pays
en compagnie des Indiens de ses tribus, pour découvrir les
milieux les plus riche en produits forestiers.

Les centres d'exploitation trouvés, les stations aux croisements des routes naturelles installées, ateliers d'extraction et factoreries joueraient à la fois le rôle de propulseurs du travail indigène, de centres d'attraction et d'ateliers modèles. En dehors des bénéfices pécuniaires qu'ils rapporteraient, ils seraient le plus puissant facteur de la civilisation locale. Ce serait là que l'Indien apprendrait à travailler, là serait l'usine centrale où l'Indien travaillant à son compte dans les rivières viendrait vendre ses produits. L'Indien qui ne se verrait plus exploité serait encouragé au travail, et la production irait progressant, au plus grand bénéfice de l'entreprise et à la plus grande gloire de la civilisation. On civiliserait l'Indien en l'utilisant et en lui enseignant à s'utiliser soi-même.

Par ce triple procédé :

Centralisation de la main-d'œuvre indigène,

Perfectionnement et méthodisation des procédés d'extraction des produits forestiers,

Éducation et moralisation de la production indigène,

On arriverait aisément et promptement à promouvoir dans la contrée une prospérité économique toujours croissante et toujours plus intense ;

A mettre en profit, au plus grand bénéfice de l'entreprise mais aussi au plus grand avantage d'une race fort intéressante, une des régions les plus riches, les plus belles et les plus saines du globe.

Sans doute, on n'aurait pas tout spécialement en vue une œuvre philanthropique ; toutefois, n'est-il pas heureux de pouvoir constater que d'autant plus on ferait une bonne affaire, d'autant plus on ferait une grande œuvre ?

Les centres d'exploitation installés, il va s'en dire que le genre d'exploitation devra être celui-là même qui enrichit toute la grande contrée voisine, l'Amazonie. En matière in-

dustrielle et financière il faut, autant qu'on peut, se garder
de se lancer dans des innovations hasardeuses.

L'exportation de l'Amazonie est de cent cinquante millions de francs par an, dont cent dix pour le caoutchouc,
dix pour le cacao, trois pour la noix du Brésil, et le reste
pour la salsepareille, la piazzara, le copahu, l'aculiuba, le
coumarou, le carajiru, le carapa, la vanille, la coca, etc.
On ferait ces fruits, ces produits. Il est palpable qu'il vaut
mieux cueillir les fruits que de couper l'arbre à pied, c'est
moins coûteux et plus lucratif. L'entreprise ayant une installation puissante et bien organisée, des procédés perfectionnés, de la main-d'œuvre indigène à discrétion, il est clair
que là où le travailleur ignorant, isolé, livré à ses propres
ressources réalise de beaux bénéfices, l'entreprise ne pourrait qu'en réaliser de beaucoup plus considérables encore.

Il y a aussi l'or, aussi abondant dans le Counani que
dans la Guyane française et le Vénézuela, contrées où existent
actuellement des mines donnant de un à dix-sept millions
de francs par an; il y a des pierres précieuses, des métaux
variés. Mais ces industries présentent des aléas, et il faut
fuir les aléas. Il ne faut pas sortir du domaine de l'absolument positif. L'or, on sait où il existe dans le Counani, on
le prospectera encore, et plus tard on verra. De longtemps
il devra être question réservée. De même, et alors pour des
raisons de moindre rendement, toute tentative d'exploitation forestière, agricole ou pastorale, devra demeurer subor-
donnée et accessoire.

Voici, à titre d'échantillon, un devis des prix de revient
des trois principaux produits forestiers. C'est le prix de
revient actuel. On ferait toujours au moins cela. D'autres
produits forestiers, les plantes médicinales par exemple,
donnent de plus gros bénéfices. Mais ne tablons que sur ce
qui est connu, commun, banal.

Les terres à caoutchouc, ou à cacao, ou à noix du Brésil découvertes, on y met des Indiens. On paye ces Indiens, quand on les paye bien, ou pour mieux dire, quand on les paye, deux francs par jour et on les nourrit. Le payement se faisant en marchandises que l'on tarife, dans la contrée, d'au moins cinquante pour cent de bénéfice net, — (et même jusqu'à trois mille pour cent!) — le payement revient, au plus, à un franc par jour. La nourriture se compose de trois éléments : la farine de manioc, le tafia et le tabac. Pour accroître leur bien-être, les Indiens, aux heures de loisir, chassent et pêchent. On compte en moyenne, pour la dépense de farine de manioc, tafia et tabac, un franc par homme et par jour. Ce qui met le prix de revient d'un Indien, solde et nourriture, à environ deux francs par jour.

Or, l'Indien récolte en moyenne par jour :

En caoutchouc, trois kilogrammes, poids en frais. Sec, ce caoutchouc se réduit à deux kilogrammes et demi. En tenant compte des diverses qualités de caoutchouc, et en tablant sur les prix de la plus grande baisse sur place (cinq francs le kilogramme), on peut dire que le produit brut de l'Indien au caoutchouc représente sur place douze francs cinquante centimes par jour. La saison de la récolte du caoutchouc dure environ cinq mois, soit au moins cent jours de travail. Travail de cent jours, solde et nourriture : deux cents francs. Nourriture de cinquante jours sans travail : cinquante francs. Total dépenses : deux cent cinquante francs. Produit brut : deux cent cinquante kilogrammes de caoutchouc à cinq francs, soit douze cent cinquante francs. Bénéfice net d'une saison d'un Indien au caoutchouc : mille francs.

En cacao, vingt kilogrammes, à un franc le kilogramme, en moyenne, sur place, soit vingt francs par jour. La saison du cacao dure trois mois, soit, au moins, soixante jours de travail. Travail de soixante jours, solde et nourriture : cent vingt francs. Trente jours de nourriture sans travail : trente francs. Total dépenses : cent cinquante francs. Produit brut : douze cents francs. Bénéfice net par homme et par saison : mille cinquante francs.

En noix du Brésil, quatre-vingt-dix kilogrammes à vingt-cinq centimes l'un, soit vingt-deux francs cinquante centimes par jour. La saison dure trois mois, soit soixante jours de travail. Travail de soixante jours, solde et nourriture : cent vingt francs. Nourriture de trente jours sans travail : trente francs. Total dépenses : cent cinquante francs. Produit brut : cinq mille quatre cents kilogrammes à vingt-cinq centimes sur place, soit treize cent cinquante francs. Produit net par homme et par saison : douze cents francs.

On voit que le caoutchouc est un peu moins rémunérateur que le cacao et la noix du Brésil, puisque la journée brute qui au caoutchouc vaut seulement douze francs cinquante centimes, vaut vingt francs au cacao et vingt-deux francs cinquante à la noix du Brésil.

Un Indien que l'on pourrait faire travailler l'hiver au caoutchouc et l'été au cacao ou à la noix du Brésil, — mais on obtient difficilement de l'Indien tant de travail suivi, — rapporterait plus de deux mille francs par an. Au moins peut-on compter sur un minimum de mille francs.

Le travail des demi-civilisés du Counani comme de l'Amazone est encore plus rémunérateur, car, si on les paye le double et si on les nourrit mieux, aussi fournissent-ils une somme de travail beaucoup plus considérable. Malheureusement il n'y a plus guère aujourd'hui de ces travailleurs de disponibles sur le marché amazonien ou counanien.

Mais ces produits forestiers sont-ils abondants dans le Counani? Il suffit de répondre que le caoutchouc vit en famille à quelques heures au-dessus du village, que la salsepareille et la noix du Brésil abondent partout dans le Grand Bois, que d'immenses forêts de carapa bordent les rives du fleuve Cachipour, et qu'enfin le cacao...

Mais le cacao mérite une mention spéciale. Sans parler du cacao sylvestre, qui se trouve un peu partout dans les hautes terres, nous avons à Counani le cacao franc, le cacao cultivé.

A un jour de canotage au-dessus de la capitale, sur la rive droite du fleuve, longeant la rive droite pendant quatre kilomètres et sur un kilomètre de profondeur, se trouve une des plus vastes cacaoyères du bassin de l'Amazone. Cette cacaoyère, la cacaoyère de Counani, a été plantée par les jésuites en 1780. Elle compte plusieurs milliers de pieds de cacao. Actuellement elle est propriété communale, ou plutôt terrain vague, *res nullius*. Les Counaniens y vont charger de fruits leurs goélettes. Ils les cueillent parfois même verts pour manger la pulpe, qui est sucrée et rafraîchissante. Ils récoltent les fruits mûrs pour en extraire le chocolat nécessaire à leur consommation. Quelques-uns, plus modernes, vont jusqu'à exporter leur récolte. En somme, les trois quarts, au moins, de la production se perdent. Cependant ce qui est ainsi mangé vert, gâté, gaspillé, utilisé ou exporté, ne représente pas une valeur inférieure à vingt-cinq mille francs par an.

A propos de la cacaoyère de Counani il faut remarquer plusieurs choses :

D'abord, bien qu'elle produise pour environ cent mille francs par an, — revenu dont on aurait aisément la ferme pour dix mille francs de redevance payés annuellement aux Counaniens, — cette production ne représente pas la moitié de la production dont sera susceptible la cacaoyère quand elle sera un peu élaguée, entretenue, débarrassée des grands arbres qui l'encombrent en trop grand nombre.

Ensuite, pour centenaire qu'elle soit, la cacaoyère n'est pas fatiguée. Pour peu qu'on l'entretienne, une cacaoyère vit plusieurs siècles. Les quatre ou cinq grandes cacaoyères de l'Amazone, — lesquelles fournissent ensemble pour environ dix millions de francs de fruits par an, celles du Cacoal Grande et du Cacoal Real, près d'Obidos, celles du bas Amazone et celles du Solimoes, sont toutes séculaires. Le Cacoal Real date de 1680.

Enfin, avoir une cacaoyère constitue un monopole naturel pour l'exploitation en grand du cacao. En effet, on n'improvise pas une cacaoyère. On ne peut créer des cacaoyères que dans la région où il s'en trouve déjà. La semence du cacaoyer telle qu'on l'expédie pour être convertie en chocolat, ne peut pas germer. Pour reproduire elle doit être plantée fraîche; de plus, le fruit qui contient cette semence ne peut se conserver qu'un nombre limité de jours, ce qui ne lui permet pas d'être transporté à de grandes distances.

D'où je conclus que Counani pourra être, quand on voudra, un des grands centres de production du cacao. Et un des premiers entre ses pairs, car la cacaoyère de Counani est une des plus importantes qui soient en Amérique.

Ceci soit dit sans insister, car, ainsi que nous l'avons vu, Counani a d'autres richesses que sa cacaoyère.

L'obtention de toutes faveurs, tous privilèges, toutes concessions, toutes fermes, toutes majorations de premier arrivant étant absolument certaines, — les capitaines actuels et toute la population sont disposés à consentir à tout pour attirer les Français à Counani, — pouvons-nous prévoir les bénéfices?

Le budget des dépenses comprendrait la création d'un service de petits vapeurs côtiers reliant Counani à Cayenne d'une part et de l'autre à Pará, le grand port amazonien;

les dépenses d'administration proprement dites et les dépenses d'exploitation. Pour le budget dépenses il n'y a pas de chiffre à donner. D'abord je ne suis pas spécialiste en administration, et ensuite je crois savoir que cela dépendrait de l'habileté, du savoir-faire ou de l'honnêteté des directeurs de l'entreprise.

Pour ce qui est du budget recettes, il faudrait le prévoir à peu près nul pour la première année. Pour la seconde année on peut prévoir un minimum de recettes brutes. Comment que l'on s'y prenne on n'aura pas, pendant les douze premiers mois, glané dans la contrée, tant en demi-civilisés qu'en Indiens, moins de cinq cents travailleurs. Ces cinq cents travailleurs représentent un revenu brut d'environ six cents mille francs, d'après la cote de l'Amazone. Et pendant la troisième année on n'aurait certainement mille travailleurs travaillant au moins pendant une saison.

Le revenu, que l'on déduit aisément, et qui est fort respectable, ne peut pas manquer d'augmenter fatalement dans une proportion rapide. En effet, on n'aura plus le soin des frais et des peines du premier établissement on aura un personnel en même temps adapté et dressé, et on pourra consacrer la meilleure partie des efforts de l'entreprise à augmenter l'importance du courant de main-d'œuvre indigène. Et si la rapide progression des revenus n'arrive pas à s'accélérer encore d'une manière indéfinie, ce n'est point parce que les produits forestiers et autres feront défaut à l'exploitation, mais parce que la main-d'œuvre, beaucoup plus limitée en quantité, ne pourra fournir à la récolte de tous les produits.

Conclusions. — Mais assez de chiffres et d'industrie! Le rôle de l'explorateur est de découvrir les veaux d'or mais non de se les approprier. Je suis las, pourtant, de toujours

travailler pour le roi de Prusse, le roi de Prusse-Supé-
rieurs, le roi de Prusse-Gouvernement, le roi de Prusse-
Industriels, le roi de Prusse-Financiers. Qu'importe!
C'est apparemment notre rôle à nous autres, pionniers de
la science héroïque, tristes sentinelles perdues d'une civilisation ingrate. Et quand nous serons morts, peut-être morts
de faim, quelque pion médiocre et envieux, arrivé après
quarante années d'efforts à la licence ès lettres, et devenu
ensuite, ayant mal tourné, ministre de l'Instruction publique, fera entendre de lourdes, prétentieuses et pédantes
sottises, à l'inauguration de notre buste, dans quelque jardin
public de petite ville.

. . . .

Dans les heures d'affaissement et de dégoût où la mort
paraît belle et désirable, une douce image de femme inconnue, l'amour dans les yeux et une tristesse intelligente
dans le sourire, est-elle jamais venue présenter ses consola-
tions à la prostration de votre âme? Cette femme, c'est la
femme indienne.

Vous est-il arrivé, quand vous étiez malade, alors que
l'espérance s'enfuit avec la santé, vous est-il arrivé de rêver
après une femme inconnue que vous envelopperiez de votre
contact le plus intime, pareil à un lierre mourant autour
d'un chêne, collé de l'épiderme et de l'âme, « comme un
enfant malade aux lèvres de sa sœur? » Cette femme c'est
la femme indienne.

Vous est-il arrivé, dans les voisinages de la mort, alors
que mort aussi est tout désir de vivre, et que l'on se répète :
Il vaut mieux être assis que debout, couché qu'assis, mort
que couché; avez-vous alors vu passer, comme dans un rêve
de haschich, une femme inconnue dont l'odeur, les lignes,
le nu, la moiteur, les mouvements, les caresses, l'abandon
fixaient le regard de votre âme? — tel, pendant que le

navire m'emporte, je m'absorbe dans la contemplation
d'un ravissant paysage insulaire qui décroît à l'horizon...
Tout cela c'est la femme indienne.

Fatigué des autres et de moi-même, fatigué même de
l'espérance, je vais briser les dernières chaînes qui m'attachent à ce rivage. Ouvrant au vent des tempêtes ma voile
si tourmentée, j'irai par delà la grande mer. Toujours le
désert salé, et la vague, sillon vivant, et toujours en tête-
à-tête avec l'infini morne et muet. Après cet exode, je ne
pourrai plus me reconnaître moi-même, mon *moi* se trouvera complètement transformé, l'avatar sera accompli, le
lendemain ignorera la veille. Et, sans souci de l'avenir, sans
souvenir du passé, sans connaissance du présent, indifférent, oublié, je vivrai au fond de mon désert avec deux ou
trois femmes indiennes.

. . . .

A quoi aboutit la gloire, et comment l'obtient-on? Comment on l'obtient? Il existe un *Manuel Roret* pour vous enseigner la chose : *Manuel pour passer grand homme,* ou l'*Art
de s'immortaliser*, avec des gravures, des planches et des
graphiques. On devient un homme de génie en temps et en
mouvements, la gloire se prépare comme un produit chimique. C'est comme le papier : la matière première, ce
sont de sales guenilles. C'est comme un ordre de chevalerie,
une Légion d'honneur ou un Éléphant blanc d'une autre
espèce. Il y a les Grand-croix et les Chevaliers de l'ordre de
la Gloire et du Génie. On passe grand homme à l'ancienneté, à la faveur, ou à l'intrigue. Et cela dure? Il y a encombrement aujourd'hui dans le convoi qui s'en va à la
postérité. Que de grands hommes, que de grands hommes!
Comment retenir les noms de tous ces grands hommes! Si
cela continue, avant un siècle, l'immortalité ne s'exercera
plus que dans l'espace, elle ne sera qu'un instant de la

durée, l'immortalité durera le temps d'un enterrement de
première classe. Et demain voici le soleil refroidi. Si seulement aujourd'hui nos vins n'étaient pas si odieusement
sophistiqués!

. . . .

Fondez-la, votre république, mes amis, fondez-la. Et
monsieur de Freycinet, et monsieur de Cotegipe vous soient
propices!

Counani, un nom harmonieux, une belle chose, une
grande idée. Vous avez choisi des chefs français. Je les connais, ce ne sont ni des avoués de Périgueux, ni des marquis
de Rays, et vous autres, les Counaniens, n'êtes Papous ni
Araucans.

Fondez-la, votre république. Un jour la république de
Counani étonnera le monde.

J'aurais voulu, dans un article-bombe, lancer Counani à
travers le monde comme dans une fulguration.

Je m'étais promis de dire tout au moins des choses classiques, académiques, bourgeoises, sur votre cher pays.

Hélas! je n'ai pas même réussi à fournir ce modeste minimum. Que voulez-vous, vous me savez un dévasté, une
espèce de ruine ambulante, un Gastibelza que le vent qui
souffle à travers les déserts d'Amérique a rendu fou.

Pour prix de ma copie, s'il est vrai que tout travail mérite
récompense, je vous demande seulement de me dispenser,
quand je serai là-bas, de toute corvée littéraire. Que vous
oubliiez, que vous ignoriez votre collaborateur d'un instant;
que vous ne révéliez à personne au monde le secret de la
Thébaïde où, en compagnie de deux ou trois femmes indiennes, Harold se sera enseveli pour jamais.

CONCLUSIONS.

Dans ce coin de terre de Guyane et du bas Amazone, dans ce domaine de l'ancienne *France Équinoxiale*, grandissent aujourd'hui diverses questions intéressantes.

Il peut paraître singulier de terminer un volume par une série de points d'interrogation. Pourtant, le meilleur moyen d'arriver à faire discuter des problèmes est encore de commencer par apprendre à ceux-là qui sont patentés pour les résoudre que ces problèmes existent. D'autant plus que les problèmes dont il s'agit sont complexes. Il n'est révélation, ni gentilhommerie politique, ni programme électoral, ni panacée sociale capable de leur trouver, de chic, une solution.

Pour nous autres *coloniaux,* la théorie coloniale est comme pour mon excellent maître M. Drapeyron, la science géographique : elle englobe tout. Par la science sociale elle atteint aux hauteurs les plus majestueuses de la philosophie; par la science du bien-être, c'est-à-dire de l'utilisation des choses et des forces, elle descend jusqu'à l'économie domestique et aux petits potins des élections municipales de village.

Voyez plutôt quelle est, dans ce coin de terre de la Guyane et du bas Amazone, dans ce domaine de l'ancienne France équinoxiale, la série des questions coloniales qui se dressent devant nous. Il n'est électeur, il n'est contribuable, qui s'en puisse désintéresser. Car il est entendu que les contribuables, les électeurs, s'intéressent aujourd'hui à leurs intérêts.

1° Voici d'abord la *question des récidivistes*.

Nous sommes en ce moment, dans notre beau pays de France, à la tête d'environ 40,000 individus ayant chacun été condamnés un nombre respectable de fois pour vol, escroquerie, proxénétisme et autres gentillesses circonvoisines. Il s'agit de débarrasser le sol de la patrie de la présence de ces messieurs. On est convenu de les reléguer en Guyane. Déjà 500 doivent y être envoyés pendant le second semestre de 1886, et 2,000 doivent suivre dans le courant de 1887. Bien ; mais une fois qu'ils seront en Guyane, où, à quoi, dans quel but, et comment les fera-t-on travailler?

2° Il y a aussi la *question du Territoire contesté* entre la France et le Brésil.

Cette Guyane où l'on envoie les récidivistes est une colonie sans frontières. A l'est, au sud et au sud-ouest se trouvent d'immenses régions contestées. Veut-on les abandonner, ces immenses territoires, purement et simplement au Brésil? Veut-on les revendiquer? jusqu'où? que valent ces territoires? les connaît-on? Ou bien pense-t-on que c'est en maintenant le *statu quo,* c'est-à-dire en se cachant la tête dans le sable pour ne pas voir, qu'on empêchera les dangers de surgir? Que ferons-nous si ces territoires affirment leur indépendance?

3° Et la *question de l'Amazonie?*

La France a en Amazonie une colonie commerciale très prospère et très influente. Or, l'Amazonie formera très probablement, un jour, jour peut-être très prochain, un État indépendant séparé du Brésil. Le gouvernement laisse actuellement nos nationaux de l'Amazonie sans même un consul. Soit ; mais cela est-il bien habile pour ce qui est du présent ; et surtout bien prudent pour ce qui est de l'avenir?

Il est enfin *plusieurs autres questions* d'un ordre plus par-

ticulièrement spéculatif, mais qu'il suffit de formuler pour
en montrer tout l'intérêt.

Pourquoi la colonisation française a-t-elle si lamentable-
ment échoué en Guyane? Pourquoi nos compatriotes réus-
sissent-ils, au contraire, d'une façon admirable, en Amazonie?
Pourquoi nos concitoyens, les nègres de la Guyane française,
sont-ils encore si peu adaptés? Quel parti a-t-on tiré, philan-
thropiquement, économiquement, socialement, en Guyane
française et en Amazonie, de la masse énorme des aborigènes, les Indiens des régions centrales? L'émigration européenne agricole pourrait-elle réussir aux Prairies dans l'élevage et les cultures industrielles, et l'émigration européenne
commerciale aux forêts dans l'exploitation des fruits spontanés? La foule toujours grossissante de ceux que M. de
Bismark appelle les « fatigués de l'Europe, » la foule des
malheureux, des mécontents et des ennuyés, a-t-elle en
Amazonie un bon champ d'extériorisation?

Je ne caresse qu'un rêve : puissent mes questions inté-
resser assez pour qu'on les discute. Car, d'abord, elles me
paraissent dignes de préoccuper de bons esprits, ces questions; et, ensuite, je l'aime beaucoup, ce coin de terre de
Guyane et du bas Amazone, ce beau domaine de l'ancienne
France équinoxiale.

TABLE DES MATIÈRES.

Pages.

PRÉFACE... IX

INTRODUCTION... XV

CHAPITRE Ier. — HISTOIRE DE LA COLONISATION FRANÇAISE EN GUYANE..;..... 1
Au seizième siècle, 1. — Première époque . Recherche cosmopolite de
l'Eldorado, 4. — Deuxième époque : Colonisation féodale, 6. — Troisième
époque : Administration directe de la couronne. — Colbert, 18. — Quatrième
époque : La Révolution. Émancipation des esclaves, 38. — Cinquième époque : Rétablissement de l'esclavage, 42. — Sixième époque : République de
1848, Seconde émancipation des esclaves, 51. — Septième époque : La transportation, 52.

CHAPITRE II. — LES RICHESSES DE LA GUYANE FRANÇAISE.................... 69
I. La forêt, 69.
La forêt et les produits forestiers, 70. — Des principaux produits fores-
tiers, 73. — Produits forestiers alimentaires, 73. — Produits forestiers oléagineux, 76. — Produits forestiers médicinaux, 80. — Produits forestiers rési-
neux, 82. — Produits forestiers aromatiques, 85. — Produits forestiers
tinctoriaux. Tannerie, 86. — Produits forestiers textiles. Papier, vannerie,
sparterie, 88.
L'exploitation des bois, 91.
II. Les savanes, 98.
Les savanes, 98. — Causes d'insuccès, 105. — Le bétail, 112. — Exploi-
tation intensive, 115.
III. Les productions agricoles, 118.
Cultures alimentaires, 119. — Cultures oléagineuses, 125. — Cultures médi-
cinales, 127. — Cultures des résineux, 128. — Cultures aromatiques, 129. —
Cultures tinctoriales, 129. — Cultures textiles, 134. — Le café, 136. — Le
cacao, 136. — Le tabac, 137. — Les épices, 138. — La canne à sucre, 140.
IV. Les mines, 144.
L'or, 144. — Les autres richesses minérales, 157.
V. Nomenclature, 160.
Les produits forestiers, 160. — Bois précieux, 176. — Bois de construction
navale, 178. — Bois communs, 184. — Les produits agricoles, 189.

CHAPITRE III. — LE COLLÈGE DE CAYENNE................................ 197

CHAPITRE IV. — LE TERRITOIRE CONTESTÉ ENTRE LA FRANCE ET LE BRÉSIL.... 215
Historique diplomatique du territoire contesté de Guyane, 217. — Impor-
tance matérielle du territoire contesté, 234. — Intérêt de la question, 238. —
Opportunité de la solution du différend, 241. — Moyen le plus simple de ré-

Pages.

soudre la question, 245. — Le *statu quo*. Le pays contesté. Méthode *à priori*
et méthode expérimentale, 247. — Règlement du différend par une commission franco-brésilienne d'exploration du pays contesté, 250.

CHAPITRE V. — LES DIRECTEURS D'INDIENS................................... 275

CHAPITRE VI. — LA PLACE DE PARÁ....................................... 279
    Importance de la place, 279. — Mouvement maritime, 279. — Mouvement
maritime avec la France, 281. — Navigation fluviale du port de Pará, 282. —
Exportation du port de Pará, 282. — Importation du port de Pará, 286. —
Genre des transactions commerciales, 288. — Les maisons de commerce,
288. — Banques, 292.

CHAPITRE VII. — DE L'ÉMIGRATION EUROPÉENNE DANS LES PRAIRIES DE LA GUYANE. 295

CHAPITRE VIII. — L'AMAZONIE... 311
    Développement économique de l'Amazonie, 312. — Le milieu amazonien,
317. — La vie économique, 326. — De la colonisation de l'Amazonie, 333. —
Acclimatement de la race blanche en Amazonie, 343. — Les Européens dans
le milieu amazonien, 355. — Les Français en Amazonie, 364. — Les idées
séparatistes. 367.

CHAPITRE IX. — DE L'ORGANISATION CONSULAIRE EN AMAZONIE............... 375

CHAPITRE X. — DERNIÈRES NOUVELLES : LA RÉPUBLIQUE DE COUNANI.......... 387
    Généralités, 387. — La forêt de la rive, 389. — Prairie, 390. — Pê-
cheurs, 392. — Idées de gouvernement, 394. — Les sylvicoles, 397. — Les pastoraux, 399. — L'été, 401. — L'hiver, 403. — Les grandes savanes, 405. —
Le grand bois, 407. — La ville, 410. — Les habitants, 413. — État politique, 414. — Rendement industriel, 416. — Conclusions, 426.

CONCLUSIONS... 431

TABLE DES MATIÈRES.. 435

LaVergne, TN USA
20 November 2009

164748LV00003B/13/P